KB243970

삼위일체 논술

삼위일체 논술

철학박사 안재오 지음

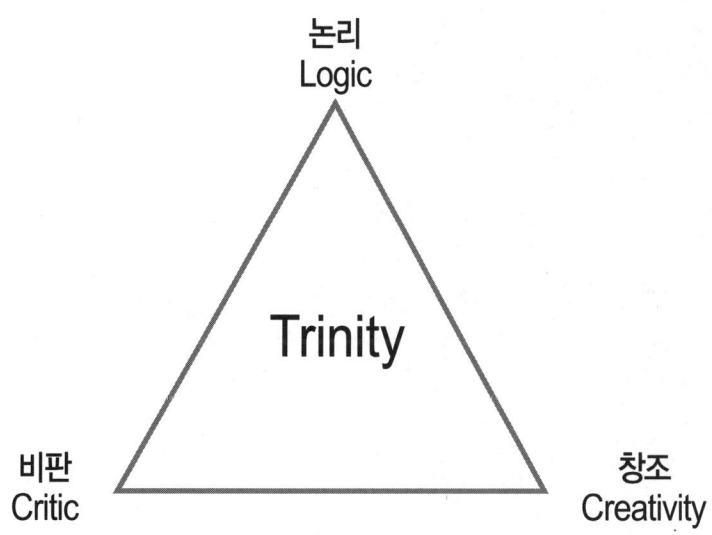

철학과현실사

책의 출판에 붙여 ‖

대학입시에 논술이 도입된 지도 벌써 10년이 다 되어가고 있다. 그 간 각 대학들은 논술 및 면접 시험의 방법론과 그 내용의 구성에 있어서 많은 노력과 경험을 쌓아왔다. 그런데 이를 준비하는 수험생들이나 학교에서는 이에 대한 체계적인 준비를 하기 어려웠다. 이는 각 대학마다 그 방식이 다르고 강조점이 달랐기 때문이다.

그래서 제대로 된 논술 교재 하나를 쓴다는 것은 참으로 어렵다. 그러나 필자는 그 간의 논술 및 구술 · 면접의 모든 문제들을 검토하면서 나름대로 그 방향과 내용을 짐작할 수 있었다. 정말 논술의 주제와 방식을 제대로 이해하려면 박사학위가 2-3개 필요하다. 철학, 문학, 사회학 그리고 정치, 경제에 이르기까지 논술의 주제와 형식은 다양하다. 어떻게 보면 가뜩이나 할 것이 많은 수험생들에게 논술은 또 하나의 짐을 더 지우는 것이다.

한국의 입시제도와 교육제도는 근본적인 문제를 안고 있다.

그래도 이 책으로 고 1때부터 조금씩 공부한다면 대한민국 대학입시의 논술 및 면접 시험의 대강은 이해를 할 수가 있다. 물론 그 외에도 평소에 많이 책을 읽고 생각하고 써 본다면 그보다 더 좋은 학습이 없을 것이다.

이 책은 대학 논술의 소위 배경지식에 해당하는 것이다. 배경지식을 모르면 논제와 제시문을 읽어 보아도 무슨 말인지 알 수 없는 경우가 있다.

이 책의 주제를 연구하다 보면 나름대로의 철학적, 논리적, 개념적 훈련이 될 것이다. 아무쪼록 수험생들과 지도하는 선생님들에게 이 책이 조금이나마 도움이 되기를 바란다.

2005년 7월 5일
성수벧엘 교회 옥탑방에서
철학박사 안재오

차례 ‖

첫째 마당

자아와 세계

1장 | 서론

1. 문제 제기

논술시험뿐만 아니라 세상살이에서도 가장 중요한 단어가 있으니 그것은 다름 아닌 '나'와 '남'이라는 단어이다. 인간이 한 평생 살아가면서 조금도 떠날 수 없는 존재가 있으니 이는 '나'라는 존재이다. '나'는 한자어로 자기(自己) 또는 자아(自我)라고 한다.

'나'라는 존재 혹은 '자기'라는 존재는 바쁜 일상에 묻혀 흔히 잊고 살지만 시간을 내어 곰곰이 생각해 보면 모든 세상 일도 내가 없다면 무의미하다는 것을 알 수가 있다. 눈을 감으면 세상은 보이지 않는다. 귀를 막으면 들리지 않는다. 또 같은 사물을 보더라도 보는 사람의 처지에 따라서 사물은 다르게 나타난다. 배가 고픈 사람은 모든 것을 먹는 것과 관련해서 볼 것이다. 보름달을 보고서 그것을 빵 같다고 보는 사람도 있고 거기서 계수나무와 토끼를 보는 사람도 있을 것이다.

우리는 무지개의 색깔을 빨주노초파남보의 7가지 색으로 알고 있으나 문화권에 따라 그 색깔은 각기 다르다. 예를 들어 아프리카에서는 2-3가지 색으로밖에 보지 않는다. 제 눈에 안경이라는 말이 있다. 사람들은 모두 각자의 안경을 끼고 세상을 바라본다는 말이다. 황달병에 걸리면 세상이 온통 노랗게 보인다고 한다.

아리스토텔레스(BC 384-BC 322)

고대 그리스 철학의 제왕이며 만학의 아버지인 아리스토텔레스는 인간의 자아(自我)를 영혼과 육체의 결합으로 파악했다. 그는 영혼은 형상이고 육체는 질료(재료)라고 보았다. 그는 자신의 저서 『영혼에 관하여』(*On the Soul*)에서 다음과 같이 이야기한다. "영혼은 어떤 의미에서 존재하는 모든 것과 같다."

이 말은 인간의 영혼이 세상의 모든 것을 볼 수 있고 또 알 수 있다는 것이다. 즉 세상은 다른 게 아니라 인간이 보고 아는 것의 총체이다. 달리 말해 이는 나와 세계는 일치한다는 것이다. 그리고 인간의 영혼은 동물의 감각과는 달리 세계를 있는 그대로 넓어 보이는 빛이라는 뜻이다. 이를 흔히 인간의 세계 개방성이라고 한다.

이는 동양철학적으로 말해서 주객합일(主客合一) 혹은 물아일체(物我一體)의 상태를 말한다. 나와 세상은 근본적으로 하나라는 것이다. 이런 의미에서 사람은 대우주(macrocosmos)를 그대로 반영하는 소우주(microcosmos)이다.

낙관주의와 비관주의

낙관주의자(樂觀主義者, optimist)에게 세상
은 항상 밝고 비관주의자(悲觀主義者, pessi-
mist)에게 세상은 어둡다.

마음이 슬픈 사람은 세상 모든 것을 슬프게
보는 경향이 있다. 반대로 마음이 기쁜 사람
은 모든 것을 즐겁게 본다.

같은 현상을 보고도 한 사람은 희망적으로
보는가 하면 다른 사람은 비관적으로 본다.
이처럼 객관적인 현실이라는 것도 생각하기
나름으로, 이를 각자 달리 해석할 수 있다.
이것을 '인생관' 또는 '태도'라고 한다

소크라테스(BC 469-BC 399)

소크라테스는 "너 자신을 알라"(Know thy-
self)라는 말을 하여 철학의 출발점이 자기
인식에 있음을 밝혔다. 이 말의 의미는 자신
이 아는 것이 얼마나 적은지를 깨달아야 한
다는 것이다.

자신의 무식을 아는 것이야말로 참다운 인식
의 출발점이 된다. 이런 소크라테스적인 자
아의식을 흔히 '무지(無知)의 지(知)'라고 한
다.

이처럼 자기 혹은 자아란 인간의 생활에서 중심을 이루는 요소
이며 세상의 중심이라고 할 수 있다. 나 없이는 세상이나 우주가
무슨 소용이 있겠는가?

현실의 나는 비록 미약하고 하찮은 존재일 수 있으나 그 가
능성은 무한하다. 인류 역사의 영웅들 역시 엄마 뱃속에서 태
어날 때는 한낱 갓난아기에 불과했다.

이처럼 나란 주어진 것, 즉 현실의 '나'가 전부가 아니라 나를
발견하고 새롭게 형성될 수 있음을 알아야 한다. 즉 나는 고정적
인 실체가 아니라 무한히 발전할 수 있는 건설적인 존재이며
세상을 움직일 수 있는 힘이며 어두운 세상을 밝히는 고귀한
인격이다. 그래서 예수님도 "한 영혼이 천하보다 더 귀하다"라는
의미의 말씀을 하셨다.

민주주의 원리 역시 인간의 존엄성과 인간의 타고난 자유의
권리에 그 기초를 두고 있다.

최근(2005. 2. 22) 우리나라의 유명한 여자 배우 이은주 씨
가 우울증으로 자살을 했는데, 이런 병에 걸리면 아무 것도 아
닌 문제도 엄청나게 힘들게 보인다고 한다. 따라서 문제는 세
상이 아니라 세상에 대한 나의 생각이나 태도가 더 중요하다는
점이다. 우리는 흔히 '세상은 크고 나는 작다'라는 소극적인 태
도를 가지나, 그런 생각 역시 세상을 바라보는 나의 태도와 무
관하지 않다는 점을 잊어버리면 안 된다.

그리고 이은주 씨의 안타까운 죽음과 관련해서 간과할 수 없
는 문제는 그녀를 둘러싼 영화 그리고 대중예술이 현대인들에
게 미치는 막강한 영향력과 이를 둘러싼 치열한 경쟁이다.

IMF 경제위기 이후 우리 사회는 수많은 사회적인 혼돈과 어

려움을 겪었다. 이는 자본주의 시장경제 체계의 모순이 사람들의 개인적인 삶에 엄청난 압박을 가하고 있다는 것이며, 그만큼 개인의 존재는 미약하고 사회 조직과 체계에 종속되어 있다는 것을 말한다.

현대 산업사회에서 사람들은 생존을 위해서 사회적인 온갖 압박과 구속을 달게 감내해야 하며, 자신의 자유를 찾고 인간의 고유한 자아정체성을 개발하기보다는 체제에 대한 복종과 순응을 우선시한다. 그리고 사람들은 문화적으로 대중매체에 의해서 전적으로 지배를 당하는 형국이다. 최근의 인터넷과 사이버 스페이스는 사람들의 생활에 새로운 창조의 가능성을 제시하는가 하면 동시에 개인적인 소외와 고립을 더욱 증대시키기도 한다.

2. 논술고사 출제 경향

이 단락은 응용문제 풀이보다는 논술 작성과 논제 파악의 기초 개념의 정립에 중요하다. 자기와 타자라는 개념에서 자아정체성의 문제가 결부된다. 자아정체성은 또한 사이버 공간의 나의 모습에서 그 의미를 반성할 수 있다. 그리고 자아의 문제는 현대 문명 속에서 다양하게 이해된다. 이런 종류의 문제는 논술에서 여러 번 나온 바 있는데, 최근에 나온 문제로는 2004년 고려대 수시 2학기 논술문제가 이런 유형에 속한다. 거기서는 자아정체성의 문제를 다음과 같은 다양한 맥락에서 문제화하고 있다.

제시문들은 각각 대인과 소인의 차이, 사이버 세계에서의 자아정체성, 광고가 만드는 자아 이미지의 허구성, 자기정체성 형성의 사회적 맥락을 다루고 있다. 이러한 제시문의 내용을 바탕으로 학생들은 자아, 자아 실현, 자기정체성, 정체성 형성 등의 주제를 발견할 수 있어야 한다.

위의 제시문이 함축하는 것은 자아정체성의 문제가 동서양 고전에서 그리고 현대적인

핸드폰 광고 이미지

현대 사회는 광고–소비 사회이다. 매스컴은 광고 효과를 극대화하기 위해 다양한 이미지를 사용한다. 소비자들은 광고를 통해서 상품을 구매하도록 강요된다.

보드리야르에 의하면 광고를 통한 대중소비는 자본주의 체계를 지탱하는 탁월한 전략이다.

사이버 스페이스와 대중 소비 광고 문화와의 관련에서 그리고 정체성이 형성되는 과정 등을 통해서 드러나도록 하는 것이다.

이와 유사한 문제는 2004년 성균관대학교 정시 논술문제이다. 이 시험에서는 자아정체성의 개념이 전통적인 철학적, 종교적인 맥락에서 다루어지고 그 다음에는 기억과 신체 등을 통해서 자아정체성이 분석된다. 그 다음에는 인공적이고 불건전한 도시 문화 속에서의 인간의 자아정체성의 훼손과 그리고 유전자 조작을 통한 인간의 정체성 조작에 대한 지문을 통해서 수험생들이 다차원적으로 사고하고 종합적이고 논리적인 결론을 유도하도록 논제를 설정하고 있다. 두 학교 다 공통적으로 자아문제를 논술하도록 요구하며 특히 이를 동서양 고전 철학적인 맥락과 현대적인 맥락 그리고 영문을 통하여 이해할 것을 요구하고 있다.

2004년 강남대 수시 2학기 논술고사 역시 자아정체성과 다양한 맥락을 문제로 삼고 있다. 그리고 숙명여대 2004 모의 논술고사(인문)는 여성의 자아실현이라는 문제를 다루고 있다.

3. 주제관련 교과서 내용

| 도덕교과서 38쪽 이하

우리 인간은 자신의 삶이 유한하다는 것을 인식하고, 그 한정된 삶을 어떻게 살 것인가에 대해 고민할 수 있는 유일한 존재이다. 특히 '나는 어디서 왔는가?', '나는 누구인가?', '나는 무엇이 되고 싶은가?' 등의 자아정체성(自我正體性)과 관련된 물음에 대한 답을 찾는 일은 청소년에게 주어진 매우 중요한 삶의 과제이다. 자아정체성을 형성한다는 것은, 생물적, 동물적 존재로서의 자기 자신을 타인과 구별되는 존재로

파악하고, 자기 자신을 자신이 속한 가정, 사회, 국가의 한 구성원으로서 인식하는 것이다. 그리고 더 나아가 그 구성원에게 부여되는 사회적, 도덕적 책임을 수용하여, 자신의 존재 가치와 삶의 의미를 발견하는 것을 뜻한다.

　자아정체성은 객체로서의 자아와 주체로서의 자아, 즉 타인이 자기를 대하는 태도를 통해 형성된 객체로서의 자기 자신과, 자신이 스스로 생각하는 주체로서의 자기 자신을 맞추어 가면서 형성되는 것이다. 객체로서의 자기 자신의 모습에는 자신에 대한 타인의 기대가 담겨 있으며, 주체로서의 자기 자신의 모습에는 스스로의 삶의 목표가 반영되어 있다고 할 수 있다.

----

4. 세련된 논술 구성을 위한 용어와 개념

인식, 세상, 학문적 대상, 인식의 상대성, 인식의 부분성, 올바른 인식, 주관-객관의 관련성, 문화권, 청소년기의 자아정체성과 그 위기, 주체로서의 자아와 객체로서의 자아, 선천적, 후천적, 성장과정, 사회화 과정, 제 1의 탄생, 신체적 탄생, 제 2의 탄생, 정신적 탄생, 자아의 형성, 자아 발달, 사회적 상호작용, 자아개념, 타인의 개념, 중요한 타자, 일반적 타자, Me와 I, 영육 이원론, 영혼의 불멸설, 미의 이데아, 미의 원형, 방법적 회의, 호접지몽, 도덕적 자아, 공동선 추구, 의리, 대의명분, 자연과의 합일, 자연적 자아, 인위적 예절, 무위자연, 외물, 소인과 대인, 마음, 전통지향, 내부지향, 타자지향, 고독한 군중, 소비사회, 상선약수, 모성애, 페미니즘, 가상공간의 자아정체성.

2장 | 주요 이론과 논거

루소의 교육소설 「에밀」은 '장 자크' 라는 교사가 '에밀' 이라는 이름의 어린 아이를 교육하는 과정을 그린 것이다. 여기서 루소는 "자연으로 돌아가라" 는 자신의 철학에 근거하여 반문명적이고 반사회적인 교육관을 전개하고 있다. 특히 이 책의 제4부는 청소년기를 다루는데 흔히 이 시기를 제 2의 탄생기라고 한다. 그 연령은 15세에서 20세까지 해당된다.
이 시기에는 도덕적, 종교적 감정의 교육 시기로서 우정과 동정 등의 인간적 감정과 성(性) 의식이 생긴다. 청소년기는 또한 사회를 의식하는 시기이다. 즉 타인과의 관계에서 자신을 바라보는 시기로서 이성을 통해서 사회를 이해할 수 있는 시기이다.
따라서 이 시기의 인간은 사회, 문화, 예술, 종교 등을 통하여 인간을 배운다.

1. 개요

교과서에 실린 '객체로서의 자아와 주체로서의 자아' 라는 말의 의미를 먼저 생각해 보자.

여기서 자아(自我)라는 말은 일상에서 단순히 '나' 라는 말이다. 자아정체성이란 이런 나의 참모습을 말한다.

나는 태어나면서부터 자아가 있지만 그렇다고 그 모습이 항상 같은 것은 아니다. 어릴 때 우리는 자신에 대한 뚜렷한 의식이 없다. 갓난아기는 '나' 라는 의식, 곧 자아의식이 없다. 자아의식은 나이와 더불어 점점 뚜렷해지고 청소년기가 되어야 비로소 자아정체성이 확립된다. 그러나 그것도 전부는 아니고 일평생 사람은 자아정체성 문제로 씨름을 해야 한다. 왜냐하면 '나' 라는 존재는 항상 같지만 나의 역할이나 의미는 성장과정이나 사회생활 과정에서 항상 변하기 때문이다.

계몽사상가 루소(J. J. Rousseau)는 자신의 책 「에밀」에서 15-20세의 시기를 '제 2의 탄생' 이라고 부르는데, 청소년기는 자기 자신의 존재에 대한 가치를 발견하기 시작하는 시기로서, 생각이 범위가 넓고 깊어지며 자신의 신체적 성장과 정신적 성숙에 자신감과 신비감을 갖는다. 또한 자아의식이 성장하며 자기를 객관적으로 파악하려고 노력한다. 제 1의 탄생이 신체적 탄생이라면, 제 2의 탄생은 정신적 탄생이라고 할 수 있다.

또한 자아정체성의 연구로 유명한 에릭슨(E. Ericson)은 청소년기를 '자아정체성의 위기'라고 표현하였다. 이 말은 청소년기의 자아정체성의 형성이 자연적으로 이루어지는 것이 아니라 노력 여하에 따라 성공할 수도 있고 실패할 수도 있음을 의미한다(도덕교과서, 43쪽).

2. 미드의 자아발달이론

우선 도덕교과서에 실린 '객체로서의 자아와 주체로서의 자아'를 미국의 사회심리학자인 미드(G. H. Mead, 1863-1931)의 이론에 비추어 다시 한 번 공부하자.

우선 미드는 사람의 자아정체성(Self-Identity)이라는 문제가 선천적(先天的)으로, 천부적으로 주어지는 것이 아니라 사회생활을 하는 과정에서 서서히 이루어지는 후천적(後天的)인 작용으로 보았다. 여기서 사회생활이란 직장이나 정치 활동 같은 공적인 사회생활만을 의미하는 것이 아니라 어려서는 부모의 양육을 받고 그 다음으로는 유치원이나 학교에서 교육을 받고 하는 모든 과정을 말한다. 따라서 인간의 성장과정이란 사회화 과정에 다름 아니다. 인간의 자아정체성 형성에는 우선 한 인간을 둘러싼 환경, 그 중에서도 인간적 환경이 가장 큰 역할을 한다. 이런 인간 성장에 필요한 인적(人的) 환경을 우리는 사회적 환경이라고 한다. 나를 둘러싼 사람들, 엄밀히 말하면 타인들이 나의 정체성 형성에 큰 영향을 준다는 것은 다 아는 사실이다. 즉, 나의 자아정체성은 타자들과의 상호작용에서 이루어진다. 내가 어릴수록 타자의 영향력은 그만큼 크다. 이런 맥락에서 미드는 사회적 상호

에릭슨(E. Ericson)
독일 태생의 미국 심리학자로 사회심리발달 8단계설을 주장했다. 이에 의하면 자아(ego)는 사회적 환경과의 갈등을 통해 발전, 성숙되는데 그 중에서 청소년기는 정체성과 그 위기(Identity and Identity Confusion)를 겪는다.
이런 시기를 잘 극복한 사람은 자아정체성(ego-identity)을 확립하여 제 갈 길을 간다. 그런데 이것이 되지 않고 자아정체성 혼미가 일어나면 자신의 역할에 대한 혼란이나 직업 선택의 혼란 혹은 가치관의 혼동에 빠질 수도 있다.

조지 허버트 미드(G. H. Mead, 1863-1931)
미국의 실용주의 철학자이며 사회심리학자인 미드는 인간의 자아와 정신에 대해 연구했다. 그는 인간의 행동을 자극에 대한 반응으로만 설명하는 행태주의(behaviorism)에 반대하고 인간의 정신은 언어를 통해서 형성된다는 것을 강조했다.
미드의 정신(mind) 이론과 자아(self)이론은 그의 제자들이 엮은 *Mind, Self, and Society*에서 엿볼 수 있다.

선천적(先天的), 후천적(後天的)
아프리오리, 아포스테리오리 개념설명

● 선천적 : 이는 보통 생득적(生得的, innate)이란 의미를 가진다. 즉, 타고난 재능이나 천부적인 자질 혹은 유전적인 특징 등이 여기에 속한다.
● 후천적 : 이는 출생 이후 성장과정이나 경험을 통한다는 의미이다. '선천적인 자질보다는 후천적인 노력이 중요하다' 라고 할 때 그 '후천적' 의 의미. 경험적(empirical)과 같다.

그리고 이와 유사한 단어 쌍으로서 아프리오리(a priori)와 아포스테리오리(a posteriori)가 있다. 이들을 흔히 선천적, 후천적으로 번역한다.

● 아프리오리는 '경험에 앞선다' 혹은 '경험에 독립한다' 는 의미이다.
● 아포스테리오리는 '경험 뒤에' 라는 의미이다.

칸트(I. Kant)의 인식이론에 의하면 아프리오리한(선천적인) 지식이 있는데 여기에는 논리학의 법칙이 있다.
예를 들어 3단논법이 그런 경우이다. 즉 대전제 '사람은 모두 죽는다' 와 소전제 '김일성은 사람이다' 가 주어지면 결론 '김일성은 죽는다' 는 자동적으로 도출된다. 이는 우리가 김일성의 장례식에 가보지 않아도 앞의 두 가지 전제만 주어지면 논리적으로 알 수 있다.
그 외의 지식은 대부분 후천적인 지식 즉, 경험적인 지식이다. 가령 '태양은 뜨겁다' 거나 전류는 전압을 저항으로 나눈 값과 같다는 옴의 법칙 역시 경험적 후천적 지식이다.

작용을 통한 자아발달을 정체성 형성의 핵심으로 보았다. 미드에 의하면 갓 태어난 아기는 자아개념이 없고, 점차 타인과 분리된 것을 자기, 자아라고 생각한다. 즉, 자아개념이 생기기 전에 타인의 개념이 먼저 생긴다. 이 때의 타인은 우리가 보통 말하는 타인, 즉 나와 분리된 타인이 아니라, 나보다 더 중요한 타인이다. 예를 들어 어린이에게 어머니는 그의 세상의 전부이다. 어머니나 부모는 어린이에게 자신보다 더 중요한 존재이다. 왜냐하면 부모가 어린이에게 필요한 모든 것을 공급해 주기 때문이다.

이 때 자아개념과 자아정체감 형성에 중요한 역할을 담당하는 사람을 중요한 타자(significant other)라고 한다. '중요한 타자'란 가족, 학교선생님 등을 말한다. 자아정체성은 아이가 중요한 타자와 자기를 분리하면서 일어난다. 즉 그 간 자신의 모든 것을 제공해 주고 또 선악(善惡)을 가르쳐 주던 부모님이나 선생님 등이 결코 전능자(全能者)가 아니라 자기와 유사한 하나의 인간임을 깨우치는 데서 아이의 자아정체성은 나타나기 시작한다.

그리고 아이가 언어를 구사할 정도로 자라면 선악을 구별하고 판단하게 되는데 이 때 판단의 기준이 되는 사람을 일반화된 타자(genaralized other)라고 한다. '일반화된 타자'란 사회의 보편적인 규범과 가치를 구현한다고 생각된 하나의 이상적인 인격이다. 따라서 '일반화된 타자'란 전체 사회를 대표하는 이상적인 인물이다. 인간의 사회화 과정은 이런 일반화된 타자를 내면화시키는 과정이다. 물론 현대와 같은 다원적인 사회에서 일반화된 타자의 개념은 쉽게 찾기 어렵다. 그런데 대중문화 사회에서는 주로 광고나 매스컴의 작용을 통해서 일반화된 타자의 모습이 정해진다.

■ 주체로서의 자아와 객체로서의 자아

미드는 자아를 I와 Me로 나누어 분석한다. 이것이 교과서에서 말하는 '주체로서의 자아'와 '객체로서의 자아'에 해당한다. I는 능동적, 적극적, 개인적인 자아를 말하고 Me는 관습적이며 사회적인 자아를 말한다. Me는 또한 사회적으로 나에게 주어진다. I는 의지나 욕구대로 행동하고 싶어하는 주체로서의 자아이고, Me는 일반화된 타자의 입장에서 I의 충동이나 자발성을 규제한다.

달리 말한다면 I는 개인적인 자아이고 Me는 사회적인 자아이다.

그러므로 인간의 자아정체성은 이런 두 가지 자아의 대결 내지 대화라고 할 수 있다. 그런데 인간의 사회성 역시 단순한 내용을 가지고 있지는 않다. 예를 들어 도덕성은 하나의 사회성이다. 예를 들면 '약속을 지켜라'라는 것은 올바른 사회적 규율이다. 그러나 맹목적으로 유행을 좇고 사회적인 관습을 좇는 것은 올바른 사회성이 아니다. 사회학의 약점은 이런 인간의 사회성에도 구별이 있다는 것을 망각한 점이다. 인간들은 사회적 부패나 모순을 부조건 순응하는 것이 아니라 개혁과 혁명을 통해서 잘못된 사회성을 부수어 버리는 특권이 있다. 따라서 주체로서의 자아 역시 객체로서의 자아를 규정하고 변화시킬 수 있다는 것을 잊어서는 안 된다.

선험적(先驗的, transcendental)

선천적 혹은 아프리오리와 유사한 단어로서 선험적(先驗的)이 있다. 이 역시 칸트의 『순수이성비판』에 나오는 단어로서 그 뜻은 경험의 조건이 되는 여러 가지 존재를 말한다. 여기에는 우선 감성(sensitivity, sensibility)이 있다. 인간의 경험은 모두 인간적인 감성 — 시각, 청각 등 — 을 통해서 만들어진다. 칸트는 시간과 공간을 선험적인 감성이라고 한다. 즉 어떤 종류의 경험이든 시간과 공간의 제약 속에서 이루어진다는 것이다. 그 다음으로 선험적인 것은 오성(Verstand, understanding)의 범주들이 있다. 여기에는 인과율, 실체, 존재, 가능성 등의 개념이 속한다. 이들 역시 경험에 앞서서 인간의 정신에 내재해 있으며 그때 그때마다의 경험적 내용을 구성한다.
이런 칸트의 철학을 '선험철학'이라고 한다. 선험적의 반대는 후험적(後驗的) 내지 경험적(經驗的)이다.

미드의 사회적 자아 형성 이론

The self, like the mind, is a social emergent. This social conception of the self, Mead argues, entails that individual selves are the products of social interaction and not the (logical or biological) preconditions of that interaction. Mead contrasts his social theory of the self with individualistic theories of the self (i.e., theories that presuppose the priority of selves to social process). "The self is something which has a development; it is not initially there, at birth, but arises in the process of social experience and activity, that is, develops in the given individual as a result of his relations to that process as a whole and to other individuals within that process" (*Mind, Self and Society*, 135). Mead's model of society is an organic model in which individuals are related to the social process as bodily parts are related to bodies.
(http://www.iep.utm.edu/m/mead.htm#Self%20and%20Other에서)

플라톤의 이데아설과 영육 이원론

이데아는 살아 있는 현실세계의 존재와는 다르다. 가령 미(美)와 미인(美人)에 대해 생각해 보자. 현실세계의 미인들은 오래가지 못한다. 천하절색(天下絶色) 양귀비도 늙고 병들고 죽는다. 여기에 비해 플라톤이 말하는 미의 이데아는 영원히 늙지도 죽지도 않는 영원한 미(美)의 원형이다. 이데아는 흔히 천상(天上)에 있다고 상상된다. 또 플라톤은 이데아와 개체 사물(현실의 사물)의 관계에 대해 "아름다운 사람이 아름다운 것은 그가 아름다움의 이데아에 참여하기 때문이다", 혹은 "그가 아름다움의 이데아를 가지고 있기 때문이다"라고 설명한다. 이데아는 다른 말로 형상(形相, form)이라고 한다.

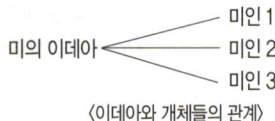
〈이데아와 개체들의 관계〉

미인들은 눈에 보이는 반면 미의 이데아는 눈에 보이지 않는다. 즉 이데아는 지성적(intelligible)이며 개체는 감성적(sensible)이다. 그리고 이데아는 영혼에 그리고 개체는 육체에 각각 귀속된다. 따라서 영육 이원론과 이데아설은 상호 밀접한 연관이 있다.

3. 고대 그리스의 인간관 – 영육 이원론

고대 그리스에서는 인간의 모습을 정신(영혼)과 육체의 결합으로 보았다. 인간은 불멸의 영혼과 부패하는 육체로 이루어져 있다는 것이다. 특히 플라톤은 영육(靈肉) 이원론을 명백하게 주장했다. 플라톤의 저술 『파이돈』을 보면 인간은 영(靈)과 육(肉)으로 이루어져 있는데 육체는 영혼에 비해 저급하다. 육체는 쾌락과 욕망을 추구한다. 또한 육체는 다섯 가지 감각을 가지고 있으며 그 감각의 즐거움을 추구한다. 또 육체는 극심한 탐욕과 고통 그리고 슬픔을 느낀다.

이에 비해 영혼은 불멸의 존재로서 진리와 선(善) 그리고 미(美)를 추구한다. 이런 진선미(眞善美)를 플라톤은 이데아(Idea)라고 한다. 이는 불변적(不變的)이며 완전한 관념(觀念)의 세계를 말한다.

그리고 죽음은 단순한 소멸이 아니라 영과 육의 분리라고 가르친다. 또한 신(神)이 있고, 그 신은 모든 인간들의 주인이기 때문에 인간의 자살은 그 소유주인 신의 의지를 부정하는 것이므로 나쁜 것이라고 한다.

그리고 철학자는 "한 평생 육체로부터 벗어나기를 힘써 온 영혼"이다. 그는 진실과 지혜를 사랑해 항상 죽는 연습을 한다. 여기서 죽음이란 육체의 부정이며 영혼의 정화를 말한다. 따라서 "철학이란 죽는 연습"이다. 철학자 즉 진리의 탐구자는 무형의 세계, 다시 말해서 신성하고 불멸하며, 지성적인 세계로 향한다. 그런 세계에 이르면 영혼은 인간의 실수와 어리석음과 공포와 정욕, 그 밖의 인간적인 번뇌에서 벗어나 커다란 행복을 얻게 된다고 한다. 이들은 영원히 신(神)들과 함께 있게 된다고 한다.

우리가 플라톤의 말을 그대로 믿기는 어렵지만 그럼에도 불구하고 플라톤의 이론은 서구의 학문과 철학의 발전에 엄청난 영향을 미쳤다. 그리고 플라톤이 말한 **영혼의 불멸설**은 기독교와 함께 결부되어 서양의 정신문화 형성에 많은 기여를 했다.

■ 이성과 감성

플라톤의 영육 이원론은 지성(知性)과 감성(感性)의 이원론과 밀접한 관련이 있다. 지성 혹은 이성(理性)이란 인간의 합리적인 면을 말한다. 감성이란 원래 보고 느낀다는 의미이며, 따라서 감성이 반드시 불합리한 것은 아니지만, 많은 경우 감성이나 감정에 치우칠 때 인간은 불합리한 결정이나 행동을 하게 마련이다. 즉 감성은 흔히 욕망과 결합한다. 동물들에게 있어서 감각은 욕구 혹은 본능과 밀접한 관계를 가진다. 견물생심(見物生心)이란 말이 있는데, 이는 감성이 욕망을 자극한다는 말이다. 식물과 달리 동물은 그의 본능과 욕망의 대상을 포착하고 획득하기 위하여 감성을 사용해야 한다.

그런데 인간은 동물과 달리 이성 혹은 도덕성이란 것이 있어서 동물처럼 본능이나 감성이 지시하는 대로 움직이면 문제가 발생한다.

불합리한 행동은 자신에게 손해를 가져오고 타인에게는 비도덕적인 일을 가하게 된다. 가령 돈을 빨리 벌겠다고 무리하게 주식투자를 하다가는 큰 낭패를 당한다. 욕심 혹은 욕망은 영혼의 갈증과도 같다. 이는 빠른 욕망의 해소를 원한다. 그러나 본능적, 충동적으로 행동하면 이익보다는 손실이 많다는 것이 경험의 법칙이다.

불합리한 것은 도덕적인 경우에도 해당한다. 가령 친구와 약속을 했는데 갑자기 나에게 이익이 되는 일이 생겨서 이 약속을

아리스토텔레스의 인간학

아리스토텔레스는 그의 저서 『영혼에 관하여』(On the Soul)에서 식물, 동물 그리고 인간의 차이를 다음과 같이 분류했다.

식물 : 영양 섭취, 생식, 성장
동물 : 식물 + 감각, 욕구, 운동
인간 : 동물 + 이성

그래서 아리스토텔레스는 인간을 '이성적 동물'이라고 규정한다. 그리고 동물을 보면 식물과 달리 감각과 욕구 기능이 더 있다. 이는 이 두 가지 기능이 밀접한 연관성을 가지고 있다는 것을 함축한다.

이성(理性, reason, understanding)

이성에 대한 개념은 서양 철학에서 가장 복잡하고 어려운 것 중의 하나이다. 우리 책에서는 편의상 이성이란 언어를 사용하며, 생각하고, 판단하며, 인식하는 정신의 기능으로 간주한다. 이런 능력을 합리성이라고 하자. 그리고 다른 이성의 기능은 도덕성이다. 전자를 흔히 이론이성이라 하고 후자를 실천이성이라고 한다.

이성 = 이론이성(합리성) + 실천이성(도덕성)

인간은 동물에 비해서 물리적, 신체적으로는 나을 것이 없다. 인간은 사자같이 억센 발톱도 없고 원숭이처럼 나무를 타는 재주도 없다. 이런 인간이 지구의 지배자가 되어 다른 생물들을 부리는 이유는 이성의 능력 때문이다. 이처럼 이성 혹은 합리성은 인간의 생존에 필수적인 도움을 준다. 이는 결국 발견, 인식, 판단, 추리 등 인간의 지성적 기능을 말한다. 이런 능력은 사람은 생존과 번영의 능력이다. 보통 이런 사람에게 '똑똑하다', '영리하다'는 형용사를 쓴다.

지키지 못할 경우 나는 비도덕적인 사람이 된다.

이처럼 이성적인 것은 ① 나에게 이익을 가져온다(합리성), ② 나의 도덕성을 지킨다라는 두 가지의 장점을 가지고 있다.

반면에 비이성적인 것, 불합리한 것은 순간적인 쾌락이나 이익을 추구하지만 이는 외물의 유혹에 빠지는 것이며, 따라서 ① 나에게 손실을 가져온다, ② 비도덕적인 일을 유발하여 타인에게 피해를 끼친다라는 단점이 있다.

그리고 위에서도 말한 것처럼 감성적인 것이 항상 비이성적인 것은 아니지만 이성의 지도 없이 감성에 빠지는 것은 결국 외물의 유혹과 본능과 충동의 포로가 되는 길이다. 그래서 흔히 감성을 이성의 반대로 보는 것이다. 원래 순수한 감성은 세상을 지각하는 능력이다. 이에는 오감(五感)이 있다.

지성(intelligence)은 머리로 생각하는 것이고 감성(sense)은 눈으로 보고 귀로 듣는 것이다. 지성은 보편적인 원리와 법칙을 추구하고 감성은 개별적인 존재를 지각한다. 즉 눈 앞에 존재하는 현실적 사물을 아는 것은 감성 혹은 감각이다.

4. 데카르트의 생각하는 자아

호접지몽(胡蝶之夢)

『장자』 제물편에 나오는 우화. 장자가 꿈에서 나비가 되는 꿈을 꾸었다. 훨훨 나는 것이 분명한 나비였다. 스스로 즐겁고 뜻대로라 장자인줄 알지 못하였다. 그러다가 조금 뒤에 문득 깨어보니 분명히 장자였다. 장자가 꿈에 나비가 된 것인지, 나비가 꿈에 장자가 된 것인지 알지 못하였다.
이처럼 꿈과 현실이 구분이 안 되는 경지를 호접지몽(胡蝶之夢)이라고 한다.

근대 프랑스의 철학자 데카르트(R. Descartes, 1596-1650)는 종래의 가톨릭적, 신학적 학문의 체계에 의문을 가지고 그의 철학을 시작했다. 그는 세상의 모든 진리를 의심했다. 종래까지 통용된 철학, 신학부터 시작하여 심지어 그가 살고 있는 세계와 우주까지 의심했다. 즉, 이 세상이 진짜로 존재하는지 아니면 장자의 호접지몽(胡蝶之夢)처럼 꿈과 환상이 아닌지 하는 의문을 가졌다. 데카르트는 그의 유명한 저서 『방법서설』에서 다음과 같이 썼다.

"나는 학습이나 서적을 통하여, 또는 대인(對人)관계를 통하여 배운 것에 대해서만이 아니라 나를 둘러싸고 있는 이 세계가 과연 실제로 존재하는가 아니면 한낱 상상에 불과한가, 더 나아가서는 나에게 지각된 것과 같은 성질을 지닌 존재인가에 대해서도 의심해 보아야 할 것이다. 왜냐하면 인간이 여러 가지 착각을 범할 수 있다는 것은 족히 알려진 바와 같기 때문이다. 그뿐 아니라 나는 무엇보다도 가장 확실하다고 여겨지는, 이를테면 수학원리에 대해서까지도 의심해 보지 않을 수 없다. 왜냐하면 인간의 오성은 진리를 인식하기에 불합당할 뿐 아니라 끊임없이 오도(誤導)를 일삼는 까닭이다."

(쉬퇴릭히 저, 임석진 역, 『세계철학사』(하권), 57쪽)

이런 데카르트의 회의, 즉 의심을 방법적 회의라고 한다. 이는 진리를 찾기 위해 기존의 모든 이론과 지식을 의심하고 반성하는 행위이다.

그런데 내가 모든 것을 의심하면 할수록 더욱 확실히 나타나는 것이 있으니 이는 내가 의심하고 있다는 사실이다. 즉 나는 수학의 공식이나 혹은 눈 앞에 보이는 나무나 땅을 의심할 수 있다. 그러나 그것을 의심하는 자아, 즉 나는 의심될 수가 없다. 이 모든 회의를 통해서도 나는 사유하는 존재로서의 나 자신을 의심할 수는 없다. 이와 같이 데카르트는 "나는 생각한다. 그러므로 나는 존재한다"(cogito ergo sum)라는 명제를 그의 학문의 제1원리로 삼았다.

이런 데카르트의 사상은 자아(自我) 혹은 자기(自己)라는 문제의 중요한 역사를 이룬다. 나라는 존재가 무엇보다도 중요한 진리의 원천이라는 것이다. 이를 우리는 논술과 관련시켜서 자아 중심적인 사상이라고 할 수 있다. 자아를 다른 말로 주체 혹은 주관(subject)이라고 한다. 근대 철학은 이처럼 주관성 중심이며 자기 중심이라고 할 수 있다. 그런데 데카르트의 자아는 육체가 아니라 정신 혹은 이성이라고 할 수 있다. 즉, 데카르트의 자아는 생각, 사고(思考)하는 자아이다. 육체를 가지고 움직이며, 욕망과 충동에 따라 움직이는 자아를 데카르트가 부정하는 것은 아니지만 더욱 중요한 것은 사유하는 자아, 즉 다시 말해 이성(理性)이라고 할 수 있다. 그런 면에서 데카르트 역시 플라톤의 전통을 따르고 있다고 할 수 있다.

5. 유가(儒家)의 도덕적 자아 – 군자(君子)와 소인(小人)

중국 철학에서 자아에 대한 특별한 이론은 없지만 입시와 관련해서 볼 때 중요한 사상은 공자(孔子)가 말하는 소인(小人)과 군자(君子)의 대비이다. 이런 개념을 통해서 유학의 자아 및 자기에 대한 생각을 알아보자. 유가에서 보는 참된 자아는 공동선(共同善)과 의리를 추구하는 인간이다. 이는 달리 말해 도덕적 자아를 참된 자기로 본다는 것이다.

■ 공(公)과 사(私)

조선시대에는 군자(君子)는 의(義)를 추구하고 소인(小人)은 이(利)를 추구한다는 유학적인 이념이 선비들의 정신을 사로잡았다. 공과 사는 의(義)와 이(利)의 대립으로 설명될 수 있다. 이런 의와 이의 대립은 유가(儒家) 철학 다시 말해 공자의 『논어』(論語)에서 처음으로 나타나고 있다.

『논어』에서는 군자와 소인을 여러 곳에서 대비시키고 있다. 공자는 "군자는 의를 밝히고 소인은 이를 밝힌다"(『논어』 이인(里仁)편, 16장)라고 설파한다. 여기서 의(義)를 밝힌다는 것은 대의명분을 밝힌다는 것이며 개인의 이익보다는 공공의 이익 즉, 공동선(共同善)을 먼저 생각하고 행동한다는 뜻이다. 여기에 비해 소인은 자신의 이익만을 취한다는 것이다. 대의명분을 먼저 생각하는 사람 즉, 군자는 용기를 가지고 있어야 한다. 용기가 없다면 정의나 공동선도 구두선에 그칠 뿐 아무런 실천적인 힘을 가질 수가 없다.

"진정한 용기란 아니라고 말해야 할 때 아니라고 말하는 것"이라는 서양 속담이 있다. 보통 우리는 분명히 그것이 옳지 않다는 것을 알면서도 그렇게 말하지 못하는 경우를 많이 겪는다. 그러나 아름다운 사람은 정말 그 일을 해서 피해를 입거나 또는 죽을 수밖에 없는 상황에 처하더라도, 아니라고 해야 할 자리면 아니라고 하는 사람이다. 이처럼 참다운 용기를 갖고 있기 때문에 "사람다운 사람은 맞설 자가 없다"(仁者無敵)고 한 것이다.

■ 목숨을 걸고서 지켜야 하는 공동선과 대의명분 – 사육신 (死六臣)의 경우

사육신 추모대제전
사(私)를 버리고 공(公)을 이루기 위하여 자신의 목숨마저도 초개처럼 버린 조선시대의 도덕적 영웅들을 추모하기 위한 추모대제전. 이들은 "군자는 의(義)를 밝힌다"는 공자의 의리 명분론을 그대로 따른 행동하는 양심이었다.
(조선 포토 뱅크)

공(公)과 사(私)라는 주제는 다양한 각도에서 서술될 수 있다. 그 고전적인 경우가 대의명분을 위해 장렬한 죽음을 택한 조선시대 사육신(死六臣)의 경우이다. 그들은 단종의 숙부인 수양대군이 단종을 몰아내고 왕위를 찬탈하자 그 불의(不義)함을 수용하지 못하고 국가에 대한 충성심과 선비의 의무를 다한다는 명분을 불태웠다. 그들은 마침내 세조 즉, 수양대군을 몰아내고 단종을 복위(復位)시키려는 거사를 일으켰으나 실패하였고 결국 자신들의 목숨마저 내놓아야 하는 지경에 처했으나 끝까지 충절을 지켰다. 이처럼 공(公)과 사(私)는 인간에게만 고유한 도덕적 존재방식을 의미하며 정의를 위해서는 목숨까지 바치는 고귀한 행동양식이다.

6. 맹자(孟子)의 대인(大人)과 소인(小人)

공자의 군자와 소인의 구분이 사람의 자아정체성과 관련하여 그가 공익을 추구하느냐 혹은 사익만을 추구하느냐 하는 도덕적인 관점에서 사람됨을 구별한다면, 공자의 제자인 맹자(孟子)는 공자의 도덕적인 인간관을 한 걸음 더 발전시켜 이를 인식론적으로 규정하고 있다. 즉 맹자에 의하면 대인(大人)은 마음(心)을 따르고 소인(小人)은 눈과 귀의 욕망을 따른다고 한다. 맹자가 말하는 마음이란, 플라톤의 철학과 비슷하게, 이성(理性)을 말한다. 즉 맹자는 마음을 스스로 생각하는 기능으로 보고 있다. 이런 마음을 따르는 대인과는 달리 소인들은 눈과 귀가 말하는 것을 듣고 그대로 움직인다. 즉 소인은 충동과 자극에 대해 본능적으로 반응한다는 것이다. 플라톤이 말한 것처럼 육체의 욕구에 따라 움직이면 순간적인 쾌락은 주어지지만 항상 불안과 공포 그리고 번뇌에 시달리게 된다.

맹자는 눈과 귀를 맹종하는 감성적, 충동적, 본능적 자아를 소인으로 표현한 것이다.

맹자는 이런 감정과 욕구의 대상을 외물(外物)이라고 규정한다. 즉 소인은 눈과 귀를 지나치게 믿기 때문에 외물의 자극과 유혹으로부터 자유롭지 못하다. 이는 아무 생각 없이 외물의 유혹에 빠져 죄를 짓거나 손실을 보는 일상적 경험에서 잘 알 수 있다. 예를 들면 이런 것이 있다.

먼 길을 걸어오면서 물을 마시지 못해서 목이 무척 마른 사람이 있다. 그러다가 그는 멀리서 한 우물을 보았다. 막 달려가서 그 우물의 물을 마시려는 순간 그는 물에 독(毒)이 스며 있음을 알았다. 그 때 그의 욕망은 물을 빨리 마시라고 재촉한다. 그러나 이성은 우물의 물을 마시지 말 것을 요구한다. 왜냐하면 마시면 치명적인 독 때문에 해를 입게 되기 때문이다. 이렇게 이성과 욕구가 충돌할 때 우리는 이성의 가르침을 따라야 한다.

맹자는 이를 "외물과 접촉하면 쉽게 유혹된다"라고 가르친다.

따라서 눈과 귀가 아니라 마음을 확고하게 세워서 결단할 것을 가르친다.

이런 면에서 맹자의 대인-소인 학설은 플라톤의 이성-욕망 학설과 흡사하다. 다음의 인용문을 보자.

> 공도자(公都子)가 물었다. "다 같은 사람인데 누구는 대인(大人)이 되며, 누구는 소인(小人)이 되니 어찌하여 그렇습니까?" 맹자(孟子)가 대답하였다. "마음(心)을 따르면 대인이 되고, 눈과 귀의 욕망을 따르면 소인이 된다."
> 공도자가 다시 물었다. "다 같은 사람인데 누구는 마음을 따르며, 누구는 눈과 귀의 욕망을 따르니 어찌하여 그렇습니까?" 맹자가 대답하였다. "눈과 귀는 보

고 듣기만 할 뿐 스스로 생각하지 못하기 때문에 외물(外物)과 접촉하면 쉽게 유혹된다. 그러나 마음은 스스로 생각할 수 있기 때문에 마음을 따르면 깨달음을 얻어 미혹되지 않는다. 마음과 눈과 귀는 모두 하늘이 나에게 부여한 것인데 그 중에서 마음이 가장 중요하다. 따라서 마음을 확고하게 세워 눈과 귀의 욕망에 흔들리지 않는 사람을 대인이라고 할 수 있다."

(『맹자』 고자 上, 15장)

여기서 맹자가 말하는 마음이란 이성과 같다. 이는 생각하고 판단하는 능력을 말한다. 위의 "마음은 스스로 생각한다"의 영어 번역은 "The function of the mind is to discriminate"이다.

결국 맹자가 말하는 마음(心)은 생각하고 분별하는 기능, 즉 이성을 말한다.

■ 플라톤의 『국가』에 나타난 이성과 욕구 그리고 기개

요즘 고전의 내용이 바로 논술시험에 인용되는 경향을 감안하여 플라톤의 『국가』에서 해당 부분을 보자.

"따라서 우리가 이것들을 두 가지 서로 다른 것들로 보고서, 그것으로써 혼이 헤아리게(추론하게) 되는 부분(면)을 혼의 헤아리는(추론적, 이성적: logistikon) 부분이라고 부르는 반면, 그것으로써 혼이 사랑하고 배고파하며 목말라하거나 또는 그 밖의 다른 욕구들과 관련해서 흥분 상태에 있게 되는 부분은, 어떤 만족이나 쾌락들과 한편인 것으로서, 비이성적(헤아릴 줄 모르는: alogiston)이며 욕구적인(epithymetikon) 부분이라 부른다 해도 결코 불합리하지는 않을 걸세." 내가 말했네.

"그렇지 않고, 오히려 우리가 그렇게 생각하는 것이 합당할 것입니다."라고 그가 말했네.

"그러면 이들 두 종류가 우리의 혼 안에 있는 것들로서 구별된 걸로 해 두게나. 그러나 격정(기개: thymos)의 부분이며, 그것으로써 우리가 격하게도 되는 부분은 제 3의 것인가, 아니면 저들 둘 중의 어느 하나와 같은 성질의 것인가?" 라고 내가 물었네.

(…)

"이 이야기는 실상 분노(기개)가 욕구와는 별개의 것으로서, 때로는 욕구들에 대항해서 다툰다는 것을 암시해 주고 있네."
내가 말했네.

(플라톤 저, 박종현 역, 『국가』(2003), 300-301쪽)

여기서 보면 인간의 정체성은 기본적으로 이성적인 부분과 욕구적인 부분 그리고 용기(기개)적인 부분 등으로 나뉘어 있는 것을 알 수 있다. 기개(氣槪) 혹은 용기란 이성과는 구분되지만 이성의 편을 들어 불합리한 욕구나 충동에 대항하는 힘이다.

이를 흔히 플라톤의 영혼 3분설이라고 한다. 이런 영혼 3분설은 앞에서 말한 『파이돈』의 영육 이원론이 아직 성숙되기 전의 플라톤의 사상이다. 즉 플라톤의 『국가』가 『파이돈』보다 먼저 저술되었다는 것이다. 『파이돈』은 그 저술 목적이 플라톤의 이데아설을 방어하기 위함이며 이는 플라톤 말년의 대작이다. 이에 비해 『국가』는 플라톤 성숙기의 작품으로 본다(안재오, 『논리의 탄생』(2002) 참조).

7. 도가(道家)의 자연적 자아 – 무위자연(無爲自然)

노자(老子)와 장자(莊子)에 의해서 대표되는 도가(道家)의 인간관 혹은 자아이론은 자연과의 합일이라는 점이 특징이다.

도가 철학의 기본 사상은 무위자연(無爲自然)이라는 사상이다. 이는 달리 말하면 아무 것도 하지 말고 자연으로 돌아가라는 생각이다. 아무것도 하지 않는다는 것은 그러나 액면 그대로 사람이 아무런 활동도 하지 않고 살아가라는 말은 아니다. 인간 역시 자연의 일부이기 때문에 다른 생물들처럼 생육번식 작용을 해야 한다. 그런 자연적이고 본능적인 행위를 하는 것은 자연적이다. 단지 도가 철학이 미워하는 행동은 인위적(人爲的)이며 꾸민 행동이다. 요즘 흔히 하는 성형수술은 도가적인 관점에서 보면 잘못이다.

무위자연 사상은 또한 지나치게 탐욕적인 행위나 유가(儒家)에서 말하는 도덕적 행동 역시 부정한다. 이 점에서 도가는 유가와 항상 대립관계에 있었다. 유가는 예절과 도덕을 중시한다. 그러나 노자는 인의(仁義)와 예절(禮節)을 끊어 버릴 것을 주장했다. 너무 예절을 중시하면 허례(虛禮) 의식(儀式)을 할 수가 있다는 것이다. 당시 예절이 3천 가지나 있었다고 전해진다.

장자의 아내가 죽어서 그의 친지인 혜자가 조상을 가니 장자는 두 다리를 뻗고서 악기를 두드리며 노래를 부르고 있었다. 그래서 혜자가 장자에게 물었다. "자네는 함께 살면서 자식도 기르고 함께 늙어가다가 부인이 먼저 죽었는데 노래를 부르고 악기까지 두드리니 너무 심하지 않은가?" 그러니 장자는 "삶과 죽음은 마치 봄 여름 가을 겨울이 바뀌는 것처럼 자연스러운 일일세. 그 사람은 이제 천지 사이의 큰 방에서 편안히 자고 있네. 그래서 내가 운다면 이는 자연의 이치를 거스르는 것일세" 라고 응수했다고 한다.

이처럼 노장사상은 인위적인 예절이나 형식에 얽매인 생활을 비판하고 인간의 참된 자아는 자연과의 합일에 있음을 밝혔다.

「고사관수도」(高士觀水圖)

조선 초기의 화가 강희안의 산수인물도. 이 그림의 선비는 바위에 몸을 기대어 흘러가는 물을 바라보고 있다. 이는 다분히 도가(道家) 풍의 사상을 담고 있다. 도가의 기본철학인 무위자연(無爲自然)의 기풍이 작품 전면에 흐르고 있다. 도가에서 흔히 물은 도(道)의 상징으로 이해된다. 노자 8장을 보면 상선약수(上善若水)라는 말이 있다. 도(道)란 눈에 보이지 않는 절대적 존재라고 봐야 한다.
이 도를 상징하는 물질이 곧 물이다. 물은 도가에서 특히 중요한 메타포이다. 상선약수란 다름 아닌 "도란 물과 같다"라는 의미를 가진다. 그 이유는 물은 만물에게 좋게 해주고 이롭게 베풀지만 자신을 뽐내지 않고 언제나 자신을 낮추어 더 낮은 곳으로 다니기 때문이다. 그러므로 물의 특성은 도에 가깝다.

8. 대중사회와 자아정체성 - 고독한 군중

고전 문헌에 나타난 자아정체성 문제에서 이제는 현대 산업사회의 자아정체성 혹은 대중문화 속의 자아정체성이란 주제를 분석해 보자. 논술시험은 다양한 시간적 간격이 있는 지문을 제시하고 거기서 관련성을 찾는 경우가 많다. 여기서 자아정체성 문제는 달리 말해서 인간의 문제 혹은 개성(personality)의 문제와 같다.

데이비드 리스먼(David Riesman, 1909-2002)
리스먼은 1950년 출간한 『고독한 군중』에서 사회가 인구증가와 기술진보 등에 따라 내부지향형에서 타자지향형으로 변한다고 주장하였다. 현대인은 또래집단, 친구집단(peer group)의 눈치를 보면서 그들의 영향에 따라 행동하는 타자(외부)지향형(other directed type)이다.
고독한 군중은 바로 이러한 현대 고도산업화에 따르는 대중사회에 있어서의 특유한 성격 유형이다. 현대인은 타자들이 무엇을 생각하고 무엇을 좋아하는지에 항상 관심을 가지고 있으며 그들로부터 격리되지 않으려고 노력한다.

■ 대중사회의 타자지향적 자아

현대 사회는 대중사회라고 한다. 대중사회의 대중은 능동적인 주체가 아니라 매스컴이나 대중문화에 수동적으로 지배당하는 군중 속의 고독한 개인을 말한다. 이를 사회학자 리스먼은 '고독한 군중'이라고 표현하였다.

미국의 대중문화 연구가인 리스먼(D. Riesman, 1909-2002)은 그의 저서 『고독한 군중』(The Lonely Crowd, 1950)에서 사회의 발전단계에 따른 자아 혹은 개성(퍼스낼리티, personality)의 유형을 다음과 같이 분석하였다.

① **전통지향형**(tradition directed type) : 1차 산업이 지배하는 전통사회에서 나타난다. 개인의 행동기준이 개인적 생각이나 가치관에 있는 것이 아니고 전통과 과거가 제시해 주는 규범에 따라 행동하는 자아유형이다.

② **내부지향형**(inner directed type) : 19세기의 공업화의 초기에 나타나는 인간형으로 학습이나 자신의 주체적인 생각 등을 통해서 내면화된 도덕과 가치관에 따라 판단하고 행동하는 자아유형이다.

③ **타자지향형**(other directed type) : 대중사회에서 대두되는 형으로 대량소비와 대

량생산이 국가적 가치로 등장하고 개인은 소비지향적 문화에서 누가 무엇을 가졌는가 혹은 누가 무엇을 소비하는가에 관심을 가진다. 예전처럼 생산이나 건설에 뛰어난 입지전(立志傳)적인 인물보다는 좋은 집에 살고 비싼 차를 타고 다니는 사람이 현대의 영웅이다. 대중들은 부단히 그런 소비의 영웅들을 부러워하며 그들을 목표로 일하고 생각하고 노력한다. 한 마디로 현대 사회는 소비를 권장하고 또 소비를 통해서 인간의 가치와 개성을 발휘하라고 요구한다.

이런 소비지향적인 사회에서는 주체성이 강한 내부지향적인 인간보다 의존성이 강한 외부지향적인 인물을 더 선호한다. 미드의 말을 빌리면 소비지향적인 개성이 일반적인 타자의 지위를 차지한다.

타자지향적인 사회의 인간들은 또래집단(peer group)의 눈치를 보며, 다른 사람의 행동에 민감히 반응한다. 직장에서도 다른 동료직원이나 윗사람이 나를 어떻게 생각할까 하는 등 주위의 다른 사람의 감정과 행동에 민감한 반응을 보인다. 이런 인간은 항상 사회로부터 격리되지 않으려고 노력하지만 늘 자기 상실과 고립의 불안감을 안고 살아간다. 그래서 이들은 '고독한 군중'이다.

또 타자지향형의 인간은 정치에 무관심하며 공적인 일에는 둔감하다. 그들은 정치지도자들이나 대기업의 임원들 같은 사회의 엘리트 집단이 시키는 대로 살아가려고 한다.

사회 엘리트 집단은 매스컴을 이용하여 이들을 통제한다.

매스컴은 대량 전달 수단을 통해 일방적으로 정보와 가치와 이념을 전달하며 대중을 세뇌한다. 또한 매스컴은 이윤을 추구하는 기업이므로 사회적 정의보다는 기업의 이윤을 반영하기 쉽다. 특히 매스컴의 생명인 광고는 교묘한 수단을 통해서 대중조작을 일삼게 된다. 매스컴은 대중들의 자아정체성을 조작하고 통제한다. 대중들의 자아정체성은 오직 더 좋은 물건을 더 많이 소비하는 것이다.

9. 소비사회와 자아정체성 - 소비를 통한 자아상실

리스먼의 타자지향형 인간은 항상 자신의 시선이 타자로 향해 있다. 즉 남이 나를 어떻게 보느냐 하는 문제가 현대인의 주된 관심사이다. 따라서 현대인들은 매스컴과 광고가 유혹하는, 아니 요구하는 방식으로 자신의 삶을 조정한다.

그런데 역설적으로 가장 많이 나오는 광고 문구는 자아정체성을 강조하는 문구이다. 즉, 개성이나 특성을 살리라는 광고 문구가 많다는 것이다. 리스먼은 다음과 같이 말한다.

> "오늘날 가장 많이 요구되는 것은 기계도, 재산도, 일도 아니다. 바로 개성이다."
>
> (보드리야르 저, 이상률 역, 『소비의 사회』(2004), 116쪽에서 재인용)

광고는 기본적으로 기업 생산물의 소비를 촉진하라는 암시이다. 요즘 광고는 물건이 좋다는 말보다 소비자의 고유한 개성과 자아정체성을 존중하라는 문구로 화려하게 장식되어 있다. 예를 들면 "XX 샴푸를 쓰면 당신의 얼굴은 더욱 개성적으로 바뀐다"라는 TV 광고를 보자. 이런 광고 카피가 가장 흔한 문구이다. 이는 그 샴푸가 머릿결을 좋게 한다거나 건강하게 한다는 문구와는 근본적으로 다르다. 이렇게 개성을 강조하는 광고는 실은 물건을 많이 팔기 위한 하나의 속임수에 불과하다.

만약 내가 XX 로션이나 YY 샴푸를 써야만 나의 개성이 살아난다면 나의 개성이나 자아정체성은 도대체 누가 결정하는 것일까? 그런 샴푸나 로션을 쓰지 않는 사람은 개성이 없다는 말일까?

이는 개성이나 자아를 존중한다는 척하면서 실은 개성이 없다는 것을 의미한다.

공장에서 대량생산된 상품이 어떻게 나의 개성과 독자성을 고양시킨다는 말인가?

로션이나 샴푸가 나의 정체성이나 개성을 만들어준다는 것은 실은 소비문화의 몰개성(沒個性)과 통속성(通俗性)을 말한다. 오늘날 빈번하게 나타나는 개성을 빙자한 마케팅 전략에 대해서 보드리야르는 심각한 자본주의 사회의 모순을 본다.

프랑스의 철학자, 사회학자인 보드리야르(Jean Baudrillard, 1929-)는 그의 저서 『소비의 사회』에서 현대의 대중 소비사회는 "개인이 타인과 구별되고 싶은 욕구", 즉 개성화의 욕구를 이용하여 사람들을 몰개성(沒個性)과 순응(順應)으로 몰아가는 전략이라고 고발한다.

사람들은 남과의 차이를 원하여 상품을 소비하지만 실제로 일어나는 결과는 남과의 동질화, 몰개성화이다.

장 보드리야르(Jean Baudrillard, 1929-)
프랑스의 철학자. 그는 『소비의 사회』, 『시물라시옹』(Simulation) 등의 저서를 통해서 현대 사회의 허구성을 폭로했다. 이는 주로 대중 소비문화와 관련된 사상인데, 소비를 촉진하는 광고는 소비가 사람을 풍요롭게 하고 자유롭게 하며 또 평등하게 한다는 환상을 심어주지만 사실은 그와 반대라고 한다. 즉 소비를 통해서 사람은 그의 개성을 상실하고 사회의 구조적 모순 속으로 더욱 침몰될 뿐이라는 것이다. 날카로운 현실의 분석에 비해 그가 제시하는 실천적인 결론은 희미하다.
우리 시대가 요구하는 것은 행동하는 지식인이다.

> "당신의 아파트를 당신이 직접 개성있게 꾸미세요!
>
> 이처럼 자신이라는 말을 '겹겹이 포개는' 표현(자신이 직접 자기 자신을 개성화한다…!)이 현재 진행 중인 사태의 진상을 분명하게 보여준다. 진상을 분명하게 보여줄 수 없기 때문에 허우적거리는 이 수사(修辭) 모두가 말하는 것은 바로 개성이 없다는 것이다. 다른 것으로 환원될 수 없는 특질과 특별한 무게를 지닌 절대적 가치로서의 '개성'(이 개념을 서양의 전통은 정열, 의지, 특성 또는 평범함을 지닌 주체를 창조하는 신화로 꾸며냈다), 그러나 그러한 개성은 존재하지 않으며 이미 죽었고, 또 우리의 기능적 세계로부터 쫓겨났다. 그런데 이 존재하지 않는 개성, 잃어버린 심급(審級)이 지금 '개성화'되려고 한다."
>
> (『소비의 사회』, 116쪽)

다시 말해서, 인간의 고유한 개성을 부정하는 것이 자본주의이다. 자본주의는 모든 사람을 획일적인 기준으로 평가한다. 즉, 돈이라는 한 가지의 기준으로 평가하는 시스템이 자본주의이다. 자본주의는 사람이 아니라 돈이 주인이 되는 사회이다. 그런데도 불구하고 대중매체는 사람들로 하여금 개성적이 되라, 자신의 고유한 내면성을 개발하라고 부르짖는다. 이는 거대기업의 하수인이 되어 버린 매스컴 광고의 전략이다. 그들은 개성을 팔아서 개성을 죽이고 있는 것이다. 자아정체성을 팔아서 자아정체성을 사라는 장사꾼들의 교묘한 전략이다.

이런 대중 소비사회의 역설을 보드리야르는 소비를 통한 사회통제라는 말로 표현한다. 이를 다시 쓴다면 다음과 같다.

> "(자본주의) 체계는 소비자의 개인주의를 더욱더 조장해야만 하면서도 동시에
> 그 개인주의를 점점 더 엄하게 억누르지 않으면 안 된다."
>
> (『소비의 사회』, 110쪽)

또한 대중들은 그들의 구매력의 차이 때문에 아무것이나 구매하거나 소비할 수도 없다. 값비싼 자동차나 보석을 살 수 있는 사람은 극소수이다. 그러나 광고는 그런 차별과 제한을 무시하고 무차별적으로 구매를 권유한다. 이런 과정에서 사람들은 환상적인 평등감을 맛본다. 즉 나도 저 (비싼) 차를 살 수 있다는 의식이 생긴다. 그래서 열심히 돈을 벌어서 그 차를 사려고 노력한다. 실은 이런 소비의 열기 때문에 사회는 모순을 은폐한 채로 그대로 지속된다. 보드리야르는 이런 대중 소비의 환상을 자본주의에 내재한 차이화 전략이라고 규정한다. 다시 말해서 사회 불평등 전략이 소비 광고와 소비 붐 뒤에 숨어 있다는 것이다. 즉 선전과 광고를 통한 소비의 촉진은 사회적인 차이를 확대재생산하는 것이다.

보드리야르는 이런 소비를 통한 빈부 차이의 구조화를 다음과 같이 설파한다.

> "즉 선전의 의미작용은 차이의 산업적 생산에 속한다 – 이것이 소비의 체계를
> 가장 강력하게 정의한다고 나는 생각한다."
>
> (『소비의 사회』, 117쪽)

사람들은 소비를 통해 더욱 빈부의 차이가 벌어진다. 그런 줄도 모르고 오늘도 민중들은 더 좋은 물건을 사고 더 나은 집을 구하고 자녀에게 더 좋은 교육을 받게 해주려고 피땀을 흘린다. 그러는 사이에 기득권층은 이미 따라올 수 없을 정도로 빈부의 격차를 깊게 파놓고 있다. 대중사회의 광고와 소비는 이처럼 사회적 차이(불평등)를 구조화시킨다.

여기서 하나 보충한다면 보드리야르가 말하는 소비를 통한 사회적 불평등의 재생산은 어느 누구의 잘못도 아니라는 것이다. 대기업이나 매스컴도 그에 대한 직접적인 책임은 없다. 이는 하나의 사회구조적 모순일 뿐이다.

이에 대한 대책으로는 교육을 들 수 있다. 물론 보드리야르는 교육 역시 자본주의 차이 생산, 불평등 생산의 도구로 보고 있지만 이는 너무 비관적인 생각이다. 필자는 교육을 통한 사회정의 실현이 가능하다고 본다.

산업과 생산 체계는 사회적인 불평등을 더욱 심화시키는 면이 있다. 시장 역시 빈익빈(貧益貧) 부익부(富益富)를 가중시킨다. 경제성장과 생산력의 증대가 사회적 평등을 가져오지 않는다는 것이 최근 경제의 현주소이다. 보드리야르는 성장 자체가 불평등에 의존하고 있다(『소비의 사회』, 60쪽)고 주장한다. 이는 최근 미국이나 우리나라에서의 경제 지표를 보면 충분히 이해할 수 있다. 즉 생산성은 증가되고 기업 이익률은 늘었지만 고용은 줄고 있는 게 현실이다.

이런 사회적 불평등 구조를 막는 유일한 대책이 교육에 있다. 즉, 교육의 기회 균등을 국가적으로 철저히 시행함으로써 사회적 불평등 구조의 고착화를 막고 사회적 유동성을 확보할 수 있다고 본다(안재오, 『교육공화국』(2003) 참조).

10. 여성의 정체성 - 보부아르의 『제 2의 성』

자아정체성이라는 문제는 추상적으로 인간의 정체성 같은 개념에 파묻혀 모두 설명될 수는 없다. 구체적, 사회적인 맥락에서 인간의 정체성은 여러 가지 형태로 나타날

보부아르와 사르트르

실존주의 철학자 장 폴 사르트르와 그의 일생
의 동반자인 시몬느 드 보부아르는 그들의
'계약결혼'으로 유명하다.
서로의 자유를 구속하지 않는 사랑을 위해 이
들은 계약결혼을 체결했다. 이는 1년씩 서로
살아보고 서로 좋다면 결혼생활을 1년씩 연장
하는 조건부의 결혼으로서 당시 유럽의 지식
인들에게 큰 영향을 주었다.
그러나 이런 결혼은 출산과 육아라는 중대한
문제를 도외시하는 철저한 개인주의에 기초하
는 것이다.

수 있다. 그 중 중요한 것이 여성과 남성이라는 구별이다. 같은
인간으로 태어나도 여성과 남성은 각자 다른 정체성 확보의 길
을 갈 수밖에 없다. 사랑이나 결혼 그리고 가족 같은 문제 역시
인간의 자아정체성의 문제와 결합되어 상당히 중요한 역할을
수행한다. 정체성(identity)이란 영어 그대로 자기동일성을 말
한다. 즉 '나는 나다' 하는 자기의 인식을 말한다. 이는 흔히
'내가 누구인가?' 하는 질문에 대한 답을 의미한다. 따라서 개
인의 정체성도 있을 수 있고 아니면 민족의 정체성도 있을 수
있다. 따라서 여성의 정체성 혹은 남성의 정체성이란 개념도
성립한다.

　전통적으로 여성은 가정과 출산 및 양육이란 범주로 그 활동이
제약되어 왔다. 특히 유교 문화권에서는 남존여비(男尊女卑) 내지
부부유별(夫婦有別) 등의 교리가 있어서 '남자는 밖에서 일하고 여자는 안에서 가정을
지킨다'라는 전통이 지배했다. 서양에서도 알게 모르게 여성에 대한 폄하와 여성의 복
종을 강조하는 여러 가지 문서나 교리 혹은 속담 등이 전해졌다.

　인류 역사는 이런 관계에서 남성우위(男性優位)적인 사회를 만들어 왔다. 이는 남자
는 지배하고 여자는 복종한다는 교리이다. 이런 역사적인 흐름을 대항하는 유명한 작
품이 프랑스의 작가 시몬느 드 보부아르가 1949년에 발표한 『제 2의 성』이다. 거기서
보부아르는 "여성은 태어나는 것이 아니라 만들어지는 것이다"라는 유명한 말을 했
다. 이는 종래까지 여성에 대한 우리의 인식을 뒤엎는 획기적인 생각이었다.

　종래에는 여성은 모성(母性)이라는 굴레에서만 인간의 가치를 평가했다. 즉 가정과
결혼 그리고 양육 등이 여성의 타고난 고유한 직분인 줄 알았다.

　그러나 보부아르는 그런 인습이 사회적, 역사적으로 만들어진 허위의식이라는 점을
폭로했다. 전통적인 여성의 기능은 현대적인 여성의 자아정립과 불일치한다. 예를 들
어 여성은 직업활동이나 연구활동 혹은 공연, 창작 활동을 통해서 자신의 자아정체성

을 확립하고 또 창조해 나가기를 원한다. 그리고 그런 자아실현의 욕구가 가정봉사 및 육아라는 전통적인 여성상과 불일치한다면 후자를 포기할 수도 있는 일이다. 중요한 점은 여성에게 이런 문제에 관해서 자기결정권을 주는 일이다. 종래의 인습은 이런 문제에 관해서 여성의 자기결정권을 허용하지 않았다. 이는 가부장적인 남성본위의 사회에서 발생하는 하나의 불합리한 전통이었다. 이런 남성본위 사회는 인간평등, 그리고 양성평등(兩性平等)이라는 현대인의 인식에서 볼 때, 극히 부당한 처사이다. 남녀를 불문하고 누구나 능력이 있는 자는 사회적 활동을 해야 한다. 이런 점에서 한국은 아직도 후진적인 상태를 벗어나지 못하고 있다. 대학을 졸업한 많은 여자들이 그들의 전문 지식과 기능을 살리지 못하고 그 능력을 가정에서 방치하고 있다.

■ 모성성(母性性)의 탈신비화와 페미니즘의 출발

시몬느 드 보부아르의 『제 2의 성』은 종래의 여성에 대한 신비를 벗기고 여성의 자기주장과 자아실현을 역사적으로 선언함으로써 여성운동(페미니즘)의 선구자가 되었다.

'여자는 약해도 엄마는 강하다' 혹은 '여자로 태어난 죄'라는 말처럼 여성의 모성성과 가족성은 항상 여성주의 논쟁의 핵심을 형성해 왔다. 이런 관점에서 보부아르의 모성애(母性愛) 분석은 여성주의 사상의 기본을 이루고 있다.

보부아르는 "모성애는 나르시시즘(narcissism, 자기도취증)과 이타주의, 허위의식과 헌신이 교묘하게 결합된 것이며, 모성본능을 지나치게 신비화함으로써 여성은 개인의 욕망과 이를 실현하기 위한 사회생활로부터 소외되어 왔다"고 쓰고 있다.

보부아르의 지지자들은 그녀 덕분에 신성불가침의 성역이었던 모성이 처음으로 해부와 논쟁의 대상이 될 수 있었다고 지적하며, '엄마이기 이전에 나 자신의 삶'을 꿈꾸던 야심만만한 여성들에게서 죄책감을 없애주고 주체로서의 자유로운 삶을 모색하게끔 숨통을 틔워주었다는 점을 강조한다.

그러나 보부아르는 여성의 생물학적, 인간학적 특성인 임신과 육아를 너무 소홀히

함으로써 여성의 성적 차이성을 무시하고 있다는 지적이 있다. 따라서 현대의 여성주의 운동은 양성평등과 여성의 차이성을 조화시키는 방향으로 가고 있다. 즉 육아를 하면서도 동시에 직장생활을 할 수 있는 사회적 제도의 도입이나, 여성의 부당한 차별대우에 반대하며 여성할당제 등을 통해서 남성주의의 역사적인 과오를 시정하는 전략을 취하고 있다.

11. 정보사회의 자아정체성

도덕교과서에도 이미 언급된 것처럼 현대 사회의 특징은 탈산업사회(脫産業社會) 혹은 지식정보사회라는 점이다. 지식과 정보는 오늘날 자원이나 자본 그리고 기술보다도 더 중요한 산업의 핵심 요소가 되고 있다. 왜냐하면 정보와 지식만 제대로 갖추고 있으면 자원, 자본 그리고 기술마저도 모두 빌릴 수 있기 때문이다. 그리고 때로는 자원과 자본(생산시설) 등은 관리하기 힘든 경영의 부담에 불과할 뿐이다. '나이키' 같은 다국적기업들은 자사 운영의 공장 하나 가지지 않고도 하청업체만을 가지고 세계적인 브랜드의 상품을 출시하고 있다.

우리 주변에는 매스컴과 인터넷을 통해서 온갖 지식과 정보가 산더미처럼 쌓여 있다. 그러나 문제는 그런 엄청난 공짜의 정보 혹은 지식은 거의 쓰레기에 가깝다는 것이다. 이는 오히려 지식과 정보의 공해(公害)에 해당한다. 정말 가치있는 정보와 지식은 아무도 그냥 말해 주지 않는다. 이는 나 스스로 노력과 경험을 통해서 찾고 추리하고 발견하고 창조해야 한다. 이것이 소위 지식사회 혹은 정보사회라는 구호의 숨겨진 뒷모습이다. 따라서 우리는 정보사회라는 거창한 표현 뒤의 진실을 알아야 하며 스스로 정보사회를 이끌어 가는 지도자가 되도록 노력해야 한다.

■ 가상공간의 성질

정보사회를 이끌어 가는 대중매체의 하나가 인터넷이다. 인터넷이 구축하는 전자적 공간은 가상공간(virtual space, cyberspace)이라고 한다. 여기서 가상(假想, virtual)이란 문자 그대로 '가짜의' 혹은 '허구의'라기보다는, 현실적인 공간은 아니지만 나름대로의 실재성(reality)을 가진 컴퓨터 공학적인 공간 개념으로 이해해야 한다.

가상공간은 지구라는 현실적 세계와 유사한 하나의 새로운 세계이며 물리적 공간에 맞먹는 인위적인 공간이다.

가상공간의 특징은 인간이 사용하고 보고 느끼는 모든 것을 0과 1이라는 두 가지 부호로 변환시켜 이를 다시 현실로 재현(再現)시킨다는 점이다. 이를 디지털화라고 한다. 디지털(digital)화되기 전의 상태를 아날로그(analogue)라고 한다. 아날로그 방식은 종래의 정보처리수단인 책이나 사진이나 그림 등이 있다. 디지털화는 아날로그 방식이 주지 못하는 지식과 정보의 표준화(standardization)를 가능케 한다. 이는 다시 말해서 컴퓨터가 인간의 뇌(brain)와 동일한 작용을 할 수 있다는 것이다. 모든 사물과 정보가 0과 1이라는 코드로 단순화, 획일화됨으로써 종래 무한히 많은 아날로그 기계들이 하던 일을 하나의 컴퓨터가 수행할 수 있다는 것이다.

우리가 인터넷 게시판 활동이나 온라인 게임 등을 통해서 다 경험한 것이지만 한 번 더 정리해 본다면, 가상공간은 시간과 공간의 차이를 느끼지 못하는 응축된 공간이다. 가령 '사이버 대학교'의 교수는 여름에 동해안으로 휴가를 가서도 시험문제를 출제할 수 있고 강의를 할 수도 있다.

혹은 알프스 산악지역에서도 사이버 강의를 할 수 있고 학생들 역시 마찬가지로 시간·공간의 구애를 받지 않고 어디서건 자신이 원하는 시간과 장소에서 수업을 받을 수 있다. 가상공간은 이처럼 시간·공간이 응축되고 사람과 사람 사이의 거리(distance)가 소멸되는 공간이다. 그리고 가상공간의 다른 특징은 그 철저한 수평적인 인간관계이다. 거기 개입하는 사람들은 모두 하나의 교점(node)으로서 동등한 지위를 차지한다. 현실 사회의 사회적 지위와 빈부의 차이 등은 가상공간에서 존재하지 않는다. 각 참가자들은 다른 누구에게나 접근가능하다. 산골에 사는 아이도 가상공간을 통해서 청와대에 사는 대통령에게 이메일을 보낼 수 있고 청와대 홈페이지를 통해서 대통령에게 사연을 올릴 수 있다. 이처럼 철저히 수평적이고 누구에게나 접속이 허용, 공개된 것이 가상공간이다.

■ CMC - 컴퓨터를 이용하는 커뮤니케이션

이처럼 가상공간은 '컴퓨터를 이용한 의사전달'(Computer Mediated Communication, CMC)을 그 수단으로 사용한다. CMC의 몇 가지 특징을 살펴보면 다음과 같다.

① 쌍방향성, 상호작용성

이는 컴퓨터를 이용한 대인관계나 혹은 컴퓨터와 인간의 관계 모두를 말한다. 인터넷 활동이나 온라인 게임 등을 해본 사람은 이를 금방 이해할 것이다. 즉, TV나 신문 등의 종래의 매체에 비해서 CMC가 상호작용이 뛰어남을 말한다. 이는 CMC가 소위 쌍방향 커뮤니케이션이기 때문이다. 가령 게시판의 글에 댓글(리플)을 다는 경우 때로 수천 수만 개씩 생기는 경우가 있다.

그 예로서 '노사모'(노무현을 사랑하는 모임)라는 인터넷 사이트가 우리 사회의 정치적 발달에 얼마나 큰 영향을 끼쳤는지를 생각하면 인터넷 전달의 쌍방향성 및 상호작용성을 이해할 수 있다.

그리고 온라인 게임이나 PC 게임을 하면 상당히 흥분과 자극이 강하다는 것을 알 수 있다. 이는 컴퓨터가 가지는 인터페이스(모니터)의 속성에서 기인한다. 즉 컴퓨터와 인간 사이의 상호작용성 역시 다른 전달매체나 오락수단에 비해서 크다는 것이다.

② 시공간의 제약 극복과 경제적 효율성

이는 앞에서 말한 가상공간의 장점과 동일한 속성으로서 시간과 공간의 차이에도 불구하고 CMC 이용자들이 사상과 지식을 전달하고 표현할 수 있다는 사실이다.

이런 예로 가령 홈페이지 관리에서 전체메일을 보내어 돈 안 들이고 회원 전체에게

공지사항을 알릴 수 있고 대량으로 지식과 정보를 살포할 수도 있다. 물론 이를 악용 (惡用)한 소위 스팸메일이 가상공간을 어지럽히고 있기는 하지만 정보와 지식의 대량 살포와 대량전달은 CMC의 최대의 장점의 하나이다.

또 다른 인터넷의 장점은 사이버 대학교 같은 가상교육기관에서 볼 수 있다. 현재 한국에서도 활성화되고 있는 가상대학교는 학생들의 시간과 돈을 절약해 주고 또 자신이 필요한 과목만을 수강하도록 하여 많은 수요자 중심의 교육기회를 제공하고 있다. 그 외에도 원격·가상 회의를 통해서 바쁜 비즈니스 업무를 경감시키고 있다.

③ 비문자적(非文字的) 표현 부재

이는 주로 게시판이나 전자메일 혹은 채팅을 사용할 때 발생하는 문제로서, 대면적 (對面的)인 인간관계(face-to-face human relation)와는 달리 CMC는 말을 하는 사람의 음성, 표정, 동작 혹은 신체언어(body-language)를 보여줄 수 없고 오직 문자로만 사상과 지식을 전달하기 때문에 CMC에서는 개성적, 감성적 표현이 빠져 있다는 것이다. 이는 달리 말하면 인격적인 만남이 아니라 추상적, 형식적인 만남이 이루어지고 있다는 뜻이다.

이를 보충하기 위한 수단으로서 최근 '이모티콘'을 이용하여 인터넷 송수신자 간에 간단한 기분이나 표정 그리고 분위기를 전달하기도 한다.

인간의 생각이나 사상은 그를 표현하는 수단이나 방법 혹은 분위기 등에 의해서도 많은 영향을 받으므로 문자만을 통한 표현은 완전하지가 못하다.

④ 익명성(anonymity)

인터넷의 익명성이란 인터넷 사용자들이 자신의 신분(身分), 신원(身元)을 밝히지 않고 가상적인 아이디(ID, identification)나 닉네임(nickname, 별명, 애칭) 만을 가지고 통신하는 행위를 말한다.

이는 '비문자적 표현 부재'와도 상통하는 문제로서, 인터넷 전달이 인간의 얼굴이

이모티콘(emoticon)

이모티콘은 감성(emotion)과 아이콘(icon, 컴퓨터 기능표시 형상)의 합성어이며, 컴퓨터 자판의 문자와 부호, 숫자 등을 적절히 조합해 감정이나 기분 등의 비문자적 의미를 전달하는 가상공간 특유의 언어이다.

예를 들어 웃는 얼굴은 :) 또는 :-)로 나타낼 수 있는데, 왼쪽으로 돌려 보면 웃는 얼굴이 나타나게 된다. 1980년대 카네기 멜론 대학 학생인 S. 펠만이 최초로 사용한 것으로 알려져 있다. 자칫 딱딱해지기 쉬운 컴퓨터 통신을 부드럽고 재미있는 분위기로 이끌어 기계와 기계 사이에 오가는 커뮤니케이션을 좀더 부드럽고 인간적으로 만들 수 있다.

(엠파스 백과사전)

없는 극히 지성적, 일방적인 언어에 불과하다는 것을 말해 준다. 물론 인터넷의 익명성 때문에 사용자들은 대면관계의 사회적 제약성을 벗어나서 자유롭고 개인적인 표현과 교류를 가상공간에서 만끽한다.

익명성의 반대는 인격성 혹은 대면접촉을 통한 만남인데 이는 좋은 점도 많지만 그 결점은 서로 피곤하고 서로 이해하는 데 시간을 많이 요구한다는 점이다.

인터넷이 아닌 실제적 공간에서의 만남은 이용자 쌍방에 대한 교류와 인식을 요구한다. 그리고 사회적 관계에서 다른 사람과의 만남은 지배와 권력관계를 떠나서 이루어지기 어렵다. 여기에 비해 인터넷은 그런 골치 아픈 사회적, 권력적 관계를 탈출하여 자유롭고 평등한 만남을 가능하게 한다. 개인주의가 지배적인 현대 사회는 인간들이 총체적으로 접촉하기를 꺼린다. 왜냐하면 나와 다른 타입의 인간과 접촉하는 것은 피곤하고 짜증나는 일이기 때문이다. 그만큼 인간관계가 파편화(破片化)되고 원자론적 개인주의가 인간관계를 지배한다. 현대인들은 인격적 만남을 싫어하는 경향이 있다. 왜냐하면 이는 시간과 노력이 많이 들고 귀찮은 점이 있기 때문이다. 맥도날드나 편의점 같은 가게가 잘 되는 이유의 하나도 바로 익명성 때문이다. 사람들은 어지간하면 친하게 지내기를 싫어한다. 귀찮기 때문이다. 편리하기 때문이다. 이는 우리 시대의 한 숙명이다.

따라서 대면접촉 없이 자신의 부분적인 견해와 생각만을 교환하는 인터넷 통신의 익명성은 현대에 잘 맞는 커뮤니케이션 방식이다.

■ 익명성의 자유와 그 책임

인터넷의 익명성은 인간이 갈구하는 자유와 평등을 가상공간에서 보장한다. 이런 매력 때문에 오늘날 인터넷은 가히 폭발적인 인기를 얻고 있다.

그러나 이런 인터넷의 익명적 자유는 치명적인 약점을 가지고 있는데, 그것은 다름 아닌 상대방에 대한 무시와 비방, 모욕 등이다. 온통 욕설로 도배된 게시판 글들이 이를 말한다. 이는 자유가 책임을 동반한다는 사실을 무시하고 익명성을 이용하여 자신의 실체를 숨기면서 무책임한 자유만을 추구하는 인간의 이기적, 자기중심적 속성에서 나온다.

자기와 다른 의견을 참지 못하는 것이 평균적인 이용자들의 속성이다. 사이버 공간에서는 지성적이고 논쟁적인 토론보다는 원색적인 감정의 노출이나 인신공격 등이 앞선다. 또는 남의 글을 퍼오기나 같은 글을 계속 올리는 이른바 '도배' 행위가 판을 친다. 그 밖에도 자살 사이트의 유혹이나 각종 범죄 공모 사이트가 사회를 암흑으로 몰아간다. 따라서 인터넷의 폐단은 무수히 많다.

한때 **인터넷 실명제**를 하자는 말도 많았다. 그러나 실명제는 인터넷의 자유를 제한하는 조치이다.

한마디로 인터넷은 자유의 가상공간이라기보다는 무질서하고 무정부주의적인 혼란의 공간이다. 이를 막기 위해서 인터넷 사용의 규칙(네티켓)을 법제화하자는 말도 있다. 그러나 이 역시 사용자들의 동의를 받지 못하고 있다.

중요한 것은 인터넷 참여자들의 자발적인 시민의식과 끝없는 자기 계몽의 노력이다. 이게 안 되어 다시 인터넷에 법과 제도의 구속을 가한다면 가상공간의 의미는 상실될 것이다.

인터넷의 이용의 익명성, 수평성(평능성) 그리고 자유 능은 농전의 앞뒷면과 같다. 문제는 실제 공간에서의 인격적, 사회적, 대면적 만남을 멀리하고 가상공간의 활동에만 의존할 때, 그 사람은 결국 사회에서 소외되고 분리될 수밖에 없다. **인터넷 공간에서의 자유와 평등을 실제 사회의 자유와 평등으로 혼동해서는 안 된다.** 인터넷 교류는 자유와 평등을 갈구하는 현대인들에게 한 줄기 오아시스가 될 수는 있다. 그러나 이는 현실의 한 부분으로 규정되고 그 보충으로 간주되어야 한다. 즉 사이버 스페이스(가상공간)는 현실공간의 중요한 한 부분으로 인식되어야 한다.

아바타(Avatar)

인터넷상에서 자기를 대신하는 분신적인 의미의 캐릭터 인형 서비스. 아바타는 원래 산스크리트어로 '지상에 내려온 신(神)의 화신'이란 뜻이며, 인터넷상의 가상공간에서 자기를 표현하는 그래픽 아이콘이다. 이용자는 마음에 드는 인형을 골라 머리 형태나 복장, 소지품 등을 자기가 원하는 대로 변화시키면서 자신만의 독자적인 캐릭터로 만들어 차트나 게시판, 온라인 게임 등에서 이용할 수 있다. 기존의 그림으로 된 2차원적 아바타에서 입체적인 현실감을 주는 3차원 캐릭터가 등장하였으며, 과거 가상공간 속의 익명의 자유와 현재의 자기표현 욕구를 모두 충족시켜 줄 수 있는 아이템으로 각광받으면서 경제효과까지 기대할 수 있는 유력한 상품으로 인식되고 있다.

(엠파스 백과사전)

각종 아바타

■ 가상공간의 자아정체성

앞에서 우리는 가상공간의 여러 가지 문제를 탐구했다. 그런 전제 하에서 자아정체성의 문제를 살펴보자. 여기에는 대략 두 가지 상반적인 견해가 존재한다.

① **가상공간의 활동이 자아정체성을 강화한다는 긍정적 이론**

이는 '유연한 자아'(flexible self) 이론으로서 가상공간에서 사용자들이 자유롭게 자신의 정체성을 바꾸어 가면서 활동하기 때문에 자아는 다차원적으로 그 모습을 발전시켜 나간다, 따라서 가상공간은 빠른 속도로 변화하는 현대 사회에 적응하는 것을 도와준다. 이는 가상공간의 자아의 분신인 아바타(Avatar)를 바꾸어 가면서 노는 온라인 게임이나 기타 인터넷 공간의 활동에서 경험한다. 다양한 게임의 환경과 거기에 필요한 다양한 아바타를 사용함으로써 사람들은 자기가 경험하지 못한 현실을 시뮬레이션을 통해서 맛볼 수 있다.

② **가상공간의 활동이 자아의 분열과 현실로부터의 괴리를 초래한다는 부정적 이론**

이는 '파편화된 자아'(fragmentary self) 이론으로서 지나치게 온라인 게임이나 게시판 활동에 몰두하여 현실감을 상실하고 자아정체성을 파괴한다는 것이다. 사이버상의 자유를 현실의 자유라고 혼동하여 전자에게 큰 의미를 부여하고 거기서만 만족을 찾으려고 할 때에 그 사용자는 정신의 분열을 겪게 된다. 가령 평소에 소극적이고 내성적인 자아를 가진 아이가 온라인 게임에서는 아주 공격적이고 능숙한 게이머(gamer)일 수 있다. 따라서 그 아이는 자신의 성격을 더 활발하고 적극적인 인격으로 바꾸는 대신 게임에서만 만족을 찾으려고 할 것이다. 일종의 대리만족을 가상공간에서 찾는 것이다.

　이런 경우 인터넷은 약(藥)이라기보다는 오히려 독(毒)이 된다. 즉 가상공간이 현실
공간의 탈출구나 도피처가 될 수 있다는 것이다.

- 무지개의 색깔은 문화권에 따라 3색, 5색 혹은 7색으로 각기 다르게 나타난다.
- 세상이 아니라 세상에 대한 나의 생각이나 태도가 중요하다.
- 나에 의해 항상 이렇게 저렇게 이해되고 인식되는 세상을 학문적으로는 대상(對 象, object)이라고 한다.
- 자아란 인간의 생활에서 중심을 이루는 요소이며 세상의 중심이라고 할 수 있다.
- 현실의 '나'의 처지가 전부가 아니라 나를 발견하고 새롭게 형성할 수 있음을 알아 야 한다.
- 예수님은 "한 영혼이 천하보다 더 귀하다"라는 말씀을 하셨다.
- 개인의 존재는 미약하고 사회 조직과 체계에 종속되어 있다.
- 자아정체성의 문제는 동서양 고전에서 그리고 현대적인 사이버 스페이스와 대중 소비 광고 문화와의 관련에서 그리고 정체성이 형성되는 과정 등을 통해서 드러난 다.
- 자아정체성은 객체로서의 자아와 주체로서의 자아, 즉 타인이 자기를 대하는 태도 를 통해 형성된 객체로서의 자기 자신과, 자신이 스스로 생각하는 주체로서의 자 기 자신을 맞추어 가면서 형성되는 것이다.
- '나'라는 존재는 항상 같지만 나의 역할이나 의미는 성장과정이나 사회생활 과정 에서 항상 변하기 때문이다.
- 청소년기는 정체성과 그 위기(Identity and Identity Confusion)를 겪는다.
- 자아정체성은 주체로서의 자아와 객체로서의 자아가 조화되어 일어난다.
- 루소는 자신의 책 『에밀』에서 15-20세의 시기를 '제 2의 탄생'이라고 부른다.
- 제 1의 탄생이 신체적 탄생이라면, 제 2의 탄생은 정신적 탄생이라고 할 수 있다.

- 미드는 사람의 자아정체성(Self-Identity)이라는 문제가 선천적(先天的)으로, 천부적으로 주어지는 것이 아니라 사회생활을 하는 과정에서 서서히 이루어지는 후천적(後天的)인 작용으로 보았다.
- 인간의 성장과정이란 사회화 과정에 다름 아니다.
- 미드는 사회적 상호작용을 통한 자아발달을 정체성 형성의 핵심으로 보았다.
- 자아개념이 생기기 전에 타인의 개념이 먼저 생긴다.
- 자아개념과 자아정체감 형성에 중요한 역할을 담당하는 사람을 중요한 타자(significant others)라고 한다.
- 판단의 기준이 되는 사람을 일반화된 타자(genaralized others)라고 한다.
- 미드는 자아를 I와 Me로 나누어 분석한다. 이것이 교과서에서 말하는 '주체로서의 자아'와 '객체로서의 자아'에 해당한다.
- 영육 이원론 : 인간은 불멸의 영혼과 부패하는 육체로 이루어져 있다.
- 플라톤의 영혼의 불멸설은 기독교와 함께 결부되어 서양의 정신문화의 형성에 많은 기여를 했다.
- 미(美)의 이데아는 영원히 늙지도 죽지도 않는 영원한 미의 원형이다.
- 동물들에게 있어서 감각은 욕구 혹은 본능과 밀접한 관계를 가진다.
- 인간은 동물과 달리 이성 혹은 도덕성이란 것이 있어서 동물처럼 본능이나 감성이 지시하는 대로 움직이면 문제가 발생한다.
- 이성적인 것은 ① 나에게 이익을 가져온다, ② 나의 도덕성을 지킨다라는 두 가지의 장점을 가지고 있다.
- 데카르트는 "나는 생각한다. 그러므로 나는 존재한다"(cogito ergo sum)라는 명제를 그의 학문의 제1원리로 삼았다.
- 데카르트 역시 플라톤의 전통을 따르고 있다고 할 수 있다.
- 데카르트의 방법적 회의는 진리를 찾기 위해 기존의 모든 이론과 지식을 의심하고 반성하는 행위이다.

- 장자의 나비 꿈 : 꿈과 현실이 구분이 안 되는 경지를 호접지몽(胡蝶之夢)이라고 한 다.
- 유가에서 보는 참된 자아는 공동선(共同善)과 의리를 추구하는 인간이다. 즉 도덕적 자아를 참된 자기로 본다.
- 공자는 "군자는 의를 밝히고 소인은 이를 밝힌다"라고 설파한다.
- 인자무적(仁者無敵) : 사람다운 사람은 맞설 자가 없다.
- 맹자에 의하면 대인은 마음(心)을 따르고 소인은 눈과 귀의 욕망을 따른다고 한다.
- 맹자는 눈과 귀를 맹종하는 감성적, 충동적, 본능적 자아를 소인(小人)으로 표현한 것이다.
- 맹자는 이런 감정과 욕구의 대상을 외물(外物)이라고 규정한다.
- 맹자가 말하는 마음(心)은 생각하고 분별하는 기능, 즉 이성을 말한다.
- 도가의 인간관 혹은 자아이론은 자연과의 합일이라는 점이 특징이다.
- 노장사상은 인위적인 예절이나 형식에 얽매인 생활을 비판하고 인간의 참된 자아는 자연과의 합일에 있음을 밝혔다.
- 상선약수(上善若水)란 다름 아닌 "도란 물과 같다"라는 의미를 가진다.
- 대중사회의 대중은 능동적인 주체가 아니라 매스컴이나 대중문화에 수동적으로 지배당하는 군중 속의 고독한 개인을 말한다.
- 소비지향적인 대중사회에서는 주체성이 강한 내부지향적인 인간보다 의존성이 강한 외부지향적인 인물을 더 선호한다.
- 리스먼의 타자지향형 인간은 항상 자신의 시선이 타자로 향해 있다. 즉 남이 나를 어떻게 보느냐 하는 문제가 현대인의 주된 관심사이다.
- 광고는 물건이 좋다는 말보다 소비자의 고유한 개성과 자아정체성을 존중하라는 문구로 장식되어 있다.
- 보드리야르는 그의 저서 『소비의 사회』에서 현대의 대중 소비사회는 "개인이 타인과 구별되고 싶은 욕구", 즉 개성화의 욕구를 이용하여 사람들을 몰개성(沒個性)과

순응(順應)으로 몰아가는 전략이라고 고발한다.

- 매스컴 광고는 대중의 개성을 팔아서 개성을 죽이고 있는 것이다.
- 보드리야르는 이런 대중소비의 환상을 자본주의에 내재한 차이화 전략이라고 규정한다.
- 보드리야르는 성장 자체가 불평등에 의존하고 있다고 주장한다.
- 사회적 불평등 구조를 막는 유일한 대책이 교육에 있다. 즉, 교육의 기회 균등을 국가적으로 철저히 시행함으로써 사회적 불평등 구조의 고착화를 막고 사회적 유동성을 확보할 수 있다고 본다.
- 전통적으로 여성은 가정과 출산 및 양육이란 범주로 그 활동이 제약되어 왔다.
- 보부아르는 "여성은 태어나는 것이 아니라 만들어지는 것이다"라는 유명한 말을 했다.
- 중요한 점은 여성에게 자신의 문제에 관해서 자기결정권을 주는 일이다.
- 보부아르에 의하면 "모성애는 나르시시즘(narcissism, 자기도취증)과 이타주의, 허위의식과 헌신이 교묘하게 결합된 것이며, 모성본능을 지나치게 신비화함으로써 여성은 개인의 욕망과 이를 실현하기 위한 사회생활로부터 소외되어 왔다"고 한다.
- 현대의 여성주의 운동은 양성평등과 여성의 차이성을 조화시키는 방향으로 가고 있다.
- 가상공간은 시간·공간이 응축되고 사람과 사람 사이의 거리(distance)가 소멸되는 공간이다. 그리고 가상공간의 다른 특징은 철저한 수평적인 인간관계이다.
- CMC의 상호작용성이란 컴퓨터를 이용한 대인관계나 혹은 컴퓨터와 인간의 관계 모두를 말한다.
- 디지털화란 모든 사물을 0과 1이라는 두 가지 부호로 변환시켜 이를 다시 현실로 재현(再現)시키는 것이다.
- 인터넷의 익명성은 편리하며 수평적 상호관계를 유지하여 다양한 가상활동을 가

능하게 하지만 그 단점은 대면접촉의 결여와 사회적 실재성의 상실이다.

● 인터넷 공간에서의 자유와 평등을 실제 사회의 자유와 평등으로 혼동해서는 안 된다.

4장 | 연습문제

성균관대 2004학년도 정시 논술고사

[논제] 제시문 (가)-(라)를 읽고, 다음 지시에 따라 한 편의 완결된 글로 논술문을 작성하시오.
① (가)의 내용을 정리하여 논술문의 도입부로 삼고,
② (나)와 (다)의 견해가 어떻게 다른지 설명한 후 자신의 입장을 밝히고,
③ (라)의 내용에 대해 (가)의 주제와 연관시켜 자신의 견해를 논술하시오.

(가) How do we find out who is who? What evidence bears on the question whether the person here now is the one who was here yesterday? What ought we to do when different kinds of evidence support opposing verdicts? One source of evidence is memory: if you can remember doing something, or at least seem to remember it, it was probably you who did it. Another source is physical continuity: if the person who did it looks just like you, or even better if he/she is in some sense physically or spatio-temporally continuous with you, that is reason to think he/she is you. Which is more fundamental? Does memory supply evidence all by itself, for instance, or does it count as evidence only insofar as it can be checked against third-person, 'bodily' evidence?

(나) 인간은 생각할 수 있는 '정신적 존재'이며, '윤리적 존재'이다. 짐승은 필요한 만

큼 먹고 마시며 과식을 하지 않으나, 인간은 과음 과식을 하여 소화불량에 걸릴 수도 있다. 짐승은 본능에 따라 욕구를 쉽게 자동 조절할 수 있으나, 인간은 그때 그때마다 자기 반성, 즉 정신적 활동을 통해서 자기를 제어해야 한다. '사람이 된다'는 우리말 속에 이미 윤리성이 들어 있다. '사람다운 사람'이라는 말은 인간이 본질적으로 윤리적 존재임을 보여주고 있다. … 인간은 대체로 육체적 욕구를 가진 점에서는 동물과 비슷하지만, 도덕적, 정신적인 면에서는 동물의 범주를 벗어난다고 할 수 있다. 다시 말해서, 모든 동물은 본능적으로 행동하는 데 비하여, 인간은 의식적으로 행위하며, 스스로 가치를 추구하고 정신적으로 행동할 수 있다.

(다) 자연 서식지에 살고 있는 야생동물은 정상적인 상황에서는 결코 자해행위나 자위행위를 하지 않고, 어버이나 자식을 공격하지도 않으며, 위암에 걸리거나 비만에 시달리거나 동성애 관계를 맺거나 자살하지도 않는다. 그런데, 구태여 말할 필요도 없는 일이지만 도시에 거주하는 인간들 사이에서는 이런 일들이 모두 일어난다. 그렇다면 이것은 인간과 다른 동물의 근본적인 차이를 드러내는 것일까? 얼핏 보기에는 그런 것 같다. 하지만 여기에 현혹되어서는 안 된다.
다른 동물들도 좁은 곳에 갇혀 있는 부자연스러운 상황에서는 이런 식으로 행동하기 때문이다. 동물원 우리 속에 갇혀 있는 동물들은 인간사회에서 너무나 흔히 볼 수 있는 이런 비정상적인 행동들을 모두 보여준다. 그렇다면 도시는 콘크리트 정글이 아니라 인간 동물원인 게 분명하다.
우리는 도시 거주자와 야생동물을 비교할 게 아니라, 도시 거주자와 우리에 갇힌 동물을 비교해야 한다.

(라) 진화에 개입하려는 인류의 의지가 최근에 와서 생긴 것은 아니지만, … 오늘날에는 인간의 정체성을 일정한 방향으로 유도하기 위한 처치의 가능성이 좀더 구체화되고 개별화되었다. … 예컨대, 성범죄자의 사회적인 위험성이 실제 수술이 가능한 뇌

의 어떤 성분에서 기인한다면, 종신 감금과 재범 사이에서 선택하느니 차라리 왜 수술을 택하지 않겠는가?

… 정말 매력적인 것은 태어나기도 전, 심지어 수태도 되기 전에, 23쌍의 염색체가 실어 나르는 수천만 개의 유전자 중의 어떤 것들을 미리 조작할 수 있는 가능성이 점점 커지고 있다는 점이다. 그로부터 한편으로는 '멋진 신세계'에 대한 소름끼치는 비전이 생겨난다. … 유전자 복제를 통해 각기 특수한 임무를 만족스럽게 수행할 수 있는 인간 부류를 미리 결정하는, 그래서 모두가 행복해지는 그런 세계에 대한 비전 말이다. 또는 부모들이 자기들의 이상에 맞는 아이를 선택할 수도 있을 것이다. 다른 한편으로는, 결함 있는 유전자를 건강한 유전자로 대체하는 방법을 써서 끔찍한 유전병들을 줄여나가고, 궁극적으로는 사라지게 만든다는 목표가 등장한다.

※ 유의사항

① 제목을 쓰지 말 것.

② 자신의 신원을 드러내는 표현을 쓰지 말 것.

〈대학측에서 발표한 논술시험에 관한 보도자료〉

1. 출제 지침

① 고등학교 교육과정에서의 여러 교과 교육내용을 통합적으로 반영한다.

② 이를 위해 고등학교 졸업생의 지적 수준에 맞으면서도 현실성을 갖는 적절한 논제를 찾고, 제재(題材) 즉 '자료글'을 교과서, 고전 및 시사성 현대문에서 찾는다.

③ 논술 과외 학습에서 단기간에 다루었음직한 문제나 기출문제는 피하여, 참된 논술 교육을 선도할 수 있도록 출제한다.

④ 변별력과 신뢰성을 확보할 수 있는 평가가 가능하도록 출제한다.

2. 출제 의도

① 주제 내용에 있어서는, '자아정체성'이라는 문제에 대해 그 의의를 올바로 인식하고, 이를 건전한 '인간관' 및 '가치관' 아래 잘 정립할 수 있도록 반성의 계기를 부여한다.

② 논술 방법에 있어서는, 여러 종류의 글, 즉 이념 제시, 의견 개진, 사실 기술 등을 내용으로 하는 글들을 독해하고, 그 독해 내용을 체계적으로 재구성할 수 있는 능력, 또 이를 자료로 활용하여 자신의 의견이나 주장을 논증적으로 전개할 수 있는 능력을 평가하고자 한다. (부수적으로 영문 독해 능력도 평가하고자 한다.)

3. 출제 방식

① 이념 제시, 견해 표명, 사실 보고 등 서로 성격이 다른 글들을 국문 및 영문으로 제시하고, 그 내용을 하나의 주제 아래 통합적, 유기적으로 이해하게 한다.

② 이해한 내용에 대해 독자적인 해석을 시도하게 한다.

③ 이를 바탕으로 구체적인 사안에 대해 자신의 입장을 밝히고 이를 정당화하도록 한다.

4. 자료문의 출처

- http://plato.stanford.edu/entries/identity-personal.
- 교육인적자원부, 『윤리와 사상』, 2003.
- 데스몬드 모리스, 『인간 동물원』, 한길사, 1994.
- 알프레드 그로세르, 『현대인의 정체성』, 한울, 2002.

5. 평가지침

① 학교에서의 교과 학습 내용 및 독자적인 독서 성과를 기초로 하여 수험생이 현실적인 문제를 이해하고 이에 대해 스스로 창의적인 견해를 가질 수 있는 능력을 평

가한다.

② 논리적, 비판적, 창의적 사유를 중심으로 한 대학에서의 수학 능력을 평가한다.

③ 구체적으로, 자료의 이해, 논지의 제시, 논변의 구성, 논거의 제시 등 논술문 작성의 기본적인 능력을 평가한다. 나아가 어법, 표현, 어휘 등 국어의 올바른 활용 능력을 평가한다.

④ 논술된 내용을 언어적 측면, 논리적 측면, 내용적 측면으로 구분하여 평가한다.

둘째 마당

개인주의와 쾌락주의

1장 | 서론

1. 문제 제기

현대 사회를 살아가는 사람들의 생각과 행동을 지배하는 커다란 흐름은 개인주의(個人主義)이다. 이는 좋은 의미로 쓰이건 혹은 나쁜 의미로 쓰이건 간에 전통적 사회의 생활양식과 구별되는 근대적인 삶의 방식이다. 그 좋은 점은 개인의 능력과 개성을 최대한 존중한다는 것이고 그 단점은 타자와의 공동체성(共同體性)이 점점 적어진다는 것이다. 이는 또한 다른 맥락에서 이웃의 삶에 대한 무관심과 소외를 야기하는 원인이 되기도 하고 사회의 약자에 대해 관심을 갖기보다는 경쟁과 적자생존 등의 강자의 논리만을 최선의 것으로 간주한다. 이는 사회적 통합을 방해하고 공동체성의 심각한 쇠퇴를 야기한다.

농촌
전통적인 농촌은 인간적 유대가 강한 공동체이다. 근대화와 도시화는 개인주의를 통해 이런 공동체성을 점차 소멸시키고 있다.

전통적으로 인간의 공동체성을 유지해 주었던 집단들은 마을과 가정 그리고 친족 등이었다. 그 밖에도 절이나 교회 등이 종교적 공동체로서 개인들의 삶에 일정한 방향을 제시하고 그 안에서 개인들은 서로의 문제를 내어놓고 남의 조언을 받아가며 문제를 해결하기도 했다. 이런 공동체들은 자연적이라는 특성이 있다. 즉 누가 일부러 목적을 가지고 만든 것이 아니라 우리가 태어나기 전부터 그 공동체는 존재하여 왔다는 것이다. 이런 혈연과 지연 그리고 종교와 감정 등에 의해 뭉쳐 있었던 일차적 집단은 점점 힘을 잃고 있다. 따라서 개인들은 자신의 문제를 거의 홀로 풀지 않으면 안 되는 처지에 빠져 있다.

또 예전 같으면 그런 일차적 공동체의 어른들이나 지도자들이 개인들의 문제에 간

가정불화와 파탄을 그려 인기를 모았던
TV드라마 『애정의 조건』

급증하는 이혼과 가정 파탄

가정은 사회를 구성하는 기본단위다. 파산가정에 대해 정부와 우리 사회가 적극적인 처방을 내리지 않는다면 사회불안은 날로 확산될 수밖에 없다는 것이 전문가들의 진단이다. 서울대 손봉호 교수는 "불행한 이웃을 방치하면 결국 자신에게 피해가 돌아오는 '부메랑' 의 악순환이 되풀이될 것"이라며 "가정의 붕괴는 작게는 지역사회의 불안, 나아가 국가의 불행으로 연결될 수밖에 없기 때문에 사회 구성원 모두가 인간적 삶을 누릴 수 있는 최소한의 여건을 마련하고 정상적인 가정을 꾸릴 수 있도록 힘을 모으는 것이 우리의 당면과제로 대두되고 있다"고 지적했다.

(상지대학교 대학원 사회문제 발표자료에서,
2002. 10. 24)

섭하고 지도해 주는 경향이 있었으나 지금은 그런 외적 권위를 인정하기를 싫어한다. 그 이유의 하나는 발전과 진보라는 사상 때문이다. 즉 노인들은 지식과 정보에서 낙오되고 아는 것도 현대의 삶에 맞지 않는다는 생각을 한다. 가령 예전에는 아기 키우는 데 시어머니의 경험과 지식이 대단히 존중되었고 실제로 육아 및 가정생활에 유용하였다. 그러나 요새는 노인들의 지식과 경험은 무시되기 일쑤이다.

이런 맥락에서 노인들은 점점 권위와 힘을 잃고 사회로부터 소외당하기에 이르렀다. 노인들의 자살이 늘고 불효자식에게서 수모를 당하는 사람도 많아졌다.

그 다음으로 개인주의는 남녀평등이라는 시대적 가치와 결부되어 많은 가정 문제를 야기한다. 전통 사회에서는 여성의 희생과 순종이 미덕으로 간주되었기 때문에 가정은 그럭저럭 보존되었다. 그러나 지금은 여성의 복종보다는 자기 주장과 자기 결정이 더 중요하다.

현대는 핵가족의 시대이다. 그런데 그런 작은 가정 역시 극히 안정이 결핍되어 있다. 여성 역시 남성과 동등하다는 생각이 퍼지면서 예전 같은 가부장적인 권위는 더 이상 유지되기 어렵다. 가부장적 권위주의가 사라지고 양성평등에 근거해서 부부 각자의 생각에 따라 서로의 관계를 결정할 때, 그들의 불화나 갈등을 조정할 수 있는 제도나 철학이 아직 없다.

이처럼 개인주의는 자기 결정권을 중시한다. 이에 따라 결혼하는 방식도 예전의 중매결혼에서 자유 연애결혼으로 바뀌었다. 이런 사정은 종종 공동체 생활을 파괴하는 결과를 초래한다.

부부끼리 성격이나 사고 혹은 가치관의 차이가 발생할 때,

혹은 한 쪽의 중대한 실수가 있을 때, 그리고 그런 차이가 서로 이해하거나 용서하기가 힘들 때, 부부는 이혼을 고려한다. 우리나라의 부부의 이혼률은 벌써 세계적으로 높은 수준에 와 있다. 가정의 붕괴와 결혼의 기피 등은 이처럼 개인주의 풍조에서 기인하는 사회적 문제이다. 가정의 붕괴는 개인들에게 큰 상처와 피해를 줄 뿐만 아니라 사회의 결속과 발전을 심대하게 저해한다.

2. 논술고사 출제 경향

개인주의와 이기주의 그리고 쾌락주의 등은 현대 사회의 현안 문제인 만큼 자주 출제되고 있다. 이 문제는 단순히 그 자체로 출제되기보다는 한국 문화의 다양한 맥락에서 조명되고 있다. 개인주의는 또한 자유주의 그리고 다원화 사회 등의 문제와 같은 맥락에서 출제되는 경향이 있다.

그리고 이 주제들은 크게 보아 개인과 사회라는 맥락에서 이해되어야 한다. 이런 맥락에서 1997년도 서울대 정시 논술문제는 소설 『어린 왕자』를 통해서 거대한 조직사회의 익명성을 극복하는 방법으로서 개인과 개인의 정서적 유대가 중요하다는 점을 논술하게 하고 있다. 즉 현대 사회의 단절된 개인주의를 극복하는 방안을 묻고 있다. 또한 한국외국어대 1999년 정시 논술문제는 개인과 사회의 관련성을 베르그송의 철학을 통해서 묻고 베블렌의 현시적 소비(conspicuous consumption)를 통해서 부정적인 현대의 개인주의를 지적하고 있다.

쾌락의 문제는 뒤에 오는 욕망의 주제와 함께 알아 두어야 하고 그 밖에도 항상 출제될 수 있는 문제임을 알아야 한다. 2002년 서강대 정시 논술고사에서는 쾌락에 대한 다양한 서술이 주

현시적 소비

개인은 사회구조라는 틀 속에서 독립적으로 존재하는 것이 아니라 상호 의존적인 관계로 즉, 사회화된 개인으로서 존재하게 된다. 따라서 인간은 자신을 사회 속에 현시하고자 하는 자연스러운 욕구를 지니게 된다. 특히 소비생활에 있어서 현시적 태도는 더욱 두드러진다. 똑같은 옷을 시장에서 싼 가격으로 살 수도 있는데 백화점에서 비싼 가격으로 사는 것은 이리한 현시적 소비자들의 현시적 욕구 때문이다. 결국 과소비 현상이 초래되는 것이다.
(1999년 한국외국어대 대입논술 해설)

어지고 나서 쾌락의 의미를 묻는 문제가 나왔다.

3. 주제관련 교과서 내용

| 도덕교과서 21쪽 이하

개인주의는 공동체와 그 규범들에 대한 결속보다 개인과 그의 자유권 및 이해관계를 강조하는 입장을 의미한다. 개인주의의 성립으로, 우리는 자신의 생활방식을 스스로 선택하고, 어떠한 신념을 취할 것인가를 자신의 양심에 따라 판단할 수 있는 권리를 가지게 되었다. 그러나 오늘날은 개인의 고유한 가치와 그 기본권이 지나치게 강조되면서 공동체와 개인의 연결관계나 공동체의 가치가 소홀히 다루어지게 되었다. 이런 점에서 개인주의는 매우 부정적인 모습을 보이고 있다. 예를 들어, 오늘날의 개인주의는 공동체적인 삶에 참여하려는 의욕이나 공동체의 정당한 권위를 인정하려는 태도를 약화시키고 있다.

(…)

쾌락주의란, 인간의 행복을 위해 감각적 쾌락이나 만족을 지나치게 강조하는 입장을 의미한다. 쾌락은 인간의 삶에서 필요한 것이지만, 최고선으로 간주되는 것은 바람직하지 않다. 왜냐하면, 우리가 쾌락을 최고선으로 추구하게 되면, 개인의 보람된 삶과 공동체의 질서를 유지하기 위해서 요청되는 많은 선들이 피해를 입거나 희생당하기 때문이다. 과학기술의 발달은 인간을 힘든 노동으로부터 해방시켜 주었고, 여가를 즐길 수 있는 다양한 기회를 마련해 주었다. 그런데 현대인들은 이러한 기회를 이용하는 과정에서 더 많은 쾌락을 얻는 것, 그리고 그러한 쾌락을 가져다 주는 물질을 더 많이 가지는 것이 인간의 행복이라는 믿음을 갖게 되었다. 그러나 이런 믿음은 정도를 지나쳐서 사람들의 자제력을 잃게 하고, 어떤 경우에는 동물적인 행동을 하도록 만들고 있다.

그래서 어떤 사람들은 술이나 마약, 또는 도박에 빠짐으로써, 혹은 문란한 성관계를 통하여 쾌락을 찾으려고 한다. 이러한 풍조 속에서 일이나 직업은, 단지 쾌락을 충족시키기 위한 수단에 불과한 것이 되고 만다. 그리하여 일이나 직업이 갖는 진정한 의미, 즉 자아실현의 수단이며, 공동체적 삶에의 참여수단이라는 가치는 사라지게 된다.

4. 세련된 논술 구성을 위한 용어와 개념

개인주의, 발전과 진보, 공동체성, 남녀평등, 가정파탄, 가부장적 권위, 현시적 소비, 민주주의(民主主義), 개인주의(個人主義), 자유주의(自由主義), 다원주의(多元主義), 사회계약설, 자연법 사상, 자유 제한의 조건, 자기 방위, 반군국주의적 개인주의, 원자론적 개인주의, 자아상실, 공동체주의, 덕(德)과 전통적 공동체, 카르페 디엠, 육체적-감각적 쾌락, 정신적 쾌락, 쾌락주의의 역설, 누구를 위하여 좋은 울리나, 부활, 탐미주의, 존 단, 오스카 와일드, 도리언 그레이의 초상, 정지된 상태, 활동하는 과정, 최고선, 행복, 유덕한 활동, 수단과 목적, 축복, 행운, 사회생물학, 이기주의, 이타주의, 유전자이기주의, 자연선택, 집단이기주의, 님비현상, 지역이기주의, 학벌이기주의, 집단도덕, 개인도덕.

2장 | 주요 이론과 논거

1. 개요

근대 사회는 근본적으로 개인주의를 기초로 하는 사회이다. 이는 어느 특정한 철학이나 사상이 아니라 근대의 문학, 철학, 법학 등등 모두가 개인주의의 영향을 받거나 그런 배경 위에서 구체적인 모습을 드러내고 있다. 개인주의 사상은 우선 헌법과 각종 기본법에서 찾아 볼 수 있다. 우선 민주주의 원리부터가 개인주의를 함축한다. 즉 "大韓民國은 民主共和國이다. 大韓民國의 主權은 國民에게 있고, 모든 權力은 國民으로부터 나온다"라는 대한민국 헌법 1조는 개인주의 원리를 내포(內包)하고 있다.

여기서 말하는 국민은 결국 개인을 말한다. 이는 전통이나 다른 탁월한 사람이나 가문의 권위나 종교적 교리 등이 아니라 바로 개인 한 사람 한 사람이 중요하며 그들의 공통된 합의 외에는 어떤 종교적, 전통적, 개인적, 신비적 권위도 인정할 수 없다는 인본주의이며 개인주의 원리이다. 이런 면에서 개인주의는 인간 사회의 보편적인 원리이다. 따라서 앞으로 전개될 부정적인 개인주의의 현실과 그 극복을 설명할 때에도 우리는 이런 근대 개인주의 혹은 민주주의라는 기초를 부정할 수는 없다. 개인주의의 문제 및 폐해는 이런 민주주의 사회의 부작용으로 보아야 할 것이다. 민주주의(民主主義), 개인주의(個人主義), 자유주의(自由主義) 그리고 다원주의(多元主義)는 같은 뿌리에서 자라나는 가지들과 같다. 이들 모두 개인(인간)의 존엄성, 인권, 자기 결정, 자기 책임, 개성과 자발성 등을 기본적인 원리로 삼고 있다. 이를 달리 말하면 자유와 평등이라고 할 수 있다.

이런 개인주의 혹은 다원주의의 원칙은 옳지만 그것이 만병통치약은 결코 아니다.

민주주의와 개인주의

근대 민주주의를 성립시킨 사회계약론과 자연법 사상은 국가보다 개인을 우선시한다. 사회계약론은 국가가 개인들의 필요성에 따라 약속을 통해 이루어진 인위적인 단체임을 주장한다. 따라서 민주주의는 개인주의와 그 뿌리가 같다. 자연법 사상 역시 인간의 본성과 이성 혹은 욕구 등에 기초한다.

개인주의는 그 장점만큼이나 많은 폐단을 가지고 있고 그런 문제에 대한 냉철한 인식과 그 극복을 위한 노력이 절실히 요구되는 시점에 와 있다.

그리고 쾌락주의는 개인주의의 한 형태로 이해할 수 있다. 근대의 사상과 정치, 경제 그리고 각종 법제도가 개인의 합리성을 인정하고 그런 토대 위에서 자라나는 문화적 산물이라면 개인의 향락추구를 긍정하고 이를 집요하게 추구하는 것이 쾌락주의이다. 쾌락주의는 근대와 무관한 보편적인 인간의 행동양식이다. 그러나 근대에는 이것이 더욱 발전하여 대중적 쾌락주의, 곧 공리주의를 이루게 되었다.

2. 밀의 자유주의적 개인주의

영국에서 태어난 밀(J. S. Mill, 1806-1873)은 『자유론』에서 개인주의와 자유주의에 대한 고전적인 사상을 집대성하였다. 그의 사상은 근대의 정치철학과 법제도의 면에서 엄청난 영향력을 행사했다. 특히 그의 공리주의 내지 질적 쾌락주의 그리고 여성인권에 대한 사상은 다음에 다시 다루어질 것이다. 다만 여기서는 그의 철학을 개인주의라는 면에서 몇 가지만 짚고 넘어가자.

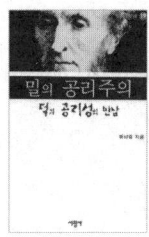

밀(J. S. Mill)의 공리주의
밀의 사상은 크게 보아 ① 자유주의(개인주의), ② 공리주의이다.

밀의 개인에 관한 가장 기본적인 생각은 개인이 자유롭다는 것이다. 이런 개인의 자유는 존중되어야 하고 그런 것을 존중하는 사회가 가장 바람직한 사회라고 한다. 여기에 대한 밀 자신의 표현은 이렇다.

> "단순히 자신에게만 연관된 부분에 국한한다면, 개인의 독립성은 당연히 절대적이다. 개인은 자기 자신에 대해서, 즉 자신의 육체와 정신에 대해서 주권자이다."
>
> (밀, 『자유론』 중에서)

여기서 보면 개인과 자유는 밀접히 결합되어 있음을 알 수 있다. 사회, 즉 다른 사람과의 공동생활만 없다면 개인은 무슨 일을 하든지 자유라는 것이 밀의 기본적인 생각이다. 그래서 그는 구체적으로 인간의 육체와 정신을 말하고 있다. 개인은 육체와 정신의 주권자라는 것이다. 그런데 현대 사회의 문제와 관련해서 밀의 자유적 개인주의를 보면 몇 가지 문제가 있는 것처럼 보인다. 이런 자유주의는 남에게 피해를 주지만 않는다면 무슨 일을 해도 좋다는 식의 자유방임주의로 빠질 수도 있다. 예를 들어 마약을 한다든지 자살이나 기타 남에게 피해를 주지 않는 비윤리적인 행동이 있다.

그 다음으로 밀의 『자유론』은 개인적 자유의 한계를 설명하고 있다. 즉 사람은 사회적이기 때문에 그의 자유는 무제한적일 수가 없다. 즉 한 개인의 자유는 다른 개인의 자유에 의해 한계를 지닌다. 국가나 사회가 개인을 강제하거나 징벌을 가하는 수가 있는데 그런 조건은 한 개인이 타인에게 해악을 가하는 경우에 한한다.

사회와 개인의 관계 혹은 사회가 개인에 대하는 방법에 대해 밀은 다음과 같이 말한다.

> "이 논문의 목적은 강제와 통제를 사용하여—사용 수단이 형사적 처벌의 형태인 물리적 힘이거나 공공여론의 도덕적 강제이거나 간에—사회가 개인을 대하는 방법을 절대적으로 규정지을 수 있는 간단한 한 원칙을 주장하려는 것이다. 그 원칙은 인류가 개인적으로나 집단적으로 어느 한 개인의 자유에 정당하게 간섭을 하는 유일(唯一)한 근거는 자기 방위(self-protection)라는 것이다. 권력이 문명 사회의 한 구성원에게 본인의 의사에 반해서 정당한 제재를 가할 수 있는 유일한 목적은 타인에게 가해지는 해악을 방지하려는 것이다. 그러나 이것은 그 사람 자신의 행복이, 물리적이든 도덕적이든 간에, 다른 개인의 자유에 간섭하는 것을 정당화하는 충분한 조건이 아니다."

(『자유론』 중에서)

위에서 보면 다른 사람의 자유를 방해하거나 통제할 수 있는
경우는 자기 방위의 경우뿐이다. 즉 강도가 나의 집을 침입해서
생명과 재산을 위협할 때 나는 자기 방위를 위해 강도의 자유를
제지할 수 있다. 혹은 국가가 나를 대신해서 그 강도를 잡을 수
있다. 하여간 이런 경우 외에 우리는 다른 사람의 자유 행동을
제지하거나 방해하면 안 된다.

밀은 국민의 행복을 위한다는 구실로 국가나 사회가 개인의
생활에는 간섭을 하면 안 된다고 한다. 왜냐하면 흔히 다른 사
람의 행복을 위해서 한다고 하는 일들이 그의 자유를 침해하는
것을 종종 볼 수 있기 때문이다.

우리나라에서도 자주 경험하는 일이지만, 권위주의적 정부(국
가)가 반공(反共)이니 국가 안보를 위한다는 구실로 수많은 인권탄압
을 자행하는 것을 보았다.

이런 면에서 밀의 개인주의, 자유주의 사상이 이해될 수 있
다. 사회와 개인의 관계에 있어서 밀은 불간섭의 원리 혹은 최
소 간섭의 원리를 주장한다.

이는 현대의 복지국가론에 비해서는 상당히 소극적인 국가관
을 의미한다. 이런 국가를 야경국가(夜警國家)라고 한다. 밀의 국
가이론은 현대적으로 볼 때는 신자유주의의 그것과 일치한다.

영화 「공공의 적」

이 영화는 자신의 욕심 때문에 부모를 살해하
는 범죄를 소재로 하고 있다.

야경국가(夜警國家)

17세기 중엽에서 19세기 중엽에 걸친 자본주
의 국가의 국가관. 개인이 자유롭게 경제활동
을 할 수 있도록 국가의 기능은 외적의 방어,
국내치안의 유지, 필요한 최소한의 공공사업
에 그쳐야 한다는 국가관이다. 이는 복지국가
와 대립하는 자유주의적 국가관이다.

(엠파스 백과사전)

3. 소세키의 반군국주의적(反軍國主義的) 개인주의

한국과 주변 국가의 비극적인 역사 인식 문제와 관련하여 근대 일본의 대표적 소설
가이며 양심적 지식인인 나쓰메 소세키(1805-1915)의 개인주의 사상을 공부할 필요
가 있다.

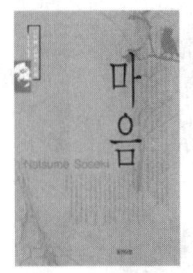

나쓰메 소세키의 소설 『마음』

일본의 대표적인 근대 문학가인 나쓰메 소세키는 자신의 논문 「나의 개인주의」를 통해서 개인의 자유와 권리가 국가의 요구보다 우위에 있음을 주장하였다. 그가 쓴 소설 『마음』은 근대적인 개인주의에 근거해서 봉건주의적 인간관을 비판적으로 보고 자유주의, 개인주의, 낭만주의 등을 고취하는 소설이다. 특히 자유 연대와 인간성에 대한 사실적인 묘사는 근대 서구 문학의 발자취를 따르는 것이다. 이 소설은 일본 근대 소설의 교과서로 알려져 있다.

요즘 일본은 독일과는 달리 자신이 제국주의 시대에 이웃의 나라들과 민족들에게 끼친 사악한 과거사를 반성할 줄 모르고, 다시 군국주의화 그리고 우경화되어 가고 있다. 이런 파렴치한 일본에 대해 소세키는 다시금 경종을 울리는 인물이다.

소세키는 「나의 개인주의」라는 강연문에서 일본의 제국주의와 군국주의를 비판하고 있다.

일본의 근대화는 서구의 근대화와는 달리 개인의 권리의식에 근거하는 것이 아니라 서구의 발달한 문물을 도입하기 위해 국가적인 차원에서 서양의 법과 각종 제도를 수입한 기형적인 근대화였다. 그런 면에서 일본의 근대화는 개인주의, 자유주의가 빠진 국가적인 행사였다. 소세키가 강연을 하던 당시, 일본에서는 러일전쟁의 승리 후 군국주의를 찬미하는 분위기가 만연했으며 개인주의는 악이라고 비난받았다. 그리고 권력자의 횡포에 대해서는 관용적이었고 개인의 자유와 권리를 억압하는 국가주의(國家主義)가 찬미되었다. 당시 일본은 주변국들과 패권전쟁에서 승리하여 한껏 국민의식이 고무되어 있었다.

전쟁에 의한 국가 발전이 찬미되던 그 때, 소세키는 개인주의가 국가주의보다 우선해야 한다고 주장했다. 그는 "개인주의 요소를 유린하지 않으면 국가가 망할 것처럼 주장하는 자도 적지 않지만 그런 터무니없는 얘기가 어디에 있겠는가? 일본이 타국으로부터 침략당하는 경우가 있다면 국가를 위해 일어서는 것이 당연하지만 국가가 강해서 전쟁에 대한 우려도 적고 외부로부터 침략을 당할 염려가 없다면 국가적 관념이 희박해지는 것은 당연하다"고 서술했다. 이는 당시 제국주의 풍조에 편승해서 아무런 국민적 필요성도 없이 오직 정권의 유지만을 위하여 전쟁을 획책한 일본의 군국주의 정치를 비판한 것이다.

그는 또한 국가만을 강조하여 국민에게 희생을 요구하는 것은 잘못임을 주장했다.

국민, 즉 개인의 희생을 일방적으로 강요하는 당시 일본의 침략주의적인 정책을 소세키는 비판한다.

이처럼 소세키는 국가주의가 침략전쟁을 정당화하고 국민을 전쟁에 동원하기 위한 목적임을 간파하고 있었던 것이다.

4. 공동체주의

앞에서 설명한 개인주의, 자유주의는 근대적 가치관을 대변하며 이는 또한 이기주의적 합리성 이론과 결부되어 자본주의 경제의 타당성을 정당화하기도 한다. 이는 무엇보다도 근대 경제학의 시조인 아담 스미스의 '보이지 않는 손'(invisible hand) 이론에 의해서 시장경제와 경쟁의 원리를 합리화하는 것을 의미한다.

근대 개인주의가 주장하는 개인의 자율(自律)과 자기 결정 혹은 자유와 책임의 원리가 인간의 사회적 소외를 더욱 가중시키고 각종 스트레스와 우울증, 정신 질환, 행동 장애와 같은 사회적 병리현상 등을 야기한다는 것은 널리 알려진 사실이다. 또한 개인주의는 비윤리적 이기주의로 타락할 위험이 항상 존재한다. 이는 공익(公益)을 희생시켜서라도 자신의 사적 이익을 관철시키려는 경향이다.

■ 개인주의의 약점 – 원자론적 개인주의 탄생

개인의 권리를 최고의 가치로 여기는 개인주의, 자유주의는 개인이 존재하는 근본적인 토대인 사회나 공동체에 대한 무관심을 초래하기 쉽다. 이런 잘못된 개인주의를 흔히 원자론적 개인주의(atomic individualism)라고 한다. 이런 관점에서 개인주의, 자유주의 윤리를 대체할 새로운 이론이 공동체주의이다.

공동체주의(communitarianism)는 개인을 총체적 사회의 한 구성원으로 본다. 사회는 개인들 이전에 존재하였고 개인적 자유라는 것도 알고 보면 언어라든지 계약 혹은 여러 가지 공동체적인 약속의 산물이다.

영국의 시인 존 단의 시 「누구를 위하여 종은 울리나」를 보면 "개인은 전체라는 대륙의 한 조각이며 대양의 일부이다"라고 읊고 있다.

존 단(John Donne, 1572-1631)

영국 시인. 형이상학파 시인(metaphysical poet)이라고 불린다. 그의 시의 특징은 기발한 생각과 — 흔히 기지(機智, conceit) 라고 불린다 — 격정적인 조어법과 구어체의 강렬한 효과를 내는 문체이다. 그의 대표적인 시 「누구를 위하여 종은 울리나」는 헤밍웨이의 동명 소설 제목으로 사용되었고 이는 또한 영화화되어 많은 감동을 주었다.

누구를 위하여 종은 울리나

누구든, 그 자체로서 온전한 섬은 아니다.
모든 인간은 대륙의 한 조각이며, 대양의 일부이다.
만일 흙덩이가 바닷물에 씻겨 내려가면 대륙이나
모래톱이 그만큼 작아지듯,
그대의 친구들이나 그대 자신의 영지가 그리 되어도
마찬가지다.
나는 인류 속에 포함되어 있기 때문에 어느 사람의 죽음도
나를 감소시킨다.
그러니 누구를 위하여 종*이 울리는지를 알고자 사람을
보내지 마라.
종은 그대를 위해 울리는 것이다.

* 중세 유럽의 마을에서 사람이 죽었을 때, 그 사실을 알리고 죽은
  사람을 애도하기 위하여 치던 조종을 의미함.

■ 매킨타이어의 덕(德)의 공동체 이론

공동체주의 이론가인 매킨타이어(A. MacIntyre)는 아리스토텔레스의 덕(德, virtue)의 이론을 가지고 와서 이를 통해 사회적 삶과 전통을 연결시킨다. 그는 자신의 저서 『덕 이후』(After Virtue)에서 개인들 사이의 구별과 고립화가 인간의 삶을 저

해한다고 밝혔다. 즉 각자가 서로 무관심한 개인들이 되어 자신의 이익만을 위하여 노력할 때, 모두는 서로 고립된 섬처럼 되어 그 삶이 기형화된다는 의미이다. 매킨타이어는 우리는 결코 단지 개인의 자격으로 선을 추구하거나 덕목을 실천할 수 없다고 말한다. 우리가 배우고, 실천하고, 추구하는 도덕성은 바로 공동체의 삶과 밀접히 관련된 역사 곧 문화적 전통의 일부라는 것이다. 즉 과거로부터 개인-자아를 단절시킬 수 없다고 하였다.

그리고 개인주의는 개인의 자유와 책임을 강조하고 그런 개인의 역할을 벗어나는 일에 대해서는 아무런 책임을 느끼지 못하는데 이것은 타인뿐만 아니라 자신의 삶까지 빈곤하게 만들고 급기야는 자아정체성(self-identity)까지 위협한다고 지적한다. 이러한 문제점을 극복하기 위해서는 공동체 내의 전통과 결부되어 있는 덕목에 중심을 둔 새로운 윤리를 모색해야 한다는 것이 그의 주장의 핵심적인 내용이다.

그런데 매킨타이어의 문제는 공동체 내의 전통이란 개념이다. 이는 좋은 것도 있지만 흔히 인습이라고 부르는 부정적인 전통도 많다. 이런 잘못된 전통에 대해서는 다시금 비판적, 계몽적 이성이 필요하다.

5. 쾌락주의

근대의 개인주의에서 파생되어 나오는 사상의 하나가 쾌락주의(hedonism)이다. 이는 향락주의라고 한다.

쾌락주의의 역사는 인류의 시작만큼이나 오래된 인간의 근본적인 충동에 근거한다. 즉 사람은 누구나 어느 정도 쾌락주의를 가지고 있다. 인간은 원래 쾌락주의자이다. 단지 문제는 사람에게 주어진 처지와 상황에 따라 때로는 쾌락을 억제할 때가 있다는 것이다. 쾌락보다 앞서는 것이 도덕이요, 책임이다. 인간에게 주어진 책임과 도덕을 다한 후에 쾌락을 취하는 것은 극히 인간적이며 바람직한 생활태도이다. 필자가 20살이 되었을 때 그런 생각을 하였다. 즉 인생에서 두 가지 중요한 일이 있는데 이는 해야 할 일과

러시아 대문호 톨스토이(1828-1910)

톨스토이의 소설 「부활」에 나타난 향락주의, 쾌락주의 사상

「부활」의 줄거리는 다음과 같다. 고아였던 카츄사는 어머니가 일하던 주인집에서 길러지고 그 집의 아들인 네플류도프를 사랑하지만 그는 카츄사를 하룻밤 농락하는 것으로 생각한다. 버림받은 카츄사는 임신을 했고 주인집에서 나온 그녀는 윤락의 구렁텅이로 빠졌다. 그 후 그녀는 윤락가에서 살인죄를 억울하게 뒤집어쓰고 시베리아로 유형을 떠난다. 나중에 이를 안 네플류도프는 죄를 회개하고 카츄사를 따라 시베리아까지 따라간다. 그런 네플류도프의 진심과 사랑에 감동받은 카츄사는 본래의 경건한 여자로 돌아간다.

톨스토이의 소설 「부활」을 보면 그 여주인공 카츄사는 불우하게 태어나 세상 남자들의 성적 노리개 감으로 전락한다. "이 세상에서는 모두들 쾌락만 찾는다. 이러한 확신은 그녀가 자유로운 생활을 시작한 지 3년째 되던 해에 만난 늙은 소설가에 의해서 더욱 굳어졌다. 그는 모든 행복은 쾌락에 있다고 단언하며, 이것을 소위 시(詩)나 미(美)라고 불렀다."

(톨스토이, 「부활」 중에서)

하고 싶은 일이었다. 그 때 필자의 생각은 만약 해야 할 일과 하고 싶은 일이 충돌한다면 해야 할 일을 먼저 해야 한다는 것이었다.

해야 할 일은 의무라고 부르고 하고 싶은 일은 쾌락이라고 부른다.

쾌락은 단적으로 말해 즐거운 일이다. 재미있는 일이다. 하고 싶은 일이다.

그런데 쾌락이 인생에서 차지하는 가치의 우선순위 문제 때문에 쾌락주의라는 독특한 철학이 생긴다.

특히 문제는 쾌락주의가 개인주의, 이기주의와 결합되면서 심각한 문제를 야기한다는 것이다. 여기서 개인주의와 이기주의는 모두 부정적 의미의 개인주의, 이기주의이다. 원자론적 개인주의와 비윤리적 이기주의를 말한다. 즉 다른 사람을 무시하고 자신의 관심만 추구하는 개인주의, 이기주의를 말한다.

말은 다의적(多義的)이다. 같은 말도 그 의미는 두 가지 이상이고 때로 정반대의 가치관이 한 단어에 들어 있다. 이를 잘 이해해야 논술에서 잘 사용할 수 있다. 다시 쾌락주의 이야기로 돌아가자.

■ **죽은 시인의 사회와 '카르페 디엠'**

쾌락주의를 이해하기 위해서 그 창시자인 에피쿠로스보다 학생들이 좋아하는 영화로 먼저 시작을 해보자. 입시 공부에 지친 한국의 학생들은 「죽은 시인의 사회」라는 영화를 좋아한다. 그 영화를 보면 자유주의적인 키팅 선생님이 '카르페 디엠'(carpe diem)이란 말을 자주 쓰는 것을 볼 수 있는데 이는 라틴어 단어로서 그 뜻은 '오늘을 즐겨라' 이다. 이 말이 원래 쾌락주의의 표어라는 것을 모르는 사람이 많다. 이 말은 '오늘을 잡아라'(Seize the day!)라는 뜻이며 그 의미는 다시 말해 '오늘을 즐겨라' 혹은 '오늘 놀아라'의 뜻이다. 즉 내일을 위해 오늘을 희생하지 말고 오늘 그 자체를 즐기라는 뜻이다. 이것이 쾌락주의의 본래의 의미이다. 그래서 쾌락주의를 흔히 순간적, 찰나적(刹那的) 향락이라는 말로 표현한다. 순간주의(temporalism)란 말도 있다. "노세, 노세 젊어서 노세" 하는 유행가 가사는 민중들의 쾌락주의를 노래하고 있다.

우리가 오늘 힘들고 어려워도 열심히 노력하는 것은 다 내일 그 결실을 거두기 위한 것이고 그 때 즐기기 위한 것이다. 이런 쾌락주의가 지나치게 되면 술이나 마약을 통해서라도 순간적인 쾌락을 극도로 추구하게 된다.

■ 감각의 쾌락과 정신의 쾌락

앞에서도 말한 바와 같이 쾌락주의는 해야 할 것, 즉 의무(義務)보다도 하고 싶은 것, 즉 즐거움을 더 중시한다. 우리가 하고 싶은 것은 보통 본능과 욕구를 충족시키고 휴식을 취하는 생활이다. 그러다 보니 쾌락주의는 자연히 본능과 관계된 것을 중시한다. 또 본능은 육체적 감각의 자극과 깊은 관련이 있다. 그래서 쾌락주의의 시조인 고대 그리스의 에피쿠로스는 먹는 것을 중시했다. 그는 "모든 선(善)의 뿌리는 위장이다. 그리고 지혜와 정신적으로 높은 것들도 역시 위장에 그 바탕을 두고 있다" 라고한다. 그리고 다른 쾌락주의자는 "배는 행복과 관련된 모든 것의 척도이다. 사람들은 위장을 다치지 않도록, 그리고 정말로 즐길 수 있도록, 먹고 마시는 것에 신경을 쓰는 것 이상으로, 문화나 국민들의 복지를 위해서 노력해서는 안 된다"라고 말했다(힐쉬베르거 저, 강성위 역, 『서양철학사』(상권), 343쪽).

아리스티포스라는 쾌락주의자는 격렬한 섹스 같은 자극적인 '운동의 쾌락' 을 바랐다.

그에 비해 에피쿠로스는 "정신적인 향락을 육체적인 향락보다 더 중시해야 한다"라고 했다. 그래서 에피쿠로스는 쾌락을 고통이 없는 것, 마음의 동요에서 해방되는 것이라고 했다. 이런 마음의 평화를 '아타락시아' 라고 한다.

오스카 와일드(Oscar Wild, 1854-1900)의 쾌락주의, 탐미주의

영국의 문학가. 그가 쓴 『도리언 그레이의 초상』은 미(美)와 청춘의 즐거움이라는 쾌락주의 철학을 추구하는 다소 환상적인 내용의 책이다.

주인공인 도리언 그레이는 어느 화가가 자신의 초상을 그리고 나서부터는 더 이상 늙지 않는다. 그 대신 초상화 속의 자신의 모습은 늙어간다. 늙지 않는 도리언은 사랑을 하게 되나, 자신을 사랑하는 여인에게 잔인하게 대하고, 자신의 아름다움 이외의 다른 사람에 삶에 냉혹해질 때마다 그림 속의 도리언은 조금씩 변해간다. 도리언은 멋대로 방탕한 생활을 보내며 쾌락이란 쾌락은 모조리 맛보고 악(惡)에 물들어 간다. 나중에 그는 순결한 여인을 만나게 되어 자신의 추악하고 잔혹한 과거를 뉘우치게 되고 자기 대신 추악하게 늙은 초상화를 스스로 칼을 들어 찢어버리려 한다. 그러나 죽은 것은 도리언이었고, 뒤에는 아름답게 빛나는 초상화가 남아 있었다.

(엠파스 백과사전)

『도리언 그레이의 초상』 중에서 쾌락주의를 찬미하는 구절

"우리 시대에 야릇한 부흥을 보이고 있는 가혹하고 꼴사나운 청교도주의(淸敎徒主義)로부터 인생을 구할 새로운 '쾌락주의'가 일어나야만 한다. 그것은 틀림없이 지성(知性)에도 도움을 주어야만 한다. 하지만 그것은 어떠한 형태의 것일지라도 정열적인 체험을 희생으로 하는 이론이나 체계를 결코 받아들여서는 안 된다. 실제로, 쾌락주의의 목적은 체험 그 자체여야 하는 것이지, 체험이 달든 쓰든 간에 그 결과여서는 안 된다. 관능을 죽이는 금욕주의에 대해서는, 역시 관능을 무디게 하는 저속한 방탕에 대해서와 마찬가지로, 새로운 쾌락주의가 전혀 관여할 바가 아니다. 하지만 쾌락주의는 그 자체가 순간에 불과한 인생의 모든 순간에 자기를 집중하게 하는 것을 인간에게 가르쳐야만 한다."

■ **쾌락주의의 역설**

교과서에 나타난 것처럼 쾌락을 추구하다가 도리어 고통을 맛보게 되는 현상을 흔히 쾌락주의의 역설(paradox of hedonism)이라고 부른다. 즉 개인이 자신의 쾌락을 무절제하게 좇을 때 원래 의도한 쾌락이 아니라 정반대로 고통이 온다는 것이다. 예를 들면, 무절제한 성생활을 하다가 성병에 걸리는 경우가 바로 그것이다. 에피쿠로스가 정신의 평정을 추구한 것도 바로 이런 쾌락주의의 역설 때문이다.

자극적이고 격렬한 체험을 극단적으로 추구하는 쾌락주의는 언젠가는 역설(逆說), 즉 자신이 바라던 것의 정반대를 맛본다. 순간적인 입맛의 즐거움에 빠져 무절제하게 탐식(貪食)하다가는 각종 성인병이나 비만에 걸린다. 따라서 쾌락주의도 절제와 사려 분별을 중시하게 된다. 즉 더 많은 즐거움, 더 오래도록 즐거움을 누리기 위해서는 도리어 절제하고 앞뒤를 가리며 쾌락 상호간의 비교, 계산력이 필요하다. 그래서 에피쿠로스는 이성(理性)과 사려(phronesis)를 중시한다.

■ **아리스토텔레스의 쾌락과 행복**

위대한 철학자 아리스토텔레스는 자신의 저서 『니코마코스 윤리학』에서 행복과 쾌락에 대해서 이야기하고 있다. 아리스토텔레스에 의하면 인간의 모든 활동은 행복을 목적으로 한다. 그는 행복을 최고선(最高善), 즉 최고의 가치로 보았다. 어찌 보면 대철학자가 너무 진부한 이야기를 하고 있다는 느낌이 들 정도로 단순한 생각이다.

어떤 사람들은 "행복은 소시민들이 추구하는 보편적인 가치

이다, 위대한 사람은 큰 일을 추구한다, 가령 국가를 위해서 목숨을 바친다든지 아니면 위대한 발명이나 훌륭한 예술작품을 만들어 후손들에게 물려주는 것이다"라는 등등의 생각을 하기 마련이다.

그러나 아리스토텔레스에 의하면 이 모든 것이 결국 행복(幸福)이라는 최고의 가치에 포함된다고 한다.

문제는 그가 말하는 행복의 개념이 무엇인가 하는 점이다.

이에 앞서 아리스토텔레스는 행복에 관한 통상적인 견해들을 비판적으로 검토하고 있다. 그가 비판한 4가지 통상적 행복론은 다음과 같다.

① 쾌락을 행복으로 보는 쾌락주의 비판

아리스토텔레스는 쾌락을 곧 행복으로 보는 쾌락주의를 비판한다. 그 논변은 이렇다.

만약 쾌락만이 행복이라면 인간의 쾌락이나 동물의 쾌락이나 구별이 없고 따라서 배부른 돼지나 배부른 인간이나 둘 다 만족하고 행복한 것이다. 왜냐하면 쾌락은 기본적으로 욕구의 충족에 있기 때문이다. 욕구의 충족이라는 점에서 인간의 욕구와 동물의 그것이 질적인 차이를 가질 수 없다. 그리고 쾌락주의자들은 전반적으로 쾌락의 질적 차이를 인정하지 않는다. 따라서 쾌락의 양적 차이야말로 쾌락주의자들이 존중하는 것이다. 즉 그들은 가장 많은 쾌락을 누리려고 한다.

그리고 이런 쾌락주의는 비단 철학자뿐만 아니라 모든 보통 사람들의 견해이기도 하다. 삶의 즐거움을 누리는 것, 배불리 맛있게 먹는 것, 혹은 성적 쾌락의 향유는 모두 건강한 삶의 목표이다. 문제는 이것만이 가치가 있다거나 다른 모든 것을 이를 위해 희생시키는 일이다. 가령 마약 중독자의 경우 그도 쾌락을 추구하고 있는 것이다. 이런 병든 쾌락과 건전한 쾌락을 구분하는 지혜가 필요하다. 그러나 (윤리적) 쾌락주의자는 이를 부정한다.

그리고 아리스토텔레스가 쾌락주의를 비판하는 또 다른 논리적 근거는 이렇다. 쾌락은 좋은 활동의 결과라는 것이다. 우리가 선한 행위를 하면 그 결과로서 행복이 주어진다. 또는 운동시합에서 선수가 자신의 기량을 최대한 발휘하여 이기면 상(償)과 즐거움이 따라온다. 따라서 아리스토텔레스는 행복을 정지된 상태가 아니라 활동하는 과정으로 본다. 쾌락은 이런 활동의 결과로서 수반되는 것이다. 즉 쾌락은 활동의 부산물이라는 것이다. 그러나 쾌락주의자는 활동 자체에는 관심이 없고 오직 그 결과로서 주어지는 (심리적) 상태에만 최고의 가치를 부여한다.

가령 우리는 먹을 때 쾌락(즐거움)을 느낀다. 그러나 그 즐거움은 먹는 것의 주된 목적이 아니라, 생존의 에너지를 얻기 위하여 음식을 먹게 되는데 그 때 즐거움이 부가적으로 주어진다는 것이다.

> "누구나 살기를 희구하는 까닭에 또한 쾌락을 욕구한다고 말할 수 있을 것이다. 산다는 것은 활동이요 또 사람마다 자기가 가장 사랑하는 것에 관해서 자기가 가장 사랑하는 능력을 가지고 활동한다. 가령 음악가는 여러 가지 음률에 관해서 청각으로 활동하고, 학문을 사랑하는 사람은 이론적인 문제에 관하여 이지(理智)로 활동한다. 그런데 쾌락은 이러한 활동들을 완전케 하며, 따라서 사람들이 욕구하는 삶도 완전케 한다. 그러므로 사람들이 쾌락을 찾는 것도 당연한 일이다.
>
> (…)
>
> 사실 활동이 없으면 쾌락이 생기지 않으며, 또 모든 활동은 거기에 따르는 쾌락으로 말미암아 완전하게 되는 것이다."
>
> (아리스토텔레스, 『니코마코스 윤리학』 중에서)

이처럼 쾌락주의자의 쾌락은 행복을 만족한 상태와 동일시함으로써 사람의 건전한 사회적, 생산적 활동성보다는 순간적, 육체적 자극과 흥분만을 추구하는 방향으로 흐른다.

아리스토텔레스의 행복은 이처럼 인간의 능동성과 활동성에서 찾고 있다는 것이다.

② 명예를 행복으로 보는 견해 비판

우리 사회에도 명예를 최고의 가치로 보는 경우가 많다. 명예란 비단 국회에 진출하는 정치인들의 목표일 뿐 아니라 요즈음은 연예인들의 인기가 명예의 역할을 한다. 둘 다 남에게 박수받고 인정받는 것을 즐긴다. 아무튼 명예란 다른 사람들로부터 잘했다고 인정받는 것이다. 또 명예란 돈을 수반하기 때문에 누구나 이를 노린다.

그러나 아리스토텔레스는 명예가 좋은 가치임에는 틀림없으나 문제는 이것이 나의 행동이나 업적보다는 타자가 나의 가치나 업적을 평가하고 인정해 주는 데서 발생하기 때문에 그 약점이 있다고 본다. 즉 "명예란 그것을 받는 사람보다는 주는 이에게 달려 있는데" 그런 수동적이고 우연적인 것을 행복, 즉 인생의 목표로 볼 수는 없기 때문이다.

이런 경우는 어제의 막강한 정치인들이 감옥에 끌려가고 인기있는 연예인들이 하루 아침에 추락하는 것에서 알 수 있다.

또한 스스로 잘났다고 하는 것도 명예와 다르다는 것이 드러난다. 왜냐하면 아리스토텔레스가 말하는 것처럼 명예는 내가 나에게 부여하는 것이 아니라 다른 사람들이 나에게 부여하는 하나의 수동적인 덕목(德目)이기 때문이다.

③ 덕(德)을 행복으로 보는 견해 비판

사람들은 행복을 덕(德)이라고 본다. 흔히 봉사정신이나 희생정신 혹은 참을성, 인내 등을 덕이라고 한다. 성실함, 용기, 책임의식, 정직 등은 우리 사회가 필요로 하는 덕목(德目)들이다.

그러나 이런 유덕(有德)한 사람들이 반드시 행복하지는 않다. 인간성은 훌륭하지만 불행한 사람들이 많다. 오히려 덕있는 사람들은 대부분 현실에서 손해를 보고 적응을 못하는 무능한 사람으로 오인되는 경우가 많다. 우리 사회의 큰 문제는 인격(人格)과 능력(能力)의 불일치이다. 사회적 능력이 있는 사람들은 대부분 악덕 기업주들이나 불법 정치인들이다. 따라서 덕과 행복은 거의 불일치한다. 현실적으로 보아 부덕(不德)하고 교활한 사람들이 힘이 세고 부유하다.

아리스토텔레스는 이와 관련하여 이렇게 말한다. "덕이란 잠재적 능력을 뜻하기 때문에 설령 덕이 있다고 하더라도 이것이 발휘되지 않고 그냥 지나갈 수도 있다."

고대 그리스에서 덕(德, virtue, arete)이란 원래 탁월성(excellence), 즉 뛰어난 기술이나 전투력 등의 실천적 능력을 의미했다. 따라서 아리스토텔레스는 "덕이 많이 있어도 비참한 사람들이 있다"라고 말한다. 예를 들어 운동경기에서 기술이나 실력이 좋아도 운이 없으면 이것이 발휘되지 못한다.

④ 부(富)를 행복과 동일시하는 견해 비판

부(富) 혹은 재산을 행복과 동일시하는 많은 사람들이 있다. 그러나 이들은 재산 자체가 목적이 아니라 다른 것을 하기 위한 수단이라는 것을 모르고 있다. 즉 돈이 있어야 먹고 마시며, 교육도 받고 재능을 발휘할 여건을 형성할 수 있다는 것이다.

현대 사회는 황금만능주의에 빠져 돈만 있으면 행복이나 사랑도 살 수 있다고 보는 사람들이 많다.

■ 진정한 행복

아리스토텔레스는 이와 같이 4가지 통상적인 행복관을 비판한 후에 행복을 "생활 전체에 걸친 유덕(有德)한 영혼의 활동"이라고 규정한다. 다시 말해서 인간은 덕(德)을 평생에 걸쳐 발휘할 수 있어야 비로소 행복하다는 것이다. 여기서 덕이란 현대적 문맥에서 소질이나 재능을 말한다. 즉, 자신의 재능이 노래하고 춤추는 것이라면 그는 노래하고 춤추어야 한다. 그런 활동을 위한 여건을 마련해야 한다.

그러나 문제는 그 여건의 마련이 인간의 노력으로는 잘 안 된다는 것이다. 거기에는 돈도 필요하고 친구도 필요하고 때로는 권력도 작용해야 한다. 그래서 아리스토텔레스는 행복을 축복(blessing)이라고 하고 가히 '신(神)으로부터 주어진다'(god-given)

라고 한다. 이는 행복이 인간의 노력과 탐구뿐만 아니라 이를 위한 외부적 조건에 의존함을 말한다. 이래서 어떤 사람들은 행복을 행운(fortune)과 동일시하기도 한다. 그러나 인간이 자기 개발이나 탐구의 노력 없이 요행만을 바라는 것은 불합리한 태도이다.

따라서 행복이란 신적(神的)인 도움 위에 인간이 가진 잠재적 소질과 재능을 발휘할 때 주어지는 것이며, 이는 기쁨과 쾌락을 그 보너스로 받는 것이다.

6. 이기주의와 이타주의 – 사회생물학

최근 이기주의와 이타주의에 대한 논쟁이 활발하고 각 대학 논술고사에서도 여러 번 나온 바 있다. 이는 전통적인 이기주의와 이타주의 논쟁, 즉 "이기주의는 동물적이고 이타주의는 도덕적, 윤리적이다. 그러므로 이기주의보다 이타주의가 고상하고 인격적인 것이다"라는 상식을 뛰어넘는 것이므로 특별히 더 공부할 필요가 있다. 여기서 말하는 것은 최근의 생물학 내지 동물학의 연구를 반영하는 것으로서 특히 분자생물학, 유전학, 동물행동학 그리고 마침내 사회생물학의 성과를 말하는 것이다.

사회생물학은 근본적으로 다윈의 '진화론'과 멘델의 '유전이론'을 결합하는 데서 이루어진다.

■ 다윈의 진화론
다 아는 것처럼 영국의 다윈(C. Darwin, 1809-1882)은 진화론을 주장했는데, 그 내용은 생물은 다양하게 발전하는데 모든

분자생물학(molecular biology)
생물의 구조와 기능을 유전인자와 염색체의 수준에서 규명하는 학문. 이는 1953년 왓슨과 크릭이 DNA의 이중나선 구조를 밝힌 뒤 활발하게 연구되고 있는 생물학의 한 분야이다.

동물행동학(ethology)
인간을 비롯한 동물들의 행동을 비교하거나 공통적인 특성을 규명하는 학문. 여기에는 새에 관한 연구로 이름난 로렌츠와 큰 가시고기의 생식행위에 관한 연구로 이름난 틴버겐 등이 있다.

사회생물학(sociobiology)
동물의 집단적 행동을 유전학적, 진화론적 관점에서 규명하는 학문. 이는 에드워드 윌슨의 저서 『사회생물학』(1975) 이후 유명해졌다. 거기서 윌슨은 그 동안 베일에 가려져 있었던 동물의 이타적 행동에 관한 과학적 설명을 하여 이타주의 연구에 새로운 관점을 보여주었다.

사회생물학을 정립한 에드워드 윌슨(Edward O. Wilson)에 의하면 "사회생물학은 동물행동학, 생태학, 유전학 등을 총괄하는 종합적인 학문으로서, 사회 전체의 생물학적 특성에 관한 일반원리를 도출하는 것이다."
(에드워드 윌슨 저, 이한음 역, 『인간 본성에 대하여』, 사이언스북스(2000), 43쪽)

생물이 다 살아서 후대에 자손을 남기는 것이 아니라 그 중 가장 강하고 환경에 잘 적응하는 종(種)이나 개체만이 살아남아서 자신과 동일한 종을 퍼뜨린다는 것이었다. 이를 적자생존(適者生存, the survival of the fittest)의 원리라고 한다. 즉 생명체들은 끊임없는 생존의 경쟁에 직면해 있고 그 중에서 환경에 적합하게 자신을 변화시키는 품종은 살아남고 그렇지 못한 품종은 멸종된다는 것이다. 이런 과정을 자연선택(Natural selection)이라고 부른다.

이는 다시 말해서 현재 지구상에 살아 있는 생물들은 다들 자연의 선택을 받은 축복된 존재라는 말이다. 선택을 받지 못한 종이나 개체는 그의 후손을 지구상에 남길 수 없다. 이를 또한 자연도태설이라고 한다.

■ 멘델의 유전이론

중학교 교과서에서 나오는 것처럼 멘델(Gregor Mendel, 1822-1884)은 완두콩의 교배 실험을 통해서 유전(遺傳)의 법칙을 처음으로 세상에 알렸다. 생물 개체의 형질은 그의 양친으로부터 물려받은 것이다. 이는 양친으로부터 자손에게 전달되는 물질이 있음을 말하는 것이다. 멘델은 유전을 주관하는 물체를 요소(element)라고 생각했는데 이는 오늘날의 유전자에 해당한다. 1953년 왓슨과 크릭이 DNA의 구조를 규명하면서 유전자의 존재는 눈으로 볼 수 있는 하나의 독립적 물체라는 점이 더욱 분명해졌다. 즉 유전을 담당하는 물질이 DNA이며 이는 이중나선의 구조로 되어 있다는 것을 입증했다.

■ 유전자와 생명의 주객(主客) 전도

최근 사회생물학의 발전을 통해서 확립된 사실은 다윈의 진화론과 멘델의 유전자 이론이 결합된 것이다. 즉 진화론적 유전이론이 사회생물학의 기초를 이루고 있다. 물론 이 때의 유전학은 멘델의 그것과는 비교가 안 되는 현대적, 첨단적인 유전자 이론을 말한다. 에드워드 윌슨은 유전자-진화론의 입장에서 개별 생명체가 아니라 유전자가 적자생존의 중심에 있다고 주장한다. 즉 생물들의 온갖 행동, 습성 그리고 본능은 모두 유전자의 자기 증식을 위한 자연적 과정으로 이해될 수 있다. 따라서 생명체 역시 유전자의 자기 증식의 수단에 불과하다.

에드워드 윌슨(Edward O. Wilson, 1929-)
미국의 생물학자. 개미연구로 유명하다. 개미들이 서로 의사소통을 할 때 페로몬(phe-romones)이란 물질을 사용한다는 것을 알아냈다. 그 외에 윌슨은 사회생물학(Sociobiology)을 주창하여 진화의 목적이 개체(individual)의 보존과 증식이 아니라 유전자(gene)의 보존에 있다는 점을 강조했다. 이 이론은 도킨스(Richard Dawkins)에 의해서 더욱 발전되었다.
또한 윌슨은 생물종의 다양성(biodiversity)이란 말을 창안하여 문명의 발달로 인한 생물종의 다양성의 소멸을 경고하고 있다.

그 전까지는 유전자의 존재에 대해 인식은 했지만 이처럼 유전자와 개체의 위치가 달라지지는 않았다. 예를 들어 인간의 경우, 인간이 유전자를 가지고 있다고 생각했다. 유전자는 인간의 어떤 특정한 형질이 나타나는 원인으로 간주했다. 예를 들면 곱슬머리는 직모(直毛)에 대해서 우성이다, 그러므로 부모 중 한 사람이 곱슬머리를 가지고 있으면 그 자식은 곱슬머리를 가지게 된다는 것이다.

그러나 사회생물학은 이와는 반대로 사람의 유전자가 사람을 창조한다고 주장한다. 그것도 가장 유전인자를 많이 퍼뜨릴 수 있는 방향으로 사람(개체)을 만들어낸다는 것이다. 따라서 사람의 주인은 그 자신이 아니라 그의 DNA 라는 것이다. 그래서 종래까지 인간의 자아정체성과 관련된 개념들, 예를 들면 인간의 이성, 정신, 마음, 신체 등은 모두 유전자의 지시를 받아 만들어지고 또 행동하는 수단에 불과하다는 것이다. 따라서 사회생물학의 주창자 중의 한 사람인 에드워드 윌슨(Edward O. Wilson, 1929-)은 '닭(개체)이 먼저냐 달걀(유전자)이 먼저냐' 하는 논쟁을 정리하여 "닭은 달걀이 더 많은 달걀을 만들기 위해 한시적으로 만들어낸 매체에 불과하다"라고 주장한다. 그리고 생명체의 여러 특성, 예를 들면 성(性)과 이타주의(利他主義) 등은 자신의 유전자를 다음 세대에 전달할 기회를 극대화하는 방식에 불과하다고 한다.

에드워드 윌슨은 여기서 더 나아가서 인간 사회의 특징인 결혼, 도덕, 종교 등도 모두 유전자의 효과적인 전달이라는 관점에서 설명한다.

■ 이기주의와 이타주의

앞에서 언급한 사회생물학의 관점에서 보면 어떤 동물의 종에서 나타나는 이타주의(利他主義)는 유전자의 증식의 관점에서 보면 이기주의로 설명될 수가 있다. 에드워드 윌슨은 자신의 저서 『인간 본성에 대하여』에서 꿀벌의 일벌의 이타주의를 다음과 같이 설명한다.

> "꿀벌의 일벌은 낚시바늘처럼 미늘이 거꾸로 나 있는 침을 갖고 있다. 벌이 벌집에서 침입자를 공격할 때면 침은 피부에 박힌다. 그리고 벌이 떨어질 때, 침은 박힌 채로 남아 독액샘을 비롯하여 침과 연결되어 있는 내장들을 끄집어낸다. 벌은 곧 죽지만 벌의 공격은 침을 원상태로 빼낼 때보다 더 효과적이 된다. 독액샘이 상처에 독액을 계속 흘려 넣기 때문이다. 그와 동시에 침의 뿌리에서 발산되는 바나나 향은 다른 벌들이 같은 지점에 가미가제식 공격을 하도록 자극한다. 전체 군체의 관점에서 보면 한 개체의 자살은 손실보다 얻는 것이 더 많다. 일벌 군대의 수는 2만~8만 정도이며, 그들은 모두 여왕벌이 낳은 알에서 태어난 자매들이다. 각 벌의 자연적 수명은 50일에 불과하며, 그 기간이 지나면 노화로 죽는다. 따라서 목숨을 내놓는 것은 사소한 일에 불과하며, 유전자는 전혀 소모되지 않는다."
>
> (에드워드 윌슨 저, 이한음 역, 『인간 본성에 대하여』, 사이언스북스(2000), 213쪽)

여기서 윌슨이 말하는 것은 **동물의 개체 생명의 관점에서는 이타주의로 보이는 것이 유전자의 관점에서 보면 이기주의라는 사실이다.**

동물이나 곤충의 이타주의는 얼핏 보기에는 유전자 보존이론에 부합하지 않는 것처럼 보인다. 왜냐하면 이타적 행동, 즉 자기 희생적 행동을 하고 난 곤충이나 동물은 자식을 낳지 못하고 따라서 그런 유전자를 지닌 후손을 낳지 못하기 때문이다. 따라서 이타적 유전자는 세대가 지날수록 감소하고 반대로 이기적 유전자는 점점 증가하는 것으로 생각되기 쉽다.

　그러나 개미나 벌을 비롯한 **사회성 곤충들**의 이타적, 자기 희생적 본능은 사라지지 않는다. 이런 현상을 설명하기 위해서 윌슨은 **혈연선택**(the theory of kin selection)이란 개념을 사용한다. 이를 **친족선택**이라고도 한다.

■ 혈연선택

　윌슨은 사회성 곤충의 경우 개체의 이타주의와 유전자의 이기주의가 모순을 이루는 것이 아니라 오히려 양자가 상호보완적이라는 점을 밝혔다. 그는 이를 혈연선택이라는 개념으로 정립한다.

> "그렇다면 이타주의는 어떻게 유지되는 것일까? 사회성 곤충이라면 의문의 여지가 없다. 친족선택은 자연선택의 한 부분이다. 자기 희생적 흰개미 병정은 그 부모인 여왕과 왕을 포함한 군체의 구성원을 보호한다. 그 결과 병정개미보다 번식력이 더 뛰어난 자매가 번성되고, 그들을 통해 질녀와 조카가 더욱더 늘어남으로써 이타적 유전자는 증식되는 것이다."
>
> 　　　　　　　　　　　　　　　　　　　　　　　(『인간 본성에 대하여』, 214쪽)

　종족을 위해 자기 희생을 하는 벌이나 개미 등의 사회성 곤충은 결국 자신을 희생하지만 그 대신 친척을 보호함으로써 그 친척들의 개체 속에 숨어 있는 자신의 유전자를 보호할 수 있다는 것이다. 아니 자신과 동일한 유전자를 내포하고 있는 친족의 몸을 통해서 간접적으로 자신의 유전자를 보호, 증식시킨다는 것이다.

■ 이기적 유전자 – 도킨스의 이론

　앞에서 언급한 유전자 중심의 진화사상을 더욱 고취하는 사람이 영국의 도킨스(Richard Dawkins, 1941-)이다. 도킨스는 자신의 저서 『이기적 유전자』(The

리처드 도킨스(Richard Dawkins, 1941-)

영국의 생물학자. 그는 『이기적 유전자』(The Selfish Gene)에서 생물 개체에 대한 유전자의 절대적인 우월성을 강조한다. "이 책에서 주장하는 바는 사람과 기타 모든 생물이 유전자에 의해 창조된 기계에 불과하다는 것이다."

도킨스는 윌슨의 사회생물학을 계승하면서도 윌슨의 혈연선택설(Kin selection)을 비판하고 반박한다. 혈연선택설 대신 도킨스는 유전자 선택설(Gene selection)을 주장한다. 다윈이 말하는 적자생존과 자연선택의 단위가 집단이나 개체 혹은 혈족 등이 아니라 유전자 그 자체라는 이론이다.

Selfish Gene)에서 생물 개체에 대한 유전자의 절대적인 우월성을 강조한다. "이 책에서 주장하는 바는 사람과 기타 모든 생물이 유전자에 의해 창조된 기계에 불과하다는 것이다."(리처드 도킨스 저, 홍영남 역, 『이기적 유전자』(1993), 23쪽)

그는 유전자를 '자기 복제자'라고 다시 규정한다. 유전의 본질은 유전자의 '자기 복제' 혹은 복사(copy)라는 것이다. 생명체는 유전자의 '생존기계'(survival machine)이며 '운반체'(vehicle)에 불과하다고 한다.

도킨스에 의하면 유전자의 본질은 자신의 생존과 번식을 위한 철저한, 비정한 이기주의이다. 그런데 유전자는 한 개체에서 한정된 이타주의를 육성함으로써 자신의 이기적 목적을 가장 잘 수행할 수 있는 특별한 경우들이 있다고 한다(『이기적 유전자』, 23쪽).

■ 혈연선택과 유전자 선택

윌슨과 도킨스는 둘 다 개체에 대한 유전자의 우월성을 주장하지만, 전자는 앞의 일벌과 병정개미의 예화에서 보는 것처럼 험악한 자연환경 속에서 살아남는 단위를 혈연 혹은 친족이라고 보았다. 즉 개체는 친족을 위해서 봉사하고 그 친족은 자신이 속한 유전자 집단을 세대를 통해서 보존한다는 것이다.

그러나 도킨스는 혈연선택이론을 포기하라고 윌슨에게 요구한다. 도킨스는 혈연선택 대신 유전자 선택을 주장한다.

대단히 복잡한 도킨스의 유전자 선택이론을 간단하게 하면 다음과 같다. 일벌의 경우를 보자. 그들은 꿀도둑을 침으로 쏘고 그 싸움에서 대부분 죽게 된다. 그런데 도킨스는 일벌이 불임(不姙)이라는 사실을 주목한다.

"그러나 일벌은 자기의 자식을 만들지 않는다. 일벌들은 자식이 아닌 근친자를 돌보는 데 전력을 쏟고 스스로의 유전자를 보존하려고 한다. 한 마리의 불임의 일벌이 죽는 것은 자기의 유전자에게는 사소한 일에 불과하다. 그것은 나무의 유전자가 가을에 나뭇잎 하나가 떨어지는 것과 똑같은 것에 불과하다."

(『이기적 유전자』, 278-279쪽)

벌들의 사회는 번식능력이 있는 암놈(여왕벌)과 번식력이 있는 수놈 그리고 번식력은 없이 일만 하는 일벌로 구성되어 있다고 한다. 일벌은 암컷이다. 일벌은 애 키우는 일을 한다. 여왕은 젊어서 한 번 결혼비행을 하고 그 때에 저장한 정자로 나머지 전 생애 동안 알 낳기를 할 수 있다고 한다. 그런데 여왕벌이 낳는 모든 알이 수정되는 것이 아니다. 미수정란이 발육하면 수놈이 된다. 그리고 어떤 암놈이 일벌이 되느냐, 여왕벌이 되느냐 하는 것은 어떤 먹이를 먹느냐 혹은 어떻게 양육되느냐에 따라 달려 있다.

보통 부모와 자녀는 같은 유전자를 공유할 확률이 50%이다. 그리고 같은 배에서 태어난 형제 간에도 평균 50%이다.

이처럼 개체 간에 같은 유전자를 공유할 비율을 근친도(relatedness)라고 한다.

그런데 벌의 경우 수놈(아버지)의 생식세포의 염색체는 다른 동물의 반밖에 되지 않는다. 따라서 일벌 자매 간의 근친도는 75%가 된다. 이는 일벌의 부모와의 근친도 50%보다 높다는 것이다. 이를 도킨스는 다음과 같이 요약한다.

"따라서 벌목(개미, 꿀벌, 장수말벌류 등)에서는 같은 부모로부터 유래하는 자매 간의 근친도는 보통의 유성생식의 2/1이 아니라 3/4가 된다. 이에 따르면 벌목의 암놈의 경우 부모를 공유하는 자매에 대한 혈연 정도는 자기의 양쪽 성의 자식에 대한 어미의 혈연 정도보다 가깝다."

(『이기적 유전자』, 283쪽)

이 말은 일벌의 입장에서 볼 때, 자신이 스스로 여왕벌이 되어서 자식을 생산하는 것보다 오히려 여왕벌이 생산한 자식, 곧 그 일벌의 자매가 동일한 유전자를 더 많이 가지고 있다는 의미이다. 따라서 일벌이 불임이 되어서 일만 하고 여왕을 돌보고 그 여왕이 낳은 자매를 돌보는 일이 유전자의 이기주의에 부합하는 일이다.

그리고 더 나아가서 도킨스가 말하기를, 이런 사실에서 우리는 일벌의 유전자가 여왕벌의 유전자를 이겼다는 것을 알 수 있다고 한다.

일벌들은 평생 여왕벌을 보호하고 자신은 생산도 못하는 노예처럼 보이나 사실은 그 반대이다. 즉 일벌이 여왕벌을 지배하여 여왕벌의 몸을 매개로 하여 자신의 유전자와 그를 포함한 개체를 번식시켜 나간다는 것이다. 또한 일벌 역시 그 개체 생명이 주인이 아니라 철저히 유전자의 조작을 통해서 만들어지고, 그 개체는 불임이지만 여왕벌이 낳은 동생(자매)들을 통해서 유전자를 복제, 번식시켜 나간다.

이런 맥락에서 도킨스는 개체란 유전자의 로봇에 불과하다고 하는 것이다. 즉 생명체란 단순히 유전자를 실어 나르는 매체(vehicle)의 기능을 가질 뿐이라고 한다. 이런 설명 외에는 일벌의 존재이유를 알 수가 없다. 즉 자신은 불임이지만 형제 · 자매를 돌보고 키움으로써 그들 속에 들어 있는 자신의 그것과 동일한 유전인자를 보호하고 있다는 것이다.

그리고 부모가 자식을 사랑하고 보호하는 것도 사회생물학의 관점에서는 결국 유전자 보호 내지 전달이라는 이유밖에는 없다.

이 점에서 도킨스의 유전자 선택이론이 윌슨의 혈연선택이론보다 좀더 명쾌한 것 같다. 그리고 혈연선택의 다른 문제는 동물의 혈연에 대한 인식가능성의 문제이다. 사람들도 자신의 사촌 외에는 알기가 쉽지 않은데 동물들이 먼 친척을 알아본다는 것은 받아들이기 어렵다고 본다.

■ 사회생물학이 야기하는 몇 가지 문제

윌슨의 『사회생물학』이 1975년 발표되었을 때 이 책은 칭찬과 더불어 많은 진보적 집단으로부터 공격을 받았다. 그 이유는, 예를 들어, 사회생물학은 진화론적인 토대 위에서 남녀의 유전적 차이를 인정하고 있기 때문이다. 윌슨이나 도킨스에 의하면 정자는 크기가 작고 공격적이고 적극적인 반면 난자는 크기가 정자의 85,000배나 크다고 한다. 그리고 여성은 평생 겨우 400개 정도의 난자만 생산할 수 있지만 남성은 사정할 때다 1억 마리의 정자를 방출한다. 일단 수정을 완수하면 남성의 순수한 육체적 임무는 끝난다. 그러나 여성은 임신기간과 태아가 태어나서 자랄 때까지 자식에게서 떨어질 수 없다. 이런 이유에서 여성은 좋은 남성을 식별하는 능력이 필요하다.

> "이론상 암컷들은 최고의 유전자를 가진 수컷들을 식별해 낼 수 있을 때까지는 수줍어하고 주저할수록 유리하다. 새끼를 돌보는 종에서는 암컷들이 임신 후에 자신들과 함께 머물 가능성이 있는 수컷들을 선택하는 것도 중요하다.
>
> (…)
>
> 여기에 비해 수컷들은 암컷들을 두고 경쟁하지 않으면 안 된다. 따라서 수컷들이 차례차례 암컷들에게 구애를 할 수 있다면 일부는 위대한 승자가 되고 나머지는 철저한 패자가 되는 데 반해, 건강한 암컷들은 모두 수정에 성공할 것이다. 그러므로 수컷들은 공격적이고, 성급하며, 변덕스럽고, 무차별적일수록 유리하다."
>
> (『인간 본성에 대하여』, 178쪽)

이런 이론은 과학적으로 합당한지 몰라도 성차별을 유전적으로 합리화하고 있다는 비난을 면하기 어렵다. 이는 남성의 공격성과 일부다처제, 혼외정사 경향을 인정하게 한다. 남성은 적극적이며 여성은 수동적이다, 남성은 용감하고 여성은 보호가 필요하다 같은 전통적 관습 역시 사회생물학에서 도출될 수 있다.

그리고 더 나아가서 유전자적 진화론은 인간평등보다는 생존경쟁과 우수(優秀)한 종의 선택 그리고 약자나 사회적 부적응자의 도태 등을 합리화할 수 있는 길을 열어준다.

다시 말해서 사회생물학은 인간의 법과 도덕 그리고 자유와 평등의 진보라는 관념에 불일치하는 가치관을 함축할 수 있다.

7. 도덕적 인간과 비도덕적 사회

■ 개인윤리과 집단윤리

오늘날 우리 사회는 각종 집단이기주의(group egoism, collective egoism)의 발현 때문에 하루도 편할 날이 없다. 사회의 각 계층과 이익집단은 자신들의 집단적 이익의 관철을 위해서 시위하고 공권력에 도전하는 일이 비일비재(非一非再)하다. 집단이기주의는 반드시 도덕적으로 나쁘다고 볼 수는 없다. 왜냐하면 인간은 근본적으로 이기적이고 또 그 개인들의 집단 역시 자기 집단의 이익을 추구한다는 것은 하나의 자연적 현상이기 때문이다. 물론 교과서에는 집단이기주의를 비윤리적(非倫理的)인 당파적 행동으로 부정적으로 간주한다.

이기주의의 뜻이 양면적인 것처럼 집단이기주의의 뜻 역시 양면적이다. 아담 스미스의 경제학은 개인의 이기심과 이익추구를 합리적인 경제활동의 원동력으로 간주한다(이 책 11단원 참조). 그리고 앞에서 본 것처럼, 사회생물학은 인간의 유전자가 이미 이기적이라는 것을 밝혔다. 인간의 이기성이 이미 유전적인 사실이라면 이를 거역해서 다르게 행동하는 것은—예를 들어 이타주의나 도덕성 등—모순이다. 그리고 사회생물학에 의하면 인간을 비롯한 동물의 이타주의는 유전자의 이기주의에 전혀 모순이 아니라 그 이기주의를 더욱 효율적으로 진행시키는 전략이며 수단에 불과했다. 다시 말해서 이타주의(利他主義)는 이기주의(利己主義)의 가면에 불과한 것이다.

이런 현상은 생물학의 차원뿐만 아니라 인간 사회에서도 많이 나타난다. 최근 뉴스를 보면 그 간 고아들을 돌본다고 칭찬을 자자하게 받던 어느 종교단체의 내막을 알고 보니 실은 병원에서 버려진 갓난아기를 사고 아이를 키워서 파는 극히 파렴치한 사람들이었다. 이처럼 인간의 순수한 이타성(利他性)이나 도덕성(道德性) 그리고 선행

(善行) 등은 기대하기 힘든 것인지 모른다.

미국의 종교사회학자인 니버(R. Niebuhr, 1892-1971)는 『도덕적 인간과 비도덕적 사회』(*Moral Man and Immoral Society*)를 통해 인간의 도덕성과 이기심 등에 대해서 새로운 통찰력을 제공했다.

니버는 개인의 도덕성과 그 개인들의 집합인 사회의 비도덕성을 대립시킨다. 즉 개인은 도덕적이나 사회는 비도덕적이다. 다시 말해 사회는 그 이기심을 벗어날 수가 없다. 개인의 이기심보다 집단의 이기심이 더욱 벗어나기 힘들다는 말이다.

니버는 집단의 도덕이 개인의 도덕보다 열등하다고 주장한다(the inferiority of the morality of groups to that of individuals). 그 이유는 3가지인데 ① 집단이라는 것이 개인보다 통일성이 없기 때문이다. ② 개인들은 집단 속에서 더욱 충동적이고 공격적이기 때문이다. ③ 개인의 자기 교육과 자기 초월능력에 비해서 사회의 자기 교육과 자기 초월가능성은 극히 저조하기 때문이다.

① 통일성의 부족

집단이란 대개 개인들의 단순한 집합체(aggregation)에 불과하다. 그래서 인간의 모임으로서의 사회는 결속력과 응집력이 부족하다. 구성원들의 자연적 충동을 규제할 만한 이성적인 사회력을 확립하기 힘들기 때문이다. 예를 들어서 여름 바다에 놀러온 피서객들은 자기들이 가져온 음식물을 먹고 난 뒤에 쓰레기를 함부로 버리는 얌체 행동을 하는 수가 있다. 그들에게는 특별히 지도자도 없고 각자 자기 마음대로 행동하기 마련이다.

서산 주민들 "레저특구 차질 땐 철새 내쫓겠다"

천수만 간척지 일대 생태자연도 1등급 지정계획에 반발하고 있는 충남 서산시 부석면 주민 대표 10여명은 1일 현지실사를 나온 국립환경연구원 연구사 및 조류학자들과 가진 간담회에서 지정계획의 백지화를 요구했다.

서홍석 부석면발전협의회 부회장은 "수십년간 고통을 당해 온 사람을 배제한 채 새만을 위해 1등급으로 지정한다면 우리는 새들을 모두 쫓아낼 것"이라며 "사람은 죽거나 말거나 새만 보호하려는 정책은 결국 실패하고 만다"고 주장했다.

이종흥 발전협 고문도 "주민들이 기대를 걸고 있는 웰빙레저특구 개발이 새 때문에 차질을 빚는다면 우리는 철새보호를 거부하겠다"고 말했다.

김진옥 이장단협의회장은 "철새로 인한 엄청난 피해를 감수하면서도 주민들은 생물다양성사업 등 철새보호운동을 펼쳐왔다"며 "난데없는 1등급 지정계획을 백지화하고 지금처럼 주민과 철새가 공존할 수 있도록 그냥 놓아두라"고 요구했다.

신준범 시의원은 "그 동안 천수만 철새를 실제로 보호해 온 주체는 환경부도 환경론자도 아닌 바로 지역 주민들"이라며 "말로만 떠들어온 환경부와 환경론자들이 주민과 새의 공존을 불가능하게 만들고 있다"고 주장했다.

이에 대해 환경연구원 이정연 연구사는 "오늘 제시된 여러 의견들을 보고서에 반영하겠다"고 말했다.

(『조선일보』, 2005. 7. 1)

"The inferiority of the morality of groups to that of individuals is due in part to the difficulty of establishing a rational social force which is powerful enough to cope with the natural impulses by which society achieves its cohesion; but in part it is merely the revelation of a collective egoism, compounded of the egoistic impulses of individuals, which achieve a more vivid expression and a more cumulative effect when they are united in a common impulse than when they express themselves separately and discreetly."

(R. Niebuhr, *Moral Man and Immoral Society*)

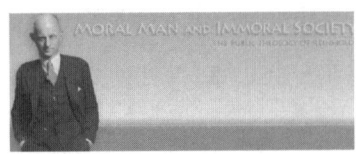

라인홀드 니버(R. Niebuhr, 1892~1971)와 『도덕적 인간과 비도덕적 사회』

니버는 미국의 신정통주의 신학자, 종교사회학자이다.

니버는 자신의 저서 『도덕적 인간과 비도덕적 사회』에서 당시 종교적, 도덕적 이상주의를 통해서 사회를 개혁할 수 있다고 믿는 소위 사회복음운동(Social Gospel)에 대해서 개인의 도덕적 개선은 노력을 총해서 가능하지만 사회적, 집단적 차원의 개선은 개인의 합리적, 계몽적 개선을 통해서 이루어지기 어렵다는 점을 강조하여 이 운동에 경종을 울렸다. 사회적 개선(改善)은 정치적인 투쟁과 법과 제도의 개선을 통해서 비로소 이루어지는 것이다.

음식을 먹고 난 뒤 그 찌꺼기나 쓰레기를 인근의 쓰레기장까지 가져가는 것이 시민의 의무이나 사람들은 편리함을 좋아하는 이기적인 충동 때문에 사회적 의무를 소홀히 한다. 이것이 인간의 자연적 충동이다. 이는 극히 이기적이며 비윤리적이다.

② 집단적 충동성의 증대

집단 속에서 개인들은 평소보다 더욱 자신들의 자연적, 이기적 충동을 강화하는 경향이 있다. 예를 들면 혼자 있을 때는 교통질서를 잘 지키는 사람도 무슨 모임이나 집단 속에 있을 때에는 갑자기 용감하게 질서를 어기고 이를 즐거워하는 경우를 본다. 술 취한 집단 속의 개인들은 횡단보도가 아닌 곳에서 용감하게 건너가면서 서로 웃는 모습을 볼 수 있다. 이 경우 개인들의 비윤리적 충동은 혼자 있을 때보다도 집단 속에서 더욱 누적된 효과를 나타낸다.

이는 또한 폭도(暴徒)들의 심리상태를 말하는 것이기도 하다. 혼자 있으면 토끼 한 마리 못 잡을 사람이 집단적으로 흥분된 군중 속에서는 방화(放火)를 하고 자기 몸에다 휘발유를 붓거나 할복을 할 수 있다는 것이 인간들의 집단심리이다. 이는 집단 속에서 인간들의 공격성과 충동성은 더욱 강화되는 경향이 있다는 것이다.

③ 자기 교육과 자기 초월의 가능성 부족

개인은 본래 이기적이지만 때에 따라서 이기심을 떠나 사회정의나 도덕성을 위해서 투쟁하기도 한다. 예를 들어 일본에서 한 한국인 유학생이 일본의 노인을 구하기 위해서 달려오는 전

철에 자기 몸을 희생한 일이 있다. 인간에게는 이런 이타적인 성격도 있다. 개인들은 학습이나 독서 등을 통해서 이타주의와 선행을 깨달을 수 있다. 즉 개인은 노력과 훈련 그리고 학습 혹은 자기 반성(reflexion)을 통해서 자기중심주의(egotism)나 이기주의(egoism)를 벗어날 수 있다는 것이다. 이를 **자기 초월(超越)**이라고 부르자. 그러나 개인들의 모임인 집단은 그런 능력이 현저하게 떨어진다. 다시 말해 개인은 변화되기 쉬우나 그 집단은 그런 가능성이 극히 미약하다는 것이다. 그래서 니버는 다음과 같이 말한다.

> "모든 인간 집단에서는 집단을 구성하는 개인들보다 충동을 견제하고 인도할 이성(理性)이 적고, 자기 초월에의 능력이 적으며, 다른 사람들의 유익을 이해할 수 있는 능력이 적고, 따라서 더욱더 많은 무제한의 이기주의가 그들의 인간 관계에서 나타난다."
>
> (니버 저, 남정우 역, 『도덕적 인간과 비도덕적 사회』, 대한기독교서회(2003), 9-10쪽)

위에서 언급한 집단의 개인에 대한 윤리적 열등성 때문에 사회적으로 문제가 발생할 수 있다. 왜냐하면 개인 역시 거의 항상 집단이나 사회 조직의 일부로 존재하고 활동하기 때문에 한 개인의 개인윤리와 사회윤리 사이에서 갈등과 모순이 발생한다는 것이다.

■ 이상주의와 낙관주의 비판

위에서 언급한 인간의 집단윤리의 취약성 때문에 사회의 발전은 지체된다는 것이 니버의 기본적인 생각이다. 이런 관점에서 니버는 종래의 여러 사회사상을 비판한다. 이 책 5단원 '합리성과 근대 사회'에서도 상세히 다루고 있지만 거기서 근대성을 비판하는 사람들과 마찬가지로 니버 역시 근대의 계몽적 낙관주의와 이상주의 등을 비판한다. 계몽주의자와 이상주의자들은 개인의 계몽과 교육 그리고 자연과학의 발전을 통해서 인류 사회에 정의, 진보, 복지, 평화가 도래하리라는 강력한 낙관주의를 표명하였다. 이에 대해 니버는 말한다.

> "인간 지성의 성장이 사회적 불의를 자동적으로 제거해 줄 것이라는 신념은 18세기 계몽주의 시대로부터 비롯된 것이다. 이성의 시대는 사회적 불의와 중세기의 전통과 미신이 너무 밀접하게 관련되어 있으므로, 사회적 불의의 제거는 중세기의 전통과 미신의 철폐를 초래한다고 결론을 내리는 것은 당연한 일이다. 이성의 시대의 열렬한 사도들 가운데 한 사람인 콩도르세(Condorcet)는 보편적인 교육과 인쇄술의 발전이 태양이 환하게 비추이는 이상사회를 가져올 것이라고 말했는데 이것은 그의 시대의 신앙을 표현한 것이다. 태양은 '자유인 이외에는 아무도 존재하지 않는' 지구 위를 환하게 비출 것이다. 어떤 주인들도 이성을 줄이지 못한다. 왜냐하면 폭군도, 노예도, 승려도, 그들의 위선적인 도구들도 모두 사라져 버렸기 때문이다."
>
> (『도덕적 인간과 비도덕적 사회』, 40-41쪽)

그러나 개인의 이성과 도덕성 그리고 사회적 계몽을 통해서 사회적 불의를 폭로하고 정의를 확립함으로써 이상적인 사회를 만든다는 프로그램은 제대로 작동이 되지 않았다. 이는 마치 한국의 현대 역사에서 박정희의 군부독재를 타도하고 인권과 민주주의만을 쟁취하면 지상낙원이 올 것처럼 생각했던 당시의 운동권의 생각과도 유사한 것이다. 역설적으로 민주주의를 쟁취하고 난 뒤 한국 사회의 불평등은 그 이전보다 더 심화되었던 것이다. 서구 역사에도 이와 유사한 역사적 패러독스가 많다.

사회운동가들과 혁명가들은 그 사회를 불법적으로 지배하는 특권층의 기득권을 폭로하고 이를 타도함으로써 새로운 사회를 만든다는 꿈을 항상 꾼다. 그러나 이들의 약점은 집단이기주의를 몰랐다는 점이다. 혹은 개인의 도덕성의 한계를 몰랐다는 점이다. 가령 무산자들의 해방과 유토피아 건설을 꿈꾸는 공산주의 운동 역시 그런 한계를 벗어날 수 없었다. 그런 관점에서 니버는 공동체, 계급, 인종, 민족 혹은 국가 등의 사회집단 모두를 집단이기주의의 범주에서 고려한다.

　예를 들면 애국주의 혹은 애국심이란 것이 있다. 이는 국가의 위기 시에 개인의 목숨을 요구하는 국가와 민족을 위한 충성과 희생을 말한다. 애국주의는 다소 지역적인 충성심, 예를 들어 지역감정과 비교하면 대단히 높은 형태의 이타주의이다. 그러나 절대적인 견지에서 본다면 애국심 역시 이기주의의 다른 형태일 뿐이다. 다시 말해서 집단이기주의(collective egoism)는 개인 차원의 이타주의를 이용한다. 이렇기 때문에 개인적 차원에서는 이기심을 벗어나고 남을 이해하고 공공의 복지를 위하여 자신을 희생할 수 있지만 집단과 사회의 차원에서는 결코 이

『하이데거와 나치즘』(박찬국 저, 문예출판사)
대철학자 하이데거는 1933년 11월 프라이부르크 대학 총장으로서 학생들을 향해 "오직 히틀러 총통만이 독일의 진정한 현실이자 법"이라고 연설하면서 히틀러에 의해 영도되는 나치 혁명에 대한 지지와 참여를 호소한다. 이 책은 히틀러와 나치 혁명에 대한 하이데거의 기대와 좌절, 그리고 이러한 좌절을 극복하려는 그의 시도와 그러한 시도가 갖는 의의와 한계를 탐구하고 있다.

(책 소개에서)

기주의를 벗어날 수 없다. 따라서 집단이나 사회 전체가 비도덕적으로 진행하는 역사적인 암흑의 시기에 개인의 양심이나 도덕성은 사실 아무런 힘도 발휘될 수가 없다. 이는 역사적으로 히틀러 치하의 독일의 지식인들의 태도에서 볼 수 있다. 유대인 대학살이라는 끔찍한 광란의 도가니에서 독일을 대표하는 지식인들과 학자들의 양심은 거의 마비되어 버렸다. 유명한 독일의 철학자 하이데거는 나치의 당원이었다.

　집단이기주의는 개인의 이타주의를 요구한다.

■ 국가와 민족의 이기주의

　국제 정치에 법과 정의가 없고 정의와 명분을 내세우는 것은 항상 개별 국가의 이기주의의 가면일 뿐이다. 국제 정치에서도 정의와 대의명분(大義名分)이 전혀 없는 것은 아니다. 그러나 그런 대의명분도 해당 국가의 이익과 일치하거나 그 이익을 증대시켜야 한다.

　가령 이라크를 침공한 미국의 조지 부시 대통령은 ① 이라크의 폭군 사담 후세인이

중국의 국가이기주의 프로젝트 – 동북공정(東北工程)

중국은 지난 20년 동안 1,000여 편이 넘는 고구려 · 발해 관련 논문들을 꾸준히 연구 발표하고 고구려가 중국 변방의 역사였음을 증명하기 위해 노력해 왔으며, 중국사회과학원과 동북 3성(요령성, 길림성, 흑룡강성)이 추진하고 있는 '동북공정' 연구사업은 2002년부터 200억 위안(우리 돈 3조 원)을 집중 투자한 대규모 연구 프로젝트인 것이다. '중국변강사지연구중심'이라는 연구소에서 동북공정이라는 계획을 세웠다.

이는 중국 동북지방의 역사, 지리, 민족문제 등과 관련된 여러 가지 문제를 학제적으로 다루는 국가적 중점 프로젝트라고 할 수 있다. 그런데 이 '동북공정'에서 다루는 문제 중에서 고구려를 비롯한 고조선과 발해 등 한국 고대사와 관련된 우리의 역사를 왜곡하고 있어 한국의 정부와 학계, 언론 및 국민들이 초미의 관심을 갖게 되었다.

중국은 그간 우리의 역사왜곡이라는 거센 비판에도 불구하고 고구려사를 자국 역사로 편입시키려는 이른바 '동북공정'을 계속 진행하고 있다. 파리 총회에서 북한의 세계유산 등재가 실패로 돌아갔던 것도 중국인이 포함된 국제기념물유적협의회의 현지 방문조사에서 고분 일부가 훼손됐다는 지적을 받은 것이 결정타였다.

장기적으로 볼 때 남북통일 후의 국경문제를 비롯한 영토문제를 공고히 하기 위한 사전 포석으로 볼 수도 있는 것이다.

대량살상무기를 숨기고 있다, ② 사담 후세인이 미국에 9.11 테러를 자행한 알카에다와 그 지도자 오사마 빈 라덴을 돕고 있다라는 두 가지의 침략 명분을 내세우고 자신의 정의와 대의 명분을 주장했다. 그래서 미국은 이라크를 침공했으나 부시 대통령이 제시한 증거는 찾지 못했다. 부시의 이라크 침략 목적은 그가 주장한 정의와 민주주의가 아니라 이라크의 석유자원의 확보라는 극히 국가적인 이기주의 외에 아무것도 아니었다.

또한 한국전쟁에서 미국이 한국에 군대를 보내어서 공산군의 침략을 막고 대한민국의 생존을 도운 것은 어디까지나 올바른 일이었다. 그러나 그 경우도 미국의 국가 이익이라는 관점 없이 순수하게 남한을 돕기 위해서 미국인의 피를 한국에서 흘렸다고 볼 수는 없다.

니버는 이런 의미에서 국가와 민족의 이기주의, 다시 말해 일종의 집단이기주의에 대하여 말한다.

여기서 우리는 요즘 이슈가 되고 있는 민족주의(民族主義)에 대해서 한 번 반성해 보아야 한다.

민족주의는 그 민족이 약소국일 때는 다른 민족의 지배에 대항하고 독립을 지킨다는 점에서 민족자결주의(民族自決主義)라고 불리며 이는 좋은 것이다. 그러나 한 민족의 힘이 강할 때 민족주의는 다른 민족을 지배하거나 통제해서 자기 이익을 취하는 소위 제국주의(帝國主義)가 되고 이는 나쁜 것이다. 따라서 민족주의 역시 양면의 얼굴을 가진 것이다.

최근 한국 주변의 국가들은 또다시 제국주의적인 얼굴을 드러내어 한민족의 불안과 긴장을 유발하고 있다. 즉 중국은 소위 **동북공정(東北工程)**이라고 하여 옛 고구려가 중국의 지방정부라고 주장하는 억지를 부리며 장차 발생할지도 모르는 북한의 붕괴를 자기에게 유리하게 선점하려고 한다.

일본은 독도를 일본의 영토로 주장하고 역사왜곡을 통해서 계속 한반도에 대한 침략을 정당화하고 있다.

이런 주변국들의 태도와 행동은 그들의 민족이기주의 혹은 국가이기주의 외에 어떤 근거도 없다고 볼 수 있다.

중국과 일본이 강대국이 되어서도 이렇게 약한 주변국을 농락하며 역사를 왜곡하고 자신의 영역을 주장하는 것은 뿌리 깊은 집단이기주의의 오점을 폭로하는 것이다.

■ 지배계급과 특권층의 집단이기주의

국가와 민족은 그 집단의 규모가 너무 커서 이기주의라는 명칭이 거의 불가능하게 보인다. 그리고 니버가 지적하는 것처럼 애국주의나 애국심은 개인에게는 자기 희생과 이타주의를 요구한다. 그래서 사람들은 국가이기주의 안에서 전혀 이기주의라는 감정을 느끼지 못하는 것이다. 위의 철학자 하이데거의 예에서도 알 수 있듯이 한번 국가 · 민족 이기주의의 풍조가 발생하면 지식인, 예술가, 종교인 할 것 없이 모두 맹목적으로 국가이기주의의 노예가 되어 버린다는 것이다.

이는 마치 사회생물학자 에드워드 윌슨의 혈족선택설(the theory of kin selection)과 유사하다. 개미나 벌 같은 하찮은 미물들도 자기의 혈족을 보호하기 위해서 자신의 몸을 초개처럼 버리는 것이다. 인간 역시 그런 성질이 있다. 이런 인간의 사회적 특징을 국가는 이용하는 것이다.

이번에는 국가와 민족보다는 규모가 다소 작은 집단이기주의 형태인 지배계급과 특권층의 집단이기주의를 고찰해 보자.

한국 사회는 IMF 위기 이후 신자유주의 경제정책이 대거 도입되었고 그 결과 사회의 빈부의 차이는 크게 벌어졌다.

경쟁과 자유를 확대할수록 빈부의 차이는 커진다. 그런데 문제는 그런 빈부의 차이가 순간적인 사회적인 상태의 문제가 아니라 항구적인 계층의 고착화로 빠진다는 점이다. 우리는 사회적 유동성(social mobility)을 말한다. 사회적 유동성이란 개인들의 노력과 활동의 결과로 사회적 지위나 재산 상태의 변화가 발생하는 것을 말한다. 사회적 유동성이 없는 국가는 개인이 아무리 노력해도 돈을 벌 수 없고 태어난 환경을 바꿀 수 없는 사회를 말한다. 즉 이는 신분사회 혹은 계급사회의 부활을 말한다. 현재 한국 사회가 이런 경향을 보이고 있다. 즉 가난한 서민들이 저축하여 아파트를 사는 것이 점점 어려워지고 있다. 특히 서울 강남 지역의 부동산 열풍은 성실한 직장인들의 사기를 좌절시킨다. 왜냐하면 한달에 벌고 저축하는 돈은 적은 데 비해 아파트 가격 인상은 기하급수적이기 때문이다.

니버는 경제적으로 확립된 계층 — 이를 흔히 기득권층(The Establishment)이라고 한다 — 들의 기득권을 지키기 위한 자기 합리화의 노력을 다음과 같이 요약한다.

> "사람들의 능력의 다양성으로부터 소유권이 생기는데 (…)
> 이러한 능력들을 보호하는 것이 정부의 제일가는 목적이다. 재산을 습득하는 상이(相異)하고 불평등한 능력과 서로 다른 정도의 형태의 재산 소유를 보호하는 데서 직접적인 결과가 생긴다. 사회는 각 소유자들의 정서와 관점의 영향에 따라서 상이한 이해관계와 당파들로 구분된다."
>
> (Charles Beard, *The Economic Basis of Politics*, 31–32 .
> 『도덕적 인간과 비도덕적 사회』, 117–118쪽에서 재인용)

이 글은 우선 사람들의 재산의 차이가 그들의 능력의 차이에서 기인한다는 사실을 말하고 있다. 민주주의 이론에서 모든 인간은 평등하고 자유롭다고 하지만 실제의 사회를 관찰하면 인간의 능력은 하늘과 땅처럼 서로 다르다는 것을 알 수 있다. 따라서 능력의 차이(불평등)에서 재산과 권리의 차이(불평등)가 초래된다.

그러나 문제는 그렇게 발생한 재산의 차이나 권리의 차이가 꼭 그대로 정당화되어서는 안 된다. 만약 진정 능력대로만 살아간다면 이 사회에서 굶주리고 노약해서 죽는 사람들이 많을 것이다. 한 가정에서도 능력 있는 가장 한 사람의 노력으로 4–5명의 식구가 살아간다. 그리고 사회적으로도 마찬가지이다. 오늘의 유망한 벤처 기업의 사장이 내일의 실직자(失職者)가 되지 못하라는 법이 없다.

그런데 위의 글은 정부의 할일이 상이한 개인들의 능력과 그에 따른 상이한 재산 상태의 보호에 있다고 강변하고 있다. 이는 소위 빈익빈(貧益貧) 부익부(富益富)를 더욱 조장하는 것이다. 또 다른 문제는 능력과 재산 상태 사이에 큰 차이가 있을 수 있다는 것이다. 즉 능력은 있지만 돈은 없는 젊은 사람들이 많다. 그런데 한국처럼 부동산의 가격이 너무 비싸고 또 자꾸 인상된다면 아무리 능력이 있는 사람이라도 재산을 모으기 어렵다. 이처럼 기득권의 보호를 강조하는 정치를 보통 보수주의라고 부른다.

이런 보수주의 내지 계급주의에 대해서 니버는 이렇게 반박한다.

> "능력과 기능에의 차이가 실제로 특권의 불평등을 초래하는 데는 도움이 되지만, 형성된 불평등의 정도를 정당화할 수는 없으며, 사회제도 안에 존속하는 불평등의 형태와도 거의 관련이 없다."
>
> (『도덕적 인간과 비도덕적 사회』, 118쪽)

위의 사상은 능력의 차이로 인해 생긴 재산과 권리의 불평등이 반드시 옳다고 볼 수는 없다는 것이다. 이를 니버는 **형성된 불평등의 정도**라고 표현한다. 즉 열심히 일해서 번 돈과 재산은 마땅히 보호를 받아야 한다. 그러나 반드시 그대로일 수는 없다는 것이 니버의 생각이다. 즉 세금이나 규제를 통해서 **소득을 재분배**할 수도 있다는 것이다. 어느 정도까지 불평등의 정도를 허용해야 할 것인가 하는 문제는 사회적 합의와 결정을 필요로 한다.

그런데 보수적 논객(論客)들은 이런 소득의 재분배와 사회복지 혹은 약자 보호라는 원리를 거부한다.

■ 지배층의 특권과 피지배층의 소외를 합리화하는 논리

니버에 의하면 지배적이며 특권을 가진 계급들의 도덕적 태도는 보편적 자기 기만과 위선으로 그 특징을 나타내고 있다고 한다. 예를 들어 19세기 초에 보편적인 교육을 반대하는 사람들은 이런 말을 한다. "가난한 노동계급에게 교육을 베풀자는 계획이 이론상 그럴듯하더라도, 그 계획은 그들의 도덕과 행복에 불리하게 될 것이다. 그것은 그들을 농업이나 기타 노동 고용에서 좋은 하인으로 만들기보다는 그들로 하여금 자신들의 운명을 멸시하도록 가르칠 것이다."(『도덕적 인간과 비도덕적 사회』, 121쪽)

오늘날 보기에는 인간의 보편적 교육, 평등한 교육의 이념은 당연한 것이지만 당시에는 상당히 어려운 문제였다. 그 당시의 지배계층들은 위에서 보는 것처럼 하층계급의 교육에 대해서 위선적인 이유를 가지고 반대하였던 것이다.

또한 미국 남부의 백인들은 흑인들이 문맹이기 때문에 그들에게 참정권을 주는 것을 반대한다고 자신들의 주장을 정당화시켰는데 문제는 그 전까지 한번도 흑인들에게 교육을 베푼 일이 없었다는 것이다.

그리고 한국 전통 사회의 경우 남성 집단의 이기주의가 공공연히 주장되곤 했다, 예를 들어 '암탉이 울면 집안이 망한다' 같은 속담과 남존여비(男尊女卑) 사상 같은 것이 집단이기주의의 표현으로 볼 수 있다. 조선시대의 유교적인 지배구조 하에서 사농공상(士農工商)이라는 직업적인 서열구조 역시 양반들의 집단이기주의를 상징하는 사상이다.

이처럼 지배계층과 특권층은 위선과 기만적인 이유로 피지배계층 내지 하층계급을 기득권으로부터 소외시켰던 것이다.

■ 최근 한국 사회의 집단이기주의 문제

앞에서 주로 국가나 민족 그리고 지배계층의 집단이기주의에 대해서 알아보았다.

최근 우리 사회에서도 집단이기주의 논쟁이 심심치 않게 등장한다. 그런데 한국 사회의 집단이기주의는 니버가 말하는 그것과는 다른 양상을 띤다. 니버의 집단이기주의는 대개 위선과 기만으로 이기주의를 은폐하는 사회병리 현상을 말한다.

그리고 그런 집단이기주의는 겉으로는 결코 이기주의와는 아무런 관련이 없고 도리어 타당한 이유나 합리적인 근거를 제시하여 사람들을 속인다. 예를 들어 애국심을 고취하여 반공(反共) 혹은 안보(安保) 이데올로기를 고취한 이전 군사정권의 전략이 여기에 속한다. 그들은 '무찌르자 공산당'이라고 하면서 국민들의 애국(愛國), 애족(愛族)심을 고취했다.

권위주의적 군사정부는 북한의 남침위협을 내세워 수많은 반정부 인사들을 간첩 혐의로 내몰고 법과 재판을 무시하고 구속, 고문 등을 자행하였으며, 그들을 범죄자로 만들었다.

그런데 요즘 언론에서 외치는 집단이기주의의 형태를 보면, 어떤 특정 집단이 그들의 특수한 이익을 사회 전체의 이익에 비해서 너무 과도하게 요구할 때 이를 집단이기주의라고 부른다.

대표적인 예가 소위 님비현상이니 핌피현상이니 하는 파렴치한 행동이나, 지역이기주의, 학벌이기주의 혹은 혈연이기주의 등이다.

하지만 어떤 특정 계층이나 집단이 배타적으로 단합하고 자기들의 이익을 강하게 주장한다고 이를 반드시 부정적으로 볼 수는 없다. 예를 들어 의약분업의 경우 의사 집단과 약사 집단이 서로의 집단 이익을 위해서 분쟁을 일으켰다. 그러나 이는 민주주의 사회의 하나의 특징으로 이해해야 한다. 왜냐하면 개인이나 집단이나 누구든지 자신의 이익을 위해 노력하고 투쟁하는 것은 지극히 당연한 것이기 때문이다. 문제는 집단이기주의 욕구가 누가 보아도 너무 심할 때이다. 따라서 우리 주위에서 보는 각 집단들의 권리주장을 함부로 집단이기주의라고 규정해서는

권위주의적인 군사정권 하에서의 집단이기주의 이데올로기-반공(反共)과 안보(安保)

1960-1970년대는 박정희 군사정권에 의해 한국이 근대화, 산업화되는 시기이면서 동시에 인권과 민주주의가 짓밟히는 압제의 시기이기도 했다. 자신의 권력에 정당성과 합법성이 없는 군사정부는 반공과 안보를 국가적 이데올로기로 삼아서 정권에 반대하는 세력들을 침묵시키고 압살했다. 그 중 대표적인 사건이고 최종길 서울대 법대 교수의 의문사 사건이다.

"서울대학교 법과대학 최종길 교수의 죽음이 세상에 드러난 것은 1973년 10월 25일. 이날 중앙정보부 김치열 차장은 이재원, 이재문 형제 등 '유럽거점 대규모 간첩단 54명을 적발했다'고 발표하면서 최 교수가 중앙정보부 남산 분청사에서 구속수사를 받던 중 화장실 창문으로 투신자살했다고 밝혔다.

최 교수가 당시 중앙정보부 남산청사에 들어선 시각은 10월 16일 오후 2시. 중정에서 수사 중인 간첩사건에 대하여 협조요청을 받고 자진 출두했던 최 교수는 3일 만인 10월 19일 새벽 1시 30분 '자살'한 것으로 25일 뒤늦게 발표됐다.

사건 직후 가족들은 강압에 못 이겨 장례마저도 비밀리에 소리없이 치렀다. 자살이 아닌, 고문치사임을 확신했으나 서슬이 퍼런 중앙정보부의 협박과 기만으로 어디에다 하소연할 수조차 없었다. 사건 직후 있은 국립과학수사연구소에서의 사체검시 역시 가족들의 입회 없이 치러졌다.

그러나 오직 침묵만이 강요되던 어둠의 세월 속에서도 진실의 싹은 돋아나고 있었다. 세상 사람들은 너나없이 '최 교수가 전기고문으로 인한 심장파열로 죽임을 당한 뒤 자살로 위장됐다'고 믿고 있었다."

(브레이크 뉴스, 2004. 8. 26)

안 된다. 그것이 당연한 자신의 권리를 위한 투쟁인지 아니면 도(度)를 넘어선 명백한 집단이기주의인지는 따져 보아야 한다. 예를 들어서 월수입 100만 원 이하의 직장인들이 많은데 연봉 6-7천만 원도 부족하다고 하여 파업을 하는 집단이 있다면 이는 집단이기주의라고 의심할 수 있다.

그런데 하나 국민의식의 개선을 요구하는 문제는 소위 님비현상의 경우 아직 국민들의 의식이 많이 약하다는 점이다. 님비(NIMBY)는 'not in my back yard'의 약자로, 그 뜻은 기피시설이나 혐오대상을 자기 집 근처에 두지 말라는 요구를 말한다. 가령 장례시설을 어느 지역에 건설하려면 그 지역 주민의 반발이 대단히 심하다. 그 이유는 그들이 특별히 그런 시설을 싫어해서가 아니라 그 지역의 땅값이 떨어진다는 이유 때문이다. 더욱이 장애인 복지시설이나 탈북자 교육센터마저 도시와 마을에 건설하기가 어려운 것이 우리의 국민의식의 수준이다. 무턱대고 그런 주민들을 비판하는 것도 조심해야 한다. 왜냐하면 그들이 당하는 손해도 분명 있기 때문이다. 그래서 이런 문제를 집단이기주의로 모두 도매금으로 비판하기보다는 이해와 계몽의 차원에서 국민적 각성을 고취해야 할 것이다.

학벌이기주의 혹은 학연(學緣)이기주의는 반드시 타파해야 할 시대적 과제이다. 한국 사회의 고유한 집단적 병리현상인 학벌주의 혹은 학연주의는 개인들의 능력보다는 그가 나온 출신학교를 통해서 개인을 평가하는 시스템이다. 그러나 소위 명문대를 나왔다고 해서 반드시 그 사람이 능력이 뛰어나다는 보장은 없다.

지역이기주의 혹은 연고지(緣故地)주의 등도 경계해야 할 풍습이다. 자기와 같은 지역의 출신이라고 해서 그 사람을 특별히 두둔하거나 요직에 채용한다면 이는 불공평한 인사정책이다. 한국 정치의 미숙한 부분은 소위 **지역감정**이라고 하는 지역이기주의이다. 예를 들어 '한나라당은 경상도, 민주당은 전라도' 하는 식의 지역주의는 나라의 장래를 좀먹는 지역이기주의의 상징이다. 연고지보다는 그 정당의 이념이나 정책을 보고 투표할 수 있는 성숙한 시민의식이 필요하다.

3장 | 총정리

- 개인주의의 장점은 개인의 능력과 개성을 최대한 존중한다는 것이고, 그 단점은 타자와의 공동체성(共同體性)이 점점 적어진다는 것이다.
- 발전과 진보라는 사상은 노인들의 지혜를 쓸모없이 만든다.
- 남녀평등과 개인주의는 전통적인 가부장적 권위를 부정하여 이혼률을 높이고 가정의 해체를 촉진한다.
- 인간은 자신을 사회 속에 현시하고자 하는 자연스러운 욕구를 지니게 된다. 특히 소비생활에 있어서 현시적 태도를 현시적 소비라고 한다.
- 근대 민주주의를 성립시킨 사회계약론과 자연법 사상은 국가보다 개인을 우선시한다.
- 민주주의(民主主義), 개인주의(個人主義), 자유주의(自由主義) 그리고 다원주의(多元主義)는 같은 뿌리에서 자라나는 가지들과 같다.
- 존 스튜어트 밀은 개인의 독립성은 절대적이고, 개인은 자기 자신에 대해서, 즉 자신의 육체와 정신에 대해서 주권자라는 개인주의, 자유주의의 원리를 천명했다.
- 한 개인의 자유에 정당하게 간섭을 하는 유일(唯一)한 근거는 자기 방위(self-protection)라는 것이다.
- 개인의 자유는 타인의 자유에 의해 제한된다.
- 일본의 작가 나쓰메 소세키는 전쟁에 의한 국가 발전이 찬미되던 때에, 개인주의가 국가주의보다 우선해야 한다고 주장했다.
- 개인주의는 사회와의 유대를 상실하고 원자론적 개인주의에 빠지기 쉽다.
- 현대 문명의 병폐인 원자론적 개인주의와 자아상실을 극복하기 위해 공동체주의가 탄생했다.

- 매킨타이어는 공동체 내의 전통과 결부되어 있는 덕목에 중심을 둔 새로운 윤리를 모색해야 한다는 덕의 공동체를 주장했다.
- 해야 할 일은 의무라고 부르고 하고 싶은 일은 쾌락이라고 부른다.
- 카르페 디엠(carpe diem)은 '오늘을 즐겨라'라는 쾌락주의의 구호이다.
- 쾌락주의는 의무나 도덕보다는 쾌락을 더 중요한 가치로 여긴다.
- 쾌락주의는 육체적, 감각적 쾌락에 최고의 가치를 둔다.
- 에피쿠로스는 육체의 쾌락보다 정신의 쾌락을 더 중시한다.
- 쾌락을 무제한적으로 추구하면 쾌락주의의 역설이 발생한다.
- 아리스토텔레스는 인간의 모든 활동은 행복을 목적으로 한다고 주장한다.
- 쾌락은 좋은 행동의 결과라는 것이다. 우리가 선한 행위를 하면 그 결과로서 행복이 주어진다.
- 아리스토텔레스는 행복을 정지된 상태가 아니라 활동하는 과정으로 본다.
- "명예란 그것을 받는 사람보다는 주는 이에게 달려 있다." 따라서 그런 수동적이고 우연적인 것을 행복, 즉 인생의 목표로 볼 수는 없다.
- 유덕(有德)한 사람들이 반드시 행복하지는 않다.
- 사람들은 재산 자체가 목적이 아니라 다른 것을 하기 위한 수단이라는 것을 모르고 있다.
- 아리스토텔레스는 행복을 "생활 전체에 걸친 유덕(有德)한 영혼의 활동"이라고 규정한다.
- 행복이란 신적(神的)인 도움 위에 인간이 가진 잠재적 소질과 재능을 발휘할 때 주어지는 것이며 이는 기쁨과 쾌락을 그 보너스로 받는 것이다.
- 분자생물학(molecular biology) : 생물의 구조와 기능을 유전인자와 염색체의 수준에서 규명하는 학문. 이는 1953년 왓슨과 크릭이 DNA의 이중나선 구조를 밝힌 뒤 활발하게 연구되고 있는 생물학의 한 분야이다.
- 동물행동학(ethology) : 인간을 비롯한 동물들의 행동을 비교하거나 공통적인 특

성을 규명하는 학문. 여기에는 새에 관한 연구로 이름난 로렌츠와 큰 가시고기의 생식행위에 관한 연구로 이름난 틴버겐 등이 있다.

● 사회생물학(sociobiology) : 동물의 집단적 행동을 유전학적, 진화론적 관점에서 규명하는 학문. 이는 에드워드 윌슨의 저서 『사회생물학』(1975) 이후 유명해졌다. 거기서 윌슨은 그 동안 베일에 가려져 있었던 동물의 이타적 행동에 관한 과학적 설명을 하여 이타주의 연구에 새로운 관점을 보여주었다.

● 적자생존(適者生存, the survival of the fittest) : 다윈의 용어로서 환경에 가장 적합한 생물만이 살아남아서 그의 후손을 퍼뜨릴 수 있다는 것.

● 자연선택(Nature Selection) : 모든 생물개체들이 다 살아서 그의 종자를 후대에 남기는 것이 아니라 적자생존과 자연도태의 과정을 밟아서 선택된다는 다윈의 학설.

● 에드워드 윌슨은 유전자 진화론의 입장에서 개별 생명체가 아니라 유전자가 적자생존의 중심에 있다고 주장한다.

● 생명체 역시 유전자의 자기 증식의 수단에 불과하다.

● 에드워드 윌슨은 '닭(개체)이 먼저냐 달걀(유전자)이 먼저냐'하는 논쟁을 정리하여 "닭은 달걀이 더 많은 달걀을 만들기 위해 한시적으로 만들어낸 매체에 불과하다" 라고 주장한다.

● 동물의 개체 생명의 관점에서는 이타주의로 보이는 것이 유전자의 관점에서 보면 이기주의이다.

● 도킨스는 자신의 저서 『이기적 유전자』(The Selfish Gene)에서 생물 개체에 대한 유전자의 절대적인 우월성을 강조한다. "이 책에서 주장하는 바는 사람과 기타 모든 생물이 유전자에 의해 창조된 기계에 불과하다는 것이다."

● 도킨스는 혈연선택이론을 포기하라고 윌슨에게 요구한다. 도킨스는 혈연선택 대신 유전자 선택을 주장한다.

● 일벌이 불임이 되어서 일만 하고 여왕을 돌보고 그 여왕이 낳은 자매를 돌보는 일

이 유전자의 이기주의에 부합하는 일이다.

● 사회생물학(유전자적 진화론)은 인간평등보다는 생존경쟁과 우수한 종의 선택 그리고 약자나 사회적 부적응자의 도태 등을 합리화할 수 있는 길을 열어준다.

● 아담 스미스의 경제학은 개인의 이기심과 이익추구를 합리적인 경제활동의 원동력으로 간주한다.

● 니버는 집단의 도덕이 개인의 도덕보다 열등하다고 주장한다(the inferiority of the morality of groups to that of individuals).

● 국제 정치에 법과 정의가 없고 정의와 명분을 내세우는 것은 항상 개별 국가의 이기주의의 가면일 뿐이다.

● 집단의 이기주의 하에서 개인의 양심과 도덕성은 무력화된다.

● 애국심이라는 집단도덕은 개인의 희생과 이타주의를 요구한다.

● 니버에 의하면 특권층과 지배계층은 그들의 집단이기주의를 정당화하기 위해서 위선과 기만을 이용한다.

● 최근 한국 사회에서 문제시되는 집단이기주의는 님비현상이나 핌피현상이니 하는 파렴치한 행동이나 지역이기주의, 학벌이기주의 혹은 혈연이기주의 등이다.

● 우리 주위에서 보는 각 집단들의 권리주장을 함부로 집단이기주의라고 규정해서는 안 된다.

● 학벌이기주의와 지역이기주의(지역감정)는 극복되어야 한다.

4장 | 연습문제

서강대 2002학년도 정시 논술고사

[논제] 다음 제시문들은 '쾌락'에 대한 다양한 입장들을 보이고 있다. 제시문 (가)를 긍정적 논거로 활용하여 '쾌락'의 의미에 대해 논술하라. (단, 반드시 제시문 (나), (다), (라)의 내용을 구체적 논거로 활용할 것.)

(가) 모든 감성에 있어서 각기 거기에 대응하는 쾌락이 생길 수 있음은 분명한 일이다. (우리는 보는 것이나 듣는 것에 대해서 즐겁다고 말한다.) 또한 감성이 최선의 상태에 있으면서 최선의 대상에 대해서 활동할 때에 두드러지게 쾌락이 생긴다는 것도 분명한 일이다. 대상과 지각자가 모두 최선의 상태에 있을 때에는 언제나 쾌락이 있는 법이다. 거기엔 쾌락의 주체와 객체가 모두 있으니 말이다. 쾌락이 활동을 완전하게 하는 것은 활동의 주체에 내재하는 상태가 그렇게 하는 것과는 다르다. 오히려 쾌락은 마치 한창 나이의 왕성한 기력을 가지고 있는 사람들에게 따르는 꽃다운 청춘과 같은, 부가적인 하나의 목적으로서 활동을 완전케 한다. 그러므로 지적 대상 혹은 감성적 대상과, 식별하는 능력 혹은 관조하는 능력이 다 같이 마땅히 있어야 할 상태에 있는 한 그 활동에는 언제나 쾌락이 있을 것이다. 주체와 객체가 다 같이 불변하고 또 같은 방식으로 서로 관계하고 있을 때에는 같은 결과가 자연히 따를 것이기 때문이다.

그러면 아무도 계속해서 즐거워할 수 없음은 무슨 까닭인가? 우리가 피로해지기 때문에 그러한 것인가? 사실 모든 사람은 계속적으로 활동할 수 없다. 그러므로 쾌락 역시 계속적일 수 없다. 쾌락은 활동에 수반하는 것이니 말이다. 어떤 일들이 새로운 것일 때 우리를 즐겁게 해주지만, 얼마 있으면 처음만큼 즐겁게 해주지 않는 것도 같은 이유에서다. 이것은 마치 어떤 물건을 우리가 응시할 때에 우리의 시각이 그렇듯이 처음에는 정신이 자극을 받아 그런 일들에 대해서 강렬히 활동하지만, 얼마 후에는 우리의 활동이 이완되기 때문이다. 이런 까닭에 또한 쾌락도 힘을 잃게 되는 것이다.

누구나 살기를 희구하는 까닭에 또한 쾌락을 욕구한다고 말할 수 있을 것이다. 산다는 것은 활동이요 또 사람마다 자기가 가장 사랑하는 것에 관해서 자기가 가장 사랑하는 능력을 가지고 활동한다. 가령 음악가는 여러 가지 음률에 관해서 청각으로 활동하고, 학문을 사랑하는 사람은 이론적인 문제에 관하여 이지(理智)로 활동한다. 그런데 쾌락은 이러한 활동들을 완전케 하며, 따라서 사람들이 욕구하는 삶도 완전케 한다. 그러므로 사람들이 쾌락을 찾는 것도 당연한 일이다. (…) 사실 활동이 없으면 쾌락이 생기지 않으며, 또 모든 활동은 거기에 따르는 쾌락으로 말미암아 완전하게 되는 것이다.

— 아리스토텔레스, 『니코마코스 윤리학』에서

(나) 쾌락이란 무엇인가? 이 말이 여러 가지로 쓰이고 있긴 하지만 가장 많이 쓰이는 용례로 볼 때 (살아 있다는 의미에서의) 능동성의 충족과는 무관한 욕망의 충족이라고 정의되기가 더 쉬울 것이다. 그런 쾌락은 강도가 높은 것일 수도 있다. 사회적 성공을 거둠으로써 느끼는 쾌락, 돈을 많이 버는 데서 느끼는 쾌락, 복권이 당첨됨으로써 느끼는 쾌락, 보통 말하는 성적 쾌락, 맘껏 먹는 데서 느끼는 쾌락, 경주에서 이기는 쾌락, 음주·환각·약품 등에 의해 고양된 상태, 혹은 살아 있는 것을 죽이거나 난도질하려는 격정을 충족시키는 데서 느끼는 쾌락 등이 예거될 수 있다.

물론 우리가 부유해지거나 유명해지기 위해서는 바쁘다는 의미로 매우 활동적이어야 하지만 '내적 탄생'(birth within)이라는 의미에서는 그렇지 않다. 그 목표를 성취했을 때 그들은 '스릴'을 느끼고 '아주 만족하며' '절정'에 도달했다고 느낄는지 모른다. 그러나 어떤 절정인가? 아마 흥분의 절정, 만족의 절정, 환각적, 광란적 상태의 절정

일 것이다. 이런 상태에 도달하도록 하는 것은 그들의 열정이다. 그러나 이 열정은 인간적인 것이긴 하지만, 그것이 본질적으로 인간 조건의 적절한 해결을 향하지 않는 한 병적인 것이다. 그러한 열정은 더욱 위대한 인간의 성장이나 힘을 낳는 것이 아니라 오히려 인간을 불구로 만든다. 극단적 쾌락주의자의 쾌락, 항상 새로운 물욕(物慾)의 충족, 현 사회의 쾌락 등은 정도가 서로 다른 '흥분'을 일으키지만 '기쁨'을 갖다주지는 못한다. 실상 기쁨이 없기 때문에 항상 새롭고 한층 더 자극적인 쾌락을 추구하게 되는 것이다.

이런 점에서 현대 사회는 3천 년 전에 헤브루 인들이 처했던 상황과 똑같은 상황에 처해 있다. 모세는 이스라엘 민족에게 가장 사악한 죄악 중의 하나에 대하여 다음과 같이 말했다. "너희들은 모든 사물의 충만함 가운데서 마음 속의 '기쁨'과 '즐거움'으로 주 하나님을 섬기지 않았다."(『신명기』 28:47) 기쁨은 생산 행위에 따른 부수물이다. 그것은 절정에 이르렀다가 급작스레 끝나 버리는 '절정 경험'(peak experience)이 아니고 오히려 사람의 본질적인 능력의 생산적 표현을 동반하는 지속적 감정 상태이다. 기쁨은 순간적인 몰아(沒我)의 불꽃이 아니다. 기쁨은 존재와 함께 오는 빛이다.

쾌락과 스릴은 소위 절정에 도달하고 난 후에는 슬픔을 낳는다. 왜냐하면 스릴은 경험했지만 그 용기(容器)가 커지지는 않았기 때문이다. 그의 내적 힘은 증가되지 않은 것이다. 그는 비생산적 활동의 권태를 돌파하려고 시도하였고 잠시 동안 이성과 사랑을 제외한 그의 모든 에너지를 결합하였다. 그는 인간의 힘을 벗어나 초인(超人)이 되려는 시도를 한 것이다. 그는 승리의 순간에 도달한 것 같이 느끼지만 그 승리에는 깊은 슬픔이 뒤따른다. 그의 내부에 아무런 변화도 일어나지 않았기 때문이다.

— 에리히 프롬, 『소유냐 존재냐』에서

(다) 비에 젖어 흙투성이가 된 채 피로에 지쳐 집으로 돌아왔으나, 그날부터 그녀의 마음속에는 어떤 변화가 일어나서 그 결과 지금 같은 타락의 세계로 들어가 버린 것이다. 그 무서운 비바람 치던 밤 이후, 그녀는 신(神)도 선(善)도 믿지 않게 되었다. 그

때까지 그녀는 자신도 신을 믿고 있고 다른 사람들도 신을 믿고 있다고 생각했었다. 그러나 그날 밤부터 아무도 신을 믿지 않으며, 사람들이 신에 대하여 또는 신의 계율에 대하여 말하는 것은 모두가 거짓이며 엉터리라고 생각하게 되었다. 자기가 사랑했고 또 자기를 사랑했던 네흘류도프는 한 번 그녀를 농락한 후 그녀를 버리고 가버렸다. 그렇지만 그는 자기가 알고 있는 모든 사람 중에서 가장 뛰어난 사람이었다. 그 밖의 사람들은 모두 그에 못 미쳤다. 자기 자신에게 일어난 모든 일이 그것을 증명해 주었다. 그의 고모들, 그렇게 신앙심이 깊은 노부인들조차도 그녀가 전처럼 일을 잘 못하니까 쫓아내고 말았다. 그녀가 만난 여자들은 모두 다 그녀를 보고 돈벌이할 궁리만 했고 또한 남자들은 그 늙은 경찰서장을 비롯해서 감옥의 간수에 이르기까지 그녀를 한낱 육체적 쾌락의 도구로만 생각했다.

이 세상에서는 모두들 쾌락만 찾는다. 이러한 확신은 그녀가 자유로운 생활을 시작한 지 3년째 되던 해에 만난 늙은 소설가에 의해서 더욱 굳어졌다. 그는 모든 행복은 쾌락에 있다고 단언하며, 이것을 소위 시(詩)나 미(美)라고 불렀다.

사람은 그 누구나 자기만을 위해서, 자기의 쾌락만을 위해서 살고 있으므로 그들이 신이나 선에 관해서 말을 하는 것이 모두 거짓이었다. 무엇 때문에 이 세상은 모든 사람들이 그렇게 나쁜 짓을 하고 고민하도록 혼란스럽게 이루어진 것일까 하는 따위의 의문이 생겼을 때는 일체 그런 일은 생각지 않도록 해야만 했다. 따분해질 때면 담배를 피우거나 술을 마시거나, 아니 무엇보다도 좋은 것은 남자들과 재미를 보는 것이었다.

— 톨스토이, 『부활』에서

(라) 관능의 숭배는, 극히 당연한 일이지만, 이따금 비난받아 왔다. 그것은 인간이 그 자신보다도 더 강하다고 여기는 정열과 감정에 대해 자연스럽고 본능적인 공포를 느끼고, 또한 인간만큼 고도로 조직화되지 않은 존재 형태를 가진 것에도 관능이 있다고 의식했기 때문이다. 하지만 세상 사람들이 관능의 참다운 본질을 제대로 이해하지

못하면서 그것을 야만적이고 동물적인 것으로 여기는 것은, 그들이 아름다움에 대한 섬세한 본능을 그 지배적인 성격으로 하는 새로운 영성(靈性)의 요소로 관능을 승화시키지 못하고 굶주림과 고통으로 그것을 억제하고 말살하려 해왔기 때문이라고 도리언 그레이는 생각했다. '역사' 속의 인간을 되돌아보았을 때, 그는 일종의 상실감에 사로잡혔다. 얼마나 많은 것들이 포기되어 왔던가! 더구나 아무런 의미도 없이! 거기엔 격렬하고도 완고한 거부(拒否), 기이한 형태의 자기 학대와 자기 부정이 있었다. 그리고 그 원인은 공포심이며, 그 결과는 인간이 무식하기 때문에 거기서 벗어나려고 애써 온 그 상상적인 타락보다도 훨씬 더 무서운 타락이었다. (…)

우리 시대에 야릇한 부흥을 보이고 있는 가혹하고 꼴사나운 청교도주의(淸敎徒主義)로부터 인생을 구할 새로운 '쾌락주의'가 일어나야만 한다. 그것은 틀림없이 지성(知性)에도 도움을 주어야만 한다. 하지만 그것은 어떠한 형태의 것일지라도 정열적인 체험을 희생으로 하는 이론이나 체계를 결코 받아들여서는 안 된다. 실제로, 쾌락주의의 목적은 체험 그 자체여야 하는 것이지, 체험이 달든 쓰든 간에 그 결과여서는 안 된다. 관능을 죽이는 금욕주의에 대해서는, 역시 관능을 무디게 하는 저속한 방탕에 대해서와 마찬가지로, 새로운 쾌락주의가 전혀 관여할 바가 아니다. 하지만 쾌락주의는 그 자체가 순간에 불과한 인생의 모든 순간에 자기를 집중하게 하는 것을 인간에게 가르쳐야만 한다. (…)

우리는 그만두었던 곳에서부터 다시 시작하지 않으면 안 되고, 그렇게 되면 판에 박은 듯한 습관이 똑같이 지루하게 되풀이되는 속에서 힘을 지속시켜 나갈 필요가 있다는 두려운 느낌에 어느새 사로잡히게 된다. 어쩌면, 어느 날 아침에 눈을 뜨면 밤의 어둠 속에서 우리의 쾌락을 위해 새로이 개조된 세계, 모든 사물이 신선한 형태와 색채를 드러내어 일변하거나 그 전과는 다른 비밀을 간직한 세계, 과거는 거의 존재하지 않거나, 적어도 의무라든가 후회라든가 하는 의식적인 형태로는 남아 있지 않은 — 희열의 회상에까지도 쓰라림이 따르고, 쾌락의 기억에도 고통이 있으므로 — 그와 같은 세계가 찾아오기를 열광적으로 동경하게 될지도 모른다.

도리언 그레이에게 있어선 그와 같은 세계의 창조야말로 인생의 참다운 목적이거나 적어도 참다운 목적 중의 하나인 것같이 여겨졌다. 그리고 새로우면서도 즐겁고, 더욱이 로맨스에는 없어서는 안 될 그 이상한 요소를 가진 온갖 감각들을 추구함에 있어서, 그는 때때로 그의 천성에 전혀 어울리지 않는다는 것을 알고 있는 어떤 사고 방식을 받아들여, 그 미묘한 영향력에 몸을 맡기고, 그렇게 함으로써 이를테면 그 색조를 포착하여 자신의 지적 호기심을 만족시켰다.

— 오스카 와일드, 『도리언 그레이의 초상』에서

※ 유의사항
① 띄어쓰기 포함 1,600자 내외로 쓸 것(±160자 허용).
② 제목은 쓰지 말고 본문부터 시작할 것.
③ 수험번호, 성명 등 자기의 신상에 관련된 사항을 답안에 드러내지 말 것.
④ 한 편의 완성된 글이 되게 할 것.
⑤ 어문 규범을 지킬 것.

[출제 방향]
○ 고등학교 교육 과정을 정상적으로 이수한 학생이라면 누구나 자신의 견해를 펼칠 수 있는 논제인 '쾌락'을 주제로 하였다. 인간의 삶 속에서 '쾌락'의 의미는 다양하게 이해될 수 있다. 하지만 지금까지 쾌락은 금욕주의의 틀 속에서 그것의 부정적인 측면이 강조되어 온 것이 사실이다. 이번 서강대학교의 논술문제는 수험생들에게 쾌락의 부정적 측면뿐 아니라 생산적 에너지로서 쾌락이 지니는 긍정적 측면까지도 함께 고려하면서 쾌락이 삶 속에서 갖는 의미를 생각해 보도록 하였다.

○ 이번에 서강대학교에서 출제한 논술문제는 네 제시문에서 '쾌락'에 대해 보이는 인식 태도가 어떻게 다른가를 비판적으로 분석하게 하고, 이를 논거로 하여 인간의

삶 속에서 쾌락의 의미가 무엇인지를 논술하게 하였다. 이러한 유형의 문제는 우선 수험생들에게 주어진 제시문을 정확히 분석하고 이해하는 훈련이 얼마나 중요한가를 인식하게 하고, 나아가 평소에 수험생들 각자의 사고와 행동 양식을 스스로 점검할 기회를 갖기 위해서 폭넓은 독서를 할 필요가 있음을 인식하게 하는 계기로 작용할 것이다.

○ '쾌락'에 대한 상이한 인식 태도를 끌어내기 위한 제시문은 아리스토텔레스의 『니코마코스 윤리학』, 에리히 프롬의 『소유냐 존재냐』, 톨스토이의 『부활』, 그리고 오스카 와일드의 『도리언 그레이의 초상』에서 가려 뽑았다. 세계적 고전으로서의 가치를 부정할 수 없는 『니코마코스 윤리학』과 『소유냐 존재냐』는 예민한 존재 탐색기의 고등학생들에게 매우 의미 있는 독서 경험을 제공하기에 충분하며, 소설 『부활』과 『도리언 그레이의 초상』 역시 고등학생 수준에서도 어렵지 않게 읽을 수 있는 작품이다. 논술고사 실시 취지의 하나인 고전 읽기를 통한 인문적 교양 형성의 환경을 조성하기 위하여 예년과 같이 대표적 명작을 선택하고 그 명작에서 제시문을 뽑아 논제화하였다.

○ 서양의 고전에서 제시문을 골랐지만 이 작품을 사전에 읽지 않은 수험생일지라도 제시문만 정확히 읽으면 논술할 수 있는 문제를 출제했다. 이는 논술시험의 의의가 고전에 대한 단편적인 지식이나 정보를 측정하는 것이 아니라, 텍스트 읽기 능력과 거기에 바탕을 둔 창의적이고 비판적인 사고력과 논리적이고 체계적인 표현 능력을 검증하는 데 있다는 점을 고려한 것이다. 특히 제시문을 정확히 읽고 분석하지 않으면, 출제자가 요구하는 깊이 있는 사고를 전개하기 어렵도록 문제를 구성한 것도 그런 까닭이다.

[채점 원칙(기준)]

○ 논지가 요구하는 내용이면서 합당한 주장인가, 사고의 깊이는 어느 정도인가.

○ 논거가 타당하고 참신한가, 또한 제시문에서 적절히 찾아 썼는가.

○ 문장과 문장, 단락과 단락의 연결이 논리적인가.

○ 서론, 본론, 결론이 유기적으로 구성되어 있는가.

○ 정확하고 풍부한 단어, 자연스럽고 적절한 길이의 문장을 구사하고 있는가.

[출제의 유형] 자료제시형(통합교과형)

[출제 및 채점 방침]

① 논술 출제 계열 : 인문사회계열

② 논술 출제 문항 수 : 1 문제

③ 반영 점수 : 100점

④ 기본 점수 : 가채점 결과에 따라 신축적으로 부여함

⑤ 전형 총점 : 1,000점

⑥ 논술고사 시간 : 120분

⑦ 답안지 분량 : 1,600자 내외(±160자 허용)

셋째 마당

욕망과 인간

1장 | 서론

1. 문제 제기

현대 사회를 분석할 때 '욕망'(欲望)이란 개념을 떠올리지 않을 수 없다. 이는 앞 단락에서 다룬 이기주의나 쾌락주의 등과도 직결되나 산업화 사회에서 이 개념이 가지는 특별한 의미 때문에 수험생들 역시 이를 주의하지 않을 수 없다. 현대 사회에서 욕망 개념이 가지는 의미는 크다. 욕망의 추구가 인간의 보편적인 가치가 된다. 자본주의 사회에서 인간의 이기심과 욕망은 경제 발전의 원동력이다.

또한 산업사회는 인간의 욕망을 통제하고 지배하는 구조를 가지고 있다. 가령 좋은 외제차(外製車)에 대한 욕망은 매스컴과 인터넷 그리고 광고를 통해서 매시간 우리에게 전달된다. 이를 흔히 욕망의 획일화라고 한다.

그리고 전통적으로 욕망이라고 하면 우리는 우선 '동물적 욕구(欲求)'라는 생각을 먼저 한다. 예를 들어 스포츠 신문 소설 같은 데서 "여자에게서 자신의 욕구를 채우고 난 뒤 그는 담배를 피웠다" 같은 구절을 볼 수 있다.

이는 또한 욕심과도 같은 말이다. 이런 욕심, 욕구 혹은 욕망이란 거의 부정적인 기능으로 이해되곤 한다. 특히나 한국 사회는 전통적인 종교인 불교의 영향으로 욕망을 버려야 할 것, 어리석은 것 등으로 간주해 왔다.

대중문화와 성(性) 상품화

자본주의 문화는 인간의 가장 은밀하고 사적(私的)인 부분인 성(性)을 상품화한다. 성인만화, (스포츠) 신문 그리고 각종 잡지들은 대중의 성적 호기심과 욕망을 자극한다.

그 외에 영화나 대중음악도 성(sexuality)을 상품화한다. 성과 더불어 인간의 몸(body)은 최고의 상품으로 소비되고 또 생산된다.

"(오늘날) 육체는 주체의 자율적인 목적에 따라서가 아니라, 소비사회의 규범인 향락과 쾌락주의적 이윤창출의 원리에 따라서 다시금 만들어진다. 이제 육체는 관리의 대상이 된다. 육체는 투자를 위한 자산처럼 다루어지고, 사회적 지위를 표시하는 여러 기호 중의 하나로서 조작된다."

(장 보드리야르, 「소비의 사회」 중에서)

용어(用語) 풀이

● 일의적(一義的, univocal) : 단어의 뜻이 하나이다.

● 다의적(多義的, equivocal) : 단어의 뜻이 둘 이상이다.

다의적인 말의 대표적인 단어가 고대 그리스어의 파르마콘이란 단어이다. 이 단어는 약(藥)이란 뜻도 있고 독(毒)이란 뜻도 있다.

에너지 위기

"에너지 소비의 비교 – 미국의 일인당 연간 소비는 석탄 23,000파운드, 아이티의 소비량은 석탄 68파운드. 거의 비교가 되지 않는다. 세계 인구의 최소 요건을 충족시킨다고 하여도 다음 30년 동안에 인류가 지금까지 건설한 양과 맞먹는 숫자의 집이나 병원, 공장, 다리 등을 건설해야 한다고 한다. 이러한 일에는 재생불가능한 에너지가 천문학적인 양만큼 필요하다. 국가나 세계가 아무리 노력해도 결코 예상되는 에너지 수요를 감당할 수 없다는 것은 명백하다. 현실은 우리가 사용가능한 재생불가능한 에너지가 바닥이 나면서 엔트로피 분수령에 위험하게 가까이 가고 있다는 것이다. 통계마다 약간씩 다르지만, 싸고 재생불가능한 에너지 시대가 끝난다는 데는 모두 일치하고 있다."

(제레미 리프킨, 『엔트로피』 중에서)

또한 우리의 민간 생활에 많은 영향을 끼친 도교(道敎)에서도 인간의 인위적인 욕구와 탐욕을 경계해 왔기 때문에 욕망에 대해서는 부정적인 의미를 많이 부여했다.

물론 욕망 개념에 그런 어리석고 맹목적인 이기심의 뜻이 숨어 있음에 틀림없다. 그러나 잘 생각해 보면 욕망에는 의지(意志)라든지 희망(希望) 혹은 꿈과 같은 긍정적인 의미도 포함되어 있다. 이런 경우를 우리는 흔히 의욕(意慾)이라는 말로 표현한다.

이처럼 우리가 쓰는 거의 모든 개념들은 그 의미가 일의적(univocal)이지 않고 다의적(equivocal)이다. 심지어 같은 단어가 상황에 따라 정반대의 의미를 가지기도 한다.

2. 논술고사 출제 경향

현대는 대중 민주주의 사회이며 동시에 대중 소비사회이다.

여기서는 내가 더 많은 욕망을 지닐수록, 그리고 욕망을 채울 능력이 크면 클수록, 나는 더 행복해질 수 있기 때문에 욕망이란 좋은 것으로 여겨진다. 바로 이것이 소비사회의 이상 또는 이데올로기이다. 욕망의 부풀림이 그 사회적 특징이다.

이런 맥락에서 욕망을 소비와 관련시켜 끝없이 새로운 욕망을 촉진하는 경향이 있다.

이런 맥락에서 2001년 중앙대 정시 논술시험은 욕망의 부정적인 측면과 긍정적인 측면에 대해 묻고 있다. 또 2005년에는 연세대 정시 논술시험에서 '세월의 흘러감과 욕망'이라는 논제의 문제가 나왔다. 이는 '욕망과 세월을 아끼라'는 벤저민 플랭클린의 『덕의 기술』에 나오는 구절을 재구성한 문제이다.

욕망의 문제는 환경보호와 연결되어 나올 수 있다. 즉 욕망을 무한히 만족시키려는 자본주의 경제는 환경문제를 더욱 악화시킬 수 있다. 그러므로 소비와 욕망을 절제하는 것이 환경재앙을 줄일 수 있는 방법이 될 것이다.

그 다음으로는 욕망과 행복의 반비례 관계이다. 이는 행복의 경제학에서 나오는 문제이다. 선진국일수록, 국민소득이 높을수록 행복지수는 낮아진다. 그 이유는 많이 알면 알수록 욕망이 커지기 때문이다.

2005년 성균관대 수시 1학기 논술고사(인문)는 경제적 성장과 물질적 풍요가 삶의 질을 향상시키고 국민의 행복지수를 높였는가 하는 문제를 출제했다.

그리고 제레미 리프킨의 엔트로피 이론은 인류가 불필요한 욕망을 채우기 위해서 일을 하기 때문에 엔트로피가 증대한다고, 즉 무질서의 도가 커진다고 주장한다. 이제 경제활동이나 정치, 산업 모두가 엔트로피를 줄이는 방향으로 나가야 한다. 여기서도 가장 핵심적인 개념은 인간의 욕망의 조절과 절제일 것이다.

또한 현대의 속도문화와 관련해서 느림의 윤리를 강조하는 사상이 있다. 이런 다양한 맥락에서 현대 문명의 방향을 제시할 수 있어야 한다.

3. 주제관련 교과서 내용

| 도덕교과서 35쪽 이하

둘째, 도가에서는 무위자연(無爲自然)의 삶을 강조한다. 무위자연이란, 인간이 인위적인 가식과 위선에서 벗어나 본래의 자기 모습대로 살아가는 것을 말한다. 그 동안 인간은 끊임없이 성장과 발전을 추구해 왔지만, 결코 어느 상황에서도 만족하지 못하였다. 무위자연의 사상은 이와 같은 인간의 끝없는 욕망을 조절하고, 환경문제에 대응하는 우리 문명의 방향을 성찰하는 데 도움을 줄 것이다. 셋째, 불교에서는 모든 생명체를 잠재적인 부처요, 보살로 생각한다. 이러한 생명 존중 사상은 환경문제를 해

결하는 근본적인 관점을 마련해 줄 수 있다. 그리고 불교는 인간의 고통을 없애는 방법으로 욕심과 집착을 버릴 것을 강조한다. 환경문제가 인간의 과도한 소비 행태에서 비롯되는 고통이라면, 불교의 가르침은 물질에 대한 인간의 욕심과 집착을 어느 정도 해소하는 데 많은 도움을 줄 것이다.

---

4. 세련된 논술 구성을 위한 용어와 개념

불교, 삶의 욕망, 고통, 사성제(四聖諦), 열반(니르바나), 번뇌, 마야(Maya), 기독교, 원죄, 믿음, 구원, 인생무상, 헤겔의 시민사회, 욕구의 체계, 욕망의 무한성, 욕망의 충족, 의존효과, 소비자 주권, 생산자 주권, 소비자 정보, 소비자 만족, 욕망의 부정성, 본래의 욕망(original wants), 조작된 욕망(contrived wants), 절대적 욕망, 상대적 욕망, 욕망의 충동, 불합리한 욕망, 긍정적인 욕망, 의욕, 꿈, 일의적(univocal), 다의적(equivocal), 파르마콘, 영혼의 세 부분, 이성, 용기, 정욕(욕망), 이성과 욕망의 대립, 무의식, 의식, 리비도, 자아, 초자아, 꿈, 무의식적 소원의 충족, 거울단계, 상상계, 상징계, 타자, 오이디푸스 콤플렉스, 타자의 욕망, 은유, 환유, 실재계, 소비사회, 자본-정보사회, 욕망의 획일화, 욕망의 통제, 미인대회, 로또, 욕구의 위계질서, 욕구 5단계설, 카타르시스.

2장 | 주요 이론과 논거

1. 불교의 욕망

불교의 시조인 고타마 싯다르타(부처)의 가르침은 근본적으로 삶의 욕망이 고통을 낳는다는 것이다. 인간의 삶은 끊임없이 살고자 하는 욕구이며 의지이다. 또 사람은 단순히 자신의 목숨만을 유지하려고 할 뿐 아니라 번식을 위한 욕구, 즉 성욕(性慾)의 지배를 받는다. 이 때문에 남자라면 여자를 찾게 되고 여자라면 남자를 만나야 한다. 남녀가 육체를 서로 공유(共有)하는 결혼 내지 혼인 생활에서 많은 기쁨과 더불어 고통과 번뇌도 뒤따른다. 이런 성욕 외에도 소유욕(所有慾) 역시 사람을 괴롭게 하는 요인이 될 수 있다. 부처의 사색은 바로 이런 욕망이 괴로움을 낳게 한다는 것이다. 즉 생존욕(生存慾)과 성욕 그리고 소유욕이 집착을 낳게 되고 그 집착에 빠져 헤매는 것이 인간의 모습이라는 것이다.

이런 사상은 **사성제**라는 불교의 교리에 집약되어 있다. 사성제는 불교의 초기 사상으로 다음의 4가지 진리를 가리킨다.

■ 사성제(四聖諦)
① 모든 것은 괴로움이다(苦).
② 괴로움에는 원인이 있다(集).
③ 원인이 있는 것은 없앨 수 있다(滅).
④ 그것을 없애는 적절한 방법이 있다(道).

여기서 두 번째 항목 괴로움의 원인을 집(集)이라고 하는데 이것이 바로 욕망이다.

불교의 팔정도(八正道)

① 정견(正見)은 바로 봄을 뜻한다.
② 정사유(正思惟)는 올바른 생각을 뜻한다.
③ 정어(正語)는 올바른 말을 뜻한다.
④ 정업(正業)은 올바른 행위를 말한다.
⑤ 정명(正命)은 올바른 생활을 의미한다.
⑥ 정정진(正精進)은 올바른 노력을 뜻한다.
⑦ 정념(正念)은
올바른 정신과 생각으로 수행의 향상을 위하여 정신을 집중시키는 것을 말한다.
⑧ 정정(正定)은
'바르게 집중(集中)' 한다는 말로서, 달리 말해서 명상하는 것을 말한다.

여기에는 앞에서 말한 성욕(性欲) 혹은 애욕(愛慾) 등이 속한다. 이는 달리 말하면 감각적 쾌락에 대한 갈망이다. 그리고 각종 탐욕 또한 집(集)에 속한다.

멸(滅)이란 각종 욕망의 불길을 끄는 것을 말한다. 이는 다시 말해서, 살고자 하는 욕망, 행복하고자 하는 욕망을 포함한 인간의 모든 욕망을 제거하는 것이다. 이 경지에 이른다면 욕망과 고통에서 해방될 것이다. 그리고 우리는 해방의 상태이자 무고통과 행복의 상태인 이른바 '니르바나'의 경지에 도달할 것이다.

열반(涅槃)은 니르바나(Nirvana)란 산스크리트어에서 나온 말로 그 뜻은 '불을 끄다'이다. 마치 바람이 불꽃을 끄듯이, 타고 있는 번뇌(煩惱)의 불이 깨달음으로 인하여 소멸되고 모든 고뇌가 없어진 상태를 가리킨다.

이처럼 생사의 욕망과 그 욕망이 제공하는 번뇌와 고통이 없는 것을 또한 해탈(解脫)이라고 한다.

도(道)는 열반과 해탈을 위한 수행방법이 있다는 것이다. 부처는 이를 팔정도(八正道)라고 하는데, 요약하면 올바르게 생각하고 행하자는 것이다.

불교의 교리에 의하면 사람은 무명(無明)의 상태에 빠져 있으며 이것이 올바른 진리를 보지 못하게 한다. 이런 무명을 벗어나 열반의 경지에 오르기 위해서는 팔정도의 법도를 따라 수행에 정진해야 한다.

그런데 여기서 하나의 의문은 인생의 목적인 행복이나 꿈의 실현 등을 불교에서는 어떻게 보느냐 하는 문제이다.

불교는 이런 인간의 열정과 꿈을 한마디로 부질없는 것으로 본다.

다시 말해 행복의 열망이나 꿈의 실현 등은 결코 채워질 수 없는 환상이라는 것이다. 사람들은 그들의 무명(無明) 때문에 고통과 번뇌를 벗어날 수 없다. 이를 벗어나기 위해서는 욕망의 뿌리를 끊어야 한다. 인간이 바라는 행복이나 꿈이 모두 헛되다는 것을 나타내기 위해서 '마야'라는 말도 쓴다. 마야(Maya)란 눈에 보이는 물질계와 그를 추구하는 욕망이 모두 환상이라는 고대 인도의 사상이다.

불교의 가르침에 의하면 욕망이란 결코 충족될 수 없고, 우리는 채워지지 않는 욕망으로 고통스러워한다. 게다가 살아 있는 생명체들이 자기 몫으로 지니는 병과 노쇠함으로 인한 육체적인 고통은 채워지지 않는 욕망에서 오는 고통을 배가시킨다.

따라서 사물을 명철하게 바라본다면, 삶이란 근본적으로 고통이다. 삶에 참다운 환희의 순간은 매우 드물다. 하지만 분명한 것은 인간은 모든 욕망의 만족을 통해서 언젠가 행복에 이를 수 있다는 희망을 갖는다는 점이다. 그렇지만 이것은 우리로 하여금 살아가게 하는 동인(動因)이긴 하나 헛된 환상에 불과하다.

이를 인생무상(人生無常)이라고 한다. 즉 인생이 추구하는 것이 허무하다는 것이다. 한때 열심히 추구한 것이 세월이 지나면 모두 바람같이 사라지는 것을 말한다. 열심히 노력한 일이 수포로 돌아가고 한때 좋았던 일들이 나중에는 나쁘게 평가되는 인생무상을 우리는 종종 경험한다. 그래서 불가에서는 인생을 마치 봄날의 아지랑이가 스쳐 지나가는 것, 혹은 밤하늘에 나타난 달이 잠깐 후 사라지는 것처럼 부질없는 것으로 생각한다.

이런 무상(無常)한, 허무한 존재를 좇아서 아등바등 서로 싸우고 다투는 것이 우리 인생이라는 것이다.

이런 착각과 혼동의 인생을 뛰어 넘어 참된 나를 찾기 위해서 불교는 속세(俗世)와의 인연을 끊고 출가(出家)하여 수행과 구도의 길을 가라고 가르친다.

불교는 이처럼 욕망의 절제가 아니라 욕망의 근절(根絕)을 가르친다. 이를 행하지 못하는 중생(衆生)들은 어두움과 고통에 가득 찬 번뇌의 삶을 살아야만 한다.

십계명(十誡命)

하나님이 시내산에서 모세를 통해 이스라엘 백성에게 내려준 10개조의 계율. 2장의 석판에 새겨져 있었다고 하며, '모세의 십계'라고도 한다. 유대교와 그리스도교의 종교·윤리의 근본원리를 간결하게 나타낸 것으로, 「구약성서」의 「출애굽기」 20장과 「신명기」 5장에 거의 같은 형태로 나와 있다.

십계명

나는 너를 애굽 땅 종 되었던 집에서 인도하여 낸 너의 하나님 여호와로라.

제일은, 너는 나 외에 다른 신들을 네게 있게 말지니라.

제이는, 너를 위하여 새긴 우상을 만들지 말라.

제삼은, 너는 너의 하나님 여호와의 이름을 망령되이 일컫지 말라.

제사는, 안식일을 기억하여 거룩히 지키라.

제오는, 네 부모를 공경하라.

제육은, 살인하지 말지니라.

제칠은, 간음하지 말지니라.

제팔은, 도적질하지 말지니라.

제구는, 네 이웃에 대하여 거짓 증거하지 말지니라.

제십은, 네 이웃의 집을 탐내지 말지니라.

(네 이웃의 아내나, 그의 남종이나, 그의 여종이나, 그의 소나, 그의 나귀나, 무릇 이웃의 소유를 탐내지 말지니라.)

(엠파스 백과사전)

2. 기독교의 욕망

기독교의 근본 교리는 인간의 죄악성(罪惡性)에 대한 인식과 예수 그리스도를 믿는 믿음으로 죄를 용서받고 구원을 받는다는 것이다. 따라서 인간의 욕망 그 자체가 허무하거나 나쁘다고 보지는 않는다. 단지 정도를 넘어서는 욕망, 즉 탐욕(貪慾)과 음욕(淫慾)을 경계하고 있다. 인간의 성욕(性慾) 역시 하나님의 창조질서에 속한 것으로 혼인의 범위 안에서 적절히 활용하도록 규정되어 있다. 즉 모든 소유욕이 나쁜 것이 아니라 타인의 소유를 탐내지 말라(십계명)고 가르치고 있다. 그리고 인간의 열정과 노력에 대해서도 긍정적으로 보고 있다, 단지 인간이 하나님을 떠나서는 결코 아무리 노력해도 행복하거나 결실을 거둘 수 없음을 가르치고 있다. 특히 「전도서」라는 지혜의 문서는 다음과 같이 말하고 있다. 논술시험에 성경이 인용되는 경우가 있어서 직접 성경을 인용한다.

■ 「현대인의 성경」, 「전도서」

[1:1-2]

이것은 다윗의 아들이며 예루살렘의 왕인 전도자 솔로몬의 말이다. 전도자는 말한다. "모든 것이 헛되고 무가치하며 의미가 없으니 아무것도 소중한 것이 없구나."

[1:3]

사람이 평생 동안 수고하여 얻는 것이 무엇인가?

[1:18]

지혜가 많으면 번민이 많고 지식이 많으면 근심이 많은 법이다.

[2:1-2]

나는 마음껏 즐기며 행복을 누리겠다고 생각했으나 이것 역시 헛된 것이다. 웃는 것도 어리석은 짓이며 즐거움을 누리는 것도 아무 유익이 없다.

[2:4-7]

내가 한 일은 수없이 많다. 나는 집을 짓고 포도원과 정원과 공원을 만들어 각종 과일 나무를 심었고 관개시설을 위해 저수지를 팠으며 많은 노예를 사들이고 내 집에서도 노예를 낳게 하였으며 나보다 먼저 예루살렘에 살았던 그 어떤 사람보다도 많은 가축을 소유하였다.

[2:16]

지혜로운 사람이나 어리석은 사람이나 영원히 기억되지는 못할 것이며 언젠가는 다 잊히고 말 것이다. 지혜로운 사람도 죽음에 있어서는 어리석은 사람과 마찬가지이다.

[2:17]

그러므로 산다는 것이 나에게는 아무런 의미도 없다. 세상의 모든 일이 다 괴로운 것뿐이며 허무하여 바람을 잡으려는 것과 같다.

[2:18]

내가 수고한 모든 일이 아무 쓸모가 없는 것은 내 다음 사람에게 그 모든 것을 물려주어야 하기 때문이다.

[2:19]

그가 지혜로운 사람인지 어리석은 사람인지 누가 알겠는가?

내가 온갖 정력과 지혜를 쏟아 이룩한 것을 그가 다스릴 것이므로 이것도 역시 헛된 것이다.

[2:20]

그러므로 나는 이 세상에서 고되게 일한 것을 후회하게 되었다.

[2:21]

사람이 지혜와 지식과 기술을 총동원하여 아무리 수고한 일이라도 그 모든 것을 수고하지 않은 다른 사람에게 넘겨 줄 수밖에 없으니 이것도 헛되고 불행한 일이다.

[2:22-23]

사람이 이 세상에서 애쓰고 수고하여 얻는 것이 무엇인가? 평생을 수고하여도 근심과 고통뿐이며 그 마음이 밤에도 쉬지 못하니 이것도 헛된 것이다.

[2:24-25]

사람이 먹고 마시며 자기 일에 만족을 느끼는 것보다 더 좋은 일이 없으나 이것도 하나님께서 주시는 것임을 깨달았다.

그를 떠나서 누가 먹거나 즐거워할 수 있느냐?

■「전도서」 해설

「전도서」의 내용은 앞에서 불교가 말한 인생무상과 유사하다고 할 수 있다. 이스라엘의 왕 솔로몬은 이스라엘의 역사에서 가장 부강하고 영화로운 국가를 건설한 왕이다. 그는 무엇보다도 예루살렘의 성전(聖殿)을 건축하여 이스라엘의 영광을 드높인 인물이다.

그러나 그런 솔로몬이 인간의 생활의 허무함을 노래한 것이 바로 「전도서」의 기본 사상이다. 그래서 솔로몬은 "모든 것이 헛되고 무가치하며 의미가 없으니 아무것도 소중한 것이 없구나"라고 탄식조로 부르짖는다. 인생무상(人生無常)이다. 그는 엄청난 지혜의 소유자였고 또 정복과 건설에 탁월한 왕이었다. 그의 지혜는 소위 '솔로몬의 재판'에서 드러난다.

이런 막강한 권력과 지혜를 지닌 당대 최고의 인물 솔로몬! 그러나 그는 인간의 유한성(有限性)과 무상감을 뼈저리게 느끼고 있었다. 그는 인간이 맛볼 수 있는 온갖 쾌락과 행복을 다 맛보았다. 그러나 그는 허무한 느낌을 지울 수가 없다. 그래서 그는 "나는 마음껏 즐기며 행복을 누리겠다고 생각했으나 이것 역시 헛된 것이다. 웃는 것도 어리석은 짓이며 즐거움을 누리는 것도 아무 유익이 없다"라고 고백하는 것이다.

그리고 죽음이라는 인간의 한계는 현명한 자나 어리석은 자나 동일하게 적용된다.

죽음은 만민에게 평등한 것이다.

그래서 솔로몬은 "지혜로운 사람이나 어리석은 사람이나 영원히 기억되지는 못할 것이며 언젠가는 다 잊히고 말 것이다. 지혜로운 사람도 죽음에 있어서는 어리석은 사람과 마찬가지이다"라고 실토한다.

그가 국왕(國王) 재임 중에 실시한 엄청난 토목사업들과 각종 건설 내지 농업 역시 마찬가지이다. 그의 아들이 이를 물려받아서 잘 보존하고 계승 발전시킨다는 보장이 없다. 역사적으로 그의 우려는 현실화되었다. 즉 그의 아들 르호보암은 아버지의 유업을 받들지 못하고 어리석은 정치를 펴서 이스라엘은 남북으로 분열되는 치욕을 맛본 것이다. 이처럼 아버지가 일군 제국을 아들의 대에서 망치는 경우 역시 인생무상이라고 할 수 있다. 한국에서도 재벌 2세들이 기업을 물려받아서 이를 망하게 하는 경우가 다수 있다.

이런 상황에서 솔로몬은 "사람이 이 세상에서 애쓰고 수고하여 얻는 것이 무엇인가? 평생을 수고하여도 근심과 고통뿐이며"라고 한탄하는 것이다. 여기까지는 주제가 불교의 인생무상과 일치한다. 이는 인생의 보편적 진리인 것이다.

그러나 솔로몬은 하나님의 존재를 알고 있다. 이는 근본적으로 신본주의(神本主義)인 것이다. 그래서 솔로몬은 하나님을 떠나서는 만족함이나 행복이 없다고 고백하는 것이다.

그러므로 솔로몬의 「전도서」의 사상은 인본주의가 아니라 신본주의이며 행복과 기쁨은 사람의 힘으로 도달할 수 없고 오직 하나님이 주시는 은혜로서만 이루어진다는 것을 알리고 있다.

행복은 욕망의 충족이라고 할 수 있다. 이런 면에서 기독교는 욕망과 행복을 모두 긍정하고 있으며 단지 인간의 능력으로 그런 것들의 도달이 안 된다고 보는 점에서 일반 철학사조나 상식인들의 입장과 다르다고 볼 수 있다.

3. 헤겔의 시민사회와 욕망의 체계

헤겔(G. W. F. Hegel, 1770-1831)
독일 관념주의 철학자. '절대 정신의 세계지배'
를 주장하였다. 그의 철학적 체계는 『철학 백과
사전』(*Enzyklopädie der philosophischen
Wissenschaft*)에서 논리학, 자연철학, 정신
철학의 3부로 구성되어 있다. 정신철학은 도
덕과 법 그리고 인간학을 다룬다. 그의 초기의
걸작은 『정신현상학』이다. 여기서 헤겔은 근
대 사회와 인간의 탄생을 '정신'이라는 개념
으로서 이해하고 서술하고 있다. 헤겔의 사상
은 마르크스를 비롯하여 후대의 사회사상 발
전에 지대한 영향을 끼쳤다.

독일의 관념주의 철학자 헤겔(G. W. F. Hegel, 1770-1831)
은 그의 『법철학』에서 근대 사회와 관련하여 욕망 혹은 욕구의
문제를 새롭게 부각시켰다. 헤겔의 『법철학』은 도덕과 법 그리
고 국가제도 등을 종합하여 법의 체계로 다루는 방대한 사회철
학 내지 국가철학의 대작이다.

헤겔은 종래의 철학가들이 보지 못한 영역, 즉 경제학의 영
역과 그 중요성을 철학적으로 파악한 최초의 철학자라고 할 수
있다.

루카치(G. Lukács)가 쓴 『청년 헤겔』이란 책은 헤겔 철학의
발전사적 연구로 유명한 책인데, 이 책의 부제가 '변증법과 경
제학의 관계에 관하여'이다. 루카치는 헤겔의 변증법(Dia-
lectic) 사상이 근대 경제학의 알맹이를 사상적으로 파악한 것이라고 본다.

그만큼 헤겔은 당시대 자본주의 발전과 그의 학술적 표현인 근대 경제학의 의미를
시대적으로, 철학적으로 파악하고 있었다는 말이다.

■ 근대 시민사회와 욕망의 체계

헤겔은 『법철학』 제3부 윤리(倫理) 편에서 시민사회(市民社會)를 다루고 있다. 근대
시민사회란 다시 말하면, 더 이상 신분제 사회의 지배를 받지 않는 자유로운 시민들
의 조직으로서의 사회를 말한다. 헤겔은 우선 시민사회를 경제사회로 보고 있다. 즉
헤겔은 시민사회를 욕구를 가진 시민들이 그 욕구를 달성하기 위해서 노동과 그 밖의 경제
활동을 하는 체계로 보고 있다. 그 다음에는 그런 경제활동과 시장활동을 규제하기 위
한 사법의 체계를 다루고 그 다음에는 이런 활동을 더 구체적, 효율적으로 통제하고
활성화하기 위한 제도로서 행정조직과 직업조합 등을 다루고 있다.

헤겔의 글을 직접 보자.

> "시민사회는 세 가지의 계기를 포함한다. 즉, 그 하나는 개인의 노동을 통하여
> 또한 다른 모든 사람들의 노동과 욕망의 만족을 통하여 욕망을 조정하고 개인
> 을 만족시키는 것 — 말하자면 욕망의 체계이다."
>
> (헤겔 저, 이동춘 역, 『법의 철학』(1982), 67쪽)

여기서 우리가 주목할 부분은 개인이 자기의 욕구를 만족시키는 데 자신의 노동뿐
만 아니라 다른 사람의 노동과 만족이 필요하다는 사상이다. 이는 다시 말해 노동의
분업과 시장을 통한 교환경제를 의미하는 것이다.

그리고 개인은 자신의 필요 혹은 욕구를 채울 뿐만 아니라 조정한다는 사상이다. 이
는 개인의 욕구 혹은 필요성이 절대로 필요한 것, 예를 들면 먹고 마시는 것 혹은 주
택과 의복 등뿐만 아니라 기타 취미생활이나 특별한 기호 혹은 사치, 유행까지도 포
함한다는 것이다.

이런 헤겔의 구분은 경제학의 시조 아담 스미스(A. Smith)에 따르는 것이었다. 스
미스는 그의 저서 『국부론』에서 속성이 전혀 다른 두 가지 범주의 재화(財貨)가 있다
고 기술했다. 아담 스미스는 재화를 필수품과 편리품 및 사치품으로 구분하여 생활필수품
에 대한 욕망은 제한적이지만 편리품 및 사치품에 대한 욕망은 거의 무한정하다고 말하고
있다(『현대의 사회사상가』(1797), 158쪽 참조).

헤겔은 또 다른 사람의 욕망의 충족을 통해서 나의 욕망이 조절되거나 충족된다고 한다.
이는 가정에서 흔히 볼 수 있는 만족의 형태이다. 즉, 부모는 자녀의 욕구의 충족을
통해서 자신의 욕구의 만족을 본다. 때로 부모들은 자녀의 필요나 욕구의 충족을 위
해서 자신의 필요나 욕구를 포기, 희생한다.

■ 인간의 욕구는 무한하다

헤겔은 인간의 욕구 내지 욕망이 동물과는 달리 무한할 수 있음을 지적하고 있다. 동물은 그 욕망의 범위와 그 충족수단에 있어서 제한적이다. 가령 사자는 용맹스런 짐승이지만 배가 부르면 더 이상 사냥을 하지 않는다고 한다. 동물들이 그들의 본능적 욕망을 채우는 방식 역시 지극히 단조롭다. 예를 들어 동물은 육식성, 채식성 등의 구분이 있다.

그러나 인간은 아무거나 먹을 수 있다. 이를 인간의 욕구의 보편성이라고 한다. 다시 말해 인간의 욕망은 비단 먹는 것에 있어서뿐만 아니라 정신적, 지성적, 도덕적 욕망으로까지 발전한다. 동물의 제한적 욕망에 비해 인간의 욕망은 그 종류가 무한하고 끝이 없다.

인간은 그의 정신성 때문에 욕망의 범위도 불확정적이고 욕망의 충족의 수단도 무한히 발전할 수 있다. 그래서 우리는 흔히 '욕망의 끝이 없다' 는 말을 하는 것이다. 지금 내가 편리한 생활을 한다고 할지라도 나는 그보다 더 편한 생활을 바랄 수 있다.

또한 인간의 욕망의 특징은 기존의 욕망에 만족하지 않고 새로운 욕망을 발견하고 또 욕망을 세분화시키고 특수화시킨다는 점이다. 이는 예를 들어 옷이나 신발들의 디자인이나 기능의 다양성과 무한한 변화에서 알 수 있다. 이에 헤겔이 직접 말하는 것을 보자.

> "동물은 그 욕망(慾望)에 있어서도 제한(制限)되어 있지만, 또한 그것을 충족시키는 수단방법(手段方法)에 있어서도 똑같이 그 범위를 제한당하고 있다. 인간도 이러한 제한에 종속하는 것이기는 하지만, 동시에 이 종속성(從屬性)을 탈각하여 자기의 보편성(普遍性)을 나타내는 것이다. 즉, 그것은 우선 욕망 및 수단(手段)의 다양성에 의해서이며, 다음에는 구체적인 욕망을 여러 가지 특이화(特異化)된, 따라서 한층 추상적(抽象的)인 욕망으로 하는 개개의 부문이나 개개의 측면으로 분할하고 구분함으로써이다."

『법의 철학』, 69쪽)

헤겔이 말하는 욕망의 무한적인 발전과 세분화 혹은 추상화 등은 뒤의 자본주의 물질문명의 발전과 더불어 인간의 물질적, 사회적 종속성을 야기하는 원인이 되기도 한다(보드리야르 참조).

여기서 추상적 욕망이란 식욕(食慾)이나 성욕(性慾) 같은 구체적이고 본능적인 욕망을 떠난 다른 종류의 욕망, 가령 자아실현의 욕망이나 교육의 욕망 등을 말한다. 또는 사회개혁의 욕망도 가능하다. 이런 종류의 정신적, 도덕적 혹은 개인의 취향에 관련된 욕망이 인간의 욕망을 무한하게 만드는 것이다.

그런데 이런 욕망의 무한정한 증폭은 부정적인 결과를 초래하기도 한다. 헤겔은 19세기 초에 살면서도 벌써 21세기 사회의 모순까지도 미리 보고 있었다. 대중사회에서는 개인들의 욕망마저도 경제적으로 이용하고 광고와 매스컴을 통해서 교묘하게 조작하는 일이 빈번하여 여기에 대한 각별한 관심과 이해가 필요하다. 헤겔은 이런 맥락에서 욕망의 증폭을 이용한 상업과 자본주의 문화의 병폐를 선구적으로 지적하고 있다.

> "보유(補遺)[생활의 편의(便宜)]
> 영국인이 'comfortable'(便宜한)이라고 일컫는 것은 전혀 한이 없는 것이어서 무한(無限)으로 진행하는 것이다. 왜냐하면 모두 편의(便宜)한 것도 다시 불편(不便)을 가리키는 것이며, 이리하여 불편의 발견은 한이 없는 것이기 때문이다. 따라서 욕망(慾望)이란 그것을 직접으로 가지는 사람들에 의해서 환기되기보다는 도리어 그 욕망의 발생에 의하여 이득을 구하려고 하는 사람들에 의하여 환기되는 것이다."
> (『법의 철학』, 71쪽)

헤겔이 보는 근대 시민사회의 추동력으로서의 욕망에 대해서 알아보았다.

헤겔은 이런 근대 시민사회 혹은 경제사회의 타산적(打算的) 욕망 개념을 최초로 철학적으로 다루었다는 것이다. 이런 (타산적) 욕망이야말로 근대사회, 자본주의 사회를 움직이는 원동력이다.

4. 욕망을 생산하는 자본 - 갈브레이스의 의존효과

갈브레이스(J. K. Galbraith, 1908-)

고전경제학파의 소비자 주권이론에 대항하여 생산자 주권이론을 주창했다. 그는 독과점 상태의 시장에서는 소비자의 욕망(수요)이 공급을 창출하는 것이 아니라 반대로 공급자가 광고나 판매술을 이용해서 소비자의 욕망을 생산한다고 주장했다.

캐나다에서 태어나 미국에서 활동한 경제학자 갈브레이스(J. K. Galbraith, 1908-)는 자신의 저서 『풍요로운 사회』(*The Affluent Society*, 1958)에서 풍요한 사회로 가기 위한 조건들과 이를 막고 있는 당시 미국 자본주의 사회의 병폐를 비판했다. 즉, 경쟁적인 자본주의는 독점적 자본주의로 변질되고 있음을 밝힌다. 새로운 산업이 처음 도입되면 그 초기에는 참가기업의 수가 급격히 늘어간다. 예를 들면, 한국의 컴퓨터 업체들도 현재 그런 과정을 밟고 있는 중이다. 얼마 전 신문(2005. 4. 30)에 의하면 많이 알려진 '현주 컴퓨터'가 최종 부도 처리되었다고 한다. 이처럼 산업의 발전 과정에서 기업의 수는 극히 줄어들고 그후로는 영세한 하청업체를 여럿 거느린 극소수의 거대한 기업들만이 살아 남는다. 이때 소비자 편에서 보면 신(新)상품의 필요성은 거의 사라진다. 예를 들면 한국의 컴퓨터 시장에서 최초에는 그 수요가 많았지만 얼마 후 수요는 극히 감소한다. 따라서 기업에서는 컴퓨터를 더 많이 생산하면 재고(在庫)만 쌓이게 되고 손실을 입게 된다.

이런 경우 과점(寡占)상태의 기업들은 생산의 지속을 위해서 소비자들의 새로운 욕망을 산출하지 않으면 안 된다.

개인용 컴퓨터(PC)의 경우 일반 소비자들이 원하는 기능은 그렇게 높지 않다. 그러나 컴퓨터 회사는 계속 새로운 기능을 조금씩 업그레이드하여 판매 시장을 운영한다. 혹은 포털사이트의 경우도 마찬가지이다.

우리 주변에서 볼 때, 전자제품의 기능 중에서 실제로는 거의 사용되지 않는 것이 태반이다. 그 외에도 TV 홈쇼핑의 경우 자아실현을 못해서 불만과 우울증에 빠진 주부들이 충동구매를 많이 하여 사회적인 물의를 일으키는 경우도 있다. 즉 소비자는 종종 불필요한 물건을 구입하는데, 그 이유는 주로 광고와 방문판매 같은 판매기술의 덕택이다. 옷을 구매하는 데 다소 광적인 사람들이 있다. 그녀는 이미 필요한 옷을 모두 가지고 있다. 그러나 그녀는 옷을 더 사기를 원한다. 그것도 비싼 옷으로 몇 벌씩이나 더 사고 싶어한다. 이는 자신의 필요에 기초해서 일어나는 '본래의 욕망'(original wants)은 완전히 충족되어서 더 이상 소비가 필요없는 상황이다. 그러나 매스컴과 광고는 그녀를 그냥 두지 않는다. 기업은 이들 매체를 통하여 소비자들에게 인위적으로 '조작된 욕망'(contrived wants)을 불러일으킨다. 이는 소비자의 이익과 만족이 경영의 목표라는 소비자 주권 사상과는 정반대이다.

이런 경우 소비자의 필요성이나 욕구가 생산을 야기하는 것이 아니라 정반대로 생산이 소비자들의 새로운 욕구와 수요를 창출한다. 그리하여 생산이 욕망(수요)에 의존하는 것이 아니라 정반대로 욕망(수요)이 생산에 의존하는 갈브레이스의 이른바 의존효과(dependence effect)가 발생한다. 여기서 생산이란 공장에서의 물건 생산뿐만 아니라 광고와 판매를 포함한 넓은 의미의 생산을 말한다. 대중의 욕망은 이제 대중 자체에서 발생하는 것이 아니라 기업가나 사업자들이 임의적으로 조작하고 통제할 수 있는 것으로 나타난다. 자본주의 체제하에서 욕망은 자본이 인간을 지배하는 수단으로 전락해 버린다. 앞의 장에서 보드리야르가 고발한 소비의 자본주의 역시 이와 같은 맥락에서 제기된 것이다(이 책 1단원 참조).

그런데 자본에 의해서 조작되는 인간의 욕망 혹은 소비자의 수요는 재화의 특성에 의해서 달라진다.

앞에서 말한 아담 스미스의 필수품과 편리·사치품의 구분을 보면 전자의 욕망은 고정적(固定的)인 데 비해 후자의 욕망은 변동적(變動的)이다. 따라서 자본이 조작할 수 있는 욕망은 주로 후자의 욕망이다.

소비자 주권(consumer sovereingty)
이는 쉽게 말해서 '손님이 왕이다'라는 주장이다. 손님, 즉 소비자가 사업자나 생산자의 행동을 규제하여 소비자에게 가장 이익을 주는 방향으로 생산이나 분배 혹은 유통의 질서를 조절할 수 있다는 생각이다.
미국의 경제학자 새뮤엘슨(P. A. Samuelson)은 소비자를 자신의 달러를 투표용지처럼 사용하는 경제생활의 주권자로 간주하였다.
소비자는 사회적 수요를 형성하여 사회적 생산을 유도하는 기능을 가지므로 생산자는 소비자의 이익이 극대화되도록 생산력을 높이거나 제품의 단가를 낮추고 품질을 개선하는 노력을 기울이게 된다.
이런 조건을 만족시키기 위해서는 기업간의 공정한 경쟁이 필수적이다. 그리고 소비자 정보(consumer information)가 사업자와 소비자 간에 공평하게, 대칭적으로 주어져야 한다. 또한 기업은 소비자 만족(customer satisfaction)을 기업 경영의 핵심으로 해야 한다. 이와 비슷한 용어로 소비자주의(consumerism)가 있다. 이는 소비자 보호를 보호하려는 정부, 시민단체 그리고 기업들의 노력과 활동을 말한다.
소비자 주권의 반대는 생산자 주권이다.

이와 관련해서 경제학자 케인즈(J. M. Keynes)는 다른 사람의 경제적 지위의 여하에 상관없이 발생하는 절대적 욕망과 그 충족을 통하여 다른 사람에 비하여 경제적 지위를 향상시켜 주고 우월감을 주는 데 불과한 상대적 욕망의 두 가지가 있음을 지적하였다(『현대의 사회사상가』(1797), 158-159쪽 참조).

갈브레이스는 절대적 욕망은 조작, 산출되기 어려우나 상대적 욕망은 조절과 통제가 가능하다고 주장한다. 즉 상대적 욕망은 의존효과에 의해서 개발된다고 한다. 그리고 풍요로운 사회일수록 전체의 욕망 중 상대적 욕망이 차지하는 비율은 커진다. 즉, 선진국일수록 생필품의 비중보다는 문화, 오락, 여행, 취미, 그리고 교육 등의 상대적 욕망의 지출비용이 커진다.

갈브레이스는 욕망의 의존효과를 또한 역전된 인과계기(revised sequence)라고도 부른다. 이는 욕망이 그의 대상을 찾고 그런 대상을 생산자가 만들어 공급하는 정상적인 인과계기와 다른 것이며 공급자가 수요자의 욕망을 개발하여 물건을 팔아 먹는 거꾸로 된 인과계기를 말한다.

옛말에 견물생심(見物生心)이란 것이 있는데 이는 물건을 보았기 때문에 욕심이 생긴다는 의미를 가지고 있다. 바로 이 견물생심의 이치를 갈브레이스는 역전된 인과계기라고 설명한 것이다.

5. 욕망의 획일화와 통제 − 로또와 미인대회

현대 사회는 자본의 논리에 따라 모든 것이 움직인다. 최근에는 정보와 지식마저 자본화되면서 그런 현상은 더욱 심각하게 된다. 컴퓨터로 상징되는 각종 정보 메커니즘이 우리네 삶의 세목(細目)을 지배하는 정보사회는 마치 무의식의 욕망마저 통조림 찍어내듯이 획일화한다. 인간에게 마지막 남은 고유한 본능의 영역, 순수한 자연의 영역인 무의식마저 대량 소비사회는 획일화, 기계화하고 있다. 프로이트는 인간의 무의식을 욕망(리비도)이라고 규정한 바 있다. 그러나 정보산업사회는 욕망과 무의식마저 통제하려는 경향이 강하다. 가령 TV 상품광고는 인간의 의식보다는 무의식에 접속하려고 한다. 예를 들어 인간의 의식은 현실을 인식한다. 그러나 무의식은 현실을 무시하고 본능과 꿈을 무제한적으로 추구한다. 누구나 왕자와 공주가 되고 싶어하고 많은 돈을 벌고 권세를 지니고 여러 아름다운 여자들과 관계를 맺기를 원한다. 사실 일부일처(一夫一妻) 제도의 필요성은 인정하면서도 남성들은 상상 속에서 자기 아내 외의 다른 여자들과의 관계를 꿈꾼다.

매스컴 광고는 바로 이런 본능적이고 원초적인 무의식과 욕망에 호소한다. 또 다른 예로 최근 한국 사회는 로또 열풍이다. 평생을 일해도 집 한 칸 제대로 살 수 없는 가난한 대다수의 서민들에게 로또는 일확천금을 꿈꾸게 한다. 그들은 소위 대박을

로또 대박

인생 역전! 을 노리는 로또 대박의 꿈, 그러나 이는 건전한 노력으로는 불가능한 꿈을 파는 요행과 사행심을 조장하는 장사이다.
1등 당첨금 최고 407억까지 갔던 로또 열풍, 그러나 그 확률은 840만 분의 1이다. 로또는 경마, 카지노 등의 사행산업과 같이 서민들의 비현실적인 환상을 자극하여 욕망을 획일화하는 상품이다.

바란다. 그러나 실제로 로또에 당첨되는 확률은 거의 불가능하다. 이처럼 TV와 컴퓨터로 상징되는 대중문화는 대중의 욕망과 무의식을 획일화한다. 우리는 꿈마저 TV가 시키는 대로 꾸고 있는 것이다.

정보사회를 살아가는 우리는 하루 온종일 인터넷, 텔레비전 등과 같은 정보 메커니즘과 함께하면서 자신도 모르는 사이에 그 논리에 길들여지고 있다. 잠깐 우리들 욕망에 대해 한 번 생각해 보자. 아마도 출세해서 돈 벌어 좋은 집에서 좋은 차 굴리면서 호화스럽게 살고자 하는 욕망으로부터 자유로운 이는 드물 것이다. 물질적 가치만을 최우선시하는 이런 욕망이야말로 상품 물신주의가 지배하는 정보사회에 오염된 단적인 예다.

다른 예로 미스코리아 선발대회를 비롯한 각종 미인대회를 생각해 보자. 신체의 미(美) 혹은 얼굴의 미란 사람의 취향과 개성에 따라서 각자 다를 수 있고 또 마땅히 그래야 한다.

그러나 각종 미인대회는 패션이나 화장품 회사 같은 (거대) 자본과 결탁되어 인체의

미인대회

미스코리아를 비롯한 각종 미인대회는 외모제
일주의와 여성을 인격체가 아닌 성적 대상으
로만 여기는 남성의 시각을 상품화한 산업이
다. 여기는 패션, 화장품과 다이어트 그리고
성형수술이라는 소비사회의 메커니즘이 작동
한다.
1. 가부장제의 사회구조가 있다. 자기의 몸의
주인이 자신이 되지 못하고 남성의 소유물이
나 성상품으로 취급되는 구조이다.
2. 여성의 몸을 이용하여 돈을 벌려는 자본의
작동구조이다. 유행을 창조하는 패션산업, 그
것을 이용하는 광고산업, 그것을 극대화하는
데 일조하는 것이 언론매체이며 이 세 집단의
자본논리에 사회의 미(美)가 규정되고 있다.
화장, 미용, 다이어트, 성형수술 등에 관한 여
성의 몸에 관한 사업은 가히 폭발적인 규모를
보이고 있다. 이 현상의 대표적인 상징이 바로
미인대회이다. 미인대회에서 보이는 것은 그
시대의 미인이다. 일종의 미의 기준이 되는 것
이다. 이 기준은 여성의 몸이 현실과 거리가
있을수록 좋다. 왜냐하면 그래야 그만큼 시장
이 넓어지고 고객이 많아지기 때문이다.
「다이어트와 미인대회」 중에서)

아름다움을 수학적이고 기계적인 기준과 모델을 통해서 획일
화한다. 그 다음부터는 누구나 미스코리아나 미스 유니버스를
표준으로 치장을 하고 다이어트를 한다.

이런 미의 표준화는 어린아이들에게 일수록 더 권위를 지니
게 된다.

자본주의라는 황금만능주의 사회는 인간의 다양한 욕망마저
매스컴과 인터넷을 통해서 조작하고 획일화한다. 이렇게 조작
되고 통제된 소비와 그런 욕망을 통해서 지식과 정보는 사회를
지배한다. 보통 우리는 대기업 혹은 다국적기업이 세계를 지배
한다고 말한다. 그러나 엄밀히 보면 그런 거대 기업들 역시 자
본주의라는 시스템의 부속이라는 것을 알 수 있다. 따라서 현
대인들은 모두 거대한 체계의 지배를 받는 노예와 같다는 의구
심이 든다. 이를 리스먼(D. Riesman)은 타자지향적 인간 혹은
외부지향적 인간이라고 규정한 바 있다.

그래도 현대가 중세 봉건사회보다 나은 점은 비록 물질주의
의 포로가 될지언정 옛날처럼 양반이나 귀족이 있는 신분사회
는 아니라는 점이다.

어쨌든 현대 문명비평가들에 의해 우리가 배우는 것은 인간
의 지위가, 계몽주의나 근대인들이 생각한 것만큼 자유롭고 자율적
(自律的)이지 못하다는 것이다. 비록 그 때처럼 한 인간이 출신성
분과 계급에 따라서 신분이 달라지고 주종(主從)관계에 예속되
지는 않지만 조직사회와 그 메커니즘에 의존하지 않을 수 없다
는 것이다.

따라서 근대의 자유주의, 개인주의를 대표하는 밀(J. S.
Mill)이 말한 개인의 자유와 주권, 즉 "개인의 독립성은 당연히

절대적이다. 개인은 자기 자신에 대해서, 즉 자신의 육체와 정신에 대해서 주권자이다"라는 사상은 그 타당성을 의심받는다. 인간의 의식은 소외되고 조작되고 그 무의식과 욕망마저도 사회적으로 통제되고 획일화되기 때문이다.

그럼에도 불구하고 인간의 개인성은 결코 소멸될 수가 없다.

인간의 영혼이 진정 타락하고 부패한 것이라면 그 사실마저도 인식할 수가 없기 때문이다. 마치 데카르트의 생각하는 자아가 모든 것을 다 의심했지만 그 의심하는 자신만은 결코 의심할 수 없었던 것처럼, 기술주의와 산업주의 그리고 대중매체에 의해 인간의 정신이 완전히 물신화(物神化) 혹은 소외되었다면 그런 사실마저 알 수가 없다. 따라서 인간의 정신 혹은 영혼이 살아 있는 한 물신화 사회의 병폐를 치유할 방도가 있다. 이는 다시 말해 인간의 의식은 사회성에 의해 지배되지 않는 부분이 있다는 것이다.

본능과 욕망은 병든 사회와 병든 개인을 치유할 수 없다. 결국 의식, 영혼, 정신이 사회와 개인을 치유한다. 이는 다시 말해 비판적이고 창조적인 의식이다. 이는 신(神)적인 정신이다. 아니 신(神) 자신이 인간을 구원한다.

6. 프로이트의 욕망과 무의식

20세기의 인류의 정신사(精神史)에 있어서 가장 위대한 영향을 준 사상가의 한 사람이 오스트리아 태생의 심리학자인 프로이트(S. Freud, 1856-1939)이다. 그는 종래에 알려지지 않았던 인간의 정신영역인 무의식을 탐구하여 심리학과 예술철학, 교육학, 문화인류학 그리고 사회학 등에 관한 지대한 영향력을 행사했다. 프로이트는 인간의 정신을 크게 의식과 무의식으로 나누었다. 무의식은 성적 욕구에 의해 지배를 받는다. 이런 무의식을 프로이트는 이드(id) 혹은 리비도(libido)라고 불렀다. 리비도는 이처럼 성충동을 말하는데 이런 성충동이 지배하는 삶의 원칙을 쾌락원칙이라고 한다. 그러나 이런 쾌락원칙만 가지고 사람은 살아갈 수 없다. 그래서 쾌락원칙과는 다른 원칙

무의식(無意識, unconsciousness)

잠재의식이라고 하기도 한다. 이는 인간의 내면에 숨어 있는 자아의 모습이다. 흔히 우리는 나도 모르는 나의 마음이란 말을 쓰는데 이런 '자기도 모르는 자기의 마음'이 무의식이다.

〈프로이트가 본 인간의 정신구조〉

무의식(libido) ──── 쾌락원칙
의식 ──── 자아(ego) - 현실원칙
　　　　　　 초자아(super ego)

지그문트 프로이트(S. Freud, 1856-1939)

오스트리아의 정신과 의사, 정신분석학의 창시자. 인간의 무의식을 성적 욕망이라고 규정함으로써 현대 사상계에 지대한 영향을 끼쳤다.

이 필요한데 그것은 현실원칙이다. 현실원칙을 지배하는 부분을 자아(ego)라고 한다. 자아는 현실의 생존을 위해 무의식을 억압한다. 그리고 생존의 부분인 자아를 넘어서 도덕과 종교를 주관하는 부분이 있는데 이를 프로이트는 초자아(super ego)라고 규정한다.

프로이트의 '쾌락원칙과 현실원칙'이란 쉽게 말해 이런 경우를 말한다. 어린 아이들을 보면 먹고 자고 마시고만 한다. 그리고 뭐든지 자기 마음대로 하려고만 한다. 이처럼 아무런 제약 없이 욕망이나 충동이 시키는 대로 하려는 인간의 본성을 쾌락원칙이라고 한다. 그러나 크면 클수록 자기의 안전과 생명을 지키기 위해 쾌락과 욕구를 자제한다. 즉, 살기 위해서 우리는 우리의 욕망과 꿈을 억제하고 현실에 순응하는 법을 배우게 된다. 이게 바로 현실원칙이다. 즉 아이들은 쾌락원칙을 따르고 어른들은 현실원칙을 따르는 경향이 있다고 할 수 있다.

■ 억압된 욕망의 해방으로서의 예술

프로이트의 무의식과 욕망이론이 가장 큰 영향을 끼친 문화 영역은 예술 창작이론 분야라고 할 수 있다. 종래에 예술은 카타르시스 기능이 있다고 생각되었다. 카타르시스란 정화(精華)를 말하는데 이를 처음 발표한 아리스토텔레스에 의하면 비극은 극적 효과를 통해 공포와 연민을 불러일으켜서 관객들에게 감정과 정서의 정화를 추구한다고 한다. 이와 비슷한 맥락에서 프로이트의 예술은 현실세계에서 억압된 개인의 욕망이 사회적으로 분출된 현상으로 이해한다.

프로이트의 예술철학을 알기 위해서는 우선 그의 꿈에 대한 견해를 알아야 한다. 프로이트는 꿈을 억압된 무의식이 공상을 통해서 표출되는 것으로 보았다. 즉 꿈은 무의미하고 불합리한 기억들의 조각들이 아니라 무의식적인 소원의 충족이다. 프로이트는 예

술작품 역시 꿈과 같이 무의식적인 소망을 공상에 의해서 충족
시킨 형태로 보고 있다.

따라서 예술가들은 이러한 억압된 충동을 예술작품으로 승화
시키는 능력을 가진 존재로 본 것이다. 따라서 꿈과 예술작품은
같은 요인, 즉 억압된 이드(id)의 해소작용에서 비롯된 것이다.
그러나 전자는 주관적이면서 비사회적인 반면, 후자는 주관적
이고 사회적이다. 다시 말해, 예술은 관객과의 관계를 계산에
넣고 있으며, 따라서 예술작품은 형식이라는 지각적 보조수단
을 동반하고 있는 것이다.

무의식적 소원충족이란 말은 이런 경우를 생각해 보면 금방
이해할 수 있다. 즉 한 남자 어린이는 자기 엄마를 사랑하고 그
래서 엄마와 결혼을 하고 싶어할 수가 있다. 이것을 프로이트는
'오이디푸스 콤플렉스'라고 하는데 우리의 어린 시절을 돌이켜
보면 실제로 그런 추억이 있는 경우가 있다. 이런 일 외에도 불
합리하거나 비도덕적인 충동을 우리는 많이 가지고 있다. 때로
말로 표현하기조차 부끄러운 흉측한 일이나 사건을 꿈꾸기도
한다. 우리의 의식은 그런 부끄럽고 흉측한 생각을 나쁜 것으로
치부하고 억압해 버린다. 그러나 그런 무의식적인 욕구는 결코
사라지지 않는다.

7. 라캉의 욕망(慾望)과 타자(他者)

프로이트의 무의식이론을 더욱 발전시켜 현대 철학의 가장 중요한
문제의 하나인 자아와 타자성의 해명에 새로운 빛을 준 인물이 바로
라캉이다.

카타르시스(catharsis)

카타르시스는 원래 인위적으로 배변 즉, 변을
보게 하는 것 혹은 체내에 남은 불순물을 제
거하는 것을 의미한다. 그 후 이는 정신적인
의미로 전환되어 청결, 정화 등의 의미로 쓰인
다.

프로이트의 『꿈의 해석』

'꿈은 무의식적인 소원충족이다'

사람들은 꿈을 꾼다. 이 꿈에 대해서 종래에는
그것이 의미없는 기억의 조각이라거나 아니면
미신과 관련하여 복이나 재앙의 징조로 보는
경우도 많다. 그러나 프로이트에 의하면 꿈이
란 무의식이 공상을 통해서 표출된 것이다. 그
러므로 꿈을 통해서 우리는 낮 생활의 속박에
서 해방된다. 즉, 꿈 자체는 나의 잠재의식에
남아 있는 욕망이나 소원 등이 사물의 형상으
로 나타난 것이다. 그러나 꿈은 간단히 해석될
수는 없다. 왜냐하면 인간의 무의식을 지배하
는 법칙을 알아야 비로소 꿈을 제대로 해석할
수 있기 때문이다. 꿈에 자주 나타나는 여러
가지 상징들의 의미와 그런 상징이 연결되는
방식의 - 이를 프로이트는 압축과 대치라고
한다 - 분석이 필요하다.

라캉(Jacques Lacan, 1901-1981)과 '거울단계'

1936년 8월 3일 라캉은 마리엔바트에서 개최된 제14차 국제정신분석학회에서 「거울단계」(Stade du miroir)라는 논문을 발표했다. 여기서 라캉은 그 후 여러 해 동안 정신분석계에서 논의될 인간의 자아라는 개념을 제안했다.

처음 거울을 보는 아이는 그 안에 비친 자신의 모습을 보고 즐거워한다. 아이는 거울 앞에서 이리 저리 모습을 비추어 보고 몸을 바꾸어 보기도 한다. 원숭이는 거울을 보더라도 그런 반응이 없다고 한다. 여기서 인간의 자아의식이 나타나는 것이다.

그런데 라캉에 의하면 아이가 느끼는 자아는 거울에 의해, 즉 타자에 의해 매개되고 구성되는 것이다.

그래서 인간의 최초의 자아정체성은 실은 오인(誤認), 오해(誤解)된 것이라고 한다. 인간은 자아의식을 자아분열과 같이 획득한다. 자신의 이미지를 자기라고 착각하는 곳에 인간의 자아가 자리 잡는다.

라캉(Jacques Lacan, 1901-1981)은 프로이트의 심리학을 연구하여 자신의 새로운 정신분석이론을 창안한 20세기의 화려한 천재이다. 그는 프로이트의 무의식의 심리학을 다시 소쉬르의 언어학과 접목시켜 욕망과 무의식의 구조를 새로운 관점에서 보게 했다.

우리가 이미 공부한 미드의 자아발달이론을 상기하면 어려운 라캉의 심리학도 쉽게 이해될 수 있을 것이다.

우선 미드와 마찬가지로 라캉 역시 선천적(先天的)인 개인의 영혼이나 순수한 자아가 있다는 것을 부정한다. 개인의 자아는 후천적으로 사회 속에서 만들어지고 개발되는 것이다. 즉 개인화를 사회화의 과정으로 본다는 점에서 라캉의 자아는 미드의 자아와 같다.

그런데 앞에서 지적하는 것처럼 라캉은 프로이트의 충실한 제자로서 무의식(無意識)과 욕망(慾望)이라는 인간의 속성을 중시한다. 그리고 프로이트와 라캉을 이해할 때 중요한 점은 이들은 기본적으로 정신병의 치료를 목적으로 인간의 분석을 한다는 점이다. 그래서 우리는 항상 정신분석학의 개념과 부딪힐 때, 그 개념이 정신병 환자의 어떤 상태를 표현한다는 것을 생각해야 한다.

라캉은 인간의 자기 의식의 발전을 대략 2-3단계로 보고 있다.

■ 라캉의 상상계와 상징계

① 상상계 혹은 거울단계

생후 6개월에서 18개월 사이의 어린 아기는 거울 속에 비친 자신의 모습을 보고 몸을 하나의 전체로 인식하게 된다. 그 전까지는 아기의 몸은 손과 발등이 따로 떨어져 있는 조각들로 인식된다고 한다. 그러다가 6개월 이후에는 거울을 보고 자신의 몸이 하나라는 것을 안다고 한다. 이 단계를 라캉은 '거울단계'(mirror stage)라고 하여 자아정체성의 형성에 원천이 되는 모형으로 제시한다. 거울을 보며 아이가 인식하는 자기(自己) 혹은 자아(自我)란 나의 내면적인 인식이 아니라 어디까지나 거울을 통해서 형성되는 자아의식이다. 즉 거울이란 타자(他者)를 매개(媒介)로 해서 비로소 자기를 안다는 것이다. 아이는 거울 속의 자신의 모습이 바로 자기인 줄 안다. 이는 하나의 착각이다. 나중에 우리는 거울 속의 나의 반영과 실제의 나를 구분할 수 있다. 이처럼 나를 인식하기는 하되 타자와 구분하지 못하는 나를 인식하는 단계를 상상계라고 한다.

즉 거울단계는 '상상계'(the Imaginary)에 속한다.

신경증 환자는 자아정체성이 거울단계에서 고정된다. 그래서 그는 자아와 상황을 구별하지 못하며, 따라서 현실에서 자아는 소외된다. 그는 대상과 자신을 일치시키고 타자의 욕망과 자신의 욕망을 구별하지 못하는 오인(誤認) 혹은 상상의 단계에서 빠져 나오지 못하기에 타자의식이 전혀 없다.

거울단계에서 아이는 어머니와의 일체감 속에 살아간다. 아이에게 어머니는 그의 전부이다. 어머니는 아이의 욕망을 모두 채워준다. 나의 욕망과 타자의 욕망은 같다. 그러나 이런 단계는 오래 가지 못한다. 이 시기는 인생의 가장 행복한 순간에 속한다. 즉 나와 타자가 일치되며 그래서 나의 욕망은 부족이나 결핍을 모른다. 여기서 거울이란 어머니의 비유이기도 하다.

② 상징계 혹은 현실

라캉이 말하는 상징계는 언어와 질서를 통한 문화적인 세계를 말한다. 어머니와의 직접적 통일의 세계 혹은 거울 속에 비친 자기의 모습을 자신과 동일시하던 착각과 오해의 세계를 벗어난 인간은 이제 말과 규칙을 통해서 자아를 객관적으로 정립하기 시작한다.

언어의 사용을 통해서 아이는 자신을 객관적으로 정립한다. 예를 들어 아이는 자기를 지칭하여 '나는 A이다'라고 말할 수 있게 된다. 이는 동시에 '나는 B가 아니다'라는 것을 함축한다. 인간의 자아정체성을 위해서는 이처럼 언어와 타자가 중요한 역할을 하고 있다.

상징계는 언어뿐만 아니라 도덕과 질서를 의미한다. 여기서는 금지와 명령이 존재한다. 가령 '너는 사람을 죽여서는 안 된다'라는 도덕률을 보자. 이런 도덕과 법은 자아의 자유를 제한한다. 따라서 상징계에서 자아는 현실을 인식하고 법과 규칙 속에서 자신의 위치를 정립해야 한다. 따라서 라캉이 말한 상징계는, 달리 말해, 현실을 말한다. 현실 내지 상징계에서 자아는 억압되고 그의 무의식은 욕망의 충족을 꿈꾼다. 즉 언어와 타자 혹은 도덕규칙을 의식하는 현실적인 자아는 그런 외부적인 것들의 구속을 받고 있다는 것이다.

상상계 혹은 거울단계가 어머니에 비유된다면 상징계는 아버지에 비유된다. 아이에게—특히 사내 아이에게— 아버지는 어머니와의 행복한 합일을 깨트리는 제 3의 계기이다. 아버지는 아이에게 어머니의 사랑을 서로 경쟁하는 공포의 존재로 나타난다. 아이는 아버지가 자신의 성기를 거세(去勢)할지 모른다는 공포를 느낀다고 한다. 이런 남자 아이의 어머니에 대한 사랑과 아버지에 대한 적대감과 공포를 프로이트는 오이디푸스 콤플렉스라고 불렀다.

그러나 아버지 역시 상징계에서는 법과 원칙을 지켜야 한다. "따라서 아버지와 어머니, 그리고 아이는 다같이 문화가 설정해 둔 명령과 금지의 체계 아래 종속된다." (J. Lacan, "Subversion du sujet et dialectique du désir", in: Ecrits, 814. 강영안, 『주체는 죽었는가』(1996), 210쪽에서 재인용)

아이는 현실 속에서 욕망의 억압을 느낀다. 이런 욕망은 순간적으로 해소될 수는 있지만 항상 새로운 욕망에 시달린다. 이는 상상계에서 상징계로 이행하는 과정에서 겪는 자아의 분리 및 자아정체성 때문에 발생하는 것이다.

즉 자아라는 것은 항상 타자(他者)로부터의 분리를 전제하고 있다는 것이다. 자아는 타자와의 결합을 원한다. 이를 라캉은 "인간의 욕망은 타자의 욕망이다"라는 말로 표현한다. 여기서 타자란 반드시 구체적인 사람이나 대상일 필요는 없다. 라캉은 오히려 언어를 타자의 중요한 사례로 생각한다.

■ 욕망과 타자

라캉은 인간의 욕망(desire)과 욕구(needs)를 구별한다. 종래에는 이 둘을 같은 것으로 간주했다. 즉, 둘 다 부족한 것, 혹은 결핍되어 있는 것 내지는 간절히 바라는 것 등의 의미로 이 말들은 이해되었다.

그러나 라캉은 욕구(needs)를 특정한 대상을 향하는 충동으로 보았다. 이는 인간의 생물적 욕구와 본능을 포함한다. 욕구는 그 대상의 획득과 흡수를 통해서 충족된다. 예를 들면 나의 갈증은 물을 마심으로써 충족된다.

거기에 비해 욕망(desire)은 특정한 대상으로 결코 그 욕구가 충족이 안 되는 그런 근본적인 인간의 꿈을 말한다. 욕망은 다시 말해 그 대상이 항상 변하는 그런 욕구이다. 결코 채워지지 않는 욕구가 곧 욕망이다. 획득할 수 없는 것을 꿈꾸는 것이 욕망이다. 그런 면에서 욕구가 인간의 생물학적 특성을 말한다면 욕망은 인간의 정신적, 문화적 특성을 말한다.

그래서 욕망은 무엇을 하더라도 결코 완전히 충족이 안 된다는 것이다. 예를 들면 '나는 현재 어머니가 보고 싶다.' 그래서 고향에 가서 어머니를 만났다. 그런데 나의 욕망은 이제 어린 시절의 향수로 돌아간다. 이처럼 욕망은 어떤 특정한 대상을 향하기도 하지만 그 대상은 항상 바뀔 수 있다고 한다. 이런 맥락에서 라캉은 "욕망은 타자의 욕망이다"라고 말했다. 욕망의 주체는 무의식이다. 의식과 달리 무의식은 항상 욕망으로 차 있다. 그런 무의식의 욕구는 무한하다. 세상의 모든 일을 다 해보고 싶어 하는 것이 무의식의 욕망이다. 이런 욕망은 결코 끝이 없다. 이는 달리 말해 인간의 무의식의 욕망은 근본적으로 충족될 수 없다는 것이다.

■ 타자와 여성주의(feminism)

라캉의 타자이론의 실천적인 의미는 그것이 여성해방운동이나 성적 소수자의 권리 보호운동에 긍정적인 영향을 끼칠 수 있다는 점이다. 자아란 라캉에 의하면 언어와 문화 그리고 타자를 통한 분리의 산물이다. 따라서 자아는 후천적으로, 문화적으로 구성된다. 그런 맥락에서 여성성이니 혹은 동성애자, 트랜스젠더와 같은 성적인 소수자 역시 언어와 문화를 통해서 후천적으로 구성되기 때문이다. 라캉은 인간의 자연성의 허구를 많이 비판한다. 물론 남성과 여성은 생물학적으로 구별이 된다. 그러나 문제는 그런 생물학적인 구별보다 문화적인, 사회적인 그리고 역사적인 구별(difference)과 차별(discrimination)이다.

앞에서도 한 번 언급했지만 전통사회에서 여성의 성적 정체성(sexual identity)은 가부장적인 관점에서 고려되었다. 그래서 여성의 이미지는 흔히 수동적, 소극적, 비정치적, 비사회적, 모성적(母性的), 자기 희생적, 기계사용의 둔감함 등의 캐릭터로 분장되어 왔다. 이런 사회적 통념 때문에 여성들의 능력은 개발이 안 되고 자아정체성이나 성정체성은 억압되고 숨겨져 왔다.

그러나 이런 종래의 여성성(女性性) 혹은 성적인 이상성(異常性)은 상징계의 영향을 받아서 만들어진 것이다. 인간의 자아 내지 무의식 역시 상징계의 질서를 반영하고 있다. 즉 허가와 금지라는 상징계의 질서는 자아를 구속하는 힘이다. 이런 관점에서 라캉의 이론은 인간해방운동의 이론적 기초를 제공할 수 있다.

■ 은유와 환유

수사학적 기술로서의 은유(metaphor)는 사물 A를 사물 B로 대체하는 비유법이다. 예를 들어 비둘기를 평화의 상징으로 보는 것이다. 가령 '조국의 하늘에 비둘기는 날아 왔다'라는 말은 조국에 평화가 도래했다는 말이다.

그 반면에 환유(metonymy)란 하나의 사물이나 개념을 지시할 때, 그 일부를 지시함으로써 전체를 대신하는 수사법이다. 예를 들어 국왕을 말할 때, 흔히 '왕관'이나 혹은 왕이 앉는 의자(왕좌)를 지칭함으로써 대신할 수 있다.

라캉은 이런 수사학의 기법을 무의식과 연결시켰다. 그는 '욕망을 환유적'이라고 보았다. 욕망은 무의식으로 나타나며 그 대상을 X라고 놓을 수 있다. 그런데 우리의 의식에 나타나는 욕망의 대상은 X의 여러 부분들 중의 하나라는 것이다. 욕망의 진정한 대상 X는 인간의 인식을 초월한다. 단지 우리는 그때 그때마다 변하는 욕망의 대상 a, b, c … 만을 안다.

다시 말하면 욕망은 인간의 무의식의 지평에서 출현하는 미지수 X와 같다. X의 값은 때로 a, b, c 등으로 규정될 수 있다. 그러나 X 자체는 인간의 무의식에 항상 그대로 머물러 있다.

이런 욕망의 발생이유는 앞에서 말한 상상계와 상징계의 구조에서 찾을 수 있다. 상상계는 나와 타자가 합일된 행복한 경우이다. 그런데 라캉에 의하면 이런 합일과 일치 역시 오해와 착각에 근거한다고 한다. 즉 아이는 거울과 자신을 일치하고 있는 것이다. 그리고 상징계는 타자와 세계를 통해서 자아정체성이 확립되는 분리의 시기이다. 즉 자아란 원초적인 분리에 근거하는 것이다. 따라서 라캉은 "욕망의 대상은 타자이다. 그런데 그 타자란 영원한 타자이다"라고 한다. 영원히 내가 아닌 것을 나는 욕망한다는 것이다.

그리고 타자의 참모습 X를 라캉은 실재계라고 부른다. 이는 자아의 분리가 일어나기 전의 나와 세상의 원초적인 합일의 상태를 말한다. 이는 또한 프로이트의 원초적 욕망인 이드(id)에 해당하는 것이다.

8. 긍정적인 욕망 – 매슬로우의 욕구 5단계설

미국의 심리학자 매슬로우(A. Maslow, 1908-1970)는 인간의 욕구를 행동의 동기와 연관하여 5단계로 구분하고, 각 단계는 그보다 더 높은 단계로 상승하는 경향이 있음을 밝혔다. 즉, "인간이 어떤 행동을 하는 데는 반드시 그 이유나 동기(motivation)가 있다"는 것이다.

또 동기(動機)라는 말은 학습이나 직장생활 등에서 개인들의 노력을 최대화하기 위하여 필요한 개념이다. 동기는 인간을 움직이게 하는 원인 혹은 그 목적이다. 가령 내가 지금 열심히 공부하는 이유는 대학진학이라는 동기가 있기 때문이다. 거기에 비해서 학교에서 학생들이 잠만 자고 수업의 동기가 없는 이유는 학교 수업이 학생들의 욕구나 목적의식과 부합하지 못하기 때문이다. 매슬로우는 이런 인간 행동의 원인으로서의 동기를 인간의 보편적인 욕구(欲求) 혹은 욕망(欲望)에서 찾았다. 이는 영어로 'needs'에 해당하는 단어이다.

프로이트의 욕망과 무의식이론이 주로 문학이나 예술 혹은 사회비평에 잘 맞는 것이라면 매슬로우의 욕구이론은 주로 경영학이나 교육학에서 이용된다.

■ 매슬로우의 욕구 5단계

매슬로우는 인간의 욕구의 위계질서(hierarchy of needs)가 있다고 보았다. 이는 근본적으로 볼 때 인간의 동물적인 욕구와 정신적인 욕구를 상정하고 전자가 하위에 있고 후자는 상위에 있다는 것이다. 인간은 육체적, 생리적인 욕구를 채우고 나면 사회적, 정신적인 욕구의 만족을 원한다. 그는 이를 다시 5단계로 세분화했다.

① 생리적 욕구(physiological needs) : 생리적 욕구는 매슬로우의 욕구 체계의 최하위에 위치하고 있으며, 이는 인간이 동물적인 삶을 위해서 그리고 단순한 생존을 위해서 필요한 최소한의 욕구이다. 이는 생활을 영위하는 데 가장 필수적인 욕구이기도 하다. 공기, 음식, 성(性), 휴식 등이 이에 포함된다.

② 안전의 욕구(safety and security needs) : 생리적 욕구가 어느 정도 충족되면 계층상 다음의 욕구인 안전의 욕구가 인간의 행동을 지배하기 시작한다. 이 단계의 욕구는 위험, 손실, 위협으로부터 보호와 관련된 것이며 오늘날 물리적 위협으로부터

보호는 중요성이 적은 반면, 경제적 안정은 아직 강한 욕구로 남아 있다. 안전의 욕구는 다시 말해 생리적, 동물적 삶의 지속을 바라는 욕구이다.

③ 사회적 욕구(social or love and belongingness needs) : 생리적 및 안전 욕구가 만족된 이후 사회적 욕구는 행동의 중요한 요인이 된다. 사회적 욕구는 애정을 주고 받는 것, 다른 사람들과 교제하고 그들에 의해 받아들여지는 것 등을 포함한다. 이는 인간의 생존이 어느 정도 해결되고 난 뒤 다른 사람과의 교제를 원하는 욕구이다. 이는 또한 사회적 존재로서의 사람의 소속의식을 말한다.

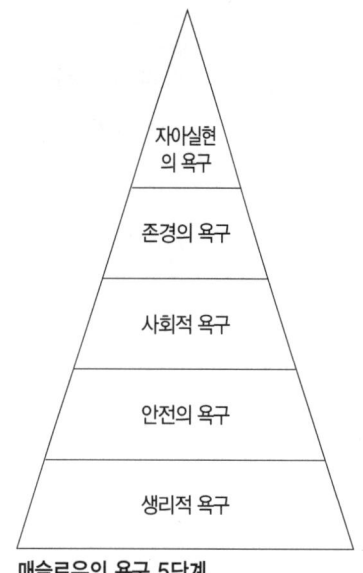

매슬로우의 욕구 5단계
위로 올라갈수록 성취가 어려워진다. 하위의 욕구가 성취되어야 비로소 위로 올라갈 수 있다.

④ 존경의 욕구(esteem needs) : 자존 및 타인으로부터 존경에 대한 욕구로서 자존의 욕구는 성취, 능력, 자신감 및 지식에 대한 욕구들을 가리킨다. 이는 인간의 존엄성과 인격의 욕구를 말한다. 그리고 자신이 남보다 우월하다는 자존의 욕구를 말한다. 사회적으로 인정받고 싶은 욕구이다.

⑤ 자아실현의 욕구(self-actualization needs) : 계층상 가장 높은 욕구로서 개인의 잠재력을 실현하려는 욕구와 능력을 완전히 활용하려는 욕구들이다. 다시 말해서 개인이 성취할 수 있는 모든 것을 달성하려는 욕구이다. 이는 자신의 능력과 성취에 대한 자신의 평가를 말하며 다른 말로 삶의 의미 혹은 보람이라고 한다.

욕구란 인간이 살아가는 데 필요한 것이며, 이를 충족시킴으로써 만족을 얻는 일종의 본능과 같은 것이다. 매슬로우에 따르면 욕구위계이론에서 하위 욕구가 충족되면 다음 단계의 욕구에 의해 동기유발이 되며 상위 욕구가 강하게 일어나려면 하위 욕구가 어느 정도 충족되어야 한다. 그리고 극히 일부의 사람만이 자아실현의 욕구 단계까지 도달하게 된다. 그리고 하위의 욕구일수록 달성하기가 쉽고 상위의 욕구일수록 달성하기가 어렵다.

3장 | 총정리

- 불교의 시조인 고타마 싯다르타(부처)의 가르침은 근본적으로 삶의 욕망이 고통을 낳는다는 것이다.

- 불교의 사상은 사성제(四聖諦)라는 불교의 교리에 집약되어 있다. 사성제는 불교의 초기 사상으로 다음의 4가지 진리를 가리킨다.

  ① 모든 것은 괴로움이다(苦).

  ② 괴로움에는 원인이 있다(集).

  ③ 원인이 있는 것은 없앨 수 있다(滅).

  ④ 그것을 없애는 적절한 방법이 있다(道).

- 열반(涅槃)은 니르바나(Nirvana)라는 산스크리트어에서 나온 말로 그 뜻은 '불을 끄다'이다. 이는 번뇌(煩惱)가 깨달음으로 인하여 소멸되고 모든 고뇌가 없어진 상태를 가리킨다.

- 마야(Maya)란 눈에 보이는 물질계와 그를 추구하는 욕망이 모두 환상이라는 고대 인도의 사상이다.

- 기독교의 근본 교리는 인간의 죄악성(罪惡性)에 대한 인식과 예수 그리스도를 믿는 믿음으로 죄를 용서받고 구원을 받는다는 것이다.

- 성경의 「전도서」는 인간이 하나님을 떠나서는 결코 아무리 노력해도 행복하거나 결실을 거둘 수 없음을 가르치고 있다.

- 솔로몬은 「전도서」에서 "모든 것이 헛되고 무가치하며 의미가 없으니 아무것도 소중한 것이 없구나"라고 탄식조로 부르짖는다. 인생무상(人生無常)을 가르친다.

- 헤겔은 당시대 자본주의 발전과 그의 학술적 표현인 근대 경제학의 의미를 시대적으로, 철학적으로 파악하고 있다.

- 헤겔은 시민사회를 욕구를 가진 시민들이 그 욕구를 달성하기 위해서 노동과 그 밖의 경제활동을 하는 체계로 보고 있다.

- 아담 스미스는 그의 저서 『국부론』에서 속성이 전혀 다른 두 가지 범주의 재화(財貨)가 있다고 기술했다. 스미스는 재화를 필수품과 편리품 및 사치품으로 구분하여 생활필수품에 대한 욕망은 제한적이지만 편리품 및 사치품에 대한 욕망은 거의 무한정하다고 말하고 있다.

- 헤겔은 또 다른 사람의 욕망의 충족을 통해서 나의 욕망이 조절되거나 충족된다고 한다.

- 헤겔은 인간의 욕구 내지 욕망이 동물과는 달리 무한할 수 있음을 지적하고 있다.

- 한국 사회는 전통적인 종교인 불교의 영향으로, 욕망을 버려야 할 것, 어리석은 것 등으로 간주해 왔다.

- 욕망에는 의지(意志)라든지 희망(希望) 혹은 꿈과 같은 긍정적인 의미도 포함되어 있다. 이런 경우를 우리는 흔히 의욕(意慾)이라는 말로 표현한다.

- 우리가 쓰는 거의 모든 개념들은 그 의미가 일의적(univocal)이지 않고 다의적(equivocal)이다. 심지어 같은 단어가 상황에 따라 정반대의 의미를 가지기도 한다.

- 다의적인 말의 대표적인 단어가 고대 그리스어의 파르마콘이란 단어이다. 이 단어는 약(藥)이란 뜻도 있고 독(毒)이란 뜻도 있다.

- 소비자 주권(consumer sovereingty)이란 소비자가 사업자나 생산자의 행동을 규제하여 소비자에게 가장 이익을 주는 방향으로 생산이나 분배 혹은 유통의 질서를 조절할 수 있다는 생각이다.

- 갈브레이스는 독과점 상태의 시장에서는 소비자의 욕망(수요)이 공급을 창출하는 것이 아니라 반대로 공급자가 광고나 판매술을 이용해서 소비자의 욕망을 생산한다고 주장했다.

- 갈브레이스는 본래의 욕망(original wants)과 조작된 욕망(contrived wants)을

구분한다. 전자는 자신의 필요에 기초해서 일어난다. 후자는 기업이 광고와 마케팅을 통해서 매체를 통하여 소비자들에게 인위적으로 창출하는 욕망이다.

● 경제학자 케인즈는 다른 사람의 경제적 지위의 여하에 상관없이 발생하는 절대적 욕망과 그 충족을 통하여 다른 사람에 비하여 경제적 지위를 향상시켜 주고 우월감을 주는 데 불과한 상대적 욕망의 두 가지가 있음을 지적하였다.

● 생산이 욕망(수요)에 의존하는 것이 아니라 정반대로 욕망(수요)이 생산에 의존하는 갈브레이스의 이른바 의존효과(dependence effect)가 발생한다.

● TV 상품광고는 인간의 의식보다는 무의식에 접속하려 한다.

● 로또는 경마, 카지노 등의 사행산업과 같이 서민들의 비현실적인 환상을 자극하여 욕망을 획일화하는 상품이다.

● 현대의 철학은 욕망을 고도로 통제된 자본주의, 산업사회에서 통제와 조직을 극복하는 힘으로 본다.

● 프로이트는 인간의 정신을 무의식과 의식으로 나누고 의식은 다시 자아와 초자아로 나누고 있다.

● 꿈은 무의미하고 불합리한 기억들의 조각들이 아니라 무의식적인 소원의 충족이다.

● 라캉은 생후 6개월에서 18개월 사이의 어린 아기가 거울 속에 비친 자신의 모습을 보고 몸을 하나의 전체로 인식하게 되는 현상을 거울단계(mirror stage)라고 부른다. 그 전까지 아기의 몸은 손과 발등이 따로 떨어져 있는 조각들로 인식된다.

● 거울단계를 라캉은 또한 상상계라고 부른다.

● 라캉은 욕망은 '타자의 욕망이다'라고 한다.

● 라캉은 '욕망은 환유적이다'라고 한다.

● 라캉이 말하는 상징계는 언어와 질서를 통한 문화적인 세계를 말한다.

● 남자 아이의 어머니에 대한 사랑과 아버지에 대한 적대감과 공포를 프로이트는 오이디푸스 콤플렉스라고 불렀다.

- 인간이 어떤 행동을 하는 데는 반드시 그 이유나 동기(motivation)가 있다.
- 매슬로우의 욕구 5단계는 ① 생리적 욕구, ② 안전의 욕구, ③ 사회적 욕구, ④ 존경의 욕구, ⑤ 자아실현의 욕구이다.
- 프로이트는 인간의 무의식을 욕망(리비도)이라고 규정한 바 있다.
- 컴퓨터와 TV로 상징되는 자본-정보의 사회에서는 인간의 무의식적인 욕망마저 상품화, 획일화된다.
- 인간의 지위가, 계몽주의나 근대인들이 생각한 만큼 자유롭고 자율적(自律的)이지 못하다.

4장 | 연습문제

연세대 2005학년도 정시 논술고사

[논제] 다음 제시문에 담긴 '세월이 흘러감'에 대한 생각을 '욕망'과 연관시켜 분석하고 자신의 의견을 논술하시오. (첫머리에 자신의 주장을 반영한 제목을 달 것. 1,800자 안팎)

(가) 그대들에게 묻노라.

해는 가더라도 반드시 새해가 돌아오고, 밝은 낮은 어두워져 밤이 된다. 그런데 섣달 그믐밤을 지새는 까닭은 무엇인가? 소반에 산초(山椒)를 담고 약주와 안주를 웃어른께 올리고 꽃을 바쳐 새해를 칭송하는 풍습과, 폭죽을 터뜨려 귀신을 쫓아내는 풍습은 그믐밤을 새는 것과 무슨 관련이 있는가? 침향나무를 산처럼 쌓아 놓고 불을 붙이는 화산(火山)의 풍습은 언제부터 생긴 것인가? 섣달 그믐밤에 마귀를 쫓아내는 대나(大儺)의 의식은 언제부터 시작되었는가? 함양(咸陽)의 객사에서 주사위로 놀이하던 사람은 누구인가? 여관방 쓸쓸한 등불 아래 잠 못 이룬 사람은 왜 그랬는가? 묵은 해를 보내고 새해를 맞이하는 것을 시로 탄식한 사람은 왕안석(王安石)이었고, 도소주(屠蘇酒)를 나이 순에 따라 젊은이보다 나중에 마시게 된 서러움을 노래한 사람은 소식(蘇軾)이었다. (…) 사람이 어렸을 때는 새해가 오는 것을 다투어 기뻐하지만, 나이를 먹으면 모두 서글픈 마음을 갖게 되는 것은 무엇 때문인가? 원컨대, 세월이 흘러감을 탄식하는 것에 대한 그대들의 말을 듣고 싶다.

— 이명한, 『백주집』권20, 문대(問對)

(나)

18. 세상에서 내가 수고하여 이루어 놓은 모든 것을 내 뒤에 올 사람에게 물려줄 일을 생각하면, 억울하기 그지없다.

19. 뒤에 올 그 사람이 슬기로운 사람일지, 어리석은 사람일지, 누가 안단 말인가? 그러면서도, 세상에서 내가 수고를 마다하지 않고 지혜를 다해서 이루어 놓은 모든 것을, 그에게 물려주어서 맡겨야 하다니, 이 수고도 헛되다.

20. 세상에서 애쓴 모든 수고를 생각해 보니, 내 마음에는 실망뿐이다.

21. 수고는 슬기롭고 똑똑하고 재능있는 사람이 하는데, 그가 받아야 할 몫을 아무 수고도 하지 않은 다른 사람이 차지하다니, 이 수고 또한 헛되고, 무엇인가 잘못된 것이다.

22. 사람이 세상에서 온갖 수고를 마다하지 않고 속썩이지만, 무슨 보람이 있단 말인가?

23. 평생에 그가 하는 일이 괴로움과 슬픔뿐이고, 밤에도 그의 마음이 편히 쉬지 못하니, 이 수고 또한 헛된 일이다.

— 『성경전서』 「전도서」, 2:18-23

(다) 노인, 즉 전성기를 지난 사람의 성격이란 젊은이의 성격과 정반대되는 것들로 이루어져 있는 법이다. 그들은 여러 해를 살았고, 사는 동안 속은 적도 많고 실수도 많이 저질렀으며, 살아온 삶을 돌이켜 보면 만사가 뒤죽박죽 별로 만족스럽지 않다. 그 결과 노인들은 그 어떤 것에 대해서도 확신이 없으며 모든 일을 끝까지 수행하지 못한다. 그들은 '생각'은 하지만 '인식'은 하지 못하고, 늘 미적거리다 보니 '아마도', '그럴지도 모른다'는 단서를 달면서 그 어떤 것도 분명하게 주장하지 않는다. 노인들은 냉소적이다. 다시 말해서 모든 일의 가장 나쁜 점만을 보는 것이다. 게다가 노인들의 인생경험은 남들을 믿지 못하게 하고, 남을 못 믿으니 의심이 많다. 따라서 그들은 열렬히 사랑하지도 심하게 증오하지도 않으며, 편견이 이끄는 대로 언젠가는 증오할

것처럼 사랑하며 언젠가는 사랑할 것처럼 증오한다. 노인들은 인생살이 앞에 무릎을 꿇었기에 속이 좁고, 그들의 욕망은 그저 그들을 살아남게 하는 것보다 더 고매하거나 더 비범한 것을 겨냥하는 법이 없다. 노인들에게 돈은 꼭 갖고 있어야 하는 것이고 돈이란 것이 얼마나 벌기 어렵고 써버리기 쉬운지를 경험을 통해 깨달았기 때문에, 이들은 돈에 관한 한 인색하다. 노인들은 겁쟁이들이고 늘 미리 걱정하며 산다. 혈기 왕성한 젊은이들과는 달리 그들의 기질은 차디차다. 노년이 비겁함에 이르는 길을 열어주니, 이들은 두려움으로 차갑게 얼어 있는 것이다. 노인들은 삶을 사랑한다. 모든 욕망의 대상이란 갖고 있지 않은 것이기 마련이고, 우리는 우리에게 가장 절박하게 필요한 것들을 갈구하는 바, 노인들은 살 날이 얼마 안 남았기에, 삶을 더욱 사랑하는 것이다.

— 아리스토텔레스, 『수사학』

(라)

— 티치아노, 『인간의 세 시기』(1511-12)

(마)

나는 꿈에 지친 사람,

시냇물에 잠겨 비바람에 시달려온

대리석 트리톤(그리스 신화에 나오는 해신(海神). 흔히 반인반어(半人半魚)로 묘사됨).

하루 종일 나는
이 여인의 아름다움을 바라본다.
책에서 미인 그림을 발견한 듯
눈을 맘껏 즐겁게 하며
아니면 가려듣는 귀까지도 즐겁게,
그저 지혜로움에 만족한다.
왜냐하면 사람은 나이 들면 철이 드는 법.
하지만, 하지만,
이것이 내 꿈인가, 아니면 진실인가?
아, 들끓는 젊음이 내게 있었을 때
우리가 만났었다면!
그러나 나는 꿈에 잠겨 늙어가네,
시냇물에 잠겨 비바람에 시달려온
대리석 트리톤처럼.

— W. B. 예이츠, 「나이 들면 철이 드는 법」

넷째 마당

기술문명과 환경

1장 | 서론

1. 문제 제기

근대의 과학과 기술문명의 발전은 인류의 삶에 지대한 영향을 끼쳤다. 누구나 경험하는 것처럼 현대 산업사회는 기술과 공학이 지배하는 사회이다. 가까운 주위에서 보더라도 컴퓨터와 TV 없는 생활은 하루도 상상하기 어렵다. 이런 현대적인 삶의 여건에 부응하여 논술의 주제도 과학기술문명이 인간의 삶에 어떤 영향을 미치는가 하는 것을 묻는 경우가 대단히 빈번하다.

과학과 기술의 발전을 통해서 인간은 우선 자연력의 지배에서 상당히 벗어났다는 점을 들 수 있다.

과거 인간은 자연에 대해 거의 노예상태에 처해 있었다고 해도 과언이 아니다. 인간이 자연을 파괴한 것도 많지만 아직도 인간은 자연의 지배 하에 있다고 봐야 한다. 최근(2004. 12) 동남아 일대를 강타한 지진·해일을 — 일명 '쓰나미'라고 한다 — 보면 인간의 문명이 얼마나 하잘 것 없고 과학이니 기술이니 하는 것들이 자연의 위력 앞에서는 속수무책인지를 알 수 있다.

과거의 인간들은 지금보다 훨씬 많이 자연의 지배력 앞에서 공포와 전율을 느꼈다. 그리고 각종 질병의 원인을 몰라서 무고하게 병마에 희생될 수밖에 없었다. 이런 면에서 과학과 기술은 인류를 불행과 고통에서 해방시키고 또 복지와 혜택을 주었다고 볼 수 있다. 특히나 기술은 생산력의 증대를 야기하여 인류

문명의 상징인 프로메테우스

인간에게 불과 문명을 가져다 주었다는 그리스 신화의 영웅 프로메테우스. 그는 이 때문에 제우스 신의 노여움을 받아 카프카즈의 산에 묶여 평생 독수리가 그의 간을 쪼아 먹는 형벌을 받는다. 이는 문명 발전이 가져올 미래를 두 가지로 상징하고 있다. 첫째는 문명의 발전이 인간의 삶을 자유롭게 하고 풍부하게 한다는 긍정적인 의미요, 둘째는 문명의 발전이 자연의 파괴를 가져올 때 큰 재앙을 초래한다는 것이다.

과학기술문명의 긍정적인 면은 이를 통해서 인류가 자연의 지배에서 해방되었다는 것이다. 그러나 불로 대변되는 문명은 자연의 황폐화를 초래한다.

쓰나미

2004년 12월 26일 동남아 일대 해안을 쑥대밭으로 만들고 엄청난 인명 피해를 준 쓰나미(지진해일). 이런 자연의 재해와 더불어 인간의 산업문명 역시 인류의 종말을 향해서 돌진하고 있다. 지나친 화석연료의 탕진에 따른 지구 온난화와 기상이변은 인류의 미래를 더욱 어둡게 하고 있다.

가 끝없는 기아와 빈곤의 상태로부터 벗어나는 데 큰 도움을 주었다. 이처럼 과학기술문명은 인류에게 자연의 노예상태를 벗어나 인간적으로 살 수 있는 기회를 제공한 일등 공신이라고 할 수 있다.

그러나 과학과 기술은 동시에 인간들이 전에 예측하지 못한 많은 부작용과 재앙을 산출한 것도 사실이다. 그 중 가장 큰 문제가 지나친 자연개발과 공업의 부산물인 환경파괴이다. 기술과 기계의 복잡화와 산업의 발전은 인간의 삶에 편리함을 주지만 자연 전체로 볼 때는 사용불가능한 에너지(엔트로피)의 증가라는 치명적인 문제를 야기한다.

이는 환경파괴의 문제와 더불어서 현대 인류의 문명이 부딪히는 최대의 문제이다.

전기, 전자, 디지털 문명은 교통과 통신을 통해 오늘날 지구를 하나의 촌락으로(지구촌) 만들었다. 그러나 사이버 공간의 출현은 인간의 사회성을 축소하고 고립을 초래하기도 한다.

2. 논술고사 출제 경향

과학기술문명에 관한 논술시험의 주요한 형태는 다음과 같다.

과학기술문명이 인간의 삶에 어떠한 영향을 미쳤는가? 그리고 그것이 인류의 미래에 가져올 결과는?

여러 가지 형태의 논술 논제가 과학기술문명과 인간의 삶이라는 주제에 관하여 출제된 바 있고 앞으로도 계속 형태를 달리하면서도 이런 문제가 나올 것으로 예상된다.

대표적인 유형은 성균관대 2000년 정시 논술의 논제 즉, "근대 이래 과학기술의 발달은 삶의 방식에 많은 변화를 가져왔다. 아래 제시문들은 그 중 하나를 공통된 주제로 삼고 있다. 제시문들의 내용을 유기적으로 파악하여 그 논지를 정리하고, 이러한 변화가 앞으로 인간의 삶에 어떤 문제를 초래할 것인지 자신의 견해를 논술하라"와 같은 형식이다. 고려대 2002년 수시 논술고사 역시 기술문명이 인간의 삶에 미치는 다양한 방식에 대한 인식을 묻고 있다. 이와 유사한 문제는 2003년의 연세대 자연계 논술 즉, 현대 문명이 빚어내는 부정적인 현

158

상에 대한 문제 혹은 서울대 2005년 모의 논술 즉, 산업혁명 이후 오늘날에 이르기까지 기계의 발전이 인간의 ① 사회적 관계와 ② 문화적 양식을 어떻게 변화시켜 왔으며, 이러한 변화가 지니는 의미가 무엇인지를 묻는 문제이다. 그 외에도 기계문명이 가져온 환경파괴 문제 역시 이에 관련되는 문제이다. 이는 다른 단원에서 다시 다루어질 것이다.

3. 주제관련 교과서 내용

| 도덕교과서 17쪽

오늘날, 우리는 과학기술이 가져다 준 많은 혜택 속에서 편안함과 즐거움을 만끽하고 있다. 그러나 한편으로는, 과학기술이 가져다 주는 변화의 폭과 깊이, 그리고 그 속도를 제대로 예측할 수 없기 때문에 우리는 미래에 대해 막연한 불안감을 가진 채 살아가고 있다. 정보통신기술이 발달함에 따라 시간과 공간의 제약이 많이 사라졌음에도 불구하고, 오늘날 우리는 더욱 바쁘게 살아가고 있다. 이런 과정에서, 우리는 자신과 다른 사람, 그리고 세계에 대하여 반성하는 여유를 더욱더 잃어 가고 있다. 어떤 이들은 인류의 문명이 발전하고 있음에도 불구하고, 오히려 상실감과 몰락의 느낌이 더 커지고 있다고 말하기도 한다.

----

4. 세련된 논술 구성을 위한 용어와 개념

과학-기술의 중립성 명제, 도구의 의식규정성, 인간의 자연에 대한 순응, 시계와 산업혁명, 추상적 시간, 자연적 시간, 제 2의 본성, 아는 것이 힘이다, 과학의 목적, 자연의 정복, 유토피아, 디스토피아, 인간중심주의, 이성중심주의, 계몽주의, 계몽의 삼중지배, 자연지배, 사회지배, 인간의 내면성 지배, 홀로코스트(the Holocaust), 기술의 중립성 명제, 기술의 의식규정성, 자연과 인간의 조화, 열역학의 법칙, 엔트로피, 에너지의 변환·교환·폐기, 시장가치 혹은 교환가치, 존재가치, 본래적 가치, 무용지용(無用之用), 환경윤리학, CBA 계산, PAT 계산, 동물권리, 인간중심주의.

2장 | 주요 이론과 논거

1. 개요

과학기술문명에 대해서 근대의 사상가들은 대개 이를 긍정하고 현대의 사상가들은 상당히 부정적으로 보는 경향이 농후하다.

현대에 와서 과학기술문명에 대해 부정적으로 보는 이유는 앞에서도 말한 것처럼 그것이 환경파괴와 인간성의 왜곡까지 초래하는 면이 있기 때문이다.

올더스 헉슬리의 소설 『멋진 신세계』, 조지 오웰의 소설 『1984』 그리고 최근의 영화 『마이너리티 리포트』, 『매트릭스』, 『투모로우』 등에서도 과학기술이 지배하는 미래 사회에 대해서 비관적으로 묘사하고 있다. 이런 암울하고 부정적인 미래에 대한 개념을 흔히 디스토피아라고 한다. 이는 이상적인 미래에 대한 개념인 유토피아와 정반대의 개념이다.

2. 프랜시스 베이컨 – 과학에 대한 낙관적인 견해

최초의 근대인이라고 할 수 있는 영국의 철학자 프랜시스 베이컨(F. Bacon, 1561-1626)은 자연과학의 발전을 통해 인류의 문명과 산업이 획기적으로 진보하고 따라서 미래의 인류는 종전의 인간들이 맛보지 못한 이상적인 사회에서 살아갈 것이라

헉슬리의 소설 「멋진 신세계」

과학문명이 극도로 발달한 미래를 풍자적으로 그린 소설. 여기서 인간은 그 출생에서부터 유전자 조작을 통해서 인위적으로 결정된다. 여기서는 자유로운 성생활이 장려되며 정서적 불안은 모두 '소마' 라는 묘약으로 해소한다. 이러한 세상은 노화, 불안, 고통도 없는 완벽한 세상이지만 개인은 오직 체제의 안정을 위한 도구에 불과하며 인간의 감정과 개성 및 창조성은 완전히 말살된다. 멋진 신세계는 실은 끔찍한 신세계이다. 이것이 헉슬리의 반문명적 디스토피아 사상을 표현한다.

영화 「매트릭스」

인공 두뇌를 가진 컴퓨터가 인간을 지배하는 세계를 그린 영화. 미래에 인간들은 자신이 필요성 때문에 만든 컴퓨터에 의해 도리어 지배를 당하는 치욕을 맛본다. 인간은 로봇을 만들지만 로봇 스스로가 로봇을 만드는 날이 올 것이다. 그런 로봇이 인간과 대결한다는 공상과학 영화는 곧 현실화될지도 모른다.

이성중심주의(Logos-centeralism)

이는 원래 프랑스의 철학자 자크 데리다(J. Derrida)가 처음 사용한 용어로서, 음성과 문자라는 두 가지 인간의 표현 기호 중에서 음성을 중시하는 사상을 말한다. 인간의 음성 혹은 소리란 정신의 직접적 표현이기 때문에 문자보다 더 우선적이고 근원적이라는 사상이 데리다가 의미하는 이성중심주의이다. 데리다는 이를 비판하고 문자 역시 소리 못지않게 중요하다는 입장을 취한다. 여기서 데리다가 말하는 음성(音聲)이란 단순한 말의 소리뿐만 아니라 더 넓게, 인간의 영혼이나 자아(自我)라든지 주체성 혹은 합리성 등을 의미한다.

음성은 인간의 주체성이나 자아의 직접적인 표현이기 때문에(양심의 소리) 타자에 대한 배려와 의식이 없다. 즉 음성은 철저히 주관적이며 합리적이다. 따라서 음성중심주의는 자연이나 육체를 무시하는 이성중심주의이며 합리주의이다.

그러나 그 후부터 이 용어는 넓게 사용되어 자기중심주의, 서구중심주의, 남성중심주의 혹은 인본주의 혹은 합리주의 등과 같이 쓰인다.

포스트모더니즘은 이성중심주의를 비판한다. 데리다가 만든 이성중심주의는 현재 포스트모더니즘 철학의 대명사이다.

고 생각했다. 그는 과학의 의미를 새로 규정했는데 이는 과학이 단순히 지식의 추구를 벗어나 "지구 위의 인간의 삶을 개선하는 일"이라고 선언했다.

그런 맥락에서 베이컨은 "아는 것이 힘이다"(Knowledge is power)라는 유명한 격언을 남겼다.

'아는 것이 힘이다'라는 베이컨의 명제는 현대 지식정보사회에서도 그대로 통용되는 사실이다. 지식과 정보는 오늘날 돈과 권력으로부터 독립될 수가 없다. 이런 추세는 날로 강화되고 있다.

베이컨은 또한 과학의 목적을 인간에 의한 진보와 그 실제 응용과 자연정복이라고 했다. 이런 베이컨의 사상은 그 후 과학과 기술의 발전에 대한 많은 희망적인 전망을 산출했다.

그러나 과학기술문명에 의한 부작용이 심각한 문제로 등장한 오늘날 베이컨의 사상을 회고하면 이는 지나친 인간중심적인 가치관과 이성중심적인 철학을 가졌다고 할 수 있다.

3. 계몽주의 사조

철학적으로 볼 때, 계몽주의(啓蒙主義)는 18세기 영국에서 시작하였다. 그 대표적인 사상가들은 로크(J. Locke), 버클리(G. Berkeley) 그리고 흄(Hume) 등이 있다. 이들의 사상은 흔히 영국의 경험론 철학이라고 불리기도 한다. 왜냐하면 이들 모두 경험을 지식의 근본으로 간주하기 때문이다. 그러나 이들을 계몽주의라고 보는 이유는 그들의 철학의 중심에 인본주의가 자리 잡고 있기 때문이다.

계몽철학은 종래 유럽을 석권한 스콜라적-신학적(神學的) 철학에 반대하였다. 즉 전통과 종교의 힘을 배제하고 순수한 인간적인 능력에 근거하여 사물의 진리를 탐구하고자 했다.

계몽주의의 다른 특징은 신(神)으로부터 인간을 독립시키고 인간의 성숙성과 자율성을 강조한 점이다. 그리고 종교를 과학적인 관점에서 철저히 비판했다. 이 점은 프랑스의 계몽주의 사상에서 더욱 명백히 드러난다.

당시 선진적인 영국의 계몽사상을 받아들인 프랑스에서 오히려 계몽주의의 진가가 더욱 찬란히 발휘되었다.

유명한 프랑스의 계몽주의 사상가들은 『법의 정신』을 집필하여 근대 민주주의의 삼권분립(三權分立) 이론을 창시한 몽테스키외(Montesquieu)가 있다. 그리고 권위주의 타도를 외친 철학가인 볼테르(Voltaire)는 시민사회의 가장 중요한 덕목의 하나인 관용(寬容, tolerance)을 강조한 바 있다.

『인간 불평등 기원론』과 『사회 계약설』을 집필하여 프랑스 대혁명의 정신적인 토대를 마련한 루소(J. J. Rousseau)는 이성(理性)뿐만 아니라 감성(感性)의 역할도 중시했다. 따라서 계몽주의 사상은 학문과 문명 발전을 통한 유토피아 건설에 대해 낙관적인 신념을 토로한다.

프랑스의 계몽주의는 이성을 숭배하고 비이성적인 것은 그것이 종래의 신앙이건 전통이건 모두 부정하는 과격함을 보였다.

그러나 계몽주의 사조가 보여준 인간의 능력에 대한 낙관주의와 지나친 이성중심주의, 인본주의(humanism), 그리고 인간의 노력으로 미래에 전쟁, 기아, 질병 그리고 고통 없는 이상적인 낙원(유토피아)을 건설할 수 있다는 믿음은 우리 시대에 당면한 전쟁과 환경파괴 그리고 기계와 정보를 통한 개인의 통제와 감시와 대조해 볼 때 격세지감을 느끼게 한다.

볼테르(Voltaire, 1694-1778)

프랑스의 계몽주의 사상가. 그는 종교적 광신과 미신을 타파하고 전통적인 관념과 다른 사상이나 신념에 대해 사회가 관용을 베풀어야 한다고 주장했다. 『관용에 대한 고찰』에서 볼테르는 "도대체 무슨 권리로 당당히 자율적 능력을 타고난 한 다른 인간에게 자기와 똑같은 생각을 하라고 강요할 수 있는가?"라고 생각과 신념의 차이를 인정했다. 이는 결국 사상과 양심의 자유를 말한다.

유태인 대학살

역사상 가장 잔혹한 일의 하나로 꼽는 유태인 대학살은 문명의 발전과 인류의 미래에 대한 전망을 어둡게 했다. 폴란드의 유태인 수용소인 아우슈비츠에서는 200만 명 이상의 유태인이 살해되었다고 한다.
아도르노는 "아우슈비츠 이후에도 여전히 시(詩)를 쓸 수 있는가?"라는 유명한 말을 남겼다.

4. 비판이론 – 계몽사상 비판

독일의 현대 철학자들인 아도르노(T. Adorono)와 호르크하이머(Horkheimer)는 근대의 계몽주의가 약속한 유토피아 대신 현실화된 인류의 역사는 미증유의 전쟁과 유태인 대학살(홀로코스트, the Holocaust)의 야만 상태라는 점에서 종래의 근대인들의 철학과 사상을 비판했다. 히틀러의 나치 정부에 의한 인간성의 파탄과 문명의 타락은 계몽주의나 과학과 기술을 통한 진보를 말하는 각종 철학에 대한 성찰을 요구했다. 이들의 사상을 비판이론(Critical Theory)이라고 부른다. 비판이론은 인류의 문명과 자연과학의 발전에 대한 비판적인 태도를 취하고 있다. 즉, 계몽과 자연과학은 사회적인 생산성을 높여서 인간을 자연의 속박에서 해방시키는 기능이 있기는 하나 이는 동시에 인간을 문명의 노예로 만든다는 것이다. 비판이론은 세계대전과 히틀러의 만행을 경험하면서 문명 발전에 깊은 회의를 품었다.

"왜 인류는 진정한 인간적 상태로 진입하기보다는 새로운 종류의 야만 상태로 전락하게 되었는가?"라는 물음을 던지면서 아도르노와 호르크하이머는 계몽주의 사상 자체에 대해 새로운 해석을 시도했다.

그들에 의하면 계몽(주의)은 인간에 의한 자연 지배를 말한다. 그들의 저서 『계몽의 변증법』에 의하면 "아는 것이 힘이다"라는 베이컨의 명제는 자연 지배가 근대과학의 원리라는 것을 지시한다. 이 자연 지배적 이성은 대상을 지배하고 조작하기 위하여 대상을 수량화하고 계산가능한 것으로 만든다. 이제 이성은 도구적 이성, 계산하는 이성이 된다. 자연 지배는 계몽의 원리가 된다. 계몽의 자연 지배는 더 나가서 사회 지배 그리고 인간의 내면성까지 지배하게 된다. 이것이 계몽의 3중의 지배 사상이다.

계몽의 3중 지배 이론을 이해하기 위해서 이런 생각을 한 번 해볼 수 있다. 즉, 한 인디언들이 들소를 잡기 위해서(자연 지배) 다른 인디언들이나 다른 종족을 이용할 수 있다(사회 지배). 그런 과정에서 지배하는 인디언들이나 지배당하는 인디언들이나 모두 인간성을 상실하게 된다(내면성 지배). 왜냐하면 지배하는 인디언들은 자신의 감성이나 욕구를 지배해야 하기 때문이다. 즉 자기 억압이 타자 억압을 가능케 한다는 것이다.

아도르노는 경제적인 생산력 향상의 일면에서는 정의로운 사회를 건설할 수 있는 조건들을 마련해 주지만, 다른 면에서는 기술적인 체제와 이를 장악한 집단에게 우월한 능력을 부여해서 대중을 지배하게 만든다고 했다. 이것은 과학과 기술의 발전과 이로 인한 경제적 생산력의 향상이 인간으로 하여금 최선의 자아를 실현할 수 있는 조건을 만들어 줄 수 있고, 반대로 인간을 미숙한 상태로 억눌러 둠으로써 기술적으로 조종할 수 있는 로봇으로 만들 수도 있다는 것이다. 이런 문제는 앞에서 리스먼의 '고독한 군중'이나 갈브레이스의 '의존효과' 그리고 보드리야르의 '소비사회의 메커니즘'에서 충분히 인식한 바 있다.

아도르노와 호르크하이머의 저서 『계몽의 변증법』

계몽과 반대되는 말은 신화(神話)이다. 아도르노와 호르크하이머는 계몽을 어느 특정 시대의 사상으로 보지 않고 인류의 보편적인 사고방식으로 보았다. 그들에 따르면 계몽은 인간의 생존을 위해서 자신의 내면적인 자연성, 즉 인간의 본성이나 외부 자연의 공격을 이기지 않으면 안 된다고 한다.
이를 위한 도구들이 자기 동일성, 합리성, 기술지배 등이다.
그러나 아도르노와 호르크하이머는 계몽이 주장하는 탈신화와 합리주의 등 역시 일종의 신화라고 한다. 이는 결국 아우슈비츠에서 나타난다.

5. 장재(莊子)의 기계사용 비판과 무위자연 사상

자연과의 합일을 찬미하고 인위적인 문명이나 예절 혹은 도덕을 가식적(假飾的)인 것으로 치부하는 도가(道家) 철학은 기술과 기계의 사용에 대해 극히 부정적이다. 이를 『장자』(莊子)의 천지(天地)편에서 찾아보자.

> 자공이 남쪽의 초나라에 여행하고 진나라로 돌아오려고 한수 남쪽을 지나다가 한 노인이 마침 밭일을 하고 있는 것을 보았다. 굴을 뚫고 우물에 들어가 항아리를 안아 내다가는 밭에 물을 주고 있었다. 애를 써서 수고가 많은데 그 효과는 아주 적었다. 자공이 말했다. "여기에 기계가 있다면 하루에 백 이랑도 물을 줄 수가 있습니다. 조금만 수고해도 효과가 큽니다. 댁께선 그렇게 해보실 생각이 없습니까?" 밭일을 하던 노인은 고개를 들고 그를 보자 말했다. "어떻게 하

는 거요?" 자공이 말하기를 "나무에 구멍을 뚫고 기계를 만들고 뒤쪽을 무겁게 앞쪽은 가볍게 합니다. 그러면 물 흐르듯이 물을 떠내는데 콸콸 넘치듯이 빠릅니다. 그 기계 이름을 두레박이라고 하죠"라고 했다. 밭일을 하던 노인은 불끈 낯빛을 붉혔다가 곧 웃으면서 말했다. "나는 내 스승에게서 들었소만, 기계 따위를 갖는다면 기계에 의한 일이 반드시 생겨나고 그런 일이 생기면 반드시 기계에 사로잡히는 마음이 생겨나오. 그런 마음이 가슴속에 있게 되면 곧 순진 결백한 본래 그대로의 것이 없어지게 되고, 그것이 없어지면 정신(精神)이나 본성(本性)의 작용이 안정되지 않게 되오. 정신과 본성이 안정되지 않은 자에겐 도(道)가 깃들지 않소. 내가 두레박을 모르는 게 아니오. 도에 대해 부끄러워 쓰지 않을 뿐이오." 자공은 부끄러워 어쩔 줄을 모르며 고개를 숙인 채 잠자코 있었다.

(『장자』 천지편)

여기서 우리가 느끼는 것은 장자 철학이 반문명적이며 기술과 기계의 사용에 대해 부정적이라는 것이다. 즉 인용문 속의 노인은 두레박을 사용하지 않고 굴을 뚫고 우물에 들어가 항아리를 안아 내다가는 밭에 물을 주고 있었다. 이를 본 자공은 두레박 기계를 이용하라고 노인에게 말한다. "나무에 구멍을 뚫고 기계를 만들고 뒤쪽을 무겁게 앞쪽은 가볍게 합니다. 그러면 물 흐르듯이 물을 떠내는데 콸콸 넘치듯이 빠릅니다. 그 기계 이름을 두레박이라고 하죠."

그러나 노인은 "기계 따위를 갖는다면 기계에 의한 일이 반드시 생겨나고 그런 일이 생기면 반드시 기계에 사로잡히는 마음이 생겨나오"라고 하면서 자공의 권유를 반박한다. 즉 기계 사용은 또 다른 기계의 사용을 초래한다는 말이다.

기계를 사용하지 않고 생산력의 증대나 질병의 치료를 할 수 없는 것이 사실이기는 하나 장자의 기계 사용을 반대하는 논리는 산업발전으로 인한 인간성의 소외와 지나친 기계에의 의존을 통한 병리현상, 예를 들면 걷지 않고 자동차를 타는 것은 질병을 불러오고 신체의 발육과 건강을 저해한다는 의미로 해석할 수 있을 것 같다. 즉 문명의 이기(利器)라고 불리는 각종 도구들은 편리함을 주지만, 반면 인간의 도구의존성을 높이는 것이다. 이런 문제는 특히 약물 사용과 그 중독성 내지 의존성을 생각하면 이해가 된다.

인간은 기술과 기계를 통해서 자연을 이용하고 거기서 많은 혜택을 보았다. 그러나 인간은 자연의 일부분이며 따라서 자연의 파괴는 결국 인간 자신의 파괴를 가져온다는 것을 오늘날 우리는 환경재앙을 통해서 뼈저리게 느끼고 있다. 그런 의미에서 장자와 노자의 철학, 도가(道家) 철학은 시사하는 바가 크다.

■ 기술의 의식규정성

이 말의 뜻은 기술이나 도구가 단순히 인간의 욕망을 달성하기 위한 수단이 아니라 기술 사용의 주체인 인간의 근본적 성격마저 변화시켜 버린다는 의미이다. 흔히 우리는 과학, 기술의 혜택과 부작용을 말할 때, 과학, 기술 그 자체는 좋은 것도 나쁜 것도 아니지만 그를 어떻게 사용하는지에 따라서 그것의 가치가 달라진다고 생각한다. 즉 'Use and Misuse of Science'라는 말처럼 과학과 기술은 잘 이용하면 좋고 나쁘게 이용되면 나쁘다고 생각한다. 이를 과학-기술의 (가치) 중립성 명제라고 한다.

예를 들면 원자물리학은 원자력 발전을 가능하게 하여 인류에 많은 혜택을 주기도 하지만 반대로 원자폭탄과 같이 인류의 생명을 죽이는 데 사용될 수도 있다. 또 다이너마이트 역시 마찬가지이다. 이를 건설이나 토목, 광산에 이용하면 좋고 반대로 전쟁의 도구, 폭탄을 만드는 데 사용하면 나쁘다는 것이다.

이처럼 과학과 기술은 대체로 가치의 양면성을 가지고 있으며 그 자체로서는 중립성을 지닌다.

그러나 이런 **중립성 명제**와 달리 과학과 기술 그 자체가 인간의 정신과 태도에 일정한 영향력을 미치게 되고 인간을 거기에 종속시킨다는 주장이 있다. 이를 **기술의 의식규정성**이라고 한다. 기술이 인간의 의식을 결정한다는 것이다. 앞의 『장자』 천지편의 노인이 하는 말이 바로 그런 사상을 나타낸다.

> "기계 따위를 갖는다면 기계에 의한 일이 반드시 생겨나고 그런 일이 생기면 반
> 드시 기계에 사로잡히는 마음이 생겨나오. 그런 마음이 가슴속에 있게 되면 곧
> 순진 결백한 본래 그대로의 것이 없어지게 되고, 그것이 없어지면 정신(精神)이
> 나 본성(本性)의 작용이 안정되지 않게 되오. 정신과 본성이 안정되지 않은 자
> 에겐 도(道)가 깃들지 않소."
>
> (『장자』 천지편)

여기서 '기계에 의한 일'과 '기계에 사로잡히는 마음'이 바로 기술의 존재구속성을
의미한다. 이렇게 기계는 순진 결백한 본래의 마음과 정신을 타락시킨다. 또 이런 타
락한 마음에는 도(道)가 깃들지 않는다.

독일의 철학자 하이데거(M. Heidegger, 1889-1976) 역시 기술에 대해 장자와 비
슷한 생각을 하였다. 하이데거에 의하면 기술은 원시기술이나 현대기술이나 간에 의
식규정적인 특성을 가지고 있다고 한다.

> "새로운 도구, 즉 기계의 사용은 사물들과 다른 관계를 맺을 것을 요구하며, 도
> 구의 교체와 더불어 자연에 대한 인간의 관계에 있어 일종의 변동이 일어나게
> 된다. 그러므로 도구의 의미는 단순히 도구의 도구성에서 끝나는 것이 아니다.
> 그것은 도구를 갖고 다루게 되는 그 사물에 대한 중립적인 위상을 점하고 있는
> 것이 아니다. 왜냐하면 인간과 사물 사이에 끼어 든 도구 자체도 사물에 대한
> 인간의 관계에 속하게 되며, 그래서 도구의 교체는 사물에 대한 인간의 관계에
> 변화를 수반하게 마련이기 때문이다."
>
> (하이데거 저, 이기상 역, 『기술과 전향』(1993), 156쪽)

위의 하이데거의 글에서 보면 기술은 단순한 도구, 즉 인간이 건축이나 작업을 위한 도구 이상의 의미를 지니고 있음을 알 수 있다. 이는 다음과 같은 도식을 말한다.

인간 ————————— 도구 ————————— 사물

**존재의 철학자 마르틴 하이데거
(Martin Heidegger, 1889–1976)**
하이데거는 그의 주저 『존재와 시간』(*Sein und Zeit*)에서 인간의 존재를 통한 존재의 의미를 해명했다. 여기서 그는 타락한 대중으로서의 인간을 세인(世人, das man)이라고 하는데, 그들은 본래적이고 개성적인 삶을 도피하여 잡담과 호기심으로 소일하며 대중성 속에서 자신을 망각하고자 한다.

이런 도식으로 볼 때, 하이데거의 이론을 따르면 도구는 인간과 사물을 매개하는 수단이다. 그러나 이 수단은 인간의 사물에 대한 관점을 변화시킨다는 것이다. 그래서 도구의 교체는 사물에 대한 인간의 관계의 변화를 수반한다는 것이다. 하이데거는 이를 '도구의 존재규정성'이라고 하나 필자는 이해하기 쉽게 '도구의 의식규정성'이라고 부른다. 즉 도구의 사용은 인간의 자연에 대한 의식에 큰 영향을 준다는 것이다.

이런 도구 내지 기술의 인간에 대한 영향력 중에서 큰 것은 자연에 대한 인식 변화와 더불어 주위 사람들에 대한 인식도 변한다는 사실이다. 예를 들면 주위의 사람들을 도구나 기계로 보는 관점이다.

이는 특히 작업장이나 공장에서 흔히 보는 일이다. 즉, 다른 인간을 인격이나 주체로서가 아니라, 한갓 자신의 어떤 목적을 위한 수단이나 도구로만 보는 비인간화(非人間化)이다. 예를 들면, 출세라는 목적을 위해서 어떤 비인간적인 행위도 서슴없이 하는 현대인의 행태는 이런 도구적 의식이 사람에게까지 적용되는 경우이다.

이런 기술문명의 비인간화 혹은 사물화(事物化) 현상은 타인에게 대해서 뿐만 아니라 자기 자신 역시 물질이나 수단으로 취급한다는 것이다. 보통 이런 현상을 인간 '소외'(疏外)라고 부른다.

■ 무용지용(無用之用)

장자의 자연주의는 무용지용(無用之用)이라는 독특한 사상을 포함한다. 이는 근래의 환경문제와 관련해서 우리에게 많은 시사점을 던져주고 있다. 현대인들은 사물의 가치를 주로 경제적인 측면에서만 평가한다. 사물의 경제적인 가치는 그 사물이 시장에서 얼마에 팔릴 수 있는 것인가를 나타내는 시장가치 혹은 교환가치를 말한다.

경제적 가치의 문제점은 한 사물이나 자연물에 대해서 그것이 현재 인간들에게 얼마나 필요하고 얼마나 만족을 줄 수 있는가 하는 점만을 고려한다는 것이다. 그런데 환경이나 자연의 가치는 쉽게 시장가치로 평가되기 어렵다. 사물에는 사용가치뿐만 아니라 다른 가치도 있기 때문이다. 이를 존재가치 혹은 본래적 가치라고 부른다. 가령 언덕에 있는 소나무 한 그루는 값으로 따지면 5만 원도 되지 않지만 많은 아이들과 어른들에게 즐거움과 위안을 준다. 여름철 그 밑에서 쉬는 노인들에게 그 소나무는 값으로 따질 수 없는 만족을 준다고 할 수 있다. 이처럼 시장가치로 따져서는 가치가 없는 물건이나 사물이 그 자체로서는 고귀한 존재일 수 있다. 이런 자연의 고유한 가치를 장자는 무용지용이라고 표현한다.

> 남백자기가 상구(商丘) 지방을 유람할 때 큰 나무를 보았다. 그 나무는 보통 나무와 달라 그 나무의 그늘 속에 네 마리의 말이 끄는 수레 천 대를 숨길 만했다. 그래서 남백자기는 말했다. "이것이 무슨 나무인가? 이것은 반드시 특이한 재목(材木)이 되겠다." 그는 이렇게 말하면서 그 나뭇가지를 우러러보았다. 그러나 그 가지는 꾸불꾸불해서 도리나 대들보로도 쓸 수가 없고, 또 그 밑둥을 보니 뒤틀리고 속이 비어 관(棺)도 만들 수가 없었다. 그리고 그 잎을 따서 씹어 보니 잎 안이 부르터 상처가 나고, 냄새를 맡으니 삼일 동안이나 취해서 깨어나지를 못했다. 그래서 남백자기는 말했다. "이것은 과연 쓸모가 없는 나무로구나. 그래서 이렇게까지 자랐구나. 아, 저 신인(神人)들도 이 나무처럼 쓸모가 없었기에 천명을 누릴 수가 있는 것이로구나."

송나라에 형씨(刑氏)란 곳이 있어 가래나무, 잣나무, 뽕나무가 잘되었다. 그런
데 그 나무 중에 한두 움큼 정도 되는 굵기의 나무는 원숭이를 매는 말뚝으로
쓰기 위해서 베어가고 세 아름, 네 아름 되는 나무는 큰 집을 짓는 데 도리로 쓰
기 위해서 베어가며, 일곱 아름이나 여덟 아름 되는 나무는 귀인이나 부상(富
商)들의 관재(棺材)로 베어 갔다. 그러므로 그 나무들은 천년(千年)을 누리지 못
하고 중도에서 도끼에게 베임을 당했으니 이는 쓸모가 있는 재목에는 우환이
있기 때문이다.

『장자』 인간세(人間世)편

장자의 근본 철학은 무위자연(無爲自然)의 사상, 즉 '인위적으로 아무것도 하지 않
고 자연으로 복귀한다'이다. 그리고 이 글에서는 장자는 소위 무용(無用)과 유용(有用)
의 역설을 제시한다. 즉 사람들에게 무용하기 때문에 상구(商丘) 지방의 큰 나무는 오
래 살고 천명을 누릴 수 있었고 그 반대로 형씨(刑氏)란 곳의 나무들은 사람들에게 유
용하기 때문에 베임을 당했다. 이를 흔히 무용지용(無用之用)이라고 한다.

인간들은 지나치게 인간중심주의(human-centricism)로 사유하고 행동한다. 그러다
보니 자연에 대해서도 철저하게 인본주의(인간중심주의)로 관계하게 되었다. 이것은
달리 말해서 경제적인 관점이다. 자연에 대한 경제적인 관점이 극대화되면 삼림을 무
자비하게 벌채(伐採)하게 되고 댐을 만들고 발전소를 건설하게 된다. 그런 와중에 자
연에 거하는 동식물은 피해를 보게 되고 나중에는 인간마저 피해를 보게 된다. 최근
산업화의 부산물로 공해가 심해지고 지구의 온난화 현상이 발생하는 것들이 그런 예이
다.

이제는 인간중심주의를 벗어나 자연과 인간이 공동체를 만들어 가야 할 때이다. 인
간에게 무용한 것도 자연으로 보아서는 유용한 것이다. 쓸모없이 자란 상구(商丘) 지
방의 나무들이 천수(天壽)를 누리고 살아간다는 이치에서 우리는 눈앞의 이익만을 좇
아 자연을 함부로 해치고 남용하는 개발의 폭력을 멈추어야 한다.

혜자가 장자에게 말하기를 "자네는 쓸데 없는 것을 말하고 있네"라고 하니 장자는 이렇게 말하였다. "쓸데 없는 것을 알아야 비로소 쓸데 있는 것을 아네. 대체로 지상은 광대하지만, 사람이 필요한 것은 발을 용납할 수 있는 좁은 범위뿐이네. 그렇다고 발로 밟고 있는 넓이만 남겨 놓고 그 나머지를 파내어 깊이 황천(黃泉)에까지 이르게 한다면, 사람은 아직도 그 발밑의 땅만 유용하다고 하겠는가?" 혜자가 말하기를 "그것만으로는 무용(無用)하지" 하니, 장자는 "그렇다면 무용(無用)하다는 것이 유용(有用)한 것임이 분명하네" 하였다.

(『장자』 외물(外物)편)

이 글에서 장자는 인간의 눈에 보이는 유용(有用)한 것이 실은 무용(無用)한 것에 의지하고 있다는 것을 지적한다. 즉 자연 자체는 부분으로 나누어질 수 없고 완전성과 전체성의 관점에서 보아야 한다. 인간에게 불필요하다고 주위의 자연을 마구 제거하거나 파괴한다면 그 결과는 반드시 나쁘게 돌아온다. 위에서 장자가 역설하는 것처럼 불필요한 땅을 모두 파내어버린다면 필요한 땅 역시 불필요하게 된다. 이처럼 당장 필요한 것도 불필요한 것과 긴밀히 연결되어 있다는 사실을 알아야 한다. 자연은 하나이며 전체인 것이다.

따라서 근시안적으로 눈 앞의 이익만을 위하여 자연을 착취하고 남용하다가는 결국 파멸을 면치 못한다는 것을 알 수 있다.

6. 노자(老子)의 도(道)와 자연주의

위에서 장자의 글을 통해서 반(反)기술주의, 반(反)문명주의를 보았다. 장자의 사상과 유사한 노자(老子)의 글을 통해서 인간과 자연의 관계를 다시 생각해 보자.

사람은 땅을 법도로 삼고 따르고

땅은 하늘을 법도로 삼고 따르고

하늘은 도를 법도로 삼고 따르고

도는 자연을 따라 스스로 그렇게 된 것이다.

(人法地, 地法天, 法道法, 道法自然)

(『도덕경』, 25장 상원(象元))

이 글에서 사람의 위치는 극히 낮게 자리 잡고 있다. 즉, 사람은 그가 생존하기 위해서 땅의 법칙을 따라야 한다는 것이다. 땅은 온갖 식물과 동물이 살아가는 곳이다. 그들은 모두 자연의 법칙에 순응해서 살아간다. 인간 역시 크게는 이런 자연의 법칙을 따라가야 한다. 그러나 계몽주의 이후 인간의 위치는 자연 전체에 대항할 정도로 커졌다. 원자폭탄이나 지나친 개발, 삼림의 벌목 등은 자연의 법칙을 교란시키고 인간마저 그의 피해를 보기에 이르렀다.

『도덕경』 25장은 그런 인간에게 경종을 울리고 있다. "사람은 땅을 법도로 삼고 따르고"라는 말은 인간의 자연에 대한 순응을 말한다. 예를 들어 바닷가에서는 물고기를 잡고, 비옥한 곳에서는 농사를 지으며, 건조한 곳에서는 유목이나 기타 그 토양과 입지 조건 그리고 기후에 맞는 생업을 할 것을 말한다.

땅 역시 자연의 일부이지 전부는 아니다. 토지는 기상의 영향을 받아서 사람이 살 수 있는 옥토가 되기도 하고 시베리아나 아프리카 사막 같은 불모지가 될 수도 있다. 이처럼 기후의 인간에 대한 영향력은 거의 절대적이다.

사람은 조금만 날씨가 덥거나 추워도 살기 어렵고 또 대기 중의 습기 내지 강우량의 정도에 따라서 엄청난 차이를 가져온다. 또한 땅은 천체의 변화에 민감하다. 계절의 변화나 조수간만의 차이 등은 인간의 생업에 큰 영향을 미친다. 이것이 노자가 말하는 "땅은 하늘을 법도로 삼고 따르고"의 뜻이다.

그리고 땅과 하늘 역시 자연의 전부가 아니다. 왜냐하면 땅도 변하고 하늘, 즉 천체의 움직임과 기후의 변화 역시 일정한 것이 아니기 때문이다. 천체의 일부가 사라지거나 ― 유성(流星)이나 운석(隕石) ― 땅이 변하고 섬이 생기며 화산의 폭발이 생기는 등 자연의 얼굴은 예측불허이다.

노자는 그런 외적인 자연을 창조하고 유지해 나가는 신적인 존재가 있다고 믿었다. 이를 도(道)라고 한다. 도는 만물의 어머니(萬物之母)이며 천지의 시초(天地始初)이다.

이런 신(神)적인 존재로서의 도(道)는 스스로 존재(自然)한다. 따라서 노자의 자연은 눈에 보이는 땅과 나무 그리고 하늘 같은 외적인 존재가 아니라 이 모든 것을 낳고 키우는 창조주 하나님과 유사한 존재이다. 단 노자의 자연신(自然神)은 기독교의 신처럼 인간에 대한 특별한 사랑은 없다. 노자는 그가 본 도의 모습을 이렇게 서술한다.

> 홀로 서 있으며 달라지지 않고
>
> (獨立不改, 독립불개)
>
> 미치지 않는 곳이 없이 운행하면서도 어그러지지 않으니
>
> (周行而不殆, 주행이불태)
>
> 이 세상의 어미가 될 수 있다.
>
> (可以爲天下母, 가이위천하모)
>
> (최진석, 『노자의 목소리로 듣는 도덕경』(2001), 214-215쪽)

따라서 도덕경에서 보는 인간의 위치는 한참 낮은 곳에, 가장 낮은 곳에 처한다. 인간은 땅의 미물같이 자연과 천하의 지배를 받아야 한다. 이런 만물을 창조하고 통치하는 존재가 곧 도(道)이다.

7. 시계와 문명

미국의 문명철학자 멈포드(Lewis Mumford, 1895-1988)는 『기술과 문명』이라는 그의 저서에서 기술이 인간의 삶에 주는 다양한 영향력을 잘 부각시키고 있다. 특히

멈포드는 시계에 의한 시간측정이 인류문명, 특히 기술과학문명에 주는 의미를 강조하고 있다.

그는 오늘날의 시계, 즉 기계시계가 인류의 삶에 끼치는 의미를 다음과 같이 말했다. "증기기관이 아니라 시계가 근대 산업사회의 중심기계이다."

그런데 이런 시간, 즉 기계적인 시간과 이를 측정하기 위한 시계의 발전은 원래 중세의 수도원에서 비롯되었다고 한다.

이들은 일정한 시각에 하루 일곱 번씩 기도를 해야 했기 때문에 정확한 시각을 알리는 도구인 시계가 필요했다. 만약 시계가 없었더라면 엄격한 규율에 입각해서 기도를 드리고 정해진 일과를 수행해야 하는 수도사들은 그들의 신앙생활을 제대로 관리할 수 없었을 것이다.

이처럼 중세의 수도원의 규칙적인 신앙생활의 필요성에서 발생한 시계의 발전은 프로테스탄트(개신교) 윤리와 결합되면서 서구 사회를 지배하는 원리로 변했다. 그리고 16세기 이후 시계 기술자들은 천주교의 박해를 받게 되고 이들을 개신교가 보호하게 되었다고 한다. 따라서 그들은 대거 개신교의 본거지인 스위스로 망명하여 시계 산업의 꽃을 피운다. 여기서 시계 문화가 개신교의 생활 속에 스며들게 되었고 곧 자본주의 발전에 기여하게 된 것이다.

따라서 근대 시계 공업이 종교개혁가 칼뱅이 활동하던 스위스에서 꽃핀 것은 우연이 아니다. 이런 면에서 시계를 사용하여 생활을 철저히 계획적으로, 시간표적으로 하는 근대적인 사고방식이 발전했다고 한다.

『프로테스탄트 윤리와 자본주의 정신』이란 책을 쓴 막스 베버

**막스 베버의
『프로테스탄트 윤리와 자본주의 정신』**

독일의 종교 사회학자 막스 베버는 『프로테스탄트 윤리와 자본주의 정신』(*Die protestantische Ethik und der Geist des Kapitalismus*, 1904-5)에서 프로테스탄트 윤리, 특히 칼뱅주의적 윤리가 자본주의의 발전에 큰 공헌을 했다고 주장했다. 우선 그는 종교개혁가 루터(M. Luther)의 직업 소명설이 자본주의의 발달에 공헌했다고 보았다. 칼뱅은 루터의 직업 소명설을 계승하여 '자기의 직업에 충실한 것이 하나님께 충실한 것'이라고 가르침으로써 일에 전념하는 인간형을 발전시켰다는 것이다.

베버의 설명에 의하면 청교도들은 가능한 한 '깨끗한 직업'에 종사하고 무용한 놀이나 오락에 시간을 '낭비'하지 않고 체계적으로 시간을 활용하는 이른바 금욕주의 생활을 한다. 이런 금욕적 생활이 정착되면 소비의 억제로 부의 축적을 이루게 될 것이고, 이 축적된 부는 산업자본으로 전환될 것이다.

이처럼 금욕적인 프로테스탄트는 일찍 사업을 일으켜, 그들의 축적된 자본을 생산활동에 재투자하는 것을 그들의 (송교적인) 의무로 생각하였다.

베버에 의하면 오늘날 경제적 부흥의 근본인 자본주의와 시장경제가 통상 생각하는 것처럼 이기주의나 탐욕에 근거하는 것이 아니라 오히려 종교적 사명감과 고도의 윤리의식에서 출발한다고 보는 것이다. 다시 말해서 자본주의적인 물질적 부(富)의 동력이 종교나 그 정신(精神)에 있다는 것이다.

(M. Weber)에 의하면, 개신교도들은 세속적(世俗的)인 일 가운데서 신(神)의 명령을 수행하는 것을 생활의 신조로 삼았다고 한다. 그런 개신교도들의 집단적 윤리가 근면, 절약, 합리성 등을 근간으로 하는 자본주의 발전, 특히 자본가들의 부(富)의 축적(蓄積)에 기여를 했다고 한다.

그런 과정에서 '시간은 돈이다'라는 자본주의 정신이 서구의 합리성을 지탱하는 중요한 요소가 된 것이다.

이렇게 개발된 시계는 "단순히 시간을 알아내는 수단일 뿐만 아니라 인간의 활동을 동조(同調)시키는 수단이기도 하다." 여기서 동조(同調)란 'synchronize'이며, 이는 '시간을 맞추다' 혹은 '시간에 맞추어 행동하다'란 의미를 가진다.

즉 이러한 시계가 도시생활에 적용되어 노동자들과 상인들의 삶을 규율하게 되었을 때 비로소 전통적인 사회는 근대 산업사회로 바뀌게 되는 것이다.

이런 시계가 가져온 근대적, 계획적, 시간표적인 생활방식을 멈포드는 추상적 시간이라고 불렀다. 추상적 시간은 자연적, 유기체적, 구체적 시간에 반대되는 개념이다.

자연적 시간이란 쉽게 말해서 배고프면 밥 먹고, 날이 밝으면 일하고 밤이 오면 잠자는 식의 자연의 리듬에 맞는 생활방식이다.

이런 생활은 「격양가」(擊壤歌)라는 중국 고대의 시가에서 잘 반영되고 있다.

해가 뜨면 일하고(日出而作),
해가 지면 쉰다(日入而息).

또는 조선시대 남구만의 시조 "동창이 밝았느냐 노고지리 우지진다"와 같은 구절에서 자연적, 유기적인 삶의 방식이 표현된다.

그러나 현대인들은 낮과 밤이 바뀌고 아니면 낮과 밤이라는 자연적 사이클을 무시하는 사람들이 많다. 그들은 낮과 밤, 여름과 겨울 등의 자연적 순환성(循環性)과 주기성(週期性)에 신경을 쓰지 않고 살아간다. 이들은 하루를 시와 분 그리고 초로 나눈 기계적, 인위적 시간의 지배를 받고 산다.

추상적인 시간 관념이 사회를 지배함에 따라 이제 사람들은 시계의 노예, 시간의 노예가 되었다. 아니 시계는 인간의 본성과 생리적인 욕구마저 변화시켰다. 왜냐하면 오늘날 인간들은 모든 생리적 기능과 활동을 시간(표)에 맞게 조정하기 때문이다. 시계는 단순하게 시간이 몇 시인지를 알려주는 도구의 기능과 아울러 몇 시에 내가 무엇을 해야 하는지를 알려주는 교사와 감독의 역할을 하게 된 것이다.

극단적으로 말하면 인간은 이제 배 고프지 않아도 먹고, 피곤하지 않아도 자며, 쉬고 싶어도 일해야만 했다. 왜냐하면 시계가 그렇게 할 시간이라고 알려주기 때문이다.

멈포드의 표현대로 "추상적인 시간이 새로운 존재매체가 되었으며, [예전에는 시간의 척도가 되었던 인간의] 유기적인 기능까지도 그것에 의하여 조절되게 되었다."

이러한 삶의 방식은 오늘날에는 이제 인간의 제 2의 본성(second nature)이 되었다 (김성동, 「유전자 기술의 기술인간학적 함의에 대한 연구」(2001)). 인간의 유기체적, 자연적 기능까지도 이제는 시계의 통제를 받고 있다. 이는 가령 공장이나 군대 같은 곳에서 쉬는 시간이나 휴식 시간이 엄격하게 정해져 있는 것을 보면 쉽게 이해할 수 있다.

그런데 우리가 지나치게 이런 시간의 지배, 즉 기계적 시간의 지배를 받고 산다면 삶의 여유와 즐거움을 상실하기 쉽다. 기계적 시간과 추상적 시간은 인간의 비인간화를 초래하기 쉽다. 이는 시간적 강박관념(obsession)을 낳는다.

'시간은 돈이다'라는 속담이 있다. 이는 '시간을 아껴라', '시간이 소중하다'라는 의미에서는 좋은 말이지만, 이것이 과장되어 1분 1초를 시계를 보며 살거나 '노는 시간'이나 '자유로운 시간'의 소중함을 모르고 산다면 이는 시간의 종(從)이 되어 인생의 소중한 가치인 건강이나 행복을 상실하는 어리석음을 범하게 된다.

그리고 회사나 직장에서의 극단적인 시간의 합리적인 사용은 때로 매너리즘 (mannerism)에 빠진다. 예를 들면 갑작스럽게 발생하는 긴급 상황이나 중요한 사안

장 자크 루소(Jean Jacques Rousseau, 1712-1778)

1749년 프랑스 디종시의 학술원(아카데미)은 "기예(기술과 예술)와 학문의 부흥이 인류의 개선과 고양에 어떠한 기여를 하였는가"에 대해서 현상논문을 내걸었다. 여기에 대해 루소는 "학문·예술·기술의 진보는 인간을 타락시키고 불행하게 만든다"라는 주장으로 『학문예술론』(1750)을 집필하여 현상모집에 당선되어 일약 저명한 문필가의 위치에 올랐다. 그는 이어 1755년 출판된 『인간불평등기원론』에서 인간은 자연 속에서는 평등하게 태어났으나 사회를 통해서 불평등이 발생한다고 주장했다.

이런 루소의 반문명적이고 반사회적, 반역사적인 사상은 당시의 진보주의, 계몽주의 사상에 반기를 드는 것이었다. 그리고 "도덕적 부패가 사회를 불평등하고 불행하게 만든다"라는 주장은 당시 프랑스의 전제정치의 부패성을 비판하여 프랑스 대혁명의 유전인자를 미리 암시하였다.

특히 그는 『학문예술론』에서 기계와 예술 그리고 학술 등이 도덕이나 인생을 모두를 부패시키는 것으로 보고, 그것들이 현재의 인간악을 만들었다고까지 말했다. 그는 지식과 예술 그리고 기술에 대한 도덕과 덕성 그리고 인격의 우월성을 주장했다. 이는 오늘날 인성교육의 중요성을 암시하는 것이다. 즉 지식과 기능 그리고 예술에 대한 미덕(美德)과 인간성(人間性)의 우위성을 말한다.

을 무조건 시간표에 따라서만 처리한다면 이는 시간의 합리적인 사용이 아니라 반대로 시간의 불합리한 사용이다. 요는 추상적, 합리적, 계획적 시간 사용이 보통은 좋지만 그렇지 못한 경우도 있다는 것이다. 시간이 인간의 주인이 아니라 인간이 시간의 주인이 되어야 한다.

8. 기술과 엔트로피

우리는 앞에서 장자(莊子)와 노자(老子)의 철학을 기본적으로 반문명적, 반기술적으로 규정한 바 있다. 이런 전통은 서구의 루소에서도 발견되었다.

루소(J. J. Rousseau, 1712-1778)는 그의 『학문예술론』(1750)에서 역사에서 학문과 예술, 기술의 발전이 인류의 개선과 도덕성의 발전에는 도리어 해(害)가 됨을 지적하였다. 루소는 이 저서에서 과학과 예술의 발전이 인류 사회에 불평등과 불의를 가져오고 이는 또다시 사치와 타락 그리고 탐욕을 가져온다고 본다. 그래서 루소는 학문과 예술 혹은 문화의 발전이 사실은 인간성의 진보(進步)가 아니라 퇴보(退步)라고 간주한다. 루소는 문화의 발전이 인륜(人倫)과 도덕성의 퇴폐를 초래한다고 주장한다. 이런 루소의 철학을 우리는 반(反)역사주의 혹은 반(反)문명주의라고 규정할 수 있다. 즉 역사의 발전은 실은 인간의 타락이며 문명의 발전 역시 그렇다는 것이다.

루소는 그래서 "자연으로 돌아가라"라는 구호를 외치는 것이다.

이런 반문명적, 반기술적 사유는 오늘날 환경문제의 발생과 더불어 새로운 각광을 받고 있다. 이들 문명과 과학의 비판가들은 인류의 기술문명의 발전과 이를 통한 자연 개발이 인간의 삶에 도움을 주기보다는 자연과 환경의 파괴를 통해서 인류의 멸망을 촉진한다고 주장한다.

미국의 유명한 경제학자이자 문명비평가인 제레미 리프킨(Jeremy Rifkin, 1945-)은 우리에게 『소유의 종말』(*The Age of Access*)이라는 저술로 잘 알려져 있다. 그의 초기 작품 중 유명한 것으로 『엔트로피: 21세기의 새로운 세계관』(*Entropy: A New World View*)가 있는데, 이 책에서 리프킨은 근대의 역사철학, 정치철학, 과학철학, 경제학 등의 모든 근대적 사상을 비판하였다. 이런 의미에서 리프킨이야말로 근대를 비판하고 이를 극복하고자 하는 '탈(脫)근대주의자'라고 할 수 있다.

근대는 인간의 자유와 더불어서 과학기술의 진보 그리고 자본주의의 경제를 통한 인류 복지의 획기적인 증대의 시대이다. 그러나 이런 기계기술문명을 통한 발전은 동시에 자연 파괴라는 치명적인 결과를 낳았다.

리프킨의 엔트로피 사상은 전통적인 반문명주의, 반기술주의를 물리학의 법칙을 통해서 더욱 절박하게 표현한 것이다.

엔트로피라는 말은 알다시피 열역학의 개념이다. 이를 최초로 발표한 사람은 독일의 물리학자 클라우지우스(Rudolf Clausius, 1822-1888)이다. 1865년 클라우지우스는 '열의 역학적 이론에 관한 두 가지 기본법칙'으로서, "① 우주의 에너지는 일정하다, ② 우주의 엔트로피는 항상 증가한다"라는 법칙을 내놓게 된다. 이 선언은 열역학의 제 1, 제 2 법칙의 탄생이었다.

엔트로피(entropy)란 말은 에너지 변환과정에서 생기는 '사용불가능한 에너지' (unavailable energy)를 말한다. 댐 위의 물이 호수로 떨어지는 경우를 예로 들어보자. 떨어지는 동안에 물은 전기를 일으키거나 바퀴를 돌리거나, 혹은 다른 종류의 일을 할 수 있다. 그러나 일단 바닥에 떨어져 버린 물은 더 이상 일을 할 수 없다. 이러한 물은 아주 작은 바퀴조차도 돌리지 못한다. 이러한 두 상태를 '사용가능한 에너지' 즉 '자유 에너지 상태'와 '사용불가능한 에너지' 즉 '구속 에너지'라고 한다. 엔트로피 증가는 이러한 사용가능한 에너지의 감소를 뜻한다.

이런 물리학의 개념을 리프킨은 과학기술문명의 비판에다 이용한다. 바로 이 점에 제레미 리프킨의 공로(功勞)가 있다. 즉 서로 다른 분야의 사물이나 개념을 새로 결합 시킴으로써 새로운 사상이나 작품의 탄생이 가능하다는 것이다. 그러면 리프킨의 말을 직접 들어보자.

> "자연계에서 무슨 일이 일어날 때마다 얼마간의 에너지는 앞으로는 사용불가능한 에너지로 끝이 난다. 이런 사용불가능한 에너지가 바로 공해에 해당된다. 사람들은 대부분 공해는 생산물에 대한 부산물이라고 생각한다. 실제로 환경오염이라는 것은 사용불가능한 에너지 형태로 변환된 사용가능한 에너지의 총량이다. 따라서 쓰레기는 분산된 에너지이다. 열역학 제1법칙에 의하면 에너지는 창조되거나 소멸될 수 없고, 다만 그 형태가 바뀔 수 있을 뿐이다. 그리고 열역학 제2법칙에 의하면 자연계에서 에너지는 분산된 상태로의 한 방향으로만 변환이 가능하다. 따라서 환경오염은 엔트로피에 대한 또 다른 이름이다. 즉, 그것은 현재의 사용불가능한 에너지에 대한 척도이다."
>
> (제레미 리프킨, 『엔트로피』 중에서)

여기서 우리는 리프킨의 기본적인 문제의식과 그 사상을 파악할 수 있다. 이는 바로 공해와 환경오염이라는 것이 엔트로피 현상이라는 것이다.

그리고 엔트로피는 인간이 무슨 일을 하든지 항상 증가한다. 이는 인간을 포함한 전 우주적인 현상이다.

보통 인간들은, 특히 근대의 기계적 우주관 그리고 진보적 역사관을 가지고 기술과 문명이 인간의 복지를 무한히 향상시켜 준다고 믿었다. 물론 그들은 기술문명의 부작용을 알았다. 가령 자연파괴나 환경오염은 인간의 생존마저 위협할 수 있으나 이는 새로운 친환경적인 기술이나 물질의 사용을 통해서 줄일 수 있는 것으로 보았다.

그러나 엔트로피 철학에서 볼 때, 근대인들이 신봉한 무한진보의 희망은 환상에 불과하다. 왜냐하면 모든 기술과 과학은 엔트로피의 증가 속도를 빠르게 할 뿐이기 때문이다. 이런 구체적인 사례는 지구의 에너지 자원의 급속한 탕진과 자연파괴로 나타났다.

리프킨에 의하면, 복잡하기만 한 인류의 각종 문명과 제도 혹은 정치 등 모든 것도 간단히 말하자면 에너지의 변환, 교환 그리고 폐기로 표현할 수 있다고 한다. 이런 간단한 원리를 몰랐기 때문에 근대의 과학자들, 철학자들, 정치인들은 기계와 기술의 발명을 통해서 자연을 개발하고 인류가 무한히 발전할 수 있다고 믿었다. 그들은 에너지 변환의 결론이 무엇인지를 고려하지 않았다. 이는 열에너지 법칙의 발견자인 클라우지우스도 말한 것처럼, 모든 물질과 에너지 변환의 결과는 엔트로피의 최대화와 이에 따른 운동의 중지, 생명의 중지 곧 전 우주적인 사망이라는 종말론(終末論)이다.

따라서 문명과 과학기술의 발전은 우주의 종말을 앞당기는 결과를 가진다.

그리고 경제학이나 공학(工學) 등에서 흔히 말하는 효율성(效率性)에 대해서 리프킨은 치명적인 반론을 가한다. 현대인들의 최고의 가치인 효율성이나 생산성 등의 개념은 실은 자살적인 개념이다. 이는 자원을 빨리 고갈시키고 사용가능한 에너지를 폐기하는 속도를 말한다. 따라서 리프킨은 "기술이 발달되면, 에너지를 추출하거나 흐르게 하는 과정이 일반적으로 빨라진다. 에너지는 창조되거나 소멸될 수 없고(열역학 1법칙) 다만 한 방향 — 사용가능한 상태에서 사용불가능한 상태로 — 으로만 변화할 수 있음을 명심하라"라고 경고한다.

> "따라서, 이른바 효율의 증가 — 에너지 흐름을 빠르게 하도록 설계된 기술로 측정한 증가 — 는 에너지의 분산과 세계의 무질서의 정도를 촉진시킬 따름이다.
>
> (…)
>
> 인류의 천재들이 구상했던 모든 기술은 자연으로부터의 에너지를 변환시키는

"값싼 석유와 천연가스에 의존할 수 있는 시대가 끝나고 있다는 것은 분명하다."

올해 초 메이저 석유회사 셰브론 텍사코의 최고경영자 데이브 오라일리는 이렇게 '고유가시대'를 선언했다. 지난 98년 배럴당 10달러선을 유지하던 유가는 지난해 57달러선을 돌파한 뒤 지금도 50달러선에서 좀처럼 내려오지 않고 있다. 투자회사 골드만 삭스는 올해 초 유가가 일시적으로나마 배럴당 105달러까지 치솟을 수 있다고 경고해 시장에 충격을 던졌다.

지난 70년대 1·2차 석유파동의 배경이 석유수출국기구(오펙) 회원국들의 급격한 감산 정책이었던 것과 달리 현재 고유가의 주요 원인은 '아무리 원유 공급을 늘려도 폭발하는 수요를 따라가지 못할 것'이라는 불안감이다. 현대 산업사회의 생명선이나 다름 없는 석유가 언젠가는 바닥날 수밖에 없다는 사실 때문에 '언제 석유생산이 정점을 넘어 내리막길을 걷게 될 것인지' 하는 해묵은 '석유생산 정점' 논쟁이 다시 불 붙고 있다.

세계 최대의 석유회사인 사우디 아람코와 셸, 비피(BP) 등에서 일했으며 『다가오는 석유 위기』라는 책을 쓴 영국 지질학자 콜린 캠벨은 지난달 『가디언』과의 인터뷰에서 "석유생산의 정점이 빠르게 다가오고 있으며 이르면 내년쯤이 될 수도 있다"고 경고했다. 그는 인류가 이미 약 9440억 배럴의 석유를 써버렸으며 앞으로 7640억 배럴 정도를 채굴할 수 있고, 1420억 배럴 정도는 추가로 발견할 수 있겠지만, 전반적인 원유 생산은 내년쯤 정점에 이른 뒤 매년 2~3%씩 하락할 수밖에 없다고 주장한다.

(『한겨레』, 2005. 5. 9)

변환기에 불과하다. 기술이 더욱 복잡해지고, 그 범위를 확장시켜 감에 따라서 사람들은 기술을 자연과 무관한 것으로 보려는 경향이 있다. 참으로 모순이다. 마치 기술 자체가 에너지를 발생하거나 혹은 어떤 신비한 과정을 통해서 원래에 있었던 것보다 더 많은 에너지를 첨가해 주는 것처럼 느낀다. 실제에 있어서 기술은 결코 에너지를 창조할 수는 없다. 사용가능한 에너지를 사용해 버릴 뿐이다. 기술이 크고 더 복잡해질수록 사용가능한 에너지가 더 많이 사용된다.

현대의 산업사회에서의 대량의 에너지 흐름은 우리가 살고 있는 이 세계에 커다란 무질서를 만들어 내고 있다. 우리의 기술이 빨리 발달할수록 변환 과정은 빨라지고, 사용가능한 에너지도 더 빨리 분산된다. 따라서 무질서는 더 많이 쌓이게 된다."

(『엔트로피』 중에서)

■ 엔트로피 철학의 교훈

앞에서 우리는 제레미 리프킨의 사상을 충분히 공부했다. 그러면 문제는 이를 받아들인다고 할 때 우리는 무엇을 해야 하는가 하는 것이다.

열역학의 법칙에 의하면 어차피 문명이나 자연이나 모두 종말로 향하게 되어 있다. 그러나 현대의 대량소비문화, 에너지 낭비의 문화는 지양되어야 한다. 에너지를 대량으로 소비하는 현대 산업사회의 구조는 인류의 종말을 더 촉진할 것이다.

이를 위해서 지금까지 행해졌던 대(大)토목 공사는 자제되어야 한다. 예를 들어 물 한 방울 나지 않는 사막에서 불야성(不夜城)의 환락도시를 세운 미국의 라스베이거스 같은 도시는 더 나와서는 안 된다. 그리고 한국의 경우 서해안의 거대한 바다를 육지로 만드는 새만금 공사 같은 인간의 탐욕을 극대화하는 일은 삼가야 한다.

그러나 오늘도 많은 과학자들, 정치가들은 더 좋은 기술, 더 새로운 기술을 찾고 있다. 이제 기술은 엔트로피의 관점에서 재고되어야 한다.

이에 대한 우리의 대안은 엔트로피를 적게 하는 기술과 그런 기술이 적용되는 사회를 만들어야 한다는 것이다. 그러기 위해서는 욕망의 절제와 자연에의 순응이라는 도가철학적 교훈을 다시금 생각해 볼 때이다.

9. 환경철학의 탄생

앞에서 우리는 오늘의 지구환경이 지나친 개발과 각종 자연파괴, 오염 등으로 상태가 악화되었음을 지적했다. 이런 관계에서 각종 논술, 면접에 나올 만한 사상이나 제시문들을 소개해 보자.

■ 환경파괴의 요인 (PAT 공식)

인류에게 주어진 자연환경은 문명의 발전과 더불어 파괴된다. 고대로부터 문명은 도시를 중심으로 발전되어 왔다. 사람들이 모여 사는 곳이 커지고 인구가 밀집할수록 주변의 자연은 파괴되고 황폐화된다. 이처럼 도시의 팽창과 인구의 집중은 자연환경에 직접적인 피해를 입히게 된다. 현재 한국은 서울과 수도권에 인구의 절반 이상이 집중되어 대기오염, 수질오염, 토양오염 등의 각종 공해(公害)와 질병을 일으키고 있다.

"환경학자들은 생태계(生態系) 악화의 가장 분명한 원인들은 하나의 공식으로
(보통 PAT 공식으로 알려진) 설명하였는데, 환경파괴의 배후(背後)에 존재하는

천성산 환경영향 조사 이달말부터 실시 합의

지율 스님 100일 단식과 도롱뇽 소송 등 환경 파괴 논란을 빚어온 고속철도 천성산 구간의 환경영향 공동조사가 이달 말부터 석 달 동안 이뤄진다.

천성산대책위와 한국철도시설공단은 4일 대전 한국철도시설공단에서 4차 전체회의를 열어 '천성산 환경영향 공동조사단'을 꾸리는 데 합의했다.

환경영향 공동조사단은 양쪽에서 전문가 5명을 포함해 7명씩 14명이 참여해 △구조지질 △암반공학 △지하수 △지구물리탐사 △생태계 등 5개 전문 분야로 나눠 습지주변 시추조사와 습지 및 터널부, 생태계 조사 및 분석 등을 하게 된다.

시설공단 배용득 건설본부장은 천성산 원효터널 공사와 관련해 "조사에 영향을 끼칠 우려가 있는 발파 공사 등은 그 동안 중단하되, 조사가 끝난 뒤에는 완전 정상화하기로 했다"고 말했다.

지율 스님은 "이제까지의 환경 평가와 달리 이번 조사는 분야별 전문가들이 조사를 맡는 만큼 객관적인 조사와 평가가 이뤄질 것으로 기대한다"고 밝혔다.

조사 기간은 양쪽 전문가가 합의하면 약 한 달 연장할 수 있으며, 공동조사 결과에 대해 합의가 이뤄지지 않으면 조사결과 보고서를 대법원에 내게 된다.

(『한겨레』, 2005. 5. 4)

중요한 관계들을 이해하는 데 도움을 주고 있다. 즉, I = P×A×T라는 공식이 바로 그것이다. 이 공식에서 I 는 환경에 가해지는 영향(Environmental Impact), P 는 인구(Population), A 는 물질적 부(Affluence: 1인당 자본축적으로 정의된 그 자체)와 관련된 자원의 처리량이고, 그리고 T(기술이라는 Technology의 머릿글자)는 자원의 처리량을 위해 사용된 에너지단위 당 환경파괴의 영향을 의미하고 있다.

(…)

최근의 논의를 보면, 환경문제의 책임을 대부분 인구 증가의 탓으로 돌리고 있다. 환경파괴의 역할은 거의 언제나 A와 T가 도맡아왔음에도 말이다. A×T는 환경파괴의 사회경제적 요인(인구적인 요인과 대조적인 것)으로서 P보다 영향력이 더 크다. 부유한 개인, 계급, 또는 국가를 지탱하는 자원의 처리량(에너지공급량/자원투입량)은 당연히 빈곤한 개인, 계급, 국가의 그것보다 더 크다."

(존 포스터 저, 조영길 역, 『환경혁명』, 동쪽나라(1996))

위의 인용문에서 알 수 있는 것처럼 환경파괴는 인구요인보다 사회경제적인 요인이 더 크다는 사실이다. 결국 기술과 산업 생산력이 뛰어난 선진국들이 지구촌의 환경파괴에 주된 책임이 있음을 알 수 있다.

■ 환경경제학

환경문제에 대해서 인간중심적으로 접근하는 유형은 경제학적 접근이다. 이는 자연과 환경을 인간 활동에 필요한 수단이나 도구로 보는 관점이다. 이런 방식을 흔히 환경경제학이라고 부른다.

자연을 개발하여 인간의 필요를 충족하는 것은 인류 문명의 필연적인 과정이라고 볼 수 있다. 그런데 현대의 발달한 과학기술문명은 인간의 자연에 대한 지배력을 높이고 또 그 부작용으로 지나친 탐욕과 몰이해로 인해서 자연환경을 파괴하여 그 여파로 인간 자체의 생명이 위협받는 상황에 이르렀다. 여기에는 자연에 대한 지나친 인간중심적인 사고방식과 대응방식이 있다. 그 중 하나가 경제학적 환경개발에 대한 논의이다. 환경경제학은 자연 자체의 존재가치를 무시하고 돈으로 환원되는 가치만을 따지며 환경파괴와 개발을 정당화한다.

> "오늘날 환경에 대한 인간중심주의적 접근의 한 유형으로서 경제학적 접근은 지금까지 간략하게 언급한 공리주의 윤리와 전통의 연장선에 서 있다고 할 수 있다. 환경경제학에서 전제하고 있는 공공재(公共財) 또는 비시장재(非市場財)로서의 환경재(環境財)에 대한 분석과 평가는 본질적으로 환경재에 대한 '가치 측정'을 전제로 하고 있으며, 비록 환경의 '존재가치'를 인정한다고 할지라도 그것은 궁극적으로 인간중심 또는 경제적 관점에서 파악될 수 있다는 신념에는 변화가 없다. 이들 접근 방법은 측정의 엄밀성과 객관성에 대한 회의 그리고 지나친 '인간중심주의'라는 비판에도 불구하고 국가의 주요 정책이 환경문제와 충돌할 때, 이를 해결하거나 '합리적'으로 절충하기 위해서 가장 포괄적으로 채택되고 있는 방법이다."
>
> (문종길, 「환경에 대한 공리주의적 경제 이론의 접근과 한계」, 『환경철학의 이념』(2003))

위의 글은 환경에 대한 경제학적 접근의 의미와 그 한계를 밝힌 글이며 저자는 그런 뿌리가 공리주의(utilitarianism)에 있다고 주장한다. 이는 환경에 대한 인간중심주의적인 접근이다. 즉 환경과 생태계를 인간에게 유용한 재화로 취급하고 그 개발에 대한 손익계산을 제공한다. 이런 환경개발에 대한 분석의 도구로서는 비용－편익분석(CBA)이 있는데 이는 환경을 개발하는 데 필요한 비용(cost)과 개발이 가져오는 혜택(benefit)을 비교하여 개발사업의 타당성을 결정한다.

가령 북한산을 뚫어 자동차 도로를 건설하려는 정부의 계획에 대해 생각해 보자. 산에 터널을 뚫는 비용이 100억 원인데 그 터널이 가져올 경제적 가치가 200억 원이라고 해보자. 이는 비용(cost)은 100억인데 편익(benefit)은 200억이라는 것이다. 이런 경우 이 공사는 추진되어야 한다는 것이 경제학적, 공리주의적인 환경접근법이다.

이런 접근법은 합리적이고 효율적이지만 그 약점은 환경의 존재가치를 도외시한 점이다. 가령 북한산에 사는 각종 식물, 벌레와 산짐승 등의 생존에 대해서는 아무런 가치가 부여되지 않았다.

국토와 자연을 우리 시대에 다 개발해 버리면 후손들에게는 오염된 환경만을 물려줄 수 있다.

이제는 눈을 인간으로부터 자연 자체로 돌려 인간과 자연이 하나임을 알고 일방적인 개발의 논리와 비용계산에만 몰두하는 형태를 지양해야 한다.

환경에 대한 철학적, 윤리학적, 생태학적 각성이 필요한 시점이다. 이는 사람을 자연의 일부로 보고 다같이 살아가자는 공존(共存)의 논리이다. 이런 상생의 논리는 경제학이나 공학이 제공할 수 없다. 이런 책임은 환경의 철학과 윤리학이 제공한다.

■ 환경철학의 기초

환경경제학이나 환경공학과 달리 환경의 철학은 자연과 환경에 대한 근본적인 각성을 요구한다. 이는 인간중심적이고 시장중심적인 환경이해를 거부한다. 이를 흔히 환경윤리학이라고 한다. 이는 자연에 대한 인간의 지배적 관계를 인정하지 않고 인간을 자연의 일부로 본다는 자연중심적 관점을 취하고 있다. 이는 앞에서 이미 설명한 장자

철학의 자연주의와 같은 맥락이다. 그리고 환경윤리학은 관심의 대상을 현재의 지구상의 인간뿐만 아니라 인간과 유사한 동물들에게까지 생존권을 인정해 주어야 한다고 주장한다. 즉 개나 고양이 혹은 이와 유사한 큰 동물들은 정서적 능력이 있다고 한다. 예를 들어 개가 사람을 보고 반가워 짖는 것은 개에게 인지능력과 정서능력이 있다는 것이다.

따라서 환경윤리학은 '유정적(有情的) 존재자'(sentient being)를 인간과 같이 취급한다. 이는 특히 피터 싱어(P. Singer)의 '동물권리론'에서 명료하게 주장되고 있다.

그 다음의 특성은 인간의 행동을 이 시대에만 국한시킬 것이 아니라 먼 미래의 후손들까지 고려해야 한다는 점이다.

가령 지구의 자원을 우리 세대에 고갈시킨다면 후대에는 빈곤한 삶을 살아야 할 것이다.

오리농장에서도 조류독감 발생
3천 3백 마리 매몰 처분

홍콩 조류독감이 발생한 충북 음성의 종계 사육농장 인근 오리농장에서도 조류독감이 발생한 것으로 확인됐다.

농림부는 16일 홍콩 조류독감이 처음 확인된 닭 사육농장에서 2.5킬로미터 떨어진 충북 음성군 삼성면의 한 오리농장의 오리도 조류독감에 걸린 것으로 확인돼 이 농장의 오리 3천 3백 마리를 모두 매몰 처분하도록 했다고 밝혔다.

농림부 관계자는 "홍콩 조류독감과 같은 유형의 바이러스인지는 확인되지 않았지만 일단 고병원성인 만큼 같은 유형으로 보고 있다"고 말했다.

농림부는 다른 지역에서도 조류독감이 발생할 가능성을 배제하지 않고 전국의 지방자치단체에 닭과 오리, 거위 등 농장에 대한 예찰과 소독을 강화하고 의심되는 증상이 나타날 때는 신고하도록 지침도 시달했다.

『식품환경신문』, 2003. 12. 16)

■ 피터 싱어의 동물권리론, 동물해방론

전통적인 인본주의 혹은 인간중심주의 가치관을 전복시켜 자연에 대한 존중을 보이는 환경윤리학의 일부에는 '동물권리' 운동이 있다. 이는 동물도 인간과 같이 독자적으로 천수를 누릴 수 있다는 생각이다. 즉, 인간들이 식용(食用)으로 사용하는 동물과 가축들에게 자유롭게 살 권리를 주어야 한다는 것이다. 산업화된 양계장이나 가축농장 등에서 동물들은 인간들의 이기적인 욕심 때문에 극히 반생물적인, 반자연적인 환경에서 길러지고 있다.

오늘날의 닭은 더 이상 살아 있는 생명체가 아니라 달걀을 생산하는 기계처럼 다루어진다. 닭들은 옴짝달싹할 수 없을 만큼 빼곡히 들어차 있는 양계장 속에서 병이 들거나 더 이상 알을 낳을 수 없을 때까지 갇혀 지낸다. 창문은 아예 없고 인공조명만 항상 켜져 있다. 잠을 적게 자고 많이 먹어 알을 많이 낳게 하기 위해서다.

이렇게 사악한 환경에서 사육되는 조류들은 조류독감이라는 치명적인 전염병을 유발하여 인간들에게 엄청난 피해를 준 바 있다. 이런 의미에서 동물 철학자 피터 싱어는 동물과 인간의 평등성을 주장한다.

"We may legitimately hold that there are some features of certain beings that make their lives more valuable than those of other beings; but there will surely be some nonhuman animals whose lives, by any standards, are more valuable than the lives of some humans. A chimpanzee, dog, or pig, for instance, will have a higher degree of self-awareness and a greater capacity for meaningful relations with others than a severely retarded infant or someone in a state of advanced senility. So if we base the right to life on these characteristics we must grant these animals a right to life as good as, or better than, such retarded or senile humans."

(Peter Singer, "All Animals are Equal" 중에서)

위의 문장은 동물의 권리를 주장하는 피터 싱어(Peter Singer)의 글, 「모든 동물은 평등하다」(All Animals are Equal)이다. 여기서 저자는 "어떤 동물들은 극도의 지진아들이나 혹은 극히 노쇠한 사람보다 더 소중하고 뛰어나다"는 논지를 통해 동물의 생명권을 주장하고 있다.

침팬지나 개나 돼지 등은 상당히 높은 정도의 자기 의식(self-awareness)을 가지고 있고 타인들과 의미있는 관계를 가질 수 있다고 한다.

싱어는 우리들은 싼 가격에 고기를 먹기 위해 감각이 있는 동물을 고통 속에 전 생애 동안 가두는 고기 생산방식과 축산기술을 묵인한다고 비판하였다. 그래서 싱어는 육식을 금지하고자 한다.

싱어는 이처럼 전통적인 인간본위의 윤리를 극복하려 한다. 싱어는 동물들 역시 고통과 기쁨을 느끼기 때문에 인간과 같은 관심과 대우를 받아야 한다고 주장한다. 그는 또한 인간의 생명을 극도로 귀중히 여기며 다른 동물의 고통은 아랑곳 하지 않고 잔인하게 죽이는 것을 인종주의(speciesism)라고 비판한다.

인종주의는 인간중심주의와 같은 말이다.

문제는 치매증에 걸려 인사불성에 빠지거나 자신의 행동을 통제하지 못하는 사람들의 존재가치가 살아서 싱싱하게 움직이는 개나 돼지만도 못할 수 있다는 피터 싱어의 주장이 아직은 대단히 극단적이라는 것이다. 싱어에게 있어서 중요한 것은 살아서 움직이는 것이다. 인간의 가치와 존엄성에 대한 현대의 도전과 질문이 새롭게 떠오르고 있다.

10. 공유지의 비극

'공유지의 비극'(The Tragedy of the Commons)이란 캘리포니아 대학 생물학과 교수인 가렛 하딘(Garrert Hardin)이 1968년에 과학 저널 『사이언스』(Science)를 통해서 제기한 문제이다.

하딘에 의하면 공유지(共有地)의 비극은 이렇게 생겨난다. 모든 사람들에게 개방된 목초지를 상상해 보자. 그러면 목축(牧畜)업자들은 공동 소유의 목초지에 가급적이면 많은 수의 가축을 방목하려 할 것이라고 예상할 수 있다.

합리적인 존재로서, 가축을 기르는 개인은 자신의 이익을 최대화하려 노력한다. 개인은 "내가 소유하고 있는 가축 무리에

Tragedy of Freedom in a Commons by Garrert Hardin

The tragedy of the commons develops in this way. Picture a pasture open to all. It is to be expected that each herdsman will try to keep as many cattle as possible on the commons. Such an arrangement may work reasonably satisfactorily for centuries because tribal wars, poaching, and disease keep the numbers of both man and beast well below the carrying capacity of the land. Finally, however, comes the day of reckoning, that is, the day when the long-desired goal of social stability becomes a reality. At this point, the inherent logic of the commons remorselessly generates tragedy.

As a rational being, each herdsman seeks to maximize his gain. Explicitly or implicitly, more or less consciously, he asks, "What is the utility to me of adding one more animal to my herd?" This utility has one negative and one positive component.

1. The positive component is a function of the increment of one animal. Since the herdsman receives all the proceeds from the sale of the additional animal, the positive utility is nearly + 1.

2. The negative component is a function of the additional overgrazing created by one more animal. Since, however, the effects of overgrazing are shared by all the herdsmen, the negative utility for any particular decision making herdsman is only a fraction of − 1.

Adding together the component partial utilities, the rational herdsman concludes that the only sensible course for him to pursue is to add another animal to his herd. And another···

But this is the conclusion reached by each and every rational herdsman sharing a commons. Therein is the tragedy. Each man is locked into a system that compels him to increase his herd without limit — in a world that is limited. Ruin is the destination toward which all men rush, each pursuing his own best interest in a society that believes in the freedom of the commons. Freedom in a commons brings ruin to all.

가축 한 마리를 더하는 것이 나에게 어떤 효용(utility)이 있는가?"라는 질문을 하게 된다. 이러한 효용은 부정적인 요소와 긍정적인 요소 모두를 포함한다.

먼저 긍정적인 요소는 가축 한 마리라는 추가분과 함수관계를 갖는다. 개인이 늘어난 가축의 판매 수익을 갖게 되기 때문에 긍정적인 효용은 거의 +1이다.

부정적인 요소는 가축 한 마리가 늘어남으로써 야기되는 추가적인 방목과 함수관계를 갖는다. 그러나 그 결과는 공유지에서 가축을 기르는 모든 사람이 나눠서 부담하게 되기 때문에, 결정을 내리는 특정한 개인에 대한 부정적인 효용은 −1의 일부에 지나지 않게 된다.

이와 같은 요소의 부분적 효용을 더하였을 때, 합리적인 개인이라면 자신이 추구해야 할 합당한 유일한 방법은 자신의 가축을 한 마리 더 늘리는 것이라고 결론을 내릴 것이다. 그리고 또 한 마리를 더 늘려야 한다고 생각할 것이다. 이렇게 계속 가축을 목초지에 투입할 것이다.

그러나 이러한 결론은 동시에 공유지를 소유하고 있는 모든 목축업자가 내리는 결론이다. 바로 여기에 비극이 놓여 있다. 개인은 유한한 세계에서 무한정 자신의 가축을 늘리도록 만드는 체제에 속해 있는 것이다. 파멸이야말로, 공유지의 자유를 신봉하는 사회에서, 자기 자신에게 최선의 이익이 되는 것을 추구하면서 모든 사람들이 줄달음질쳐 가는 종착역이다. 공유지의 자유는 모든 사람들에게 파멸을 가져온다.

공유지의 비극이 주는 교훈은 개인적인 차원에서 합리적인 선택과 행동이 일반화될 때에는 불합리한 결과를 초래한다는 것이다.

오늘날 이 공유지의 비극 이론은 특히 환경자원의 사용문제와 결부되어 중요한 기여를 한다. 공유지의 비극을 막기 위해서 하딘이 제안하는 것은 공유지를 모두 사유화(私有化)하거나 각 개인들에게 그 사용의 강제규칙을 부여하는 것이다.

그러나 이런 외부적인 강제와 사유화는 공유지의 자유를 제한하는 조치이다.

가장 좋은 방식은 각 개인들이 자발적으로 공유지의 사용에 대해서 제한을 가하는 것이다. 그러나 이는 현실에서 거의 이루어지기 어렵다.

문제는 공유지가 개인들이 상상하는 것처럼 무한하지가 않다는 점이다. 이처럼 제한된 공유의 자원을 경쟁적으로 사용할 때 결국 그 공유지는 망가지고 말 것이다.

공유지의 비극은 실제 우리의 삶에서 자주 목격하는 불행이다. 이는 비단 목초지뿐만 아니라 한국의 산림이나 강가에서도 흔히 볼 수 있다.

공유지의 비극이 일어나는 근본적인 원인은 자연이나 환경 같은 만인 공유의 재산을 사적인 것으로 착각하는 데 있다.

하딘의 경우 그 목축업자는 편협된 이기적 관점에서 소 한 마리를 목초지에 투입한다. 왜냐하면 자신이 한 마리의 소를 공유지에 투입한다면 다른 사람도 그렇게 하리라는 것을 예상해야 하기 때문이다.

■ 칸트의 정언명령

위의 목초지의 비극을 막기 위해서는 각 개인들은 자기 행위를 일반화하는 습관이 필요하다. 즉 그 목축업자는 자신의 행동을 보편적인 규칙으로 바꾸어 생각을 해보아야 한다. 다시 말해서 자신은 소를 목초지에 추가적으로 투입하는 데 비해, 다른 사람들은 그렇지 않을 것이라는 가정을 암암리에 하고 있다는 사실이다. 이것이 바로 공유지의 비극의 원인이다. 이런 맥락에서 독일의 철학자 칸트(I. Kant)는 정언명령(定言命슈)이라는 것을 발명했다. 정언명령의 의미는 무조건 지켜야 할 명령이다.

칸트에 의하면 명령에는 가언명령과 정언명령의 두 가지 종류가 있다. 가언명령(hypo-thetical imperative)은 if ~ then 의 구조를 가졌다. 즉 '네가 출세를 하고 싶거든, 열심히 공부해라'와 같은 구조로 이루어졌다. 그러나 정언명령(categorical imperative)은 인간이라면 누구나 무조건 해야 할 (도덕적) 명령을 말한다. 이는 하나의 보편적 명령문 내지 보편적 의무를 말한다. 이는 "너 자신의 의지의 준칙이 언제나 동시에 보편적 입법의 원칙으로서 타당하게 행동하라"라고 표현된다. 준칙(maxim)이란 개인적인 행동의 규칙을 말한다. 가령 '나는 절대로 돈을 꾸어주지 않는다'와 같은 것이 개인적인 준칙이다. 사람들은 수많은 준칙을 만들어 살고 있다. 이는 개인적, 주관적인 삶의 원칙 같은 것이다. 그런 개인적인 행동의 원칙이 입법(立法)의 원리가 되도록 하라는 것이다. 입법은 문자 그대로 국회에서 법을 제정하는 원리이다. 이는 보편적 타당성을 말한다. 가령 나의 준칙 혹은 생활의 규칙으로 '필요하면 거리에 침을 뱉는다'라는 준칙이 있다고 해보자. 나는 이 준칙을 가지고 편하게 살고 있다.

그러나 이 준칙을 누구나 다 지킨다고 해보자. 그러면 거리는 온통 가래침 투성이가 되고 도무지 불쾌할 것이다. 따라서 이런 준칙은 잘못된 것이다.

목초지의 농부 역시 이런 실수를 저지르는 것이다. 자기만 가축을 더 투입하고 남들은 그렇지 않을 것이라는 생각을 하는 것이다. 이것이 문제이다. 인간의 자신의 판단과 행동을 결정할 때 그 보편적 타당성을 따져 보아야 한다. 거리에 침 뱉는 사람 역시 마찬가지이다. 남들은 침을 뱉지 않을 것이라고 가정하는 것이다.

거리에 침 뱉는 사람도 많고 공유지에 자꾸 소나 양을 더 투입해서 방목하는 사람도 많다. 그래서 환경은 파괴되고 공유지는 비극을 가져온다. 인간의 도덕성과 칸트의 정언명령을 생활의 신조로 삼고 노력해야 한다.

3장 | 총정리

- 프랜시스 베이컨은 역사상 처음으로 과학의 목적을 자연 정복과 인류의 진보에 두 었다. "아는 것이 힘이다."
- 지나친 인간중심주의와 이성중심주의는 자연의 파괴와 인간성의 왜곡을 초래한다.
- 데리다의 이성중심주의는 자기중심주의, 서구중심주의, 남성중심주의 혹은 인본 주의 혹은 합리주의 등과 같이 쓰인다.
- 포스트모더니즘은 이성중심주의를 비판한다.
- 18세기 계몽주의 철학은 미신과 광신을 배제하고 인간의 자율성을 강조한다. 또한 이는 과학과 문명을 통한 인류의 진보를 주장한다.
- 아도르노와 호르크하이머는 계몽을 자연의 지배라고 해석한다.
- 인간에 의한 자연지배 대신 이제는 자연과 인간의 조화를 요청하는 사유가 필요하 다.
- 도가(道家) 철학은 기술과 기계의 사용에 대해 극히 부정적이다.
- 문명의 이기(利器)라고 불리는 각종 도구들은 편리함을 주지만, 반면 인간의 도구 의존성을 높이는 것이다.
- 과학-기술의 중립성 명제란 과학과 기술은 그 자체로서 좋은 것도 나쁜 것도 아니 며 단지 인간이 이를 어떻게 사용하느냐에 따라서 그 가치가 달라진다는 것이다.
- '도구의 의식규정성'이란 도구의 사용이 인간의 자연에 대한 의식에 큰 영향을 준 다는 것이다.
- 하이데거는 도구의 교체는 사물에 대한 인간의 관계에 변화를 수반하게 마련이라 고 말했다.
- 기술문명은 인간의 비인간화를 초래할 수 있다.

- 『도덕경』 25장 인법지(人法地)의 뜻은 "사람은 땅을 법도로 삼고 따르고"이고 그 의미는 인간의 자연에 대한 순응을 말한다.
- 노자의 도(道)란 신(神)적인 존재이다. 도는 만물의 어머니(萬物之母)이며 천지의 시초(天地始初)이다. 도(道)는 스스로 존재(自然)한다.
- 멈포드는 증기기관보다 시계가 산업혁명에 기여했다고 한다.
- 시계는 "단순히 시간을 알아내는 수단일 뿐만 아니라 인간의 활동을 동조(同調)시키는 수단이기도 하다."
- 시계가 가져온 근대적, 계획적, 시간표적인 생활방식을 멈포드는 추상적 시간이라고 불렀다. 추상적 시간은 자연적, 유기체적, 구체적 시간에 반대되는 개념이다.
- 추상적 시간은 인간의 제 2의 본성이 되었다.
- 막스 베버는 개신교도들은 세속적(世俗的)인 일 가운데서 신(神)의 명령을 수행하는 것을 생활의 신조로 삼았다고 한다.
- 루소는 그의 『학문예술론』(1750)에서 역사에서 학문과 예술의 발전이 인류의 개선과 도덕성의 발전에는 도리어 해(害)가 됨을 지적하였다.
- 제레미 리프킨의 엔트로피 철학은 열역학의 법칙을 문명 비판에 이용한 것이다.
- 클라우지우스는 '열의 역학적 이론에 관한 두 가지 기본법칙'으로서, "① 우주의 에너지는 일정하다, ② 우주의 엔트로피는 항상 증가한다"라는 법칙을 내어놓게 된다. 이 선언은 열역학의 제1, 제2 법칙의 탄생이었다.
- 엔트로피(entropy)란 말은 에너지 변환과정에서 생기는 '사용불가능한 에너지'(unavailable energy)를 말한다.
- 문명과 과학기술의 발전은 우주의 종말을 앞당기는 결과를 가진다.
- 환경오염이라는 것은 사용불가능한 에너지 형태로 변환된 사용가능한 에너지의 총량이다. 따라서 쓰레기는 분산된 에너지이다.
- 실제에 있어서 기술은 결코 에너지를 창조할 수는 없다. 사용가능한 에너지를 사용해 버릴 뿐이다. 기술이 크고 더 복잡해질수록 사용가능한 에너지가 더 많이 사

용된다.

- 열역학의 법칙에 의하면 어차피 문명이나 자연이나 모두 종말로 향하게 되어 있다. 그러나 현대의 대량소비문화, 에너지 낭비의 문화는 지양되어야 한다.

- 에너지를 대량으로 소비하는 현대 산업사회의 구조는 인류의 종말을 더 촉진할 것이다.

- 환경파괴의 공식은 $I = P \times A \times T$ 라고 한다. 이 공식에서 I 는 환경에 가해지는 영향(Environmental Impact), P 는 인구(Population), A 는 물질적 부(Affluence)이며 T 는 기술(Technology)을 의미한다.

- 환경에 대한 경제학적 접근은 자연과 환경을 인간 활동에 필요한 수단이나 도구로 본다.

- 인간중심주의 환경관은 자연을 정복하고 지배한다.

- 환경경제학은 자연 자체의 존재 가치를 무시하고 돈으로 환원되는 가치만을 따지며 환경 파괴와 개발을 정당화한다.

- 비용-편익분석(CBA)이 있는데 이는 환경을 개발하는 데 필요한 비용(cost)과 개발이 가져오는 혜택(benefit)을 비교하여 개발사업의 타당성을 결정한다.

- 환경윤리학은 '유정적(有情的) 존재자'(sentient being)를 인간과 같이 취급한다.

- 동물 철학자 피터 싱어는 동물과 인간의 평등성을 주장한다.

- 침팬지나 개나 돼지 등은 상당히 높은 정도의 자기 의식(self-awareness)을 가지고 있고 타인들과의 의미있는 관계를 가질 수 있다고 한다.

- 인간의 생명을 극도로 귀중히 여기며 다른 동물의 고통은 아랑곳하지 않고 잔인하게 죽이는 것을 인종주의(speciesism)라고 한다.

- 공유지의 비극이 주는 교훈은 개인적인 차원에서 합리적인 선택과 행동이 일반화될 때에는 불합리한 결과를 초래한다는 것이다.

4장 | 연습문제

서울대 2001학년도 수시 지필고사 (농생대)

[문제] 인간이 이 세계의 중심이자 가장 고귀한 존재이며, 만물을 지배할 권리를 가지고 있다고 보는 견해를 인간중심주의라고 한다. 이 같은 인간중심주의가 인간의 자연정복사상을 태어나게 하였다. 그러나 이 같은 세계관에 대하여 찬반의 관점이 있을 수 있다. 다음 제시문은 19세기 러시아의 어느 시인이 쓴 「자연」이라는 제목의 산문시이다. 이 시를 읽고 인간과 자연의 관계를 바라보는 시인의 관점에 대하여 자신의 견해를 논술하라.

[제시문]

나는 지하의 거대한 방안으로 들어가는 꿈을 꾸었다. 천장이 높은 이 방안에는 역시 지하에 어울리는 고른 빛이 사방에 넘쳐흘렀다.

방 한복판에 파장무늬의 초록빛 옷을 입은 여인이 근엄한 표정을 하고 앉아 있었다. 그녀는 한 손에 머리를 괴고 무엇인가 골똘히 생각에 잠겨 있었다.

나는 첫 눈에 이 여인이 다름 아닌 '자연'이란 것을 알아차렸다. ― 그러자 경건한 공포심이 나의 마음 속 깊이까지 싸늘하게 스며들었다.

나는 그 여인 쪽으로 다가가서 공손히 절을 했다.

"오오, 우리 사해동포의 어머니시여!"

하고 나는 힘주어 말했다. "무슨 생각을 하고 계십니까? 혹시 인류의 미래의 운명에 대하여 생각하고 계시는 것은 아닙니까? 어떻게 하면 인류를 완성과 행복의 지경으로 끌어올릴 수 있을까 생각하시는 건 아닙니까?"

여인은 그 시꺼멓고 무서운 눈을 천천히 나에게로 돌렸다. 그 입술이 움직이는가 했더니, 무쇠 소리 같은 커다란 목소리가 쩌렁쩌렁 울려 퍼졌다.

"나는 어떻게 하면 벼룩의 다리 근육을 더 튼튼히 할 수는 없을까 하는 것을 생각하고 있는 거다. 자신의 적으로부터 좀더 수월히 목숨을 구할 수 있게 하기 위해서. 이젠 공방(攻防)의 균형이 깨지고 말았거든… 다시 그 전대로 고쳐 놓아야 해."

"뭐라고요?" 나는 망설이듯 더듬더듬 대답했다. "아니 그런 걸 다 생각하십니까? 그렇지만 우리 인류는 당신의 사랑하는 자식들이 아닙니까?"

여인은 슬며시 눈살을 찌푸렸다.

"이 세상의 창조물은 모두가 내 자식들이야." 하고 그녀는 말했다. "나는 똑같이 그들의 시중을 들어주고 — 또 똑같이 그들을 멸망시킬 뿐이지."

"그렇다면 선은… 이성은… 정의는…"
하고 나는 다시 망설이며 말했다.

"그건 인간들이 하는 말이지." 무쇠 소리가 울려 퍼졌다. "나는 선도 악도 몰라. 이성이라는 것도 나하고는 인연이 멀고 — 게다가 그 정의라는 것은 또 뭔가? 나는 너희들에게 생명을 주었어. — 나는 그걸 거둬들여 다른 생명체에 주는 거야. 지렁이에게 주든 인간에게 주든… 내겐 마찬가지란 말이야… 그러니 너희들은 너희들대로 자기 자신이나 지키도록 해… 내 일을 방해하지 말고."

나는 뭐라고 대꾸하려고 했다… 그러나 이 때 주위의 대지가 요란하게 진동했으므로… 나도 잠을 깼다.

※ 유의사항

① 제목을 쓰지 말 것.

② 자신의 신원을 드러내는 표현을 쓰지 말 것.

③ 한 편의 완결된 글로 쓸 것.

④ 어문 규정과 원고지 작성법에 따를 것.

⑤ 800자 내외(띄어쓰기 포함, ±100자)로 쓸 것.
⑥ 답안은 연필 이외의 흑색, 청색 필기구로 작성할 것.
⑦ 시간 : 60분

고려대 2002학년도 수시 1학기 논술고사

[논제] 아래의 예시문을 읽고 전체적으로 관련되는 주제에 대하여 자신의 견해를 논술하시오.
① 제목란에는 주제에 맞는 제목을 쓴다.
② 각 예시문에 들어 있는 중심적인 내용이나 견해가 모두 포함되도록 작성한다.

(1) 싱크대에서 다섯 발자국쯤 걸어가면 사무용 책상 두 개가 벽을 바라보며 앉아 있고 그 위엔 으레 그래야 하는 것처럼 컴퓨터와 모니터, 프린터, 스캐너 등속이 자리 잡고 있다. 소형 스피커 두 개는 컴퓨터와 연결되어 음악을 들을 수 있게 되어 있다. 물론 TV와 비디오도 비슷한 방식으로 볼 수 있다. 컴퓨터가 없으면 음악도 영상도 없다. 그러니 눈을 뜨면 가장 먼저 하는 일은 컴퓨터를 켜는 일이다. 물론 자기 전에 마지막으로 하는 일도 그것을 끄는 일이다. 창이 없는 이 방에서 컴퓨터는 내 창이다. 거기에서 빛이 나오고 소리가 들려오고 음악이 나온다. 그곳으로 세상을 엿보고 세상도 그 창으로 내 삶을 훔쳐본다.

— 김영하, 「바람이 분다」

(2) It is widely believed that technological society is condemned to authoritarian management, mindless work, and equally mindless consumption. Social critics claim that technical rationality and human values

contend for the soul of modern man. My theme is the possibility of a truly radical reform of industrial society.

I argue that the degradation of labor, education, and the environment is rooted not in technology itself but in the antidemocratic values that govern technological development. Reforms that ignore this fact will fail, including such popular notions as a simplified lifestyle or spiritual renewal. Desirable as these goals may be, no fundamental progress can occur in a society that sacrifices millions of individuals to production.

A good society should enlarge the personal freedom of its members while enabling them to participate effectively in a widening range of public activities. At the highest level, public life involves choices about what it means to be human. Today these choices are increasingly mediated by technical decisions. What human beings are and will become is decided in the shape of our tools no less than in the action of statesmen and political movements. The design of technology is thus an ontological decision fraught with political consequences. The exclusion of the vast majority from participation in this decision is the underlying cause of many of our problems.

— Andrew Feenberg, *Critical Theory of Technology*

(3) 도시는 에어컨이나 쇼핑몰 같은 과학기술적인 변화 덕분에 기후에 대한 내성을 키워가고 있다. 지구온난화가 미국이나 그 밖의 발전한 지역에 미치는 영향에 대한 연구들은 생태계를 통제하지 못하여 자연발생적인 강우, 땅위를 흐르는 빗물, 기온 그리고 이러한 변수들의 극단적인 양상에 종속되어 살아가는 지역들이 온난화에 가장 취약하다고 밝히고 있다. 하지만 산업국가의 경제활동 대부분은 기후의 영향을 거

의 받지 않는다. 집중치료 병원, 지하채광, 실험실, 통신, 중공업, 마이크로 전자산업 등의 부문은 아마 기후변화의 영향을 받지 않을 것이다. 사업지를 선정하면서, 이를 테면 바르샤바로 할 것이냐 홍콩으로 할 것이냐를 결정하면서 기온을 중요한 요소로 고려해야 하는 사업은 거의 없을 것이다.

— 윌리엄 노드하우스, 『온실 경제학』

(4) 수세기 동안 인간은 시간을 측정하는 보다 좋은 방법을 찾으려고 노력해 왔다. 중세 시대에 모래시계는 거의 사용되지 않았고, 해시계도 날이 흐릴 때는 쓸모가 없었다. 이러한 문제를 해결하기 위하여 갖가지 진기한 방법이 동원되었다. 영국의 알프레드 대왕의 경우 초를 똑같은 길이로 잘라 가지고 다녔다. 시간의 경과를 측정하기 위해 초를 하나씩 차례로 켰던 것이다. 기계식 시계의 발명에는 정례화된 기도 시간과 생활을 중시하는 수도원의 수도사들이 기여한 바 크다. 수도사들은 하루 일곱 차례의 기도 시간을 알려주는 수도원의 종을 일정한 간격으로 칠 수 있도록 정확한 시간을 알아야 했다. 17세기에 이르러 추시계의 발명으로 공공장소의 대형 시계를 비롯한 다양한 시계가 등장하기 시작하였다. 이제 시간을 지킨다는 것은 시간을 할애하고 또 시간을 배분하는 것으로 변했다. 사람들은 자신의 신체적 리듬을 따르기보다는 시계의 기계적 시간을 따르기 시작한 것이다. 허기질 때보다는 정해진 시간에 식사를 하였고, 졸릴 때보다는 취침시간에 잠자리에 들었다. 세상사는 순차적이 되었고, '시계처럼 규칙적'이라는 말이 일상적 표현이 되었다. 오늘날에도 우리 사회는 시간에 집착하고 있다. 우리 모두는 수많은 시계와 달력을 가지고 있다. 이것은 아마도 그렇게 나쁜 현상만은 아닐 것이다. 어떤 작가가 말한 바와 같이 시간은 모든 것이 한 순간에 일어나는 것을 막아 주는 신의 섭리이기 때문이다.

— 빌 맥레인, 『물고기는 물을 먹는가』

(5) Global civil society is in one sense a separate social system growing up

around international society and giving rise to regimes of its own. Even so, its emergence has far-reaching implications for the dynamics of international society because it provides a social base for nonstate actors that helps them to participate effectively in the creation and operation of international regimes, which in turn influence the character of international society. The emergence of a global civil society is partly a simple matter of material resources. The introduction of the fax machine and the dramatic growth of the World Wide Web, largely as a function of global civil society rather than international society, has allowed nonstate actors to forge effective global alliances that are not subject to national governmental control.

— Oran R. Young, *Global Governance*

※ 유의사항
① 답안에는 자신의 신원을 드러내는 표현은 쓰지 말 것.
② 답안은 한글로 작성할 것.
③ 분량은 띄어쓰기를 포함하여 1,600자 안팎(±100자)이 되게 할 것.

다섯째 마당

합리성과 근대 사회

1장 | 서론

1. 문제 제기

현대 사회는 주어진 목적을 달성하기 위해 최소의 비용과 최대의 효과를 추구하는 합리성과 효율성(效率性)의 사회이다.

이런 합리성 혹은 효율성의 원리는 경제와 정치 그리고 사회 각 계층과 부분에서 일반적으로 나타나는 현상이다. 물론 한국의 경우 아직 불합리한 사회적 요소가 많은 것도 사실이지만 점차 우리도 그런 고도의 효율적인 사회로 진입하게 될 것이다.

기술시대의 인간

현대 산업사회는 효율성과 합리성을 최고의 가치로 간주한다. 인간은 기술과 과학을 통해서 생산성을 높여 나간다. 그러나 문제는 그런 가운데 인간들은 자신들마저 기술과 과학의 대상으로 간주하고 통제하고 지배한다. 인간은 사물화된다.

그런데 문제는 이런 고도의 효율성을 추구하는 가운데 어느덧 우리는 인간의 본성을 잃고 점차 돈과 조직의 노예가 되어가는 비인간화(非人間化) 현상을 경험하고 있다. 삶에 있어서 돈의 가치는 대단하다. 그러나 돈은 그 자체로서 목적은 결코 아니다. 돈은 삶에 필요한 수단이다. 우리가 삶의 목표로서 원하는 것은 건강이요 행복이요 사랑이다. 혹은 자아실현(自我實現)이라고 할 수 있다.

돈은 이런 가치들을 실현시킬 수 있는 수단과 방법이다. 그런데 사람들은 돈만 있으면 무엇이든 할 수 있다는 망상에 빠진다. 이를 흔히 황금만능주의라고 한다.

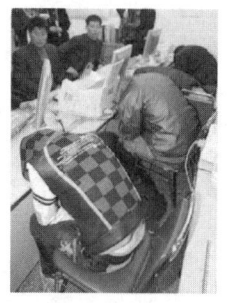

황금만능주의에 빠져 반인륜적인 범행을 자행하는 경우가 늘고 있다.
황금만능주의는 인간의 소외와 사물화를 나타낸다.

이런 맥락에서 우리는 도구적 합리성 혹은 도구적 이성이라는 개념을 이해한다. 가령 대학 입시를 준비하는 수험생들의 경우, 그들의 목표는 좋은 대학 혹은 바라는 대학, 학과에 입학하

도구적 합리성

도구적 이성(도구적 합리성)은 어디까지나 수
단적 이성을 말하며 따라서 목적 자체가 나쁠
때는 아무리 합리적이고 효율적인 수단이라고
할지라도 정당화될 수 없다. 예를 들어 뛰어나
게 도둑질을 잘하는 것은 도구적 합리성이 훌
륭하다고 할 수 있다. 그러나 그것은 결코 옳
은 일이 아니다.

맥도날드의 합리성

맥도날드 체인은 이제 단순히 식당이 아니라
미국적 합리화, 세계화의 상징이다. 이는 주문
의 속도와 가격의 표준화 등의 합리성에 있어
서 타의 귀감이 되고 있다.

과학지상주의

과학지상주의는 도구적 이성을 절대화한다.
이는 도덕적, 정신적 문제마저도 경제적, 기술
적인 관점에서 해결하려고 한다.

는 것이다. 이를 위해 좋은 내신 성적과 논술·구술 점수가 요
구된다. 이처럼 인간의 사회적 생활에서 목적과 목표는 거의
대부분 동일하다. 문제는 다만 어떻게 좋은 점수를 얻느냐 하
는 것이다. 이를 위해 각종 참고서와 학원, 학교 등등 무수히
많은 수단과 방법이 동원된다. 즉 우리는 좋은 점수를 받기 위
해서 합리적이고 효율적인 노력을 해야 한다. 이런 노력을 도
구적 합리성이라고 한다. 즉 우리는 우리의 목적을 위해서 도
구적 합리성 혹은 도구적 이성을 사용해야 한다. 그런데 좋은 대학
입학 역시 인생의 최종 목적은 아니다. 이를 통해 더 나은 사회
진출의 기회를 얻기 위한 하나의 과정이라고 볼 수 있다.

이런 근대 사회의 기본 원리인 합리성(合理性, rationality)
혹은 합리화(合理化, rationalization) 등에 대해서 이해할 필
요가 있다. 그리고 이는 사회비판적인 측면에서도 필요하고 또
획기적으로 변화하는 산업사회 혹은 정보사회 역시 합리화라
는 면에서 이해할 수 있다.

2. 논술고사 출제 경향

기술과학문명과 관련해서 근대 자본주의 사회의 합리성, 효율성을 묻는 논제가 종
종 출제된다. 이런 문제가 노골적으로 나올 수도 있고 다른 맥락에서 응용되어 나오
기도 한다. 대표적인 문제가 2002년 고려대학교 정시모집 논술문제이다. 이는 다음
과 같은 문제의식에서 출제되었다. 즉, 현대 사회의 효율성이 언제나 바람직한 것인가?
효율성의 추구는 어떤 합리성의 기준에 의해 이루어지는 것인가? 등이다.

이런 맥락에서 막스 베버(M. Weber)의 관료제도와 합리성 이론 그리고 하버마스
(J. Habermas)의 의사소통적 합리성까지 등장했다. 그리고 요즘 논술학원들의 주요

강의 레파토리인 조지 리처(G. Ritzer)의 '사회의 맥도날드화'의 한 부분까지 알려졌다. 이렇게 직접적으로 도구적 합리성에 대해 아는 것을 물어볼 수도 있지만, 간접적으로 패스트푸드의 문제나 속도의 문제 등과 어울려 나올 수도 있다. 어쨌든 막스 베버와 하버마스 그리고 아도르노 등의 사상가들은 잘 공부해 둘 필요가 있다. 합리성(合理性, rationality) 개념은 근대화(近代化)라는 큰 맥락과 연결되어 있다. 이는 현대 사회의 중요한 문제이니 만큼 어떤 방식으로든지 계속 논술시험에 나올 확률이 높다.

3. 주제관련 교과서 내용

| 도덕교과서 18-19쪽

과학지상주의는 모든 과학의 산물, 과학적 인식과 사고방식을 지나치게 높이 평가한 나머지, 그 외의 모든 사고방식이나 의식구조를 무시하는 입장을 의미한다. 이러한 과학지상주의는 현대 사회에서 다음과 같은 두 가지 문제점을 발생시켰다.

첫째, 도구적 이성을 과도하게 중시한 나머지 인간의 도덕성, 심미성(審美性) 등 인간이 가지는 여러 다른 특성들을 철저하게 무시한다는 점이다. 일반적으로 도구적 이성이란, 우리가 주어진 목적을 성취하기 위하여 수단을 어떻게 마련하는 것이 가장 경제적인가를 계산할 때 의지하는 합리성이다.

도구적 이성은 도덕적, 정신적 계몽이 요구되는 문제에서조차도, 우리로 하여금 그 것을 해결해 줄 기술적 해결책을 찾는 것이 마땅하다고 믿게 만든다. 예를 들면, 환경 보전의 필요성이나 잠재적인 재난의 방지책을 주장할 때 예상되는 비용과 이익을 저 울질하는 계산법이 대표적이다.

----

4. 세련된 논술 구성을 위한 용어와 개념

최소의 비용, 최대의 효과, 비인간화(非人間化) 현상, 자아실현(自我實現), 도구적 합리성, 도구적 이성, (수단의) 자기목적화(自己目的化), 수단과 목적의 혼동, 관료제도, 합리성 이론, 근대화, 자연의 수학화, 양화(量化), 위계질서, 가신제도, 보편적 관료제화, 지성화, 탈주술화, 사물화(事物化, reification), 상품물신화, 애니미즘, 미메시스, 규율권력, 미시권력, 판옵티콘, 권력의 비인격성, 자동성, 지식, 정보사회, 일망 감시 사회, 의사소통적 합리성, 체계, 생활세계, 체계에 의한 생활세계의 식민지화, 효율성(efficiency), 계산가능성(calculability), 예측가능성(predictability), 통제(control), 합리성의 불합리성(irrationality of rationality), 소비자 문화의 동질화, 소비의 동질화.

공동사회와 이익사회

독일의 사회학자 퇴니스(F. Toennis)는 인간의 사회 형태를 공동사회(Gemeinschaft)와 이익사회(Gesellschaft)로 나누었다.

공동사회는 자연발생적인 사회이며 여기에는 가족과 마을 등이 있다. 여기에 비해서 이익사회는 사람들이 의도적으로 그들의 이익과 목적을 추구하기 위해서 만든 인위적인 단체이다. 여기에는 주식회사, 오락클럽, 동호인 모임, 자선단체, 시민단체 등이 속한다. 이익사회는 그 조직설립의 목적이 사라지면 해체된다.

2장 | 주요 이론과 논거

1. 수단의 자기목적화

최근 우리 주위에서 종종 보이는 것처럼 대학입시 자체를 인생 최고의 가치로 보거나, 혹은 맹목적으로 좋은 점수를 얻기 위해 부정행위도 마다하지 않는 경우가 있다.

> **합리화 문제의 출제 유형**
> 현대 사회의 효율성과 합리성은 반드시 바람직한 것인가? 그 문제점은 무엇인가?

그러나 좋은 대학에 진학하는 것 역시 하나의 수단에 불과하다. 즉 나의 꿈과 장래의 비전, 그리고 자아실현을 위한 더 좋은 방법과 과정을 찾는 것뿐이다.

이처럼 도구적 합리성이 자기목적화(自己目的化)하거나, 사회의 전체적이고 근본적인 가치를 깨트리고 맹목적으로 효율과 경제성만을 추구하는 경우 인간의 삶은 심각한 위기를 맞게 된다. 다시 말해 도구적 합리성은 수단과 방법의 합리성인 것이다. 문제는 수단과 방법에 불과한 도구적 합리성을 지나치게 강조하여 그것이 자기목적화되는 것이다. 이는 수단이 자기목적화하는 현상이다.

수단의 자기목적화란 이런 경우를 상상해 보면 금방 이해가 된다. 즉, 일을 하는 것은 돈을 벌어 행복하게 살기 위한 것이 그 목적인데 일에 열중하다 보면 원래의 목적은 상실되고 일 자체가 목적이 되어서 일중독에 빠지는 경우이다. 또는 정부 행정 조직의 경우, 그 존재 목적은 국민의 이익을 위한 것인데 많은 경우 이런 원래의 설립 목적이 사라지더라도 조직은 해체되지 않고 오히려 더 커지는 경향이 있다. 정부 부서가 일을 해결하기보다는 자꾸 더 새 일을 만드는 경우도 이에 속한다.

그리고 근본적인 목표설정부터 잘못일 경우는 도구적 합리성이 아무리 좋을지라도 잘못이다.

합리성이나 경제적 효율성 모두 인간의 삶을 위한 것이다.

그리고 인간의 삶은 생산 능력뿐만 아니라 주위 환경과의 조화를 요구한다. 그런데 현대인들은 일방적으로 경제와 효율만을 좇다가 환경을 파괴하는 어리석음을 범하고 말았다. 즉 현대인들의 도구적 합리성은 이제 그 한계를 드러내고 만 것이다.

그리고 산업경제 사회의 합리화, 조직화는 인간의 자유와 존엄성을 심각할 정도로 유린한 면이 있다.

2. 베버의 합리화 개념

막스 베버(Max Weber, 1864-1920)
독일의 사회학자. 그는 근대화에 관한 탁월한 해석을 통해 합리화, 관료제, 카리스마적 지배, 자본주의 형성에 미친 개신교의 영향 등에 관해 알려주었다.

독일의 사회학자 막스 베버(M. Weber, 1864-1920)는 근대화(近代化)에 대해서 상세히 연구를 했다. 베버는 근대화의 본질을 합리화(合理化)에 있다고 파악했다.

합리화란 원래 모든 일을 순리적으로 이치에 맞게 처리하는 것을 의미한다. 또 인간에게는 그런 능력이 있다고 한다. 인간의 합리적인 능력을 흔히 이성(理性)이라고 한다. 이렇게 합리성과 이성은 서로 통하는 원리이다.

그러나 합리성 개념은 근대 사회에서는 다른 맥락에서 응용된다.

베버는 근대의 합리화를 자연과학과 사회과학의 원리로서 보았다. 자연과학에서의 합리화는 자연을 법칙적으로 보고 또 그 법칙은 수학적으로 나타난다는 생각이다. 예를 들어 우리가 아는 물리학의 공식인 옴(Ohm)의 법칙을 보자. I(전류) = E(전압) ÷ R(저항).

이처럼 근대과학은 자연현상을 수학화함으로써 엄청난 발전을 가져왔다. 수학화한다는 것은 주어진 현상을 양화(量化, quantification)한다는 것이다. 양화를 계량화(計量化)라고 하기도 한다. 이 양화 혹은 계산가능성이야말로 근대과학의 엄청난 성과의 핵심인 것이다.

막스 베버는 합리화를 "모든 사물은 — 원칙적으로는 — 계산을 통해 지배될 수 있다는 것을 우리들이 알고 있거나 또는 그렇게 믿고 있다는 것을 뜻한다"(막스 베버, 『직업으로서의 학문』 중에서)라고 설명한다.

근대 자연과학이 자연현상을 계량화함으로써 엄청난 성공을 거두었다면 근대의 시민사회는 합리화를 통한 시장경제 그리고 관료제라는 두 가지 원칙을 실현함으로써 인간 사회를 그 전에 몰랐던 놀라운 발전과 변화로 몰아넣었다. 합리화야말로 근대의 시장과 국가를 형성한 근본적인 원리라는 것이다.

베버는 또한 "우리 시대의 숙명은 합리화, 지성화, 특히 세계의 탈주술화로 특징지어진다"라고 규정한다.

여기서 지성화(知性化)란 우리가 많이 안다는 뜻이 아니다. 사실 현대인들은 자신의 주위 환경에 대해서 고대인들보다 더 많이 안다고 할 수 없다. 우리는 매일 컴퓨터와 인터넷을 이용하지만 그 기술에 대해 전혀 알지 못한다. 또는 자동차와 비행기를 타면서도 엔진이나 전기에 대해서 알지 못한다. 그러면서도 지성화를 말하는 이유는 "인간이 원하기만 하면 어느 때라도 그것을 배울 수 있다는 신념을 말한다."

그리고 세계의 탈주술화(Entzauberung der Welt)란 인간은 더 이상 미개인들처럼 세상에 신비적인 힘이나 귀신 혹은 정령 등의 존재를 믿을 필요가 없다는 말이다. 미개인들은 정령이나 귀신 등의 힘을 빌기 위해서 주술적인 수단이나 제사, 공양 등에 의지했으나 이제는 기술적인 수단과 계산이 이를 대체한다. 세계의 탈주술화란 초자연적인 힘이 더 이상 없다는 말이다. 이는 다시 말해서 신화(神話)와 전설의 세계가 더 이상 존재하지 않는다는 말이다. 그러나 이런 신화에 대한 근대인들의 무시는 최근 비판을 받고 있다.

신화, 전설 등의 논술적 의미
2005년 이화여대 정시 논술고사는 환상, 신화 등의 불합리적인 것이 지닌 현대적인 의미를 묻고 있다.
이런 경우 베버의 탈주술화(합리화) 내지 계몽주의의 신화, 미신 비판의 논리를 이해해야 비로소 맥락이 있는 글을 쓸 수가 있다.

■ 베버의 관료제 개념

베버는 특히 관료제(bureaucracy)에 대해 날카로운 통찰을 보여주었는데 그가 본 관료제의 특징은 간단히 말해서 법과 규칙에 근거한 위계질서의 조직을 말한다. 이는 국가 조직이나 기업 같은 사조직에 모두 응용된다.

이 근대의 관료제의 역사적 의미는 종래의 가신(家臣)제도와 비교할 때 현격한 격차를 드러낸다. 봉건제도 하의 가신제도는 군주와 신하의 관계가 인격적(personal)이라는 것이다. 이 때 인격적이란 단지 개인적(個人的) 혹은 사적(私的)이라는 말이다. 오늘날의 전문적, 직업적 공무원 제도와 비교하면 중세의 가신제도가 얼마나 임의적인지를 알 수 있다.

관료제 - 강철같이 가혹한 외피(外皮)
막스 베버는 - 자신이 발견한 - 근대의 관료제를 '강철 같은 외피'에 비교했다. 베버는 '강철 같은 외피' 속에 사는 사람, 즉 근대의 전문화된 관료 집단을 '정신 없는 전문가'(Fachmenschen ohne Geist), '심정 없는 향락인'(Genussmenschen ohne Herz)이라고 비꼬았다.

관료제도 하에서 관료(공무원)들의 모든 활동 하나 하나는 철저하게 법과 규칙에 의거한다. 그리고 공무원들의 권한과 책임은 역시 법에 의해 한정된다. 상관이 부하에게 명령할 때도 법에 의해 주어진 규정과 권한을 벗어나면 안 된다. 이처럼 **관료(공무원)는 비당파적(非黨派的)으로 행정을 하여야 하며 '분노도 편파도 없이'** 그의 직무를 처리하여야 한다. 그는 정치인과 달리 주어진 책무 외에는 어떤 책임도 지지 않는다.

관료제화 현상은 군대, 자치단체, 교회, 그리고 사기업체 등에서도 등장하여 '보편적인 관료제화'라는 무미건조한 사태가 자리 잡게 되었다고 베버는 기술하였다.

베버는 자본주의 시장경제와 관료제가 근대 사회의 양대 지주라고 한다.

"근대 국가에서 지배가 현실적으로 힘을 발휘하는 것은 사실 의회의 연설 속에서도 아니고, 군주의 선언 속에서도 아니고, 일상생활에서의 행정의 집행 속에서이기 때문에 그 지배는 불가피하게 관료의 수중에 장악되어 있으며
(…)
중세 이래의 자본주의에로의 진전이 경제의 근대화의 명백한 척도인 것과 마찬

가지로 관료주의에로의 진전이 국가의 근대화의 명백한 척도이다."

(막스 베버)

이는 근대 사회와 국가의 힘이 정치나 의회제도에 있는 것이 아니라 공무원제도, 즉 관료제도에 있다는 것이다. 이런 현상은 한국에서도 종종 목격된다. 예를 들어 교육부 장관은 정치인이다. 그래서 그 자리의 변동이 심하다. 한 번 신임 장관이 들어오면 교육부의 전체 부서의 업무를 파악하는 데 최소한 6개월은 걸린다고 한다. 그런데 정치적인 이유로 장관의 재직기간은 6개월도 안 되는 경우가 많다. 이런 경우 교육부의 국장이나 과장 등 전문 관료가 교육 정책을 추진하기 쉽다. 이런 전문 관료들의 영향력이 커지는 것이 추세이다.

3. 루카치의 사물화 개념

구(舊) 소련의 정통 마르크스주의(orthodox marxism)는 마르크스의 사상 중에서 노동자가 자본가와 투쟁해서 노동자 해방을 쟁취해야 한다는 프롤레타리아 혁명을 중심 교리로 간주한다.

그러나 여기 대비되는 서구 마르크스주의(western marxism)는 마르크스의 청년기의 저작 『경제 철학 수고』에 나타난 소외(疏外) 개념을 마르크스의 중심 사상으로 간주한다. 이런 서구 마르크스주의의 대표가 아도르노와 호르크하이머의 프랑크푸르트 학파이다. 이런 인간의 소외를 자본주의의 핵심적 모순으로 보는 서구 마르크스주의는 루카치(Georg Lukács, 1885-1971)의 『역사와 계급의식』(1923)에서 나오는 물화(物化) 혹은 사물화(事物化, reification)의 영향을 받은 것이다.

게오르그 루카치(G. Lukács, 1885-1971)
헝가리의 마르크스주의 철학자, 문학사가(文學史家). 오늘날 소위 프랑크푸르트 학파로 알려진 신(新)마르크스주의(Neo-marxism)는 루카치의 사상에서 많은 시사를 받았다. 그는 자본주의 사회의 인간 소외 현상을 소위 사물화(事物化, reification) 개념으로 규정했다. 루카치의 사물화는 막스 베버의 '합리화'에 해당하는 것이며 이는 또한 마르크스의 상품물신화 개념을 자본주의 사회의 전반적인 부분에 적용시킨 것이다. 루카치의 저서는 『역사와 계급의식』(1923), 『청년 헤겔』(1948), 『이성의 파괴』(1952) 등이 있다.

사물화(事物化, reification)의 뜻은 자본주의 내에서는 인간의 정신이 그 고유한 주체성을 상실하고 물질화, 타락화의 길을 걷는다는 것이다.

쉽게 말해서 자본주의 시장경제 하에서는 인간의 가치는 물질로 표현된다는 것이다. 예를 들어 나는 연봉이 5천만 원이고 너는 연봉이 1억 원이라면 너는 나보다 2배의 가치가 있다는 말이다. 이 사회에서는 인간의 특기나 개성, 인격, 도덕성 등은 모두 돈으로 환산되어야 한다. 이런 물질만능주의, 황금만능주의가 루카치가 말하는 사물화(reification)의 현상들이다.

루카치는 마르크스의 상품물신화 개념을 수용한다. 마르크스의 상품물신화란 말은 상품을 숭배하거나 찬미한다는 말이 아니라 자본주의 시장경제 하에서는 상품이 마치 살아 있는 생물처럼 간주된다는 것이다. 상품 특히 공산품은 본래 무생물이고 따라서 생명이 없다. 그러나 시장경제 하의 사람들은 모두 상품 자체가 현금 가치를 가지고 있는 생생한 존재라고 본다. 상품은 그 상품을 만든 노동자의 피와 땀이 서린 작품이다. 즉, 상품은 생산자들의 상호관계를 표현한다. 즉 농부와 어부가 서로의 생산물을 교환할 때 일정한 교환의 비율이 생긴다. 그 비율의 사회적 표현이 값이다. 이처럼 가격은 원래 생산자들 사이의 필요성을 반영하는 하나의 표시였다. 그러나 교환이 대대적으로 이루어지는 자본주의 시장경제 하에서는 상품에 숨어 있는 생산자들은 보이지 않고 상품 자체가 스스로의 값을 가지고 다른 상품과 교환, 거래되는 인상을 준다. 아니 그게 현실이다. 누군가 경제는 유통이다 라는 말을 했다. 이런 유통과 교환 가운데 생산자는 더 이상 존재 의미를 상실한다 — 물론 그도 이익을 취하겠지만. 하여간에 시장에서는 생산자는 사라지고 물건과 물건의 교환만이 판을 친다. 이것이 마르크스가 말하는 상품물신화이다.

루카치는 사람들 간의 관계(relation of persons)가 사물들 간의 관계(relation of things)로 위장 은폐되는 자본주의의 특징을 사물화라고 불렀다.

"사람들 간의 관계가 사물의 성격을 지닌다는 사실, 그래서 이로부터 일종의 유령적 대상성(gespenstige Gegenstandlichkeit)이 성립되며 이것이 대상성의 근본적

지반인 인간들의 관계를 겉보기에는 합리적인 듯이 보이는 엄격한 자기법칙성으로써 은폐한다는 사실"을 사물화(事物化, Verdinglichung)라고 한다. 여기서 '유령적 대상성'은 시장에서 결정된 상품의 가격이다. 그리고 '합리적으로 보이는 엄격한 자기법칙성'이란 달리 말해 시장의 법칙, 곧 수요·공급의 법칙에 다름 아니다.

이런 사물화는 결국 시장의 가격체계 이외의 것이 아니다. 다시 말해서 인간도, 인간의 노동력도, 예술적 기교도 모든 것이 값이라는 한 가지 기호로 해석이 된다. 즉 물질만능주의, 황금만능주의이다. 이 말은 황금으로 모든 것을 할 수 있다는 뜻보다는 물질, 곧 경제가 모든 존재의 의미를 결정한다는 것이다.

더 나아가 루카치는 사물화가 합리화라고 말한다. 즉 막스 베버가 말하는 합리화 역시 인간의 관계를 기계적, 수학적으로 지배하는 것을 말한다. 결국 합리화나 사물화나 둘 다 비인격적인 것이 인간을 지배한다는 점에서 일치한다. 단지 그 비인격적인 지배가 효율적이고 합리적이라는 장점은 있다.

> **사람들 간의 관계(relation of persons)**
> **사물들 간의 관계(relation of things)**
> "예컨대 수렵민족 사이에서 한 마리의 바다표범을 잡는 데 보통 두 마리의 사슴을 잡는 것만큼의 노동이 필요하다면, 한 마리의 바다표범은 당연히 두 마리의 사슴의 가치가 있는 것으로 될 것이다."(아담 스미스, 『국부론』 중에서)
> 여기서 바다표범의 값을 10만 원이라고 하면 사슴은 5만 원이 될 것이다. 이 값들은 동물들의 사냥에 투입된 인간의 노동의 가치를 말하는 것이다. 그러나 노동과 사용을 무시한 교환의 체계인 시장은 가격을 다르게 정할 수 있다. (수요-공급의 법칙)
> 이런 관계는 결국 자본의 노동 지배로 발전한다. 이것이 마르크스나 루카치가 말하는 물신숭배 혹은 사물화이다.

4. 호르크하이머와 아도르노의 도구적 합리성 비판

우리는 앞에서 이미 이들의 사상을 주로 『계몽의 변증법』에서 다루었다. 즉 계몽이란 자연에 대한 지배를 말하며, 또 그런 과정에서 인간은 스스로를 노예로 만들고 있다는 계몽의 3중 지배를 공부했다(4단원 참조).

여기서는 주로 도구적 이성 내지 합리성의 관점에서 필요한 부분만 보충하기로 하자.

이들은 계몽적 이성을 자연과학과의 관계에서 도구적 합리성으로 본다.

계몽은 원시인들이 가진 신화와 주술을 불합리적인 것으로 배척한다. 막스 베버의 탈주술화(脫呪術化)로서의 합리화를 이들 프랑크푸르트 학파는 계몽으로 파악했다.

■ 신화적 사유와 미메시스

이런 한편 이들은 신화와 정령숭배(애니미즘)의 긍정적인 요소를 부각한다. 계몽이 자연대상을 도구적, 수단적으로 파악하는 데 비해 애니미즘은 대상에 순응하고 동화한다고 한다. 이런 대상에 순응하는 원시적 사고방식을 미메시스(mimesis)라고 한다.

미메시스란 흉내 혹은 모방을 말한다. 미메시스는 자연을 있는 그대로, 다시 말해 자연대상을 구체적으로 흉내 낸다. 신화적 사유 즉 미메시스는 대상의 특이성과 개체성을 인정한다. 예를 들어 단군신화에서 호랑이와 곰에 대한 구체적이고 개별적인 이야기와 그 인식이 있다.

그러나 근대의 과학적 이성 혹은 개념적 이성은 자연에서 주술적이고 신비한 힘을 제거하고 그것을 기술적 수단과 계산에 의해서 지배될 수 있는 것으로 만든다. 근대의 과학적 이성은 가령 케플러의 "물질이 있는 곳에 기하학이 있다" 같은 자연의 수학적 파악에서 나타난다. 이런 사고방식은 물질의 개체성은 전혀 주목을 하지 않는다.

아도르노와 호르크하이머는 이런 근대적, 과학적 이성을 도구적 합리성이라고 한다. 도구적 합리성은 대상을 추상적(抽象的), 양적(量的)으로 파악한다. 즉 대상의 고유한 질(質) 혹은 성질(性質)은 관심의 대상에서 멀어진다.

호르크하이머와 아도르노에 의한 도구적 합리성은 막스 베버의 지성화 개념과 일치한다. 즉 세계는 양적 관계, 수적 관계로 법칙화되며, 그런 면에서 인간 역시 주체성과 개성을 상실하고 스스로 양화한다. 다시 말해 물질화, 자본화된다. 루카치의 말처럼 인격적 관계는 사물적 관계로 탈바꿈한다는 것이다.

근대과학적 이성, 계몽적 이성, 도구적 이성은 인간의 생활을 풍요롭게 만들지만 다른 한편 인간을 소외시키고 비인간화하며 자연을 파괴한다. 이런 것이 근대적 이성의 병폐라고 할 수 있다. 덧붙여 자연과의 화해는 가능한가? 혹은 인간 소외의 극복은 가능한가? 그 방법은 무엇인가? 라는 질문에 호르크하이머와 아도르노는 답변을 줄 수 없다는 것이 문제이다.

5. 푸코의 근대 권력 비판

근대적 이성 혹은 합리성 비판이라는 주제에 있어서 빠트릴 수 없는 이론가가 푸코이다. 프랑스의 현대 철학자 푸코(Michel Foucault, 1929-1984)의 문명비판과 근대 합리성의 비판이라는 주제는 아노르노와 유사하지만 그의 분석은 구체적이며 역사적이다. 즉 푸코는 근대적 이성 혹은 합리성이 작동하는 방식을 감옥이나 병원 혹은 학교 등의 역사를 통해서 어떻게 인간의 자유와 자율성이 무력화되는지를 적나라하게 보여준다.

미셸 푸코(Michel Foucault, 1929-1984)

"푸코는 서구의 계몽적 기획에는 능력과 권력 사이의 역설이 있다고 지적한다. 18세기 계몽주의는 사회계약을 통해 이성적인 공동체를 건설하려 했고, 개인들 상호간의 균형 있는 성장을 추구했다. 이렇게 볼 때 서구 역사는 능력을 획득하고, 자유를 얻기 위해 투쟁한 역사가 될 것이다. 그런데 계몽의 믿음과 달리 능력의 성장이 자율성을 증대시키지는 않았다. 실제 역사에서 개인적 능력의 성장이 그들을 자율적인 존재로 만들어주기보다는 그들을 예속시키는 결과를 낳는다."
(양운덕, 「푸코의 권력계보학」 중에서)

베이컨이나 로크 혹은 루소 등의 근대 사상가들과 계몽주의 사상가들은 한결같이 인간의 해방과 자유를 선포하고 민주주의 사회의 기초를 닦았다. 그들은 또한 과학과 기술의 발전을 통해서 인류의 진보와 물적인 풍요를 약속했다.

푸코는 또한 미드나 라캉처럼 개인의 자아정체성과 주체성의 형성에 대해서 비판적으로 고찰했다. 미드는 자아정체성(self-identity)이 타자와 사회의 규범을 매개로 해서 후천적으로 이루어지는 과정을 탐구했고 라캉 역시 거울 단계(mirror stage) 이론을 통해서 어린이의 자아 형성이 상상계와 상징계를 거치면서 이루어짐을 밝혔다(이 책 1단원, 3단원 참조).

푸코 역시 근대적 개인과 주체성의 문제를 거론한다. 근대적 주체성은 중세의 노예적 인간성과는 달리 자유와 평등 그리고 자기 결정 등의 속성이 있다. 물론 이런 원리는 지금도 타당한 인간의 본성이고 앞으로도 지켜져야 한다. 그러나 현실적으로 볼 때, 인간의 자유와 자율 그리고 인격의 존엄성을 찾기 어려운 것도 사실이다. 생존경쟁의 정글에서 살아남기 위해서 인간들은 자신의 본성과 자유를 미련 없이 포기하고 사회조직에 적응한다.

정보기술 발달은 프라이버시의 종말?

"(…) 판옵티콘은 1791년 영국 철학자 제레미 벤담이 제안한 개념으로, 학교 공장 병원 감옥 등에서 한 사람이 모든 것을 감시하는 체계를 뜻한다. 푸코에게 판옵티콘은 한 사람의 간수가 모든 죄수를 감시하는 원형감옥의 의미를 지닌다. 푸코는 개인의 일거수 일투족에 관한 모든 자료가 저장되는 데이터베이스가 마치 판옵티콘이 죄수들을 감시하듯이 출산부터 죽음에 이르기까지 대중을 통제하고 관리하는 전체주의적 권력의 도구로 잘못 사용될 가능성에 주목한 것이다. 말하자면 판옵티콘은 빅브라더가 정보기술로 구축한 감시체계의 결정판인 셈이다.

정보기술의 발달로 개인의 프라이버시(사생활)가 위협받고 있는 것은 어제 오늘의 일이 아니다. 정보기술이 가져다주는 이득이 너무 크기 때문에 사생활의 희생을 감수하는 사례가 허다하기 때문이다. 가령 은행에 설치된 비디오 카메라는 범죄 용의자뿐만 아니라 일반 시민을 감시하게 된다. 그러나 어느 누가 프라이버시를 침해당한다는 이유만으로 범인을 잡아주는 비디오 카메라의 철거를 요구겠는가.
(…)
전문가들은 정보기술의 발달로 프라이버시의 증발이 임박했다고 경고한다."

『한겨레』, 2003. 7. 6)

경제와 시장이라는 합리적 기구들은 개인의 삶을 지배한다. 푸코는 한 걸음 더 나아가 사회조직들을 권력기구로 본다. 이들은 개인을 그의 법규와 규칙을 통해서 순치(脣齒)시킨다.

푸코는 민주주의(民主主義)와 법치(法治)라는 근대적 권력의 합리성을 비판한다. 푸코는 법치, 즉 법과 계약에 의해서 인간이 자율적으로 결정하는 민주주의 원리는 한갓 형식에 불과하다고 본다. 실제로 인간 사회에서 작동되는 권력은 소위 규율권력이라고 하는데 그런 규율권력이 개인들을 감시하고 통제하며 무기력하고 순응적인 인간들을 양산한다고 주장한다. 이런 면에서 푸코의 인간학은 리스먼의 '고독한 군중'이나 '타자지향적 인간'을 연상하면 쉽게 이해될 수 있다(이 책 1단원 참조).

푸코의 근본 통찰은 합리적인 근대의 민주주적인 통치와 법치주의 등이 사실은 불합리한 권력, 즉 규율권력에 의해 대체된다고 한다. 이 규율권력은 다른 말로 미시권력이라고 하는데 이는 인간의 신체를 길들이는 잘 보이지 않는 권력이다. 이 규율 혹은 규율권력은 교묘하게 인간을 조종하고 감시한다. 왜냐하면 규율(discipline)은 문자 그대로 인간을 육성하는 교육적인 의미를 가지고 있기 때문이다. 즉, 규율은 지식이다. 그리고 규율은 다른 많은 지식의 체계를 요구한다. 예를 들어 심리학이나 교육학 혹은 정신의학 등은 대중의 미시적 통치를 위해서 필요한 학문들이다.

모든 학문과 지식의 종류들이 인간의 지배를 위해서 만들어지거나 또는 그를 위해서 봉사한다고 할 수는 없지만 상당히 많은 양의 학문과 지식의 체계들이 인간의 미시적 지배를 위해서 사용되고 있다.

조지 오웰의 소설 『1984』는 독재자 '빅 브라더'가 텔레스크린을 통해서 모든 국민들의 사생활을 끊임없이 엿본다는 이야기를 싣고 있다.

그러나 푸코의 감시 사회는 미시권력 즉, 규율권력을 통해서 그런 텔레스크린을 인간의 정신에 내면화시키는 고도의 효율적인 사회이다. 물론 외부적인 감시도 필요하다. 그러나 더 중요한 것은 지식과 훈련 혹은 교육을 통해서 길들이는 것이다.

프랜시스 베이컨은 "아는 것이 힘이다"라고 말했지만 푸코는 "힘이 아는 것이다" 혹은 "권력이 지식이다"라고 한다.

권력이 물리력이나 폭력 같은 불합리한 강제가 아니라 지식과 규범의 형태를 띤다는 것이다.

■ 『감시와 처벌』

푸코의 역작 『감시와 처벌』(1975)은 근대의 형벌제도의 역사에 대한 책인데, 여기서 그는 권력합리성이 어떻게 개인들을 규정하고 형성하는지를 감옥의 역사를 통해서 실증적으로 밝히고 있다.

근대적 권력은 더 이상 절대군주의 면모를 지니지 않는다. 우리는 독재자나 폭군들이 민중을 억압하고 유린하는 것을 많이 보았다. 그러나 근대의 합리적 권력은 그런 방법을 쓰지 않는다. 푸코는 감옥, 군대, 병원 그리고 학교 등의 권력구조가 어떻게 개인을 지배하고 만드는지를 보여준다.

여기서 중요한 개념은 미시권력(micro-pouvoir)이라고 하는 인간의 육체를 길들이는 규율(discipline)이다. 규율은 흔히 학교나 공장 혹은 작업장 같은 곳에서 필요한 자체 내부의 規칙, 規성을 발한다. 학교라면 교칙이 곧 規율이다. 規율은 육체에 작용한다. 예를 들면 학교의 시간표를 보면 아침 8시 자율학습, 9시 1교시, … 12시 점심식사, 이런 방식으로 시간계획에 따라서 학생들을 훈육한다. 이런 학칙과 시간표는 학생들의 육체에 작용한다. 그런 가운데 학생들은 사회적 조직인(組織人)으로 훈련이 되는 것이다. 이를 물론 꼭 나쁘게 볼 필요는 없겠지만 문제는 이런 미시권력을 통해서 개인의 사회화가 일어나고 개인의 자율적 시간관리는 사라진다고 볼 수 있다.

이처럼 우리가 성장하면서 수없이 듣는 훈련, 훈육 같은 개념은 푸코가 볼 때는 권력의 규율장치인 셈이다. 이처럼 권력은 개인을 억누르거나 금지하는 것이 아니라 훈련과 학습을 통해서 내면적으로 개인을 육성한다.

이처럼 **규율권력**은 개인을 권력의 피라미드에 복종시키기 위해서 다양한 기술을 사용한다. 예를 들어 세부적 규제, 연습, 훈련, 시간사용, 평가, 시험, 기록 등을 사용한다.

이런 미시권력의 작용을 통해서 우리의 육체는 효율적으로 길들여진다. 이것이 바로 근대의 개인이고 주체성이다. 근대가 약속한 자유의 이상은 한갓 환상이라는 것을 밝힌다.

따라서 근대인이 내세운 주체성은 실은 규율권력에 길들여진 무력한 개인이고 이들은 다시 생산기계로, 생산의 원료로 혹은 생산물로서 근대세계를 구성하는 벽돌로 소비된다.

■ 판옵티콘의 세계

『감시와 처벌』에서 푸코는 감옥의 역사와 형벌제도의 변화를 통해서 법과 제도 그리고 규율 등이 어떻게 지배와 감시를 육체화하고 내면화하는지를 잘 보여주고 있다. 그 중 하나 알 필요가 있는 것이 소위 판옵티콘(Panoptikon)이라는 일망(一望) 감시의 감옥시설이다.

이 판옵티콘이라는 일망 감시시설은 영국의 공리주의 철학자 벤담(J. Bentham)이 설계한 원형의 감옥시설이다. 그 원리는 이렇다.

> "주위는 원형의 건물이 에워싸고 있고, 그 중심에는 탑이 하나 있다. 탑에는 원형 건물 안쪽으로 향해 있는 여러 개의 큰 창문들이 뚫려 있다. 주위의 건물은 독방으로 나누어져 있고, 독방 하나하나는 건물의 앞면에서부터 뒷면까지 내부의 공간을 모두 차지한다. 독방에는 두 개의 창문이 있는데, 하나는 안쪽을 향하여 탑의 창문에 대응하는 위치에 나 있고, 다른 하나는 바깥쪽에 면해 있어서 이를 통하여 빛이 독방에 구석구석 스며들어갈 수 있다. 따라서 탑 속에는 감시

인을 한 명 배치하고, 각 독방 안에는 광인이나 병자, 죄수, 노동자, 학생 등 누구든지 한 사람씩 감금할 수 있게 되어 있다."

(미셸 푸코 저, 오생근 역, 『감시와 처벌』(2003), 309쪽)

벤담이 설계한 판옵티콘은 감시자와 죄수의 거의 1 대 1의 대응을 보여준다. 그런 효과를 극대화한 것이 바로 이 시설이다. 죄수는 감시자가 24시간 자신을 보고 있다는 착각을 한다. "즉, 주위를 둘러싼 원형의 건물 안에서는 아무것도 보지 못한 채 완전히 보이기만 하고 중앙부의 탑 속에서는 모든 것을 볼 수 있지만 결코 보이지는 않는다."(『감시와 처벌』, 312쪽)

판옵티콘이 암시하는 것은 권력의 비인격성(非人格性)과 자동성(自動性)이다. 감시자의 자리에 누가 오든지 간에 상관이 없다. 이런 기계적인 구조와 메커니즘이 개인을 통제하고 지배하는 것이다. 이런 사회적 감시와 통제를 통해서 "죄인에게는 선행을, 광인에게는 안정을, 노동자에게는 노동을, 학생에게는 열성을, 병자에게는 처방의 엄수를" 효과적으로 통제할 수 있다. 그들을 사회가 바라는 대로 시키기 위해서 강제나 폭력을 쓸 필요가 없다는 것이다.

푸코는 현대의 지식정보사회를 일망 감시(판옵티콘) 사회라고 규정한다.

"현대 사회는 거창한 구경거리의 사회가 아니라 감시의 사회이다. 여러 가지 이미지의 허울 속에서 우리들의 신체는 심층적인 공격의 대상이 된다. 대대적인 교환의 추상화한 체계 뒤에는 유용한 힘을 얻기 위한 정밀하고 구체적인 훈육이 계속되며, 정보 소통의 경로는 지식의 축적과 집중화의 지주가 되고, 기호들의 작용은 권력이 어느 곳에 닻을 내려야 하는지를 규정한다.

(…)

우리는 하나의 톱니바퀴와 같은 존재이기 때문에, 결국 우리들 스스로가 이끌어 가는 권력의 효과에 포위된 채 일망 감시장치 속에 있다."

(『감시와 처벌』, 334쪽)

■ 법과 규율

근대 시민사회는 국민의 자유와 평등에 기초하며 또 국민의 동의에 의해서 정치를 하는 민주주의 사회이다. 그런데 푸코의 규율의 영역이라는 지금까지 몰랐던 세계를 발견함으로써, 근대의 정치와 사회에 대한 경종을 울리고 있다. 규율은 법의 하위의 체계이다. 그러나 법은 규율의 권력을 통해서 비로소 작동된다.

법은 인간을 권리와 의무의 주체로 본다. 오늘날 인간의 기본권은 헌법에 의해서 보호되고 있다. 그러나 푸코의 규율권력은 이런 법의 지배를 비웃고 있다. 규율은 법보다 하위에 있지만 사실상 법의 기초를 이루고 있다는 것이다.

이런 푸코의 주장에 우리는 100% 동의할 수는 없겠지만 현대의 사회의 각 부분에서 이루어지는 규율의 지배를 무시할 수 없다.

덧붙여 오늘날 각종 감시장치 — 예를 들어 CCTV — 들은 푸코가 말하는 감시사회를 더욱 뒷받침하고 있다.

6. 하버마스 – 이성과 합리성의 새로운 정초

우리는 위에서 근대, 현대 사회의 합리성과 효율성을 거의 부정적으로만 봐왔다. 이는 그만큼 현대 사회가 인간의 자유와 행복을 주지 못하고 그 반대로 구속과 불행을 주고 있다는 뜻이다. 인간의 해방과 자유의 실현을 목적으로 추진된 계몽의 기획은 현재의 시점에서 그리 성공적인 것으로 보이지 않는다.

비록 서구 사회가 합리성과 과학·기술의 덕택으로 그 어느 때보다 물질적으로 풍요로운 삶을 향유하고 있지만, 그 같은 풍요의 이면에는 수많은 근대화의 병리가 자리 잡고 있다.

비인간적이고 소외된 삶의 확산과 전(全)지구적인 생태학적 위기의 증대 등이 그것이다. 이는 무지의 상태를 벗어나, 성숙하고 자율적 인간의 추구라는 계몽의 이념과 배치되는 것이다. 계몽의 이념에 기초한 근대화의 과업은 우리가 프랑크푸르트 학파의 도구적 합리성의 비판이나 푸코의 규율권력 비판이 보여주는 것처럼 새로운 억압체계 속에 인간을 감금함으로써, 진보와 발전이 아닌 역사의 퇴보를 초래하였으며 자유의 실현 대신에 비인격적인 경제적 힘의 지배, 관료적으로 조직된 행정의 지배를 야기했을 뿐이다.

계몽과 근대화의 성과에 대해서 막스 베버를 비롯한 많은 사상가들은 이를 부정적으로 보거나 아니면 다른 대안 없이 체념적으로 방관하는 자세를 취해 왔다. 앞에서 우리가 본 것처럼 막스 베버나 아도르노 그리고 푸코의 경우 이들의 문제제기는 좋지만 결론이 없다는 맹점을 가지고 있었다. 즉, 막스 베버는 자신이 발견한 근대의 관료주의를 '강철 같은 외피'에 비교했다. '강철 같은 외피' 속에 사는 사람은 '정신 없는 전문가'요 '심정 없는 향락인'이라고 근대인을 비꼬았다.

이런 선배들의 체념적이고 회의적인 결론에 대항해서 하버마스는 하나의 새로운 이성적, 합리적 대안을 제공한다. 왜냐하면 인간의 본성은 이성이기 때문에 이를 부정하는 것은 자기 모순을 범하는 것이다. 가령 우리가 '세상은 다 썩었다' 혹은 '모두 미쳤어'라고 인식하거나 외쳐봤자 아무런 해결책이 없다는 것이다. 푸코와 동조하여 "근대인들은 규율권력의 노예가 되어 자율성과 주체성을 상실했다"라는 주장을 인정하더라도 문제는 "그래서 어쨌단 말인가?", "So what?"이라는 물음에 대해서 침

위르겐 하버마스(J. Habermas, 1929-)

"서구의 사회과학과 철학의 전통을 이어 받는 프랑크푸르트 학파의 하버마스는 후기 자본주의 사회를 비판하면서 이는 대중의 탈정치화(脫政治化)가 필연적으로 된다고 한다. 과학과 테크놀로지가 이데올로기의 역할을 하고 더 이상 해방의 힘이 아니라 현존의 지배질서의 정당성의 기초가 된다. (…)

계몽과 근대화의 성과에 대해 이렇듯 회의적 시각이 주류를 이루는 현재의 시점에서 하버마스의 사회비판이론은 두 가지 점에서 주목된다. 첫째 근대화의 과정에서 드러난 숱한 부작용과 역설적 결과에 대해 비관적 관점에서 체념적으로 이를 받아들이는 베버를 위시한 선대의 사상가들과는 달리, 하버마스는 더 희망적인 입장에서 근대화의 역설을 해명하고 그것에 대한 치유적 극복책을 제시코자 한다는 점이다. 둘째 이성과 계몽에 대한 회의적 관점에서 더 나아가, 이성 자체의 폐기를 주장하는 일단의 비이성주의적 입장에 대해, 하버마스는 이성과 그것의 능력에 대한 신뢰에 바탕한 계몽의 기획이 여전히 달성될 수 있다는 '이성주의적 입장'을 굳건히 견지하고 있다는 점이다. 이러한 하버마스의 철학적 조망은 합리성 개념의 의미론적 확장과 포괄적 합리성의 정초, 그리고 목적/의사소통합리성의 범주적 구분에 기초해 제시된 이단계 사회이론 등을 통해 구체적으로 드러난다."

(선우현, 「하버마스의 '합리성이론'에 대한 비판적 검토 – 개념분석적 전략과 사회이론적 전략의 상충을 중심으로」 중에서)

묵할 수밖에 없다.

이런 맥락에서 하버마스(J. Habermas, 1929-)의 사상은 근대화의 숱한 부작용과 모순을 고발하는 동시에 그에 대한 치유책을 제시한다는 점에서 새 희망을 준다고 할 수 있다.

또한 근대 비판가들이 전반적으로 이성을 조롱하고 비판하는 과정에서 비이성주의적 입장을 취하는 것과는 달리, 하버마스는 이성과 계몽에 대해서 긍정적인 입장을 보인다. 따라서 그는 그토록 비난을 받았던 합리성 개념도 새로운 의미를 부여하여 긍정한다.

하버마스는 다른 철학자들과는 달리 이성, 계몽, 합리성 등의 개념을 긍정적으로 본다.

달리 말하면 하버마스는 '이성이 전부 타락한 것이 아니다'라는 부분적인 부정의 입장을 취한다는 것이다. 그리고 합리성과 계몽 역시 전부 나쁜 것은 아니다. 즉 '이성은 어느 부분이 타락했고' 또 합리성의 어느 부분이 비인간적이고 소외를 초래한다는 식으로 생각을 정리한다.

그는 인간성(이성)이 완전히 타락한 것이 아니라 그 일부가 타락했다고 본다. 쉽게 말하면 도구적 이성은 잘못일 수 있고 이를 바로잡기 위한 이성이 하나 더 있는데 그것은 바로 하버마스가 의사소통적 이성이라고 부르는 것이다.

즉 도구적 이성 혹은 도구적 합리성이 전체가 되어 버린 것이 근대의 비극이라는 것이다. 문제는 그런 도구적 이성의 자리를 잡아주고 상대화시키는 것이 중요하다는 점이다.

하버마스는 도구적 합리성과 의사소통적 합리성의 분리 및 상호보완을 주장한다. 베버, 아노르노나 푸코 등의 잘못은 본래 포괄적인 합리성 개념을 오직 도구적 합리성으로만 본 것이다. 즉 그들은 하버마스가 본 의사소통적 합리성이라는 더 중요한 합리성의 차원을 보지 못했다는 것이다.

■ 체계와 생활세계

하버마스에 의하면 생활세계(Lebenswelt, life-world)란 인간의 역사적, 사회적, 문화적 삶이 영위되는 공동세계이다. 여기서는 언어를 매개로 한 의사소통이 자유롭게 이루어진다. 나와 너를 이어주는 언어는 의사소통적 합리성(communicative rationality)의 수단이다. 의사소통적 합리성은 나와 너의 인격적인 관계에 의존한다. 물론 현실에서는 인간관계가 주위 여건에 따라서 때로 굴절되기도 하지만 그래도 인간은 상호 평등하며 대화를 통해서 문제를 해결해 나간다.

체계란 인간의 생존을 위한 각종 시스템을 말한다. 예전에는 생활세계가 체계와 분리되지 않고 일과 놀이가 하나가 되었다. 그리고 생활세계 역시 노동하는 가운데서 자연스럽게 발생되는 불가분리적인 관계에 있었다. 그러나 근대 이후 생존의 체계와 문화적인 생활세계는 점점 분리되고 전자가 후자를 완전히 잠식하는 지경에 이르렀다. 이를 하버마스는 '체계에 의한 생활세계의 식민지화'라고 부른다. 즉 물질적, 경제적, 산업적인 요소가 인간의 개성, 인격 그리고 사회성을 완전히 지배, 조종하는 경우이다(물질만능주의, 황금만능주의).

하버마스는 근대의 (생존)체계는 물질적 생산을 담당하는 '경제'와 그것의 원활한 수행을 위해서 조직된 '행정'으로 구성되어 있다고 말한다. 이런 체계를 지배하는 법칙이 바로 막스 베버가 말한 '합리화'이고 '관료제'이다. 이 부분은 의사소통보다는 계산과 명령을 통해서 집행된다. 예를 들어 시장의 관심을 보자. 여기서는 오직 최소비용과 최대효과라는 계산이 모든 것을 결정한다. 따라서 체계의 영역에서는 진정한 대화 혹은 인격적인 대화는 불필요하다. 대화 대신 계산과 예측 그리고 결정이 중요하다.

여기서 인간의 가치는 오직 그가 생산한 결과, 즉 성과(成果)에 따라 결정된다. 성과는 다시 수치에 의해서 표현된다.

체계는 따라서 냉정한 합리성의 세계이며 생존경쟁의 정글이다. 여기서는 삶의 가치나 의미는 묻지 않는다. 즉 삶의 목적은 명백하다고 전제된다. 돈 혹은 명예 등이 자본주의적 여러 가치들이다.

■ 도구적 합리성과 의사소통적 합리성

하버마스가 구분한 인간의 삶의 두 영역 즉, 체계와 생활세계는 서로 구분되면서도 상호작용을 하는 두 개의 영역이다. 하버마스는 체계를 지배하는 합리성을 도구적 합리성 혹은 목적합리성이라고 규정한다. 이는 인간 생활의 물질적인 부분을 의미하는 합리성이다. 이는 앞에서 말한 것처럼 과학과 기술을 이용하여 자연을 지배하고 시장과 경제적 삶을 규정하는 합리성이다. 이런 합리성은 다시 말해서 수단적 합리성이라고 할 수 있다. 목적합리성 역시 같은 맥락에서 이해된다. 즉, 주어진 목적을 최대한 효율적으로 달성하기 위한 합리성이다.

여기에 비해서 의사소통적 합리성이란 대화를 통해서 삶의 목적과 의미를 다시 정초하는 합리성이다. 하버마스에 의하면 현대로 올수록 대중들은 정치에서 소외된다고 한다. 왜냐하면 기술적, 경제적, 행정적 생활이 너무나 전문화되기 때문에 대중들은 스스로 사태를 판단할 능력을 상실하고 지도자와 전문가들에게 모든 결정을 맡기는 경우가 많다. 이런 면에서 대중들의 정치 참여는 점차 줄어든다.

그리고 인간적 생활은 점차 생활세계를 떠나 '체계', 즉 물질적, 생산적 체계의 도구가 되어 간다. 예를 들면 인간의 가장 소중한 가치인 사랑마저도 물질적인 조건에 의해 영향을 많이 받는다. 인간의 가치와 존엄성 그리고 인격적 교류를 위해서 우리는 생활세계를 다시 복원시켜야 한다. 이 생활세계에도 이성과 합리성이 있다. 이런 생활세계적, 인격적 합리성을 하버마스는 의사소통적 합리성이라고 부른다. 물론 삶의 세계에는 감정과 정서 등이 중요한 역할을 한다. 따라서 생활세계적 이성이란 감성과 정서를 포함한 인간적 합리성이다. 이 때 감성과 정서라고 해도 그것이 불합리해서는 안 된다. 즉, 내 기분대로 타인에게 화를 낸다든지, 때린다든지 해서는 안 된다는 것이다.

또한 의사소통적 합리성의 중요한 기능은 대화를 통해서 사회적 규범을 정초하는 것이다. 대화 참여자들은 주제에 대해서 나름대로의 합리성을 동원하여 자기 주장의 타당성을 주장하고 이를 상호 언어를 통해서 확인하고 결정할 수 있다.

따라서 생활세계적 합리성 혹은 의사소통적 합리성을 통해서 그 간 전문가들에게 일임되었던 공동체적 결정을 민중들의 자치(自治)로 다시 부활시킬 수 있다.

7. 리처의 맥도날드화

조지 리처(Geroge Ritzer)는 『사회의 맥도날드화』(*The McDonldization of Society*)에서 합리화와 그것이 가져오는 불합리성에 대한 막스 베버의 이론을 이용하여 미국 사회의 소비자 문화를 분석하고 있다.

리처는 패스트푸드는 물론이고, 의료, 교육, 여가, 스포츠, 영화, 기업, 노동, 섹스, 쇼핑, 마케팅, 출생, 죽음, 그리고 죽음 이후의 영역에서 이루어지는 합리화 현상과 그것이 가져오는 불합리성을 지적, 분석하고 있다.

리처는 맥도날드화의 특성으로 효율성(efficiency), 계산가능성(calculability), 예측가능성(predictability), 통제(control)를 들고 있다.

안티 맥도날드 시위

"유럽 쪽에서 활발히 일어난 안티 패스트푸드 운동의 출발과 거의 모든 부분은 패스트푸드 산업의 선두주자이자 거대한 다국적 기업이고 먹거리 그 자체와 먹거리를 생산해 내는 농업, 축산업, 유통업 등의 다양한 산업 전반을 세계화시킨 맥도날드에 저항하는 것으로 집중됐다. 맥도날드에 대한 저항은 그 운동이 일어난 국가나 지역의 정서를 반영하여 때로는 반미주의, 반세계화 운동의 성향을 강하게 보이기도 했다.

소비자의 건강과 환경파괴 등에 대한 우려에 더 무게가 실렸던 서구의 안티 패스트푸드 운동과 열악한 근무조건에서 맥도날드사의 사은품 장난감을 만드는 공장 노동자들의 처우개선을 요구하며 일어났던 아시아 지역에서의 운동, 반미감정이 팽배한 아랍권에서의 운동 등 지역별로 운동의 양상은 판이하게 달라서 서로 좋은 대조를 보인다."

(황부경 / 용인환경정의 운영위원)

① 효율성 : 바쁘고 시간이 부족한 현대인들에게 가장 빠른 서비스로 고객의 요구를 만족시키는 원리를 말한다.

② 계산가능성 : 판매되는 제품과 제공되는 서비스를 고객들이 계산하여 득이 된다고 믿게 하는 것을 말한다.

③ 예측가능성 : 그들의 제품과 서비스가 언제 어디서나 동일할 것이라는 확신을 제공한다.

④ 통제 : 규격화된 메뉴, 제한된 소스 종류, 줄서기 하는 주문 카운터, 딱딱하고 불편한 의자, 빨리 먹고 나가야 하는 분위기,

지정된 퇴식구와 쓰레기통 등 고도의 통제 구도 하에서 고객들은 서비스를 받게 된다.

이에 반해 리처는 맥도날드화의 부정적인 측면 즉 합리성의 불합리성(irrationality of rationality)을 지적한다. 다시 말해 합리성의 불합리성은 맥도날드화의 다섯 번째 특성으로 본다.

맥도날드의 합리적 체계는 다른 면에서 볼 때 불합리하다. 이는 도구적 합리성의 한계를 보여준다. 리처가 지적하는 맥도날드의 불합리성은 다음과 같다.

① 고객과 종업원의 비인간화, 가정의 붕괴, 다양성의 쇠퇴
② 많은 학생들과 교수들이 거대한 공장과 같은 분위기에 놓여 있다며 고등교육조차 육류처리를 닮아감을 지적하고 있다.

리처는 소비는 물론 소비자와 소비자 문화의 동질화에 대해 말하며, 이를 막기 위한 이성적 대안을 제안하고 있다.

① 때에 따라서는 맥도날드화한 비인간적인 체계의 규칙을 위반해야 한다.(참조 시민불복종 운동)
② 맥도날드화된 체계를 일상적으로 그리고 체계적으로 이용하지 않도록 해야 한다.

최근의 연구에서 알려진 것처럼 패스트푸드는 비만과 각종 성인병의 원인이 된다.

■ 안티 패스트푸드 운동
맥도날드를 비롯한 각종 패스트푸드(fast food)들이 현대의 식문화(食文化)를 형성

하고 있다. 이런 패스트푸드의 범람은 고유한 먹거리 문화의 다양한 발전을 저해하고 세계의 문화를 획일화하는 위험성이 있다. 그 외에도 지나치게 편리함과 효율성만을 추구하는 패스트푸드 문화는 화학적, 인공적 감미료를 많이 사용하여 고객의 입맛을 자극하고 지방질과 당분을 많이 투입하여 건강에 해롭다는 연구가 나왔다. 특히 어린 이들이 맥도날드를 자주 먹어 습관화가 되면 이는 비만과 각종 질병의 원인이 된다. 또 맥도날드는 종업원들을 저임금으로 착취한다는 비난도 있다. 이런 맥락에서 안티 패스트푸드 운동 혹은 안티 맥도날드 운동 등이 나오게 되었다.

3장 | 총정리

- 도구적 합리성은 수단과 방법의 합리성이다.
- 수단의 자기목적화란 수단과 방법에 불과한 도구적 합리성을 지나치게 강조하여 그것이 스스로 목적이 되는 것이다.
- 합리성과 이성은 인간의 고유한 능력으로서 이는 이치에 맞는 생각과 활동을 말한다.
- 합리성과 효율성을 고도로 추구하는 현대 산업사회는 도리어 그 부작용으로 신음하고 있다.
- 행정이나 정치는 원래 국민의 복지를 위한 수단에 불과한데 이들의 존립 자체가 목적이 되는 수단의 자기목적화가 일어나고 있다.
- 현대의 과학지상주의 풍조는 도구적 이성(합리성)을 절대화하는 경향이 있다.
- 막스 베버는 근대 사회의 본질을 합리화에서 찾았다.
- 근대과학은 자연을 수학화함으로써 고도의 발전을 가져왔다.
- 양화 혹은 계량화가 근대 합리화의 핵심 코드이다.
- 관료제는 법과 원칙을 통한 위계질서의 조직이다.
- 근대 사회는 관료제의 보편화가 일어난다.
- 베버는 또한 "우리 시대의 숙명은 합리화, 지성화, 특히 세계의 탈주술화로 특징지어진다"라고 규정한다.
- 베버의 지성화(知性化)란 "인간이 원하기만 하면 어느 때라도 그것을 배울 수 있다"는 신념을 말한다.
- 세계의 탈주술화란 초자연적인 힘이 더 이상 없다는 말이다. 이는 다시 말해서 신화(神話)와 전설의 세계가 더 이상 존재하지 않는다는 말이다.

- 관료제화 현상은 군대, 자치단체, 교회, 그리고 사기업체 등에서도 등장하여 '보편적인 관료제화'라는 사태가 자리 잡게 되었다.
- 루카치의 사물화(事物化, reification)의 뜻은 자본주의 내에서는 인간의 정신이 그 고유한 주체성을 상실하고 물질화, 타락화의 길을 걷는다는 것이다. 사물화란 달리 말해서 사람들 간의 관계(relation of persons)가 사물들 간의 관계(relation of things)로 위장·은폐되는 자본주의의 특유의 존재방식이다. 결국 물질만능주의, 황금만능주의를 말한다.
- 마르크스는 자본주의 하에서 상품의 생산가치(노동가치)보다 교환가치가 중시되고 교환가치가 노동가치를 대신하는 현상을 상품물신화라고 부른다.
- 루카치는 사물화가 또한 합리화라고 말한다.
- 막스 베버의 탈주술화(脫呪術化)로서의 합리화를 프랑크푸르트 학파는 계몽으로 파악했다.
- 애니미즘은 대상에 순응하고 동화하는 원시인들의 사고방식이다. 이런 대상에 순응하는 원시적 사고방식을 미메시스(mimesis)라고 한다.
- 신화적 사유 즉 미메시스는 대상의 특이성과 개체성을 인정한다.
- 근대적, 과학적 이성을 도구적 합리성이라고 한다. 도구적 합리성은 대상을 추상적(抽象的), 양적(量的)으로 파악한다.
- 푸코는 민주주의(民主主義)와 법치(法治)라는 근대적 권력의 합리성을 비판한다.
- 실제로 인간 사회에서 작동되는 권력은 소위 규율권력이라고 하는데 그런 규율권력이 개인들을 감시하고 통제하며 무기력하고 순응적인 인간들을 양산한다.
- 규율권력은 다른 말로 미시권력이라고 하는데 이는 인간의 신체를 길들이는 잘 보이지 않는 권력이다.
- 권력은 물리력이나 폭력 같은 불합리한 강제가 아니라 지식과 규범의 형태를 띤다.
- 규율권력은 개인을 권력의 피라미드에 복종시키기 위해서 다양한 기술을 사용한

다. 예를 들어 세부적 규제, 연습, 훈련, 시간사용, 평가, 시험, 기록 등을 사용한다.

● 판옵티콘(Panoptikon)은 벤담이 설계한 일망(一望) 감시의 감옥시설이다.

● 판옵티콘이 암시하는 것은 권력의 비인격성(非人格性)과 자동성(自動性)이다.

● 푸코는 현대의 지식 · 정보사회를 일망 감시(판옵티콘) 사회라고 규정한다.

● 하버마스는 다른 철학자들과는 달리 이성, 계몽, 합리성 등의 개념을 긍정적으로 본다.

● 하버마스는 도구적 합리성과 의사소통적 합리성의 분리 및 상호보완을 주장한다.

● 생활세계(Lebenswelt, life-world)란 인간의 역사적, 사회적, 문화적 삶이 영위되는 공동세계이다.

● 체계는 물질적 생산을 담당하는 '경제'와 그것의 원활한 수행을 위해서 조직된 '행정'으로 구성되어 있다.

● '체계에 의한 생활세계의 식민지화'라는 말은 물질적, 경제적, 산업적인 요소가 인간의 개성, 인격 그리고 사회성을 완전히 지배, 조종한다는 근대적 모순을 말한다.

● 체계를 지배하는 합리성을 도구적 합리성 혹은 목적합리성이라고 규정한다.

● 생활세계적, 인격적 합리성을 하버마스는 의사소통적 합리성이라고 부른다.

● 맥도날드화의 특성으로 효율성(efficiency), 계산가능성(calculability), 예측가능성(predictability), 통제(control)를 들 수 있다.

● 맥도날드의 합리적 체계는 다른 면에서 볼 때 불합리하다. 맥도날드화의 부정적인 측면을 '합리성의 불합리성'(irrationality of rationality)이라고 부른다.

고려대 2002학년도 정시 논술고사

[논제] 아래의 글 (다)는 현대 사회에서 전형적으로 나타나는 합리성이 잘 드러난 예이다. (가)와 (나)를 참조하여 (다)에 나타난 합리성이 갖는 특성을 구체적으로 설명하고, 현대 사회의 합리성에 대하여 비판적으로 논술하시오.

(가) 독일의 사회학자 베버는 서구 근대 사회의 진행 과정을 합리화의 과정으로 파악하고 있다. 베버에게서 합리화는 두 가지 차원을 지니고 있다. 하나는 문화적 합리화이다. 이 경우 합리화는 탈마술화, 즉 미신적인 사고에서 벗어나 이성적인 사고가 확대되어 가는 것을 의미한다. 다른 하나는 사회적 합리화이다. 이것은 주어진 목적에 가장 적합한 수단을 선택하는 경향의 확대라는 의미를 지니고 있으며, 자본주의 경제 구조와 관료적 근대 국가가 모두 이 합리화의 결과로 파악되고 있다. 합리화의 결과 근대 사회에서는 자율적인 인간과 인간의 인간에 대한 직접적이고 자의적인 지배로부터 해방된 인간이 출현하게 되지만, 그렇다고 합리화가 항상 긍정적인 측면만을 지니고 있는 것은 아니다.

— 고등학교 교과서 『사회문화』

(나) 우리의 의지는 실제로 소망과 가치에 의해 이미 확정되어 있다. 그것은 오직 수단 선택 및 목표 설정 대안들의 측면에서만 더욱 상세하게 규정될 수 있다. 관건이 되는 것은 — 자전거 수리이든 아니면 병의 치료이든 간에 — 오직 적당한 기술과 돈을 마련하는 전략이며, 휴가 계획과 직업 선택을 위한 기획이다. 예를 들면 합리적 선택

이론의 형태가 그것이다. "나는 무엇을 해야 하는가?"의 물음이 실용적 과제들과 관련될 경우에는 효율성의 관점에서 이루어지는 관찰과 연구, 비교와 계산이 적절하다.

— 위르겐 하버마스, 『담론윤리의 해명』

(다) 맥도날드는 들어오는 것에서부터 나가는 것에 이르기까지 속도를 높이기 위한 모든 것을 갖추었다. 인접한 곳에 설치된 주차장은 고객이 차를 쉽게 댈 수 있도록 해 준다. 계산대까지는 몇 발자국이 채 안 되며, 가끔 줄을 서기도 하지만 음식은 대체로 빨리 주문되고 전달되고 계산된다. 그리고 매우 제한된 메뉴는 먹는 사람의 선택을 쉽게 하여, 다른 식당에서의 다양한 선택과 대조를 이룬다. 음식을 받으면 식탁까지 몇 걸음 걸어가서는 곧바로 식사를 할 수 있다. 식사를 마치면 머뭇거릴 여지가 없기에 고객은 남은 휴지, 스티로폼, 플라스틱 쓰레기를 모아 가까운 휴지통에 버리고 자동차로 돌아가서는 다음 활동(대개의 경우 맥도날드화된) 장소로 이동한다.

근래에 패스트푸드점 경영자들은 이 모든 과정에 있어서 운전자용 창구의 설치가 좀더 효율적이라는 것을 발견했다. 맥도날드는 최초의 운전자용 창구를 1975년 오클라호마 시에 설치했고, 4년 만에 전체 점포의 절반 정도에 설치하였다. 주차를 하고, 카운터까지 걸어가서 줄을 서고 주문하고 계산하고, 식탁으로 음식을 가져가서 식사하고, 또 식사 후 쓰레기를 휴지통에 버려야 하는 귀찮고 비효율적인 과정을 거치는 대신, 운전자용 창구에서는 고객이 창구에 차를 세우고(물론 차도 줄을 서야 할 때가 있다) 주문과 계산을 마친 후, 음식을 받는 대로 다음 목적지로 향하면 된다. 보다 효율적이기를 원한다면 운전하면서 먹으면 된다. 운전자용 창구는 패스트푸드점의 입장에서도 효율적이다. 그것을 이용하는 사람들이 늘어나면 늘어날수록 주차 공간, 식탁, 종업원의 필요성이 줄어들기 때문이다. 더욱이 고객이 쓰레기를 가지고 떠나기 때문에 별도의 쓰레기통을 설치하거나 정기적으로 쓰레기통을 비우는 사람을 고용할 필요도 없다.

— 조지 리처, 『맥도날드 그리고 맥도날드화』

※ 유의사항

① 답안에는 자신을 드러내는 표현을 쓰지 말 것.

② 제목은 쓰지 말 것.

③ 분량은 띄어쓰기를 포함하여 1,600자 안팎(±100자)이 되게 할 것.

여섯째 마당

소외

1장 | 서론

1. 문제 제기

우리 시대의 공동체적 삶 가운데서 가장 심각한 문제의 하나는 소외(疏外) 문제일 것이다. 근래의 신문 기사를 보더라도 '소외 받는 계층', '소외된 느낌' 같은 구절이 빈번하게 나오는 것을 볼 수 있다. 이는 '인간의 가치를 상실한다' 혹은 '무시당한다'라는 뜻을 가지고 있다. 이와 유사한 말로 비인간화(非人間化)라는 말도 있다. 이것 역시 인간의 가치와 존엄성을 잃고 노예적인 상태로 전락하는 것을 말한다. 현대에 이런 말들이 많이 유포된다는 것은 다소 역설적일지 모른다. 왜냐하면 한국의 헌법을 보면 인간의 존엄성과 존중을 최고의 가치로 규정하고 있기 때문이다. 특히 헌법 10조를 보면 "모든 국민은 인간으로서의 존엄과 가치를 지니며, 행복을 추구할 권리를 지닌다. 국가는 개인이 가지는 불가침의 기본적 인권을 확인하고 이를 보장할 의무를 진다"라고 되어 있다. 이렇게 인간의 가치와 존엄성을 강조하는 사회에서 그렇게 많은 인간 소외의 부르짖음이 들리는 것은 역설적이라고 할 수 있다. 우리 사회의 거의 대부분의 사람들은 자기들이 소외되어 있다고 느낀다.

특히나 학교에서도 소외 현상은 쉽게 찾아볼 수 있는 것으로서 흔히 말하는 '왕따' 현상이 바로 학교의 소외이다.

왕따, 곧 소외된 학생들은 학습이나 교우관계에서 심각한 부

소외된 노인들

'힘겨운 황혼' 노인 자살 급증. 최근 소외된 노인들이 스스로 목숨을 끊는 안타까운 일이 잇따르고 있다.

(뉴스 타임)

왕따 카페에 실린 사진(2004. 10)

인터넷에 같은 반 친구를 집단 따돌림하고 폭행하는 사진과 글을 모아놓은 '왕따카페'가 등장해 충격을 주고 있다. 겁에 질린 왕따 피해자 J군이 같은 반 학생들에게 팔과 다리를 잡힌 채 학교 뒷동산으로 끌려가고 있다.
이처럼 인간 소외는 폭력과 동반되어 인간성의 파탄을 초래한다.

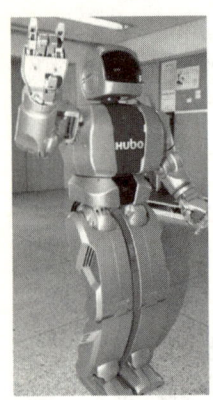

로봇

경제적 생산력의 향상은 두 가지 가능성을 다 준다. 인간의 자아실현의 조건이 될 수도 있고 그 반대로 인간은 조종될 수 있는 로봇이 될 수도 있다.

적응 상태를 나타내며 더욱 문제는 고의적으로 친구를 왕따시키고 폭력을 행사하는가 하면 금품을 갈취하고 심지어 최근에는 왕따 피해학생에게 성매매를 시키는 일까지 벌어졌다. 이런 인간성의 파탄 역시 인간 소외 현상이라고 할 수 있다.

그리고 근래 한국 사회의 심각한 사회적 문제는 자살의 급격한 증가이다. 하루 평균 40명 정도가 자살하고 있다. 그 중에는 경제 문제로 인한 자살도 있고 또 학교 문제로 인한 학생들의 자살도 늘고 있다. 자살은 소외의 극단적인 경우라고 할 수 있다. 이런 비극적인 문제는 인류의 역사와 더불어 있었으나 근대의 산업화 시대부터는 사회적인 영향력이 크다.

사회가 조직화될수록, 인간의 생존이 개인적으로 해결되기보다는 집단적으로 해결될수록 인간의 사회의존도는 높아지고 있다.

2. 논술고사 출제 경향

대표적인 문제가 2001년 한양대 정시 논술고사이다. 거기서 소외 문제와 연결된 출제 의도는 다음과 같다. 즉, 기술문명사회의 인간 소외 현상이라는 문제점을 찾고 그 극복 방안을 제시하는 것이다. 이 학교 홈페이지에 소개된 문제 해설은 다음과 같다.

"예문은 에리히 프롬의 『자유로부터의 도피』, 루이스 멈퍼드의 『예술과 기술』, 김승옥의 소설 『서울, 1964년 겨울』, 존 단의 시 「누구를 위하여 좋은 울리나」 등이다. 이 중 현대인이 물질화, 기계화, 인간관계의 단절 등을 통해 인간 소외의 상황에 처해 있다는 것을 보여주는 세 예문에서 현대인이 처한 상황의 여러 모습들을 분석해야 한다. 그 후 인간을 각각 고립된 '섬'이 아니라 모두 하나로 연결된 '대륙'으로 보는 존 단의 시를 바탕으로, 인간은 혼자만으로는 살아갈 수 없는 존재이며 타인의 삶이 곧 나의 삶의 일부이므로 현대인이 처한 '인간 소외'의 문제는 타인에 대한 관심과 이해, 그리고 사랑을 통해 극복해 갈 수 있다는 방안을 제시하면 된다."

이와 유사한 문제는 2001년 고려대 수시 1학기 논술고사이다. 여기서는 기술문명과 삶의 변화라는 측면을 부각시켰다. 그리고 2003년 성균관대 수시 1학기 논술고사(인문)에서는 "경제적인 생산력 향상의 일면에서는 정의로운 사회를 건설할 수 있는 조건들을 마련해 주지만, 다른 면에서는 기술적인 체제와 이를 장악한 집단에게 우월한 능력을 부여해서 대중을 지배하게 만든다"는 아도르노(Adorno)의 이론을 주제로 삼았다. 또한 거기서 정보화 사회에서의 인간 소외라는 주제를 다루기도 했다.

2004년 한양대 정시 논술고사는 프랑스의 사회학자 뒤르켐(E. Durkeim)의 자살론과 아노미 현상을 한국의 사회 현실과 결합시키고 이에 대한 해결책을 묻고 있다.

3. 주제관련 교과서 내용

| 도덕교과서 11쪽 (정보화 사회의 소외)

그렇다면 정보화는 우리에게 반드시 긍정적인 면만을 제공하고 있을까? 우리의 구체적인 생활을 놓고 생각해 보자. 나는 언젠가부터 친구가 운동을 하자고 전화를 걸어 오면, 이런 저런 핑계를 대고 피하면서 인터넷을 통하여 익명(匿名)의 어떤 사람과 대화를 하거나 게임을 하는 데 열중하지 않았는가? 그러다 보니 친구들과의 관계가 좀 멀어지는 것 같고, 중요한 뭔가를 잃고 있다는 생각을 해본 적이 있지 않은가?

둘째, 가치전도(價値顚倒) 현상을 들 수 있다. 동서고금을 막론하고 계몽된 인간사회에서는, 물질적 가치보다 정신적 가치를 우위에 두는 경향이 뚜렷하였다. 인류의 스승인 성인들의 삶이 그러하였고, 각종 교육과 종교 및 문화 또한 바로 정신적 가치를 고양시키려는 일련의 노력이었다. 그런데 산업사회 이후, 가치전도 현상이 급속도로 퍼져 나가면서 황금만능주의, 과학기술 만능주의, 감각주의 등과 같은 물질적 가치가 판을 치게 되었다.

4. 세련된 논술 구성을 위한 용어와 개념

인간의 존엄성, 인간의 소외, 왕따 현상, 물질화, 기계화, 인간관계의 단절, 경제력의 향상, 자아 실현, 인간의 로봇화, 정신의 소외, 국가권력과 부(富), 양심의 포기, 인간 타락, 노동의 소외, 노동의 대상으로부터의 소외, 생산 활동으로부터의 소외, 유적(類的) 존재로부터의 소외, 인간의 인간으로부터의 소외, 근대화, 도시화, 산업화, 우상숭배, 기계의 노예, 소비의 소외, 소비의 통제, 광고의 노예, 합리화와 양화, 추상화, 유령적 대상성, 교환가치, 사용가치, 경영자의 관료화, 노조의 채용비리, 기금비리, 원자론적 개인주의, 길들이기, 관계맺음, 익명성과 실명성, 지식과 사랑, 이기적 자살, 이타적 자살, 아노미적 자살, 나-너, 너-그것, 만남, 산업사회의 아노미 현상.

2장 | 주요 이론과 논거

1. 개요

소외란 말을 최초로 쓴 사람은 독일의 철학자 헤겔(G.W.F. Hegel)이다. 그는 정신의 소외라는 개념을 만들었다. 헤겔이 쓴 『정신현상학』이라는 어려운 철학 책을 보면 근대의 정신은 국가권력(國家勸力)과 부(富)를 위해 자신의 존엄성과 주체성을 모두 버리고 정신은 그런 물질과 권력의 하수인이 된다는 사상이 나온다. 권력과 부가 인생의 전부인 것처럼 여기고 오직 여기에 삶의 모든 것을 투자하는 사람은 필연적으로 그 정신이 황폐화, 곧 소외(alienation)되는 고통을 맛본다.

이런 현상은 현대 사회에서도 자주 목격되는 현상이다. 즉 황금만능주의와 권력만능주의가 그것이다. 돈과 권력을 위해서라면 부도덕하고 반사회적인 일이라도 서슴없이 행하는 우리 주위의 많은 사람들을 보면 인간성의 소외와 파탄이 얼마나 심각한 현상인지를 알 수 있다.

칼 마르크스(K. Marx, 1818–1883)
유태계 독일 철학자. 과학적 사회주의(scientific socialism)의 창시자. 마르크스의 철학을 흔히 프롤레타리아 혁명을 주장하는 '사적 유물론'으로 보고 있으나 청년기에 그가 쓴 『경제 철학 수고』에서는 소외 개념을 산업사회의 핵심으로 보고 있다. 여기서 프랑크푸르트 학파를 위시한 서구의 신마르크스주의가 기초한다. 이는 마르크스의 사상을 근본적으로 공산주의라기보다는 인본주의로 본다는 관점이다. 신마르크스주의에 따르면 공산주의 역시 인간 소외에서 자유롭지 못하다.

2. 마르크스의 노동의 소외

그 다음 이 개념의 역사 형성에 중요한 인물은 위대한 사회주의 혁명가이며 철학자인 칼 마르크스(K. Marx, 1818–1883)이다. 이는 근본적으로 자본주의 사회의 모순을 지적하기 위해 고안된 개념이다. 마르크스는 노동의 소외를 말했다.

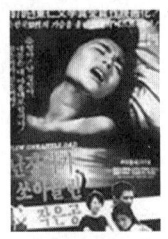

조세희의 소설 「난장이가 쏘아 올린 작은 공」의 영화화

이는 한국 사회가 근대화, 도시화, 산업화하는 가운데 발생하는 노동의 소외, 인간의 소외를 형상화한 기념비적 소설이다. 마르크스가 본 '노동의 소외' 개념이 이 소설에는 기가 막히도록 구체화, 형상화되어 있다.

「난장이가 쏘아 올린 작은 공」을 보면 아버지는 온갖 생계 활동을 하는 데서 만족을 느낄 수 없으나 그는 별을 관찰하는 데서 삶의 의미를 느낀다. 이처럼 일, 즉 사회적 노동이 아니라 일을 떠나 취미생활에서만 즐거움을 느끼는 것이 마르크스가 말하는 ② 생산 활동으로부터의 소외이다.

바람직한 직업은 그 일 자체에서 의미와 보람을 느껴야 한다.

청년 마르크스는 『경제 철학 수고』에서 사적 소유를 토대로 하는, 자본주의 하의 노동을 소외된 노동으로 간주하며 그 구체적인 양상을 다음과 같이 4가지로 분류한다.

① 노동의 대상으로부터의 소외, ② 생산 활동으로부터의 소외, ③ 유적(類的) 존재로부터의 소외, ④ 인간의 인간으로부터의 소외 등이다.

① 노동의 대상으로부터의 소외 : 생산품으로부터의 소외라고도 한다. 이는 달리 말해 노동의 생산물에 대한 소외이다. 즉 "노동이 생산하는 대상, 즉 노동의 생산물이 하나의 낯선 존재로서, 생산자로부터 하나의 독립적인 힘으로서 노동과 대립한다는 것"을 말한다(마르크스, 『경제학 철학 수고』, 『칼 마르크스 저작 전집』(1권), 73쪽).

예를 들면 비싼 옷을 생산하는 노동자의 경우, 그는 열심히 일하여 좋은 옷을 만들기는 하지만 그 옷은 결코 그의 것이 아니라 기업주나 회사의 것이다. 자기의 봉급을 다 털어도 사지 못할 만큼의 비싼 옷을 만드는 여공의 경우 자신이 만든 제품에 대해서 소외된 느낌을 받을 것이다. 이처럼 노동자가 그의 에너지를 투입하여 상품을 만들어도 그것이 자신의 소유가 되지 못하는 것을 마르크스는 노동의 대상으로부터의 소외라고 부른다.

② 생산 활동으로부터의 소외 : 이는 노동자가 생산과정에서 기쁨이나 만족을 느끼지 못하고 소외되는 것을 말한다. 마르크스는 이를 다음과 같이 멋있게 표현한다.

"따라서 노동자는 그의 노동 속에서 자신을 긍정하는 것이 아니라 부정하며, 행복을 느끼는 것이 아니라 불행을 느끼며, 자유로운 육체적, 정신적 에너지를 발휘하는 것이 아니라 고행으로 그의 육체를 쇠약하게 만들고, 그의 정신을 파멸시킨다는 것에 있다. 그러므로 노동자는 노동 바깥에서야 비로소 자기가 자신과 함께 있다고 느끼며, 노동 속에서는 자기가 자신을 떠나 있다고 느낀다. 노동자는 자신이 노동을 하지 않을 때에는 집에 있는 것처럼 편안하고, 노동할 때에는 편안하지 못하다. 그의 노동은 그러므로 자발적인 것이 아니라 강요된 것, 강제 노동이다!"(『경제학 철학 수고』, 75쪽)

이런 노동의 소외를 마르크스는 다시 자기소외(self-alienation)라고 표현한다.

한마디로 일하는 자기 자신이 스스로에 대해 괴롭다는 것이다. 이런 노동 과정으로부터의 소외는 자기 일이 아니라 남의 일을 할 때, 특히 임금노동을 할 때, 심하게 느껴진다. 이런 노동 과정으로부터의 소외는 앞으로 우리가 다룰 소외된 교육에서 많은 공명을 받을 것이다.

③ 유적(類的) 존재로부터의 소외 : 문화적 소외라고도 한다. 유적 존재(Gattungswesen)란 독일 철학에서 아주 중요한 개념이다. 그 개념의 발전사는 복잡하지만 간단히 말하면 인간은 근본적으로 개별적 존재가 아니라 공동존재, 사회적 존재라는 이야기이다. 즉 나와 타인 혹은 나와 우리라는 의식은 상호 불가분의 관계가 있다는 것이다. 마르크스 역시 이런 독일 철학의 전통을 계승하여 유적 존재를 인간 존재의 중요한 양식으로 본다. 그러나 그는 이를 정신이나 관념이 아니라 구체적인 사회적 존재, 즉 생산과의 관련에서 이를 추출한다.

"동물은 일면적으로 생산하지만, 반면에 인간은 보편적으로 생산한다. 동물은 직접적인 육체적 욕구의 지배 하에서만 생산하지만, 반면에 인간은 육체적 욕구로부터 자유로이 생산하며, 그러한 욕구로부터의 자유 속에서만 비로소 진정으로 생산한다. (…) 인간은 또한 미(美)의 법칙들에 의거해서 꼴을 만든다. 이처럼 인간은 다름아닌 대상적 세계의 가공 속에서 비로소 현실적으로 자신을 유적 존재로서 증명한다."(『경제학 철학 수고』, 79쪽)

이처럼 마르크스가 말하는 유적 존재로부터의 소외는 인간의 문화생활로부터의 단절을 의미한다. 즉 생존의 궁핍 때문에 어쩔 수 없이 자신의 노동력을 팔아야 하는 임

볼쇼이 발레단 공연

가난한 서민들은 고급 문화로부터 소외된다. 마르크스가 말하는 '유적 존재로부터의 소외'는 한 시대의 예술과 문화로부터 멀어지는 것을 말한다.

에리히 프롬(Erich Fromm, 1900-1980)

독일 태생의 유태인 철학자, 사회학자. 마르크스와 프로이트의 사상을 결합하여 사회심리학을 만들었다. 프롬의 주된 관심은 어떻게 하여 자유민주주의 사회에서 히틀러 같은 통치자가 나올 수 있는가를 밝히는 것이었다. 그의 초기의 저작 『자유로부터의 도피』는 그런 문제점에서 출발하는 저서이며 『건전한 사회』는 근대 사회를 소외 개념으로 파악한다.

금노동자의 경우 예술과 문화를 제대로 누릴 수 없다는 것이다. 실제 우리 주위를 돌아봐도 힘든 일을 하는 경우 고차적인 예술이나 문화를 경험한다는 것은 거의 불가능하다.

④ 인간의 인간으로부터의 소외 : 직장 동료로부터의 소외를 말한다. 마르크스는 위의 세 가지의 소외로부터 인간의 인간으로부터의 소외 개념을 도출해 낸다. "인간이 자신의 노동의 생산물, 자신의 생산 활동, 자신의 유적 본질로부터 소외되어 있다는 사실로부터의 하나의 직접적 귀결은 인간으로부터의 인간의 소외이다. 인간이 자기 자신과 대립할 때에는, 그는 다른 인간과 대립하는 것이다."(『경제학 철학 수고』, 80쪽)

이는 좁게 보면, 직장 동료들 간의 불신이나 증오를 나타낸다고 할 수 있고, 더 넓게는 소외된 노동을 하는 사람은 자신 밖의 모든 사람과 화해하지 못하고 대립, 불화(不和)한다는 것이다. 사람이 자신이 원하지 않는 일을 해야만 할 때 그는 타인과의 관계에 있어서도 점점 소원해지고 또 스스로 혐오스럽게 변할 수 있다.

3. 에리히 프롬의 소외론

■ 우상숭배로서의 소외

앞에서 우리는 헤겔과 마르크스의 소외 개념을 공부해 보았다. 그러나 현대 산업사회와 기술문명이 가져온 인간관계의 단절 및 인간의 자기소외(自己疏外) 현상을 가장 포괄적으로 또 심층적으로 보여주는 사람은 에리히 프롬이다.

프롬은 소외 개념을 우상숭배와 연결지었다. 우상숭배란 사람이 스스로 만든 물건을 보고 숭배하는 행위이다. 『구약성경』의 「출애급기」를 보면 모세가 여호와 하나님으로부터 십계명을 받으러 시내 산에 올라가 있는 동안 이스라엘 민족은 황금송아지를 만들고 이를 자기들의 신(神)이라고 숭배한다. 이런 소외는 인간이 만든 것 속에서 자기를 발견하지 못하고 도리어 그를 자신의 우상으로 숭배하는 것이다.

프롬에 의하면 이런 소외는 근대에만 국한되는 것은 아니지만 근대와 현대에는 특별히 이런 인간 소외가 심각하게 나타난다고 한다. 프롬의 말을 직접 들어보자.

> "근대 사회에서 일어난 소외는 거의 전체적인 것이다. 즉, 사람의 노동, 인간의 소비물자, 국가, 친구 또는 그 자신 등에 대한 사람의 모든 관계는 소외 현상이 편재하고 있다. 사람은 세계를 인간 자신이 만든 사물의 세계로 바꾸어 놓았으며 이러한 현상은 그 이전에는 결코 찾아볼 수 없다. 사람이 만든 기계를 관리하는 복잡한 사회적 기구까지 건설해 놓았다. 그러나 이러한 모든 사람의 창조물들은 그것의 창조주인 사람 위에 군림하여 오히려 사람을 지배하고 있다. 사람은 자신을 창조주나 중심자로 느끼지 않고 그의 손이 만들어 내놓은 기계의 노예로 느낀다. 사람의 힘에 의하여 제조된 기계가 더 강력하여지고 더 거대하여질수록 사람은 인간으로서의 자기 자신을 더욱 무력하다고 느낀다. 사람은 자기가 창조했지만 자기로부터는 소외된 자기 자신의 힘(기계의 힘)과 대면하게 되었다. 즉, 그는 그 자신의 소유자로서의 지위를 상실하고 오히려 피창조물인 기계의 소유물이 되어 버렸다. 이것은 스스로 금송아지를 만들어 놓고 '이 금송아지는 너희를 이집트에서 구해 준 너희들의 신이다'라고 말하는 것과 같은 격이다."
>
> (프롬, 『건전한 사회』 중에서)

에리히 프롬의 공로는 근대 자본주의 산업사회 안에 광범위하게 퍼져 있는 인간의

황금송아지 우상

이스라엘 사람들이 황야에서 금귀고리를 모아 만든 금송아지. 이처럼 사람들이 스스로 만든 물건을 신으로 간주하고 숭배하는 행위를 우상숭배라고 한다. 황금송아지는 그 후 황금만능주의(黃金萬能主義) 내지 물신숭배(物神崇拜)의 상징이 되었다. 현대 사회의 우상은 기계문명과 관료제를 비롯한 조직사회이다. 개인은 이런 기계문명과 조직사회 속에서 소외된다.

소외 현상을 집요하게 추적한 것이다. 사실 근대 사회는 인간들이 창조한 엄청난 문물(文物)과 제도(制度) 그리고 각종 생산 시설들로 넘쳐난다.

거대한 도시들은 불야성(不夜城)을 이루고 있으며 인류는 그 전에 접해 보지 못한 물질적, 문화적 복지와 풍부를 누리고 있다. 그러나 그런 물질적, 기술적, 복지적 혜택에도 불구하고 알코올 중독자, 각종 정신질환자들 그리고 자살자들의 수(數)와 비율은 그 어느 시대보다도 높다. 가정 파탄과 결손 가정은 늘어간다. 이는 잘사는 나라일수록 더 심하다. 즉 물질적 풍요가 정신적 축복으로까지 발전하지 못하고 있다는 증거이다.

국가별 1인당 소득수준(GDP)과 평균행복도(Average Appreciation of Life)(1990년대 초 기준)

국가명	평균행복도	1인당 GDP(미 달러화 기준)
필리핀	0.693	2,681
아르헨티나	0.690	8,937
캐나다	0.683	21,459
독일	0.680	19,675
일본	0.666	21,581

평균행복도(Average Appreciation of Life)가 1이면 행복도가 가장 높으며, 0이면 행복도가 가장 낮음.

자료 : UNDP, *Human Development Index*(1994) ; Eckersley, R.,(ed.), *Measuring Progress : Is Life Getting Better?*(1998)

위의 표를 보면 잘사는 나라일수록 행복지수가 낮은 것을 알 수 있다. 그 이유는 다양하겠지만 프롬의 말을 빌려서 생각해 보면 현대인들이 생존을 위한 사회생활에서 그만큼 스트레스를 많이 받고 있다고 볼 수 있다. 특히 현대인들은 시장경제 하에서의 생존경쟁을 겪는 만큼 고대인들보다 그런 종류의 고통과 부담은 더 크다고 할 수 있다.

그리고 현대인들은 거대한 조직과 제도에 대해서 소외감을 느낀다. 특히 직장 문제에서 볼 때, 직장의 보스는 때로 신적일 정도로 거대하게 보인다. 대기업의 회장이나 임원들에 대해 평사원들이 느끼는 감정은 거의 숭배심이나 우상숭배와 같다. 그래서 프롬은 우상숭배라는 말을 썼다. 이는 개인적인 관계를 떠나서 각종 시설물들이나 개인들이 이해할 수 없는 엄청난 법규와 규정들 혹은 전문적인 산업 구조를 볼 때, 그런 느낌을 받는다. 그리고 더 나아가서 사회는 인간들이 그 필요에 따라서 창조했지만 어느 누구도 사회의 메커니즘에 대해서 모르고 있다. 마치 푸코가 지적한 규율권력처럼 어떤 비인간적인 힘이 사회와 개인들을 지배한다. 그 중 특히 중요한 것이 바로 사고 파는 시장의 존재이다. 이런 체제 하에서는 누구나 돈의 노예가 되어야 한다.

앞에서 본 것처럼 마르크스는 노동의 소외를 말했다. 그리고 아도르노와 호르크하이머는 도구적 합리성의 인간 지배를 역설했다.

에리히 프롬 역시 아도르노와 호르크하이머와 같이 프랑크푸르트 학파의 일원이었다. 따라서 많은 경우 프롬은 이들 신(新)마르크스주의자들과 같은 경향을 보여주고 있다.

프랑크푸르트 학파(Frankfurter Schule)
1920년대 독일 프랑크푸르트 대학의 부설기관으로 설립된 '사회연구소'에서 형성된 학파로서 이는 마르크스와 프로이트의 사상에 기반을 두고 자본주의 체제에 대한 비판을 형성한 '비판이론'(Critical Theory)의 정립을 주도했다.
여기에는 호르크하이머(M. Horkheimer)와 아도르노(T. Adorno) 그리고 마르쿠제(H. Marcuse), 벤야민(W. Benjamin), 프롬(E. Fromm) 등이 1세대로 활동했고 하버마스(J. Habermas)는 프랑크푸르트 학파 2세대의 대표적 인물이다.

■ 각종 소외의 원인과 증상

① 양화(量化), 추상화(抽象化)

프롬 역시 막스 베버의 합리화 이론과 양화(量化) 이론을 그대로 답습하고 있다. 이 책 5단원에서는 베버의 합리화, 관료제 그리고 양화 등의 개념에 대해 공부했다. 거기서 베버는 양화 혹은 계량화(計量化)의 개념이 근대과학과 근대 자본주의의 본질임을 밝혔다.

추상(抽象)과 구체(具體)

구체 (the concrete) : 하나 하나의 개체적 사물

추상 (the abstract) : 보편적, 일반적인 관념

시장경제 하의 추상화란 개별의 사람이나 사물을 하나의 부호로서 처리하는 것이다. 즉 화폐가치나 수(數)로서 사람을 표시하는 것이다. 즉 연봉 4천만 원짜리 인간의 경우.

또한 합리화 역시 양화, 계량화에 달렸다는 것을 밝혔다. 추상화 역시 양화와 같은 개념이다. 추상(抽象)의 뜻은 구체(具體)와 반대이다. 구체는 여기 눈앞에 보이는 하나하나의 사물 혹은 사람을 말한다.

반대로 추상은 구체적인 하나하나의 사물들을 뭉뚱그려 지시할 때 발생한다. 예를 들면 학생이라는 단어가 추상이다. 실제 존재하는 것은 학생 A, B, C 등이다. 그러나 우리는 편리상 학생이라는 보통명사를 이용하여 전체 학생을 지시한다.

시장경제에서 추상화란 양화와 같은 의미를 가진다. 예를 들어 수만 명의 고객을 관리하는 회사에서 고객 하나하나를 일일이 접촉할 수는 없다. 따라서 회사는 편리상 고객들을 숫자나 몇 가지 부호를 통해서 분류하고 관리할 수밖에 없다. 여기서 한 인간 인간은 하나의 숫자를 표시할 뿐이다.

프롬의 장점은 이런 양화의 사례를 자본주의 문명 내에서 적절하게 구체적으로 보여준다는 점이다.

또 다른 예를 들어 인구조사의 경우 한 인간의 총체적 의미는 단지 총인구 5천만 명 중의 하나를 뜻할 뿐이다.

중세의 장인들이나 농부들은 자신들이 생산하는 과정에서 각 요소들을 직접 접촉하고 또 생산물을 직접 보고 만지고 작업을 할 수 있었다. 그리고 장인(匠人)이 도제(徒弟)를 부리고 농부가 머슴을 부리더라도 그 관계는 어디까지나 개인 대(對) 개인의 인격적 관계였다. 물론 이것이 반드시 좋다는 뜻은 아니다.

그러나 근대의 기업은 사람이나 시멘트나 모래나 모두 가격이나 비용으로만 생각한다. 인간은 공장과 회사에서 더 이상 인격적 존재로 나타날 필요가 없다. 이를 프롬은 다음과 같이 표현한다.

"근대 기업은 대차대조표에 의존하고 있다. 근대 기업은 중세의 장인들이 그들

의 이익을 파악하기 위하여 사용했던 바와 같은 직접적이고도 구체적인 관찰에 의존할 수 없다. 원자재, 기계류, 임금(賃金)뿐만 아니라 생산까지도 화폐가치로 표현될 수 있으며 따라서 이들은 모두 대차대조표에 있어서 동일한 가치에 준하여 비교할 수 있다. 모든 경제적인 현상은 엄격하게 양화(量化)될 수 있어야 하며 이렇게 양화된 경제과정을 대차대조표로 정확하게 비교해 봄으로써 경영자는 자기의 사업이 이윤이 있는지 없는지 또는 있다면 어느 정도의 이윤이 있는지를 알 수 있게 된다."

(에리히 프롬 저, 이규호 역, 『건전한 사회』(1986), 325-326쪽)

인간의 노동은 화폐가치로 표현되며 이는 대차대조표의 한 항목에 불과하다. 이것이 앞에서 루카치가 말한 자본주의 사회의 '유령적 대상성'이라는 화폐가치 혹은 교환가치이다. 프롬은 다음과 같이 생생하게 근대 시장 사회의 사물화 내지 소외를 표현한다.

교환가치와 사용가치

가령 땅을 볼 때, 아이들과 어른들의 관심은 다르다. 아이들은 땅을 지나가는 거리나 노는 마당으로 생각하지만 자본주의 경제의 세례를 받은 어른들은 땅하면 우선 '평당 얼마일까?'라는 추상적 사고를 한다. 그 땅에서 무엇을 하고 느끼는지는 부차적인 문제에 불과하다.

" '3백만 달러의 다리(橋)', '20센트의 담배' 등은 보통 쓰이는 매우 일상적인 표현이다. 이러한 표현은 그 물건들을 구매하는 과정에서 제조자나 소비자의 입장에서도 쓰일 뿐만 아니라 물품명세서에서도 중요한 요점이 된다. 우리가 '3백만 달러의 다리'라고 말할 때, 우리의 주요 관심사는 그 다리의 유용성과 아름다움에 전혀 관심이 없다는 뜻이 아니다. 그 다리의 구체적인 (사용)가치는 그것의 추상적인 (교환)가치에 비해서는 '2차적'이라는 뜻이다."

(『건전한 사회』, 328쪽)

이런 추상화, 양화의 예는 우리 주변에서 흔히 볼 수 있다. 가령 사람의 가치를 그의 연봉에 따라서 결정한다든지 아니면 그의 아파트 평수에 따라서 인간의 권위를 평가

하는 자본주의적인 방식이다. 요즘 한국에서는 결혼정보회사들이 난립하고 있다. 거기서는 연봉 4천만 원이 중요한 기준이라고 한다. 연봉이 그에 못 미치는 신랑감들은 인간 비하의 심정에 빠질 것이다.

아무리 세태 풍조가 그래도 우리는 인간의 존엄성과 개성에 대한 믿음을 상실해서는 안 된다.

② 관료제 하의 인간 소외

이미 막스 베버가 근대의 합리성을 말하면서 관료제의 본질에 대해서 다 말했기 때문에 더 보탤 것이 없으나 프롬은 생생한 구체적 사례를 통해서 모순을 지적하고 있다. 프롬은 경영자의 **관료화**를 말하고 있다.

벌레로 변한 인간 이야기
산업사회의 인간 소외 현상을 다룬 카프카의 소설 『변신』. "어느 날 아침, 그래고르 잠자가 무엇인가 심상치 않은 꿈에서 깨었을 때, 침대 안에서 자기가 한 마리의 징그러운 벌레로 변신하고 있는 것을 발견하였다."
이것이 카프카의 소설 『변신』의 서두이다. 이는 현대인이 산업화, 합리화, 기계화, 인간관계의 단절 등을 통해 소외되어 있다는 것을 상징한다.
이런 근대 사회의 인간들은 프롬이 묘사하는 "통치받는 대중들은 관료들이 사랑이나 미움의 감정 없이 완전히 비인격적으로 생각하는 객체들이다."

"경영자의 문제는 관료화라는 소외문화에서 가장 중요한 현상에 관한 실마리를 열어 준다. 거대한 기업이나 정부는 관료주의에 의하여 통치된다. 관료들은 사물이나 사람의 행정에 대한 전문가들이다. 통치받아야 할 기구의 방대함 때문에 또한 이로부터 생기는 추상화 때문에 대중에 대한 관료들의 관계는 완전히 소외의 관계이다. 통치받는 대중들은 관료들이 사랑이나 미움의 감정 없이 완전히 비인격적으로 생각하는 객체들이다. 경영관료는 그의 직업적인 활동이 관계되는 한, 결코 감정으로 느껴서는 안 된다. 그는 사람을 마치 숫자나 사물인 양 대하여야 한다."

(『건전한 사회』, 336쪽)

이에 대해서는 더 이상 부연설명이 필요 없을 것 같다. 이런 관료제가 퍼져 있는 현대 사회는 인간의 얼굴이 없다. 익명성(匿名性)이 현대인의 초상이다. 이런 현대인들의 모습은 미국 시인 에즈라 파운드의 시(詩) 「지하철 정거장에서」에서 잘 묘사되고 있다.

지하철 정거장에서

군중 속에서 유령처럼 나타나는 이 얼굴들,
까맣게 젖은 나뭇가지 위의 꽃잎들.

IN A STATOIN OF THE METRO

The apparition of these faces in the crowd;
Petals on a wet, black bough.

소외된 현대인들, 얼굴(개성)을 상실하고 철저히 감독, 관리의 대상으로 타락한 현대인들의 모습이 이 시에서는 '유령처럼 나타나는 얼굴들'로 구체화되고 있다. '까맣게 젖은 나뭇가지'는 소외되고 짓밟힌 민중들의 상처 난 마음인지 모른다.

이 모습은 우리가 흔히, 예를 들면 저녁 늦게 신도림역 같은 곳에서 마주치는 모습이다. 그들 대부분 월급 백만 원 받고 살아가는 비정규직 민중들이다. 피로한 얼굴은 혈색을 잃고 어두움에 떠도는 유령같이 방황한다. 필자 역시 그들의 일부이다. 거대한 관료와 임직원들이 지배하는 한국 역시 소외된 대중의 사회라고 아니 할 수 없다.

③ 노동조합의 소외 문제

최근 한국 사회에서도 노동조합이 노동자의 인권 보호라는 원래의 차원을 넘어서서 이권 단체화하는 경향을 보이고 있다. 노동조합이 신입사원의 취업을 알선한다는 명목으로 금품을 요구하는 경우가 신문에 보도되고 있다. 따라서 소외의 문제는 비단

현대차(車) 취업장사 노조 전(前)간부 2억대 받아 … 3명 구속영장

현대자동차 취업 비리를 수사 중인 울산지검 특수부(부장 한찬식)는 11일 노동조합 전 대의원 대표 정모(41) 씨 등 3명에 대해 돈을 받고 취업을 알선해 준 혐의(근로기준법 위반)로 구속영장을 청구했다. 2002년부터 지난해까지 노조 대의원 대표를 지낸 정 씨는 2003년 9월 브로커 장모 씨를 통해 김모 씨가 취업할 수 있도록 추천을 해달라는 부탁과 함께 2000만 원을 받는 등 7명에게서 2억2500만 원을 받은 혐의다.

함께 구속영장이 청구된 현 노조 대의원 김모(43) 씨는 김모 씨의 어머니에게서 취업 청탁과 함께 2000만 원을, 전 노조 부장급 간부 김모(43) 씨는 박모 씨의 취직을 알선해 주고 2300만 원을 받은 혐의다.

「동아일보」, 2005. 5. 12)

경영자뿐만 아니라 노조에까지 걸친 보편적인 문제이다.

"근대경제에서 점점 더 문제시되고 있는 것은 기업의 거대함과 조합의 방대함이다. 드러커(Drucker)가 이 점을 매우 간결하게 지적하고 있다. 마침내 거대한 조합은 — 거대한 기업이 자유기업경제에 따라 조직되는 것과 같은 특수한 방식으로 — 한 장의 주(株)도 가져본 적이 없는 변두리 담배가게 주인이나, 공장에 한번도 취업해 본 적이 없는 사환의 행위까지도 결정해 주는 사회경제적 제도를 대변하고 규정하게 되었다. 따라서 우리 사회의 성격은 거대한 기업의 구조적인 조직이나 대량생산기술에 의하여 결정되고 조작되어, 우리의 사회적인 신념이나 희망까지도 거대한 조합의 힘 안에서 그리고 그 힘에 의해서 실현될 단계에 이르렀다."

(『건전한 사회』, 337쪽)

옆에 난 현대차뿐만 아니라 부산의 항만노조는 지금까지 거대한 노조의 기득권을 이용하여 취업장사를 해온 것으로 알려졌다.

여기서 우리가 느끼는 것은 원래 거대한 자본의 힘에 대항하여 약자의 권리를 보호하기 위하여 만들어진 단체라고 할지라도 그것이 구조화되고 거대화되면서 어느덧 본래의 목적을 상실하고 인간 소외, 즉 절박한 구직자의 약점을 이용하여 그들로부터 금품을 착취하는 일에 빠지게 되었다는 사실이다.

④ 소비의 소외

프롬이 분석한 현대 사회의 소외 가운데 최근 논술시험에 자주 출제되는 한 가지 현상만을 소개한다면 그것은 소비의 소외이다. 이 문항은 여러 가지 다른 현대인의 삶의 모습과 연합하여 출제되는 경우가 많다. 이는 '소비 통제'(consume-control)라고 하는 사회현상과 연결된다.

프롬이 말하는 소비의 소외란 다음과 같다. 우리가 음식이나 음료수를 마실 때, 때로 우리의 욕구나 희망과 아무런 관련도 없이 무엇을 사거나 먹을 수 있다. 예를 들어 우리가 아무런 맛도 없고 영양도 없는 빵을 먹는 이유는 우리의 부(富)에 대한 환상과 계층 상승에 대한 환상 등이 작용했기 때문일 수 있다. 즉, 상류층은 A라는 식품 회사의 식품을 먹는다는 사회적인 합의가 있을 때 어떤 사람은 상류층도 아니면서 상류층에 속하고 싶은 환상 때문에 A회사의 식품을 먹을 수가 있다. 프롬은 이런 말을 한다.

"노조귀족화가 노동자 희망 꺾는다"
전태일 여동생 전순옥씨 노조비리에 쓴소리

고 전태일 열사의 여동생이자 노동운동가인 전순옥(50)씨가 18일 한 라디오 방송 인터뷰에 출연해, 노동계의 잇단 비리에 안타까움과 좌절감을 표시했다. 전씨는 이날 평화방송 라디오 프로그램 '열린 세상 오늘 장성민입니다'에 나와 "힘없는 노동자들의 편에 서야 할 노조 지도부가 채용비리, 기금비리 등을 통해 재산을 축적하고 귀족화되고 있다는 소식은 노동자들에게 절망과 좌절을 주고 있다"고 말했다.

(『한겨레』, 2005. 5. 19)

> "우리가 마시는 것도 음료수가 아니라 음료수 병에 붙은 상표이다. 코카콜라를 마실 때, 우리는 코카콜라를 마시는 광고의 어여쁜 소년·소녀를 마시고 있으며 '피로회복을 위한 휴식'이라는 슬로건이나 위대한 미국의 습관을 마시고 있다. 우리의 미각으로 마시는 것은 거의 없다. 이러한 현상은 그 실제성이 '위생적'인 비누나 치약과 같이 광고운동이 만들어 내놓은 허구적인 사물의 소비에 이르러서는 더욱 악화된다."
>
> (『건전한 사회』 중에서)

이런 소외된 소비는 한국 사회에서도 흔히 볼 수 있다. 예를 들면 생활용품을 구매해야 할 때, 우리는 흔히 광고를 보고 무엇을 살지를 결정한다. 특히 어릴수록 광고의 효과는 거의 절대적이다. 여기에 대해서는 이미 보드리야르와 갈브레이스를 통해서도 많이 분석하였다(이 책 1단원, 3단원 참조).

코카콜라 광고
에리히 프롬에 의하면 이런 광고를 보고 코카
콜라를 마시는 사람은 콜라를 마시는 것이 아
니라 광고를 마시는 것이라고 한다.

다른 예로서 요즘의 아파트 광고를 보자. 거기는 서민들의 일상에서는 볼 수 없는 꿈 같은 현실이 펼쳐진다. 엄마는 영화배우 뺨치는 귀부인이고 아빠는 사장이고 아이들은 행복하게 보인다. 그런 아파트에 산다면 반드시 행복하게 된다는 믿음이 생긴다. 이런 모든 것들이 광고의 힘이다.

⑤ **여가의 소외**

프롬은 현대 자본주의와 산업사회를 철저하게 소외라는 개념으로 분석한다. 그는 이제 여가 및 오락의 소외라는 문제를 지적한다. 여가는 앞의 소비생활과 밀접한 관계가 있는 문제이다. 생산적이고 자발적인 여가활동을 할 때, 우리는 무언가 새로운 경험을 하게 되고 다 하고 나서 뭔가 나의 생활에 흔적을 남기게 된다. 가령 책을 본다든지 아니면 친구와 대화를 한다든지 하는 경우 우리는 의미와 즐거움을 느낀다. 그런데 현대의 소비문화, 여가문화는 소외된 형태의 즐거움을 남긴다. 콜라 광고의 효과처럼 대중들은 끊임없이 환상과 착각을 구매하도록 세뇌된다. 프롬은 그런 소외된 여가생활의 하나로 코닥 카메라 선전을 지적한다.

"'셔터만 누르십시오. 그 나머지는 모두 우리가 처리하겠습니다'라는 코닥회사의 슬로건은 1889년 이후 전세계에 사진을 대중화시켰다. 이것은 단추 하나를 누름으로써 큰 힘을 낼 수 있는 최초의 기계 중의 하나이다. 우리는 아무것도 안 하고 아무것도 모르더라도 모든 것이 이루어진다. 우리가 해야 할 것은 오로지 단추 하나를 누르기만 하면 그만이다. 참으로 스냅사진은 소외된 시각, 즉 단순한 소비의 의미있는 표현 중의 하나가 되었다. 카메라를 가진 '여행자'는 세계와의 소외된 관계를 나타내는 뚜렷한 상징이다. 사진을 찍는 데 항상 사로잡혀 사진기를 통하여 나타나는 것 외에는 실지로 아무것도 '그는' 보지 않는다. 사진기가 그를 대신하여 세계를 보며 그의 여행의 결과는 산 경험 대신에 한 묶음의 스냅사진뿐이다."

(『건전한 사회』, 343-344쪽)

요즘은 기계식 카메라 대신 디지털 카메라가 유행이다. 이것 역시 내가 세상을 보는 것이 아니라 카메라가 보여주는 세상의 모습에 만족하는 것이다. 물론 여행이나 주요한 행사의 경우 이를 기념하기 위해서 사진을 찍는 것이 나쁘다고 할 수는 없지만 우리가 기계에 의존할수록 세계에 대한 나의 활동은 미약해지고 점점 그 기계에 의지하게 된다. 이런 여가활동의 소외 현상은 주객이 전도되는 결과를 가져온다. 즉 내가 기계를 사용하는지 반대로 기계가 나를 사용하여 자신의 목적을 이루는지 모른다.

여가활동에서 나의 활동은 점차 줄어들고 그 대신 카메라나 기타 장비나 여행사의 활동은 커진다. 모든 것을 단체나 조직이 다 주선해 주고 몸만 가면 되는 것이 최근의 여행의 풍조이다. 여가활동에서도 개인은 점차 수동적으로 변하고 그 대신 설비나 시설 혹은 기계 장치 등의 비중이 점차로 증대된다.

⑥ 동료들 간의 소외

에리히 프롬의 소외론 역시 마르크스의 소외론과 많은 부분 유사하다. 마르크스는 자본주의 하에서 노동자들이 겪는 소외를 말하였으나 프롬은 자본주의를 포함한 근대적 산업사회 하에서 발생하는 소외를 말한다. 다시 말해 공산주의나 사회주의라고 해서 소외가 없지 않다는 것이다. 또 프롬은 소외가 노동자들뿐만 아니라 모든 종류의 사람들에게 해당된다고 본다. 그리고 소외의 원인을 마르크스는 노동자가 자본가들에게 예속되기 때문이라고 보지만 프롬은 막스 베버의 이른바 합리화를 소외의 원인으로 간주한다는 점이 다르다. 마르크스는 4가지 소외를 말하면서 '인간의 인간으로부터의 소외'를 언급했다. 이와 비슷하게 프롬은 '사람과 사람 사이의 소외'를 말한다. 프롬이 말하는 '자기 동료와의 관계' 혹은 '사람과 사

원자론적 개인주의(atomic individualism)
근대인들은 전통적인 사회적 유대를 상실했고 따라서 인간관계의 소외를 겪는다. 프롬은 이를 "근대 사회는 각 개인이 서로 분리되어 자기 이익과 서로를 이용하려는 필요만 갖춘, 작은 입자인 '원자'로 구성되어 있다"라고 서술한다.

람 사이의 소외' 현상은 이렇다.

"근대인의 '자기 동료와의 관계'는 무엇인가? 그것은 두 추상, 살아 있는 두 기계 간의 관계이다. 고용주는 그가 고용한 사람을 사용하며 판매인은 고객을 사용한다. 모든 사람은 모든 사람에 대하여 상품화했으며 어떤 우정을 가지고 관계한다. 왜냐하면 그가 지금 당장 쓰이지는 않더라도 언젠가 쓰일 것이기 때문이다. 오늘날의 인간관계에서는 사랑이나 미움 같은 감정을 찾아보기 힘들다. 오히려 피상적인 우의(友誼)뿐이다. 이러한 피상적인 표면의 배후에는 거리감과 무관심이 도사리고 있다. 또한 미묘한 불신감도 적지 않다.

(…)

사람과 사람 간에도 소외 현상이 일어남으로 말미암아 중세 사회나 자본주의 이전의 사회의 특징인 일반적인 사회적 유대가 와해되어 버렸다. 근대 사회는 각 개인이 서로 분리되어 자기 이익과 서로를 이용하려는 필요만 갖춘, 작은 입자인 '원자'(그리스어의 원자는 개인을 뜻하기도 한다)로 구성되어 있다."

(『건전한 사회』, 345쪽)

여기서 프롬은 근대의 개인주의 사회와 그 소외를 말하고 있다.

근대는 전근대 사회의 특징인 지역적, 혈통적, 종교적 유대를 잃어버렸다. 이는 도시화와 거대화의 산물이라고 볼 수 있다. 이제 우리는 타인을 나의 필요를 위한 수단으로만 간주한다. 인간적인 교류의 훈훈함은 인간의 유용성 개념으로 전환되었다. 타인에 대해서는 미워하지도 사랑하지도 않는 적당한 거리감과 예의가 합리적이다. 모두가 그렇게 생활한다. 물론 어린 시절에는 그런 사회적-합리적인 관계보다는 서로 싸우면서 정(情)도 생기고 우정도 형성된다. 그러나 점점 성장하면서는 그런 원초적인 인간관계보다는 이기적-목적적 인간관계가 더욱 삶을 지배하게 된다. 그래서 사람들은 어린 시절의 친구를 그리워하게 된다.

■ 인간 소외와 『어린 왕자』

앞에서 말한 맥락에서 우리는 생떼쥐베리의 『어린 왕자』라는 소설을 기억한다. 거기서 어린 왕자와 여우는 서로 길들여진다. 길들이는 것은 개인적인 관계를 형성하는 것이다. 이는 인격적인 만남과 상호작용을 통해서 이루어진다. 이런 과정을 통해서 산업사회 하의 개인들은 원자론적 파편성(破片性)을 벗어나서 인격과 사회성을 획득할 수 있다. 이 소설에서 여우가 그리는 일상적 세계는 익명적인 합리성의 세계이다.

생떼쥐베리(Antoine-Marie-Roger de Saint-Exupery, 1900-1944)
프랑스의 소설가, 비행사. 그가 쓴 『어린 왕자』는 원자론적 개인주의와 인간 소외가 판을 치는 현대 산업사회의 어른들을 위한 동화이다. 거기서 길들이기와 관계맺음을 통해서 인간의 고립과 소외를 벗어날 수 있음을 암시하고 있다.

> 여우는 한숨을 쉬었다. 그리고 여우는 자기 이야기로 말머리를 돌렸다.
> "내 생활은 늘 똑같애. 나는 닭을 잡고, 사람들은 나를 잡는데, 사실 닭들은 모두 비슷비슷하고, 사람들도 모두 비슷비슷해. 그래서 나는 좀 따분하단 말이야."
>
> (생떼쥐베리, 『어린 왕자』 중에서)

"닭들은 모두 비슷비슷하고, 사람들도 비슷비슷하다"는 구절은 위에서 프롬이 말하는 서로가 서로를 이용하는 소외된 인간 사회를 의미한다. 이는 달리 말해서 근대 사회의 익명성을 말한다. 익명성(匿名性)은 인격성의 반대 개념이다. 익명적 개인들은 서로 서로를 이용하려고 한다는 점에서 『어린 왕자』의 사람들과 닭 그리고 여우는 모두 서로가 서로를 이용하는 존재이다. 즉 타자는 나의 수단이나 도구로서의 가치밖에는 없다. 이런 상호 이용과 수단의 관계를 벗어나서 인격적인 상호작용을 위해서는 길들이고 관계를 맺는 것이 필요하다.

> "아니, 난 친구를 찾고 있어. 도대체 길들인다는 게 무슨 말이냐고?"
> "모두들 잊고 있는 건데, 관계를 맺는다는 뜻이란다."

여우가 대답했다.

"관계를 맺는다고?"

"응. 지금 너는 다른 애들 수만 명과 조금도 다름없는 사내애에 지나지 않는다. 그리고 나는 네가 필요 없고, 너는 내가 아쉽지도 않은 거야. 네가 보기에 나도 다른 수만 마리의 여우와 똑같잖아? 그렇지만 네가 나를 길들이면 우리는 서로 아쉬워질 거야. 내게는 네가 세상에서 하나밖에 없는 존재가 될 것이고, 네게도 내가 이 세상에 하나밖에 없는 여우가 될 거야."

"이제 좀 알아듣겠어. 나에게 꽃이 하나 있는데, 그 꽃이 나를 길들였나 봐."

(『어린 왕자』 중에서)

여기서도 현대 산업사회의 근본적인 문제인 익명성과 소외가 나타나 있다. 즉, 관계를 맺기 전의 어린 왕자는 여우에게 "다른 수만 명과 조금도 다름없는 사내애에 지나지 않는다." 그리고 여우 역시 어린 왕자에게는 "다른 수만 마리의 여우와 똑같다." 이는 현대인들의 개인주의 풍조와 타산적 합리성이 만들어낸 사회이다. 이런 상호이용과 무관심의 세계는 만남과 길들여짐을 통해서 의미와 존재의 세계로 변한다. 여우가 하는 말, 즉 "그렇지만 네가 나를 길들이면 우리는 서로 아쉬워질 거야. 내게는 네가 세상에서 하나밖에 없는 존재가 될 것이고, 네게도 내가 이 세상에 하나밖에 없는 여우가 될 거야"에서 분명하게 표현된다. 이런 인격적−존재론적 만남은 서로를 세상의 유일한 존재로 인식하게 한다. 이런 만남을 다른 말로 사랑이라고 한다. 사랑이란 1 대 1의 인격적인 관계를 말하며 서로 이해하고 존중하는 것이다. 또한 사랑은 서로를 무관심하게 방치하는 것이 아니라 상호작용을 통해서 서로 키워주고 인내하며 서로의 발전을 기다리는 믿음이다.

■ 김춘수의 「꽃」과 만남의 의미

『어린 왕자』에서 우리는 만남과 길들여짐을 통해서 인간의 가치와 존엄성이 비로소

회복됨을 알았다. 즉 사랑을 통해서 우리는 서로에게 세상에서 하나밖에 없는 존재로 변하는 것이다. 나는 너에게 그리고 너는 나에게 다른 무엇으로 대체할 수 없는 존재가 된다는 것이다.

즉 치약이나 칫솔 같은 생필품처럼 A를 B와 대체할 수 있는 관계가 아니라 다른 것으로 대체(代替)불가능한 존재가 되는 것이다. 세상에서 하나밖에 없는 존재가 되는 것은 이처럼 인간의 사물화와 소외를 벗어던지고 인격적으로 만날 때 비로소 가능하다. 이런 맥락에서 김춘수 시인의 「꽃」 역시 만남의 의미를 표현하고 있다.

만남의 철학자, 마르틴 부버
(Martin Buber, 1878-1965)
마르틴 부버는 그의 저서 「나와 너」에서 인간의 존재방식을 '나-너'(I-Thou)와 '나-그것'(I-It)의 두 가지로 구분한다.

'나-너'(I-Thou)의 존재방식은 인격적 만남을 말한다. 모든 참된 삶은 만남이며, 만남은 현재적이다. 여기에 사랑이 속한다.

'나-그것'(I-It)의 방식은 경험하고 이용하는 관계이다. 이는 사람이나 사물 모두에 해당한다. 경험과 이용은 과거적이다.

"근원어 '나-너'는 오직 온 존재를 기울여서만 말해질 수 있다. 온 존재에로 모아지고 녹아지는 것은 결코 나의 힘으로 되는 것이 아니다. 그러나 나 없이는 결코 이루어질 수 없다. '나'는 너로 인하여 '나'가 된다. '나'가 되면서 '나'는 '너'라고 말한다."
(부버, 「나와 너」 중에서)

내가 그의 이름을 불러 주기 전에는
그는 다만
하나의 몸짓에 지나지 않았다.

내가 그의 이름을 불러 주었을 때
그는 나에게로 와서
꽃이 되었다.

내가 그의 이름을 불러 준 것처럼
나의 이 빛깔과 향기에 알맞은
누가 나의 이름을 불러 다오.
그에게로 가서 나도
그의 꽃이 되고 싶다.

우리들은 모두

「꽃」의 시인 김춘수(1922-2004)
한국시단에서는 드물게 만남의 실존적 의미를 시(詩)로 만든 시인. 그의 시 「꽃」은 많은 사람들의 애송시가 되었다. 꽃에 이름을 불러 주는 것은 근대인의 익명(匿名)성에 대비되는 실명(實名), 즉 인격과 의미를 나타낸다. 이름을 부르는 것은 대체가능한 사물과 상품이 아니라 대체불가능한 인격과 존재를 말한다.

무엇이 되고 싶다.

나는 너에게 너는 나에게

잊혀지지 않는 하나의 의미가 되고 싶다.

이 시 역시 현대 문명에 대한 하나의 대안을 제시한다고 볼 수 있다. 물론 문학작품의 의미는 다양하기 때문에 일방적으로 해석해서는 안 된다. 그러나 현대 문명의 소외라는 것이 이 시대의 큰 화두라면 거기에 비추어 기존의 작품을 해석할 수 있다. 특히 이 시(詩)는 현재 사회의 익명성(匿名性) 대신 이름을 불러주는 실명성(實名性)을 말하고 있다. 에리히 프롬이 말하는 익명성은 시장지향적인 사회를 의미했다. 즉 교환가치, 화폐가치가 인간의 내면성을 대신하는 비인간적인 소외를 고발하는 것이 익명성이라면 실명성은 그 반대로 인간의 고유한 존재를 서로 이해하고 인정한다는 사상을 말한다. 이름은 단순한 이름이 아니라 여기서는 인격성과 개성을 말한다. 그리고 사물이라고 할지라도 이는 특별한 의미를 가진다. 꽃이라는 하나의 식물도 이름을 부름으로써 그것은 '나'와 관계를 가진 '너'의 의미를 가진다.

예수 그리스도의 십자가
십자가는 그리스도의 사랑의 상징이다. 이는 죄인을 구속하기 위해서 피를 흘린 신적인 사랑의 표시이다. 오늘날 우리에게 십자가는 이웃과 인간을 위한 희생과 고통을 말한다. 예수 그리스도는 또 "네 이웃을 네 몸과 같이 사랑하라", "너의 원수를 사랑하라"고 가르쳤다.

■ 「고린도 전서」의 사랑

사랑에 대해서는 동서고금의 많은 문학과 철학에서 그 주제로 다루었다. 논술시험과 관련하여, 특히 미션스쿨들과 관련하여서는 기독교의 사랑에 대해서 알 필요가 있다.

간단히 말해서 기독교는 사랑의 종교이다. 기독교의 근원이 되는 예수 그리스도는 죄인을 구하는 십자가의 사랑을 통해서 사랑의 도(道)를 완성했다. 그는 또 "네 이웃을 네 몸과 같이 사랑하라", "너의 원수를 사랑하라"라고 가르쳤다. 이런 사랑은 물론 현실에서는 이루기 어렵지만 인간이 그 목표로 노력해야 할 이상적인 인격을 말하는 것이다.

예수 그리스도의 도를 전파하는 데 많은 기여를 한 사도 바울은 그가 쓴 「고린도 전서」 13장에서 기독교의 사랑의 진리를 잘 묘사하고 있다.

> "내가 사람의 방언과 천사의 말을 하더라도 사랑이 없으면 소리나는 놋쇠와 울리는 꽹과리에 지나지 않습니다. 내가 예언하는 능력을 가졌고 온갖 신비한 것과 모든 지식을 이해하고 산을 옮길 만한 믿음을 가졌다 하더라도 사랑이 없으면 아무것도 아닙니다. 내가 가지고 있는 모든 것을 가난한 사람들에게 나눠주고 또 내 몸을 불사르게 내어준다고 해도 사랑이 없으면 그것이 나에게 아무 유익이 되지 않습니다.
>
> 사랑은 오래 참고 친절하며 질투하지 않고 자랑하지 않으며 잘난 체하지 않습니다.
>
> 사랑은 버릇없이 행동하지 않고 이기적이거나 성내지 않으며 악한 것을 생각하지 않습니다. 사랑은 불의를 기뻐하지 않고 진리와 함께 기뻐합니다.
>
> 사랑은 모든 것을 참으며 모든 것을 믿으며 모든 것을 바라고 모든 것을 견딥니다."
>
> (『현대인의 성경』 「고린도(I)」, 13:1-7)

여기서 사도 바울은 희생적인 사랑에 대해서 노래하고 있다. 특히 중요한 구절은 신비한 능력이나 모든 지식보다도 사랑의 가치를 더 높이고 있다는 것이다. 현대는 막스 베버의 말처럼 '지성화'가 그 큰 특징이다. 이는 지식과 정보가 사회적인 삶에서 그만큼 중요하다는 말이며 또 그 접근이 용이하다는 말이다. 현대 문명이 종전의 그것과 근본적으로 차이 나는 것도 바로 지식과 기술에 있다. 요즘의 부자들과 권력자들은 그들의 지식과 정보에 대한 우월성 때문에 그런 사회적 위치를 누린다. 예전처럼 토지나 자본 혹은 천연자원의 우위가 아니라 지식과 정보의 우위가 부와 권력을 창출하는 것이다. 마이크로소프트를 세워 세계 최고의 갑부가 된 미국의 빌 게이츠(William H.

빌 게이츠(William H. Gates, 1955-)
빌 게이츠는 컴퓨터 프로그램을 개발하는 기술 하나로 오늘날 세계 최고의 갑부로 된 21세기 지식정보사회의 총아이다. 그가 개발한 윈도우 소프트웨어는 우리 시대의 문명을 바꾸어 놓은 획기적인 기술의 상징이다.

사도 바울(Apostle Paul)
그리스도의 복음을 전하기 위하여 아시아와 유럽을 여러 차례 여행함. 그의 서신들은 기독교의 신앙복음서의 중요한 부분을 형성하고 있다. 바울은 "지식은 사람을 교만하게 하나 사랑은 덕(德)을 세운다"라고 말했다(「고린도 전서」, 8:1). 그는 또 「고린도 전서」 13장에서 기독교의 사랑의 진리를 잘 묘사하고 있다. "내가 사람의 방언과 천사의 말을 하더라도 사랑이 없으면 소리나는 놋쇠와 울리는 꽹과리에 지나지 않습니다."

Gates)는 일개 컴퓨터 프로그래머로 출발하여 입지전(立志傳)적으로 자기 사업을 세우고 막대한 부(富)를 창출했다. 이는 현대 사회가 지식사회(知識社會)라는 것을 의미한다. 지식과 정보와 기술은 모든 가치를 창조하는 원천이다.

그러나 이런 지식의 소유는 인간을 강하게 할지는 모르지만 인간성을 풍부하게 하고 인간의 공동성, 사회성을 만족시켜 주지는 못한다. 인간은 사회적, 가족적 존재이다. 특히 남녀의 결합은 중요한 사회적 원동력이다. 이런 인간관계에서는 지식과 기술이 별로 의미를 가지지 못한다. 여기서는 인간의 도덕성과 덕성(德性)이 중요하다. 인간관계에서 절대적으로 필요한 덕목이 바로 앞에서 언급된 사랑이다. 사랑은 도움, 관심, 인내 등을 의미한다. 흔히 이웃사랑이란 말을 쓴다. 예수 그리스도의 가르침도 바로 이웃사랑이다. 우리가 이웃을 내 몸처럼 사랑할 수 있다면 현대 산업사회의 온갖 소외 문제를 극복할 수 있을 것이다.

그리고 바울은 "지식은 사람을 교만하게 하나 사랑은 덕(德)을 세운다"라고 말했다(「고린도 전서」, 8:1).

이처럼 지식은 개인에게 힘을 주지만 스스로 교만하게 만든다는 것을 우리는 몸소 체험할 수 있다. 교만은 인간관계를 파괴한다. 사랑은 남을 나보다 낫게 여긴다. 사랑은 겸손함과 이해심을 의미한다. 따라서 현대인들의 익명성과 타산적 합리성 그리고 관료제의 비인간성을 극복할 수 있는 방법의 하나가 바로 사랑이라고 할 수 있다. 물론 사랑은 개인적인 문제이기 때문에 사회구조적인 문제까지 해결할 수는 없다. 사회구조적인 모순을 제거하고 새로운 사회를 만들기 위해서도 사랑의 가치는 유효하다. 왜냐하면 인간에 대한 사랑 없이 개혁활동이나 실천활동을 한다면 이는 새로운 소외와 억압을 야기할 수 있기 때문이다.

그리고 남을 돕는 봉사활동을 하더라도 사랑의 의미를 잃어버리고 하면 안 된다. 바울은 그래서 "내가 가지고 있는 모든 것을 가난한 사람들에게 나눠주고 또 내 몸을 불사르게 내어준다고 해도 사랑이 없으면 그것이 나에게 아무 유익이 되지 않습니다"라고 고백한 것이다.

4. 뒤르켐의 『자살론』과 아노미 현상

최근 한국 사회를 강타하고 있는 것은 자살 신드롬이다. IMF 경제위기 이후 실직하거나 파산하는 사람들과 기업들이 많아지고 불황의 그늘이 지워지지 않아서 국민들의 좌절과 고통은 줄어들지 않고 있으며, 그에 따라 자살률도 급증하고 있다. 인터넷에서는 자살 사이트가 우후죽순처럼 등장하여 같이 죽고 싶은 사람들을 불러들이고 있다.

에밀 뒤르켐(E. Durkheim, 1858-1917)
프랑스의 사회학자. 뒤르켐은 자살 문제를 사회학적인 맥락에서 분석한다. 많은 역사적, 지역적, 종교적인 자료에 근거한 실증적 연구를 토대로 뒤르켐은 ① 이기적 자살, ② 이타적 자살, ③ 아노미적 자살이라는 자살의 3가지 사회학적 유형을 추출하기에 이른다.

신용불량자가 360만 명에 달하고 청년실업자가 50만 명에 달한다. 거기다가 대학입시 및 내신 성적에 비관하여 자살하는 학생들이 있다. 하루 평균 자살자 수가 약 40명에 달한다고 한다. 카드 빚에 눌려 일가족이 동반하여 죽는 집단적 살인이 늘고 있다. 부모들의 잘못된 판단 때문에 불쌍한 아이들까지 부모들과 같이 죽고 있다. 그리고 노인들의 자살률 역시 급증하고 있다. 이는 소외되고 병든 노인들이 자식들에게 피해를 주지 않기 위하여 행하는 눈물겨운 소식들이다.

프랑스의 사회학자 뒤르켐(E. Durkheim, 1858-1917)의 『자살론』은 자살의 사회적인 원인을 분석한 저서이다.

그 전까지 자살은 개인적인 문제로만 여겨져 왔다. 예를 들면 개인이 당한 큰 불행이나 질병 등이 원인이라는 것이다. 인간은 큰 고통을 당하면 누구나 자살을 생각해 본다. 왜냐하면 그런 고통을 감당하기가 힘들어서이다. 그러나 이런 이론의 문제점은 똑같은 불행이나 질병을 당하더라도 어떤 사람은 그것을 이겨내고 어떤 사람은 그렇지 않다는 것이다. 또 다른 이론은 개인이 지닌 정신적, 심리적 이상에서 자살이 온다는 것이다. 예를 들어 우울증 환자는 자살할 확률이 대단히 높다. 이런 정신병리학적 자살론은 상당히 타당한 자살의 원인을 설명한다. 그러나 정신질환자가 모두 자살하는 것도 아니고 단지 그 빈도가 높다는 것뿐이다. 또 자살을 정신병의 일종이라고 보기도 어렵다.

이런 맥락에서 프랑스의 사회학자 뒤르켐은 자살 문제를 사회학적인 맥락에서 분석한다. 많은 역사적, 지역적, 종교적인 자료에 근거한 실증적 연구를 토대로 뒤르켐은 자살의 3가지 원인 내지 유형을 추출하기에 이른다. 뒤르켐의 자살론의 근본적인 아이디어는 자살이 개인의 문제가 아니라 개인과 사회의 관계에서 오는 하나의 사회현상이라는 사실이다. 특히 자살은 근대 산업사회의 발전과 더불어 종전에는 볼 수 없었던 이상한 상태를 보이고 있으니 이는 소위 아노미(anomie)라고 불리는 사회 변동에 따르는 개인들의 가치관 혼란이다.

① 이기적 자살 (egoistic suicide)

뒤르켐은 자살률이 서구에서 지식과 교육의 정도가 높은 지역에서 상대적으로 많이 발생한다는 것을 알아내었다.

우선 그는 자살의 동기는 다양하다고 말한다. 즉, ① 빈곤·금전상의 손실, ② 가정 불화, ③ 애정·질투·방탕·비행, ④ 실직·고민, ⑤ 정신질환, ⑥ 가책·형벌의 두려움, ⑦ 신체적 고통, ⑧ 분노 등의 다양한 동기가 있다.

그러나 뒤르켐은 이런 개인적, 상황적 자살의 동기 뒤에 숨어 있는 일반적 원인을 추적한다. 이는 개인과 사회의 관계에서 발견될 수 있다.

뒤르켐에 의하면 개인주의적인 가치관이 높은 지역에서 자살률이 높다고 한다. 지식과 교육은 사회적 가치보다는 개인적 가치를 높게 여긴다. 즉 문명의 정도가 높을수록 그리고 개인의 지식수준이 높을수록 자살자가 많다. 뒤르켐의 연구에 의하면 자살(自殺)률은 문맹(文盲)률에 반비례한다. 프랑스의 경우 당시 가장 문맹률이 높은 현들은 코레즈(Corèze), 코르시카(Corsica), 코트 뒤 노르드(Côtes-du-Nord), 도르도뉴(Dordogne), 피니스테르(Finisterre), 란데즈(Landes), 모르비앙(Morbihan), 오트 비에느(Haute-vienne) 등인데 이들은 모두 낮은 자살률을 가지고 있다.

그리고 뒤르켐은 유럽에서 일반적으로 프로테스탄트(개신교) 지역이 가톨릭 지역보다 개인주의가 강하고 그런 만큼 자살률이 높다는 분석을 하고 있다.

개인의 교육, 지식의 정도가 높으면 자유의식이 강해지고 그런 만큼 개인주의, 개체화의 정도는 커진다. 개인주의(individualism)와 개체화(individuation)는 사회적 통합을 방해한다. 따라서 뒤르켐은 자살률이 개체화에 정비례하고 사회적 통합에 반비례한다고 주장한다.

자살률은 사회적 통합(social integration)의 정도에 반비례한다는 것이다. 이는 다시 말해서 자살은 개인주의에 비례한다는 것이다.

여기서 사회란 종교사회, 가족사회 그리고 정치사회를 포괄적으로 말한다. 이런 자살은 "개인들이 사회생활로부터 자신을 격리시키고, 자신의 목적을 공동체의 목적보다 우위에 두기" 때문에 생긴다. "그러므로 우리의 개인적 자아가 사회적 자아보다 강력하고, 사회적 자아를 희생시키면서까지 주장되는 경우를 이기주의라고 부를 수 있다면 우리는 지나친 개인주의로 인한 자살을 이기적 자살이라고 부를 수 있을 것이다."(뒤르켐 저, 임희섭 역, 『자살론』(1979), 167쪽)

전통적이거나 원시적인 사회일수록 자살률은 낮다. 거기서는 사회적인 유대(紐帶)가 강하다. 사회적인 유대가 강하고 사회적 통합이 긴밀할수록 자살은 희박하다. 따라서

사회적 통합(social integration)

개인과 사회의 관계에 있어서 개인이 사회에 일체화되는 정도를 말한다. 전통적 사회는 사회적 통합이 높다. 이는 가정사회나 지역 공동사회나 간에 개인은 그 안에서 편하고 분리를 느끼지 않는다. 그러나 사회가 개체화함에 따라 전통적인 사회의 규범은 개인에게(나에게) 구속이나 속박으로 다가온다. 사회라는 것이 나의 자유를 속박하는 모순으로 나타난다. 이런 과정에서 전통사회는 점차 그 유대를 상실하고 오늘날 도시 사회에서 보는 것처럼 이웃끼리 얼굴도 모르고 살아가는 익명성의 사회를 형성한 것이다.

이와 유사한 말로 국민통합이라는 것이 있다. 이는 국민이 자기 나라(국가 사회)에서 느끼는 만족감과 일체감의 정도를 말한다. 흔히 지나친 빈부의 차이는 국민통합을 방해한다.

한국 월드컵 경기에서 나타난 붉은 악마와 전 국민의 한국 축구에 대한 한결같은 응원은 국민통합을 강화한다.

이슬람의 자살 폭탄 테러와 성전(聖戰)

2001년 9월 11일 미국의 심장부를 강타하여 미국과 서방 세계에 일대 경종을 울린 알카에다 집단은 오사마 빈라덴이 이끄는 국제 테러조직이다. 이들은 자신들이 행하는 자살 폭탄(suicide bomb) 테러를 거룩한 전쟁(holy war)이라고 선포한다. 즉 이스라엘인과 그들을 돕는 미국인들을 죽이는 것은 신(神)의 뜻이라는 것이다. 그 이유는 2천 년 간 팔레스타인 사람들이 살아 왔던 땅, 즉 지금의 이스라엘 영토에서 그들은 쫓겨났고 지금도 조국이 없이 방황하고 있다. 그런 과정에서 팔레스타인인들은 서구와 미국이 이스라엘을 지원하고 있는 것을 비판하고 이들에게 공포를 주기 위해서 소위 자살 폭탄 테러를 감행하고 있다. 그들은 자살 폭탄을 안고 이스라엘의 버스나 극장에 뛰어들어 폭파하는 순간 천국에 간다고 믿고 있다.

자살이 가난이나 질병 등의 개인적, 상황적 원인과는 거리가 멀다는 것을 말한다. 따라서 고대인들은 개인적인 고통이 심해도 좀처럼 자살을 고려하지 않았다. 그러나 현대인들은 조금만 고통이 오면 당장 자살을 고려한다. 이는 현대인들이 그만큼 개인주의적이라는 것을 말한다. 물질적으로 풍요로운 서구 사회에 자살률이 높은 것은 그들이 그만큼 사회보다는 개인의 우월성을 인식하고, 사회에 대한 귀속감이 약하다는 것을 말한다.

② **이타적 자살(altruistic suicide)**

뒤르켐은 사회통합의 개념을 더욱 세분하여 다음과 같이 나눈다. 종교사회, 가족사회, 정치사회. 자살은 이런 각종 사회의 통합의 정도에 반비례한다는 것이 자살론의 요지이다.

이를 뒤르켐은 다음과 같이 요약한다.

"앞에서 본 자살의 형태가 지나친 개체화로 인한 것이라면, 지금 우리가 논하고 있는 자살의 형태는 지나치게 부족한 개체화로 인한 것이다. 전자는 사회가 부분적으로 혹은 전체적으로 충분한 통합을 달성하지 못함으로써 개인이 사회를 벗어날 수 있기 때문에 일어나며, 후자는 사회가 개인을 너무 엄격한 감독 하에 두기 때문에 일어난다. 자기 자신의 삶을 살고 자신에게만 복종하는 자아의 상태에 대하여 이기주의라는 명칭을 부여한 것과 같이, 자아가 자체만의 속성이 아니라 자아가 아닌 것과 뒤섞여 있는 상태, 즉 행위의 목표가 자아의 외부인 자신이 참여하는 집단에 있는, 그 반대의 상태는 이타주의(altruism)라는 명칭이 적절히 표현할 수 있을 것이다. 그러므로 심한 이타주의로 인한 자살을 우리는 이타적 자살(altruistic suicide)이라고 부를 수 있을 것이다."

(『자살론』, 182쪽)

268

이기적 자살이 지나친 개인주의로 인한 것이라면 반대로 개체화가 부족하고 개인주의가 너무 없기 때문에 일어나는 자살을 이타적 자살이라고 할 수 있다. 여기에는 일본 무사들의 할복자살이나 가미가제 특공대 등이 있다. 또 이타적 자살에는 의무적으로 자살을 강행하는 의무적-이타적 자살(obligatory altruistic suicide)과 자발적으로 전체 사회의 명예나 가치를 위해서 몸을 희생하는 선택적-이타적 자살(optional altruistic suicide)이 있다.

오늘날 이슬람 근본주의 단체들이 그들의 항의의 수단으로 이용하는 자살 폭탄 테러는 뒤르켐의 구분에 의하면 이타적 자살이다. 이는 정확히 말하면 의무적-이타적 자살이라고 할 수 있다. 왜냐하면 거기서는 자살이 집단적으로 강요되거나 의무화되기 때문이다.

한국의 농민 운동가 이경해 씨는 2003년 9월 10일 멕시코의 칸쿤에서 열린 세계무역기구(WTO) 농산물 개방 협상 — 소위 도하개발아젠다(DDA) — 반대를 외치면서 시위 도중 자신의 왼쪽 가슴을 흉기로 찔러 자결하였다. 이런 자살은 선택적-이타적 자살이라고 할 수 있다.

한국농민 이경해씨, 칸쿤회의 시위 할복 자살
제5차 세계무역기구(WTO) 각료회의가 10일 멕시코 휴양지 칸쿤에서 개막된 가운데 현지에서 WTO협상 반대시위를 벌이던 이경해(56) 전 한국농업경영인 중앙연합회(이하 한농연) 회장이 흉기로 왼쪽 가슴을 찔러 칸쿤 시내 병원으로 후송됐으나 숨졌다.
이씨는 이날 낮 1시 30분께(한국시각 11일 새벽 3시 30분께) 각국에서 온 1만여 명의 WTO 반대 시위대가 칸쿤 시내에서 도하개발아젠다(DDA) 협상 반대를 외치며 교외 해변가에 위치한 회의장으로 진입을 시도하며 시위를 벌이는 과정에서 한국 농민대표 및 시민단체 관계자 150여 명과 함께 시위를 벌이다 흉기로 가슴을 찔렸다. (…)
한국칸쿤 투쟁단(단장 정광훈 민중연대 대표)은 긴급 성명을 내고 "이 전 한농연 회장의 사망은 단순 사고나 우발적인 것이 결코 아니다"면서 "이는 WTO와 초극적 자본에 의한 한국경제의 침탈과 농업의 피폐화, 노동자 민중의 생존권 말살에 항의하기 위해 분명한 의지를 표명한 것"이라고 밝혔다.
이날 한국 농민들은 DDA 협상으로 농업시장이 전면개방되면 한국 농업의 운명은 끝났다는 의미로 상여를 메고 시위를 벌였으며, 'WTO 반대'와 'DDA협상에서 농업부문의 완전 제외' 등을 요구했다.
(『한겨레』, 2003. 9. 11)

③ 아노미적 자살(anomic suicide)—욕망과 무절제

이는 경제적 불황기나 아니면 정반대로 부흥기에 자주 보이는 자살 형태로서 감정이 극한적으로 흥분되어 모든 규제를 벗어나며, 자신의 욕망을 절제하지 못하는 무도덕적, 무규범적(anomic) 자살이다. 이는 이기적 자살과 비슷하나 욕망의 무절제가 그 차이점이다.

위기시에는 사람들이 지금껏 익숙하게 여겼던 생활의 방식을 버리고 새로운 방식으

아노미(anomie) 현상

뒤르켐이 정착시킨 사회학적 개념으로 원래의 뜻은 무법(無法)이라는 그리스어 아노모스 (anomos)에서 유래한다.

개인들이 급격한 사회적 변화를 수용하지 못하고 가장 규제가 필요한 상황에서 욕망이 규제를 받지 못하므로, 일종의 무규율(無規律) 상태, 즉 아노미(anomie)가 발생한다고 뒤르켐은 설명한다. 다른 말로 '일탈'(逸脫) 혹은 '가치전도 현상'이라고도 한다.

이는 종래의 비도덕적 행동과는 좀 다르다. 즉 이는 사회적 변화가 빠르기 때문에 생긴다. 뒤르켐에 의하면 아노미는 현대 사회의 한 특징이다. 그리고 이런 일탈 내지 무규율은 자본주의의 정규적인 현상의 하나이다.

로 변화시켜야 하는데 새로운 환경에 적응하지 못할 경우에 자살을 시도한다는 것이다.

일반적으로는 경제적 위기가 자살의 경향을 촉진한다고 생각한다. 그리고 그런 생각은 한국의 경우와도 일치한다. 즉 갑작스런 파산이나 그에 따른 정신적 고통이 사람들을 자살로 몰아간다는 것이다. 즉 물질의 부족이나 빈곤의 증대가 자살률 상승의 원인이라는 것이다. 그러나 경제적 부흥기에도 자살률이 높아진다는 사실을 직면하면 경제문제가 그 핵심은 아니라는 것을 알 수 있다.

예를 들어 1870년 이탈리아는 빅토르 에마뉴엘(Victor Emmanuel)에 의해서 통일의 기초가 놓였고 동시에 무역과 산업 역시 급속히 발전하게 된다. 이런 과정에서 노동자들의 물질적 여유도 현격하게 향상되었다. 그리고 사유재산도 늘었다. 그런데 이 기간 자살자 수가 비정상적으로 증가했다고 한다. 이런 사실들은 빈곤의 증가가 자살률과 직접적인 관계가 없다는 것을 의미한다.

"경제적 위기의 경우에는 실제로 사회적 분류를 혼란시킴으로써 어떤 개인들은 전보다 낮은 지위로 갑자기 떨어지게 되기도 한다. 그렇게 되면 그들은 필요와 욕구를 감소시키고 제한해야 되며, 더욱 자제를 배우지 않으면 안 된다. 그들에 관한 사회적 영향의 이점은 모두 상실되며, 그들의 도덕적 교육은 다시 시작되어야 한다. 그러나 사회는 그들을 새로운 생활에 즉각적으로 적응케 하고 그들에게 익숙하지 않은 더 많은 자제를 가르칠 수 없다. 따라서 그들은 그들에게 강요된 조건에 적응하지 못하게 되며, 그와 같은 결과를 예상하는 것만도 참기 어렵다. 그리하여 그들은 미리 노력해 보기도 전에 자신의 감축된 생존을 버리게 하는 고통을 당하는 것이다.

위기의 원인이 갑작스러운 권력과 부의 성장이라고 해도 결과는 마찬가지이다. 생활의 조건이 바뀌게 되고, 욕구를 규제하던 표준도 달라진다. 그 표준은 사회적 부에 따라 다르고, 각 계급의 몫을 결정하기 때문이다. (…)

그러므로 가장 규제가 필요한 상황에서 욕망이 규제를 받지 못하므로, 일종의 무규율상태, 즉 아노미(anomie)가 더욱 고조된다."

(『자살론』, 212-213쪽)

이처럼 아노미적 자살은 외부적, 물질적 조건의 변화에 따른 정신적, 도덕적 규제가 따르지 않음으로써 생기는 자살 유형이다.

뒤르켐은 아노미적 현상은 산업사회에서는 언제나 일어나고 있는 흥분상태라고 한다. 이는 자본주의 시장경제 사회가 인간의 욕망과 이기심을 신성한 것으로 여기기 때문에 일어난다. 따라서 "산업사회에서는 위기의 상태와 아노미는 항구적이며 말하자면 정상적이다. 상층에서부터 하층에 이르기까지 탐욕은 끝을 모르고 일어나고 있다"라고 지적한다.

"아노미는 현대 사회에 있어서 정규적이고 특수한 자살의 요인이다."

앞에서 이미 언급한 바와 같이, 이기적 자살과 아노미적 자살은 상당히 유사한 형태의 자살이다. 이기적 자살은 지성적인 두뇌가 개인적인 불행을 벗어나기 위해서 행하는 반면 아노미적 자살은 주로 상공업에 종사하는 사람들이 상황과 가치관의 혼동으로 행하는 자살이다. 따라서 아노미는 산업사회의 특성과 밀접한 관련이 있다는 점이다.

그리고 다른 유형의 자살들이 서로 혼합되어 발생하는 경우도 있다. 예를 들어 파산당한 사람이 자살하는 경우, 가난하게 살 수 없다는 이기적인 동기도 있지만 동시에 파산의 불명예로부터 자신과 가족을 벗어나게 하기 위함이기도 하다.

■ 자살의 예방에 대해서

뒤르켐의 자살론은 자살의 사회적 원인과 그 유형을 분석하는 사회과학적인 논문이다. 따라서 자살의 예방 같은 문제는 그의 중요한 관심사가 아니다. 그러나 논술시험의 종합적 특성상 자살의 예방에 대해서도 고려해야 한다.

우선 자살의 잘못과 생명의 소중함에 대한 각성과 계몽이 필요하다. 이는 자살의 주체의 인식을 변화시켜 스스로 자살을 막도록 하는 것이다. 또한 주변의 관심과 사랑이 절대적으로 필요하다. 이를 위해서는 앞에서 말한 기독교의 사랑의 교리의 확대 내지 캠페인 등이 있을 수 있다. 그 외에도 전통적 덕목인 공동체의식, 가족의 유대 강화를 통한 자살의 예방이 가능하다. 사실 자살이 증가하는 것은 가족의 붕괴와 밀접한 관련이 있다. 뒤르켐이 말한 사회 공동체의 복원을 통해서 자살은 예방될 수 있다. 즉 종교사회, 가족사회 그리고 정치사회의 통합이 자살의 예방에 큰 기여를 할 것이다. 이런 일들을 통해서는 주로 이기적인 자살이 감소될 것이다.

이타적 자살은 반대로 사회통합이 너무 잘 되어 일어난다. 개인은 사회가 시키는 대로 움직인다. 또는 선택적-이타적 자살의 경우는 WTO 반대 농민운동가의 자살이 보여주는 것처럼 결국 사회 문제의 해결이 자살 문제의 해결책이 될 것이다. 즉 농산물 자유화를 막고 농민들에게 편안하게 농사지을 수 있는 여건이 주어지면 그런 자살적 행동은 원천적으로 막을 수 있다.

그리고 의무적-이타적 자살을 감행하여 지구촌의 안전을 위협하는 이슬람 자살 폭탄 테러범의 경우, 팔레스타인 문제가 잘 해결되면 많이 줄어들 것이다.

아노미적 자살의 예방을 위해서는 사회적 안전망의 확충이 필요하다. 가령 신용불량자와 파산자의 구제를 위한 개인 신용 회복제도가 있다. 그리고 아파트 개발로 인한 졸부(猝富) 탄생의 경우 일정한 사회적 교육이 필요할 것이다. 한국 사회에 빈번히 나타나는 벼락부자 내지 졸부들은 그들의 종래의 생활습관을 하루아침에 바꾸어야 하는 상황이 생긴다. 가령 평생을 땅만 파고 살았던 순박한 농부에게 갑자기 많은 돈이 주어지고 그는 일할 필요가 없어진다고 해보자. 그는 생의 공허감을 달래기 위해서 도박이나 유흥에 빠지기 쉽다. 또 갑작스런 물질관계의 변화에 따른 인간관계 역시 변한다.

돈이 시골에 들어오면 그 간 친하게 지냈던 마을의 인간관계 역시 급작스레 변한다.

이를 위해서는 사회적 재활 프로그램이나 계몽의 캠페인도 중요하지만 욕망을 무제한적으로 부채질하는 풍조를 막고 인생의 의미를 숙고하는 새로운 윤리 운동이 필요할지도 모른다. 이는 환경 파괴를 막기 위한 수단이기도 하다. 아무튼 욕망의 절제는 우리 시대 최고의 가치이다.

3장 | 총정리

- 현대 민주주의의 근본원리는 인간의 존엄성이지만 역설적으로 현대는 인간이 소외된 사회이다.
- 소외의 뜻은 인간의 가치와 존엄성 상실이다.
- 학교에서 흔한 왕따 현상은 일종의 소외 현상이다.
- 현대인이 물질화, 기계화, 인간관계의 단절 등을 통해 인간 소외의 상황에 처해 있다.
- 경제력의 향상은 인간의 자아실현의 조건이 될 수도 있고 그 반대로 인간을 로봇화할 수도 있다.
- 헤겔이 말한 정신의 소외란 국가권력과 부(富)를 위해 인간의 존엄성과 양심마저 팽개치는 인간 타락을 말한다.
- 마르크스가 말하는 소외는 노동의 소외를 뜻하는데 여기에는 ① 노동의 대상으로부터의 소외, ② 생산 활동으로부터의 소외, ③ 유적(類的) 존재로부터의 소외, ④ 인간의 인간으로부터의 소외 등이 있다.
- 조세희 소설 『난장이가 쏘아 올린 작은 공』은 한국 사회가 근대화, 도시화, 산업화하는 가운데 발생하는 노동의 소외, 인간의 소외를 형상화한 소설이다.
- 에리히 프롬은 소외 개념을 우상숭배와 연결지었다.
- 프롬에 의하면 사람은 자신을 창조주나 중심자로 느끼지 않고 그의 손이 만들어 내놓은 기계의 노예로 느낀다.
- 소비의 소외란 소비자들이 진정한 자신의 욕구와 필요성과는 무관하게 광고의 이미지를 소비하는 경향을 말한다.
- 프롬 역시 막스 베버의 합리화 이론과 양화(量化) 이론을 그대로 답습하고 있다.

- 베버는 양화 혹은 계량화(計量化)의 개념이 근대과학과 근대 자본주의의 본질임을 밝혔다.
- 시장경제 하의 추상화란 개별의 사람이나 사물을 하나의 부호로서 처리하는 것이다. 즉 화폐가치나 수(數)로서 사람을 표시하는 것이다.
- 루카치가 말한 자본주의 사회의 '유령적 대상성'이라는 말은 사물의 화폐가치 혹은 교환가치이다. 교환가치가 사용가치를 대신하는 것이 시장경제의 비극이다.
- 모든 경제적인 현상은 엄격하게 양화(量化)될 수 있어야 하며 이렇게 양화된 경제 과정을 대차대조표로 정확하게 비교해 봄으로써 경영자는 자기의 사업이 이윤이 있는지를 알 수 있다.
- 막스 베버는 근대의 합리성, 관료제를 말하고 프롬도 유사하게 경영자의 관료화를 말하고 있다.
- 근대 사회의 인간들은 프롬이 묘사하는 "통치받는 대중들은 관료들이 사랑이나 미움의 감정 없이 완전히 비인격적으로 생각하는 객체들이다." 이런 사태를 극화한 것이 카프카의 소설 『변신』이다.
- 힘 없는 노동자들의 편에 서야 할 노조 지도부가 채용비리, 기금비리 등을 통해 재산을 축적하고 귀족화되고 있다는 소식은 노동자들에게 절망과 좌절을 주고 있다.
- 에리히 프롬에 의하면 광고를 보고 코카콜라를 마시는 사람은 콜라를 마시는 것이 아니라 광고를 마시는 것이다.
- 원자론적 개인주의(atomic individualism) : 근대인들은 전통적인 사회적 유대를 상실했고 따라서 인간관계의 소외를 겪는다. 프롬은 이를 "근대 사회는 각 개인이 서로 분리되어 자기 이익과 서로를 이용하려는 필요만 갖춘, 작은 입자인 '원자'로 구성되어 있다"라고 서술한다.
- 우리는 타인을 나의 필요를 위한 수단으로만 간주한다.
- 프랑스의 소설가 생떽쥐베리가 쓴 『어린 왕자』는 원자론적 개인주의와 인간 소외가 판을 치는 현대 산업사회의 어른들을 위한 동화이다. 거기서는 길들이기와 관

계맺음을 통해서 인간의 고립과 소외를 벗어날 수 있음을 암시하고 있다.

- 익명성(匿名性)은 인격성의 반대 개념이다. 익명적 개인들은 서로 서로를 이용하려고 하다는 점에서 『어린 왕자』의 사람들과 닭 그리고 여우는 모두 서로가 서로를 이용하는 존재이다.

- 김춘수의 「꽃」에서 꽃에 이름을 불러 주는 것은 근대인의 익명(匿名)성에 대비되는 실명(實名), 즉 인격과 의미를 나타낸다. 이름을 부르는 것은 대체가능한 사물과 상품이 아니라 대체불가능한 인격과 존재를 말한다.

- 사도 바울은 신비한 능력이나 모든 지식보다도 사랑의 가치를 더 높이고 있다.

- 바울은 "지식은 사람을 교만하게 하나 사랑은 덕(德)을 세운다"라고 말했다.

- 뒤르켐에 의하면 자살은 순수한 개인의 문제가 아니라 개인과 사회의 관계에서 오는 하나의 사회현상이다.

- 뒤르켐은 ① 이기적 자살, ② 이타적 자살, ③ 아노미적 자살이라는 자살의 3가지 사회학적 유형을 추출하기에 이른다.

- 문명의 정도가 높을수록 그리고 개인의 지식수준이 높을수록 자살자가 많다.

- 자살률은 사회적 통합(social integration)의 정도에 반비례한다. 이는 다시 말해서 자살은 개인주의에 비례한다는 것이다.

- 지나친 개인주의로 인한 자살을 이기적 자살이라고 부를 수 있을 것이다.

- 이타적 자살은 개인이 집단과 너무 강하게 결합되어서 그 집단의 이익을 위해서 자살하는 경우이다.

- 감정이 극한적으로 흥분되어 모든 규제를 벗어나며, 자신의 욕망을 절제하지 못하는 무도덕적, 무규범적(anomic) 자살이다.

- 종교사회, 가족사회 그리고 정치사회의 통합이 자살의 예방에 큰 기여를 한다.

- 마르틴 부버가 말하는 '나-너'(I-Thou)의 존재방식은 인격적 만남을 말한다. 모든 참된 삶은 만남이며, 만남은 현재적이다.

- '나-그것'(I-It)의 방식은 경험하고 이용하는 관계이다.

● 산업사회에서는 위기의 상태와 아노미는 항구적이며 말하자면 정상적이다.

● 욕망을 무제한적으로 부채질하는 풍조를 막고 인생의 의미를 숙고하는 새로운 윤리 운동이 필요하다.

4장 | 연습문제

[논제] (가)-(다)는 현대인이 처한 상황을 보여주는 글이다. (가)-(다)에서 그 양상을 분석해 내고 (라)를 바탕으로 현대인이 처한 상황에서 야기되는 문제점을 극복할 수 있는 방안에 대해 논술하시오.

(가) 지난 몇 십 년 사이에 고객의 위상에 상당한 변화가 생겼다. 소매 상점에서는 찾아오는 고객을 개인적으로 친절하게 대했다. 고객은 중요한 사람으로 대접받았고, 그의 일상까지도 상점의 주인과 함께 의논할 수 있었다. 물건을 사는 행위 그 자체에서 고객은 자기의 중요함과 품위를 느낄 수 있었다.

오늘날 백화점의 경우, 고객은 우선 거대한 건물과 수많은 점원들과 잔뜩 진열된 상품에 의해 압도된다. 이 모든 것에 비해 그는 자기가 얼마나 보잘 것 없는 존재인가를 느끼게 된다. 백화점의 입장에서 보면, 인간으로서의 그는 아무런 중요성을 갖고 있지 않으며, 단지 '한 사람'의 고객일 뿐이다. 백화점은 고객을 놓치지 않으려고 하지만, 그는 단지 추상적인 고객으로서 대접받을 뿐이지 구체적인 고객으로서 중요시되지 않는다.

이런 상태는 현대의 광고 방법에도 잘 드러난다. 거대한 현대 광고는 상품의 효용성을 강조하여 합리적으로 소비자를 설득하기보다는 감성에 호소하거나 호기심을 자극한다. 즉 같은 일을 몇 번이고 반복하거나, 사교계의 부인과 유명한 권투선수에게 특정 상표의 담배를 붙여 물게 함으로써 권위 있는 이미지를 생기게 한다든가, 아름다운 소녀의 성적인 자극을 내세워 비판력을 마비시키려고 한다든가, 어떤 셔

츠나 비누를 삼으로써 뭔가 전 생애가 갑자기 변화하는 듯한 그런 공상을 자극하기도 한다.

— 에리히 프롬, 『자유로부터의 도피』

(나) 지나간 두 세기 동안 기계적인 생활 수단이 전 세계적 규모로 보급되었다. 그러나 이로 인해 내면 생활이 풍요로워지거나 예술 창작과 향유에 쓰여지는 시간적 여유가 많아지기는커녕 우리는 우리 자신이 기계화의 과정에 더욱 깊이 빠져 있는 것을 발견하게 된다. 심지어 우리의 상상력까지도 그 대부분이 내발적인 것이 되지 못한다. 우리의 상상력은 기계에 비끄러매이거나, 라디오나 텔레비전의 도움 없이는 자체적 실재성을 보유할 아무런 힘도, 생존 능력도 갖지 못한다. 우리의 현재 상황을 17세기, 즉 기술 면에서 비교적 원시적이던 그 시대의 상황과 비교해 보라. 그 당시 평범한 런던 시민들은 심지어 하인들을 뽑을 때에도 그가 저녁 시간에 벌어지는 가족음악회에 한몫 낄 수 있을 만한 목소리를 가지고 있느냐를 고려하기도 했다. 오늘날 우리는, 야외에서 기계의 도움 없이도 스스로 자유롭게 노래부를 수 있다는 생각은 하지도 못하며, 휴대용 음향기기에서 흘러나오는 음악에 귀를 기울이면서 강변을 거니는 사람들을 자주 본다.

— 루이스 멈퍼드, 『예술과 기술』

(다) 우리는 복도에서 헤어져서 사환이 지적해 준, 나란히 붙은 방 세 개에 각각 한 사람씩 들어갔다. "화투라도 사다가 놉시다." 헤어지기 전에 내가 말했지만 "난 아주 피곤합니다. 하시고 싶으면 두 분이나 하세요." 라고 안은 말하고 나서 자기의 방으로 들어가 버렸다. "나도 피곤해 죽겠습니다. 안녕히 주무세요." 라고 나는 아저씨에게 말하고 나서 내 방으로 들어갔다. 숙박계엔 거짓 이름, 거짓 주소, 거짓 나이, 거짓 직업을 쓰고 나서 사환이 가져다 놓은 자리끼를 마시고 나는 이불을 뒤집어썼다. 나는 꿈도 안 꾸고 잘 잤다.

다음 날 아침 일찍이 안이 나를 불렀다.

"그 양반 역시 죽어 버렸습니다." 안이 내 귀에 입을 대고 그렇게 속삭였다.

"예?" 나는 잠이 깨끗이 깨어 버렸다.

"방금 그 방에 들어가 보았는데 역시 죽어 버렸습니다."

"역시…." 나는 말했다.

"사람들이 알고 있습니까?"

"아직까진 아무도 모르는 것 같습니다. 우린 빨리 도망해 버리는 게 시끄럽지 않을 것 같습니다."

"자살이지요?"

"물론 그것이겠죠."

나는 급하게 옷을 주워 입었다. 개미 한 마리가 방바닥을 내 발이 있는 쪽으로 기어 오고 있었다.

그 개미가 내 발을 붙잡으려고 하는 것 같은 느낌이 들어서 나는 얼른 자리를 옮겨 디디었다.

밖의 이른 아침에는 싸락눈이 내리고 있었다. 우리는 할 수 있는 한 빠른 걸음으로 여관에서 떨어져 갔다.

"난 그 사람이 죽으리라는 걸 알고 있었습니다." 안이 말했다.

"난 짐작도 못 했습니다."라고 나는 사실대로 얘기했다.

"난 짐작하고 있었습니다." 그는 코트의 깃을 세우며 말했다.

"그렇지만 어떻게 합니까?"

"그렇지요. 할 수 없지요. 난 짐작도 못 했는데…." 내가 말했다.

"짐작했다고 하면 어떻게 하겠어요?" 그가 내게 물었다.

"씨팔 것, 어떻게 합니까? 그 양반 우리더러 어떡하라는 건지…."

"그러게 말입니다. 혼자 놓아두면 죽지 않을 줄 알았습니다. 그게 내가 생각해 본 최선의 그리고 유일한 방법이었습니다."

"난 그 양반이 죽으리라고는 짐작도 못 했다니까요. 씨팔 것, 약을 호주머니에 넣고 다녔던 모양이군요."

안은 눈을 맞고 있는 어느 앙상한 가로수 밑에서 멈췄다. 나도 그를 따라서 멈췄다. 그가 이상하다는 얼굴로 나에게 물었다.

"김형, 우리는 분명히 스물다섯 살짜리죠?

"난 분명히 그렇습니다."

"나두 그건 분명합니다." 그는 고개를 한번 기웃했다.

"두려워집니다."

"뭐가요?" 내가 물었다.

"그 뭔가가, 그러니까…." 그가 한숨 같은 음성으로 말했다. "우리가 너무 늙어 버린 것 같지 않습니까?"

"우린 이제 겨우 스물다섯 살입니다." 나는 말했다.

"하여튼…."하고 그가 내게 손을 내밀며 말했다.

"자, 여기서 헤어집시다. 재미 많이 보세요." 하고 나도 그의 손을 잡으며 말했다. 우리는 헤어졌다.

나는 마침 버스가 막 도착한 길 건너편의 버스 정류장으로 달려갔다.

버스에 올라서 창으로 내어다보니 안은 앙상한 나뭇가지 사이로 내리는 눈을 맞으며 무언지 곰곰이 생각하고 서 있었다.

— 김승옥, 『서울, 1964년 겨울』

(라)

누구든, 그 자체로서 온전한 섬은 아니다.

모든 인간은 대륙의 한 조각이며, 대양의 일부이다.

만일 흙덩이가 바닷물에 씻겨 내려가면 대륙이나 모래톱이 그만큼 작아지듯,

그대의 친구들이나 그대 자신의 영지가 그리 되어도 마찬가지다.

나는 인류 속에 포함되어 있기 때문에 어느 사람의 죽음도 나를 감소시킨다.
그러니 누구를 위하여 종*이 울리는지를 알고자 사람을 보내지 마라.
종은 그대를 위해 울리는 것이다.

— 존 단, 「누구를 위하여 종은 울리나」

* 중세 유럽의 마을에서 사람이 죽었을 때, 그 사실을 알리고 죽은 사람을 애도하기 위하여
  치던 조종을 의미함.

일곱째 마당

지식과 오류

1장 │ 서론

1. 문제 제기

흔히 현대는 지식과 정보의 사회라고 이야기한다. 지식과 정보는 우리에게 유용한 것이지만 종종 잘못된 정보와 지식이 있어서 혼동을 불러일으킨다.

사람들은 선입견(先入見), 편견(偏見)과 고집 혹은 사회적 통념에 사로잡히는 수가 많다. 가령 고대 헬레니즘 사회에서는 '모든 크레타인은 거짓말쟁이다'라는 편견이 있었다. 한국 속담에는 '암탉이 울면 집안이 망한다'라는 여성에 대한 편견과 선입견이 있었다. 남존여비(男尊女卑)라는 전통 사상은 이제 고루한 편견에 지나지 않는다.

전통적인 한국 사회에서는 그런 지역적, 성적(性的), 직업적 편견이 많다. 가령 사농공상(士農工商)이라는 말은 상업을 천하게 여기는 봉건적, 유교문화적 편견이다.

또 '장님 코끼리 만지기'라는 속담이 있다. 이는 사람이 자신이 본 사물의 일부를 사물의 전부라고 여기는 편견이다. '우물 안의 개구리'라는 말도 있다. 우물 안의 개구리가 자신이 본 세상이 전부인 줄 안다는 오류(誤謬)이다. 사물의 올바른 모습을 알기 위해서 인간은 부분을 전체로 혼동해서는 안 된다. 이와 유사한 문제는 성급한 일반화의 오류이다. 우리는 어떤 사태에 대해서 지나치게 성급하게 판단을 내리는 경우가 종종 있다.

신승철의 창작집
『크레타 사람들은 거짓말을 하지 않는다』
'모든 크레타인은 거짓말쟁이다'라는 말은
① 사회적 편견을 풍자한 말이고
② 수학적으로 소위 거짓말쟁이의 역설을 말한다.
기원전 6세기 그리스의 철학자 유불리데스가 고안한 거짓말쟁이 역설(liar paradox) '모든 크레타인은 거짓말쟁이다'는 역사적으로 유명하다. 이는 수학과 논리학의 발전에 많은 기여를 했다.
신승철의 실험적 소설 「크레타 사람들은 거짓말을 하지 않는다」는 대학 내 성희롱 사건을 가해자와 피해자가 제출한 공문서 양식을 통해 보여주는 실험성 높은 작품이다.

몽양 여운형(夢陽 呂運亨)

**좌익계열 54명 포함 독립운동가
165명 훈·포장 추서**

몽양 여운형(夢陽 呂運亨) 선생 등 좌익계열 독립운동가 54명에 대해 2005년 2월 22일 훈·포장 추서가 확정된 것은 지난해 8월 노무현(盧武鉉) 대통령의 발언이 계기가 됐다. 노 대통령은 당시 독립유공자 및 유족들을 초청한 자리에서 "좌우 대립의 역사 때문에 묻어둔 역사를 발굴하고 포상하겠다"며 좌익계열 독립운동가들의 업적 재평가를 약속했다. 이번에 훈·포장을 받는 좌파계열 독립운동가들은 일제 때 조국독립을 위해 투쟁하면서, 그 수단으로 사회·공산주의 이념을 선택했던 인사들이다. 그러나 해방과 남북 분단 이후에도 남한에 사회·공산주의 국가 건설을 위해 활동했던 인사들은 제외됐다.

「동아일보」, 「조선일보」 기사

〈해설〉 한국인의 고유한 사고방식인 흑백논리와 지나친 일반화의 오류를 초래한 역사적 원인은 해방 후의 남북분열 및 좌우대립의 결과이다. 즉 레드 콤플렉스라고 불리는 공산주의 및 북한에 대한 거부 이데올로기는 사람들에게 흑백논리를 더욱 강화했다. 이번에 정부와 대통령이 좌익계열 독립운동가들의 공로를 인정하고 그들에게 훈장을 추서(追敍, 죽은 뒤에 벼슬의 등급을 올리거나 훈장을 줌)한 것은 좌우대립과 흑백논리를 부수는 데 크게 기여할 것이다.

일제강점기에는 일본인들이 한국인을 폄하하고 그들의 식민지 지배를 정당화하기 위해서 고의적으로 한국인에 관한 편견을 날조하여 유포시켰다. 예를 들면 '조선인은 때려야 한다'라는 극도로 조선인 비하(卑下)적인 관념이었다.

우리는 종종 타인의 인격을 쉽게 판단하는 경우를 목격한다. 특히 학교나 가정에서 아이들이 하나를 잘못하면 "너는 도대체 잘 하는 게 뭐가 있니?"라고 하면서 그 아이의 전 인격을 무시하고 비난한다. 이 역시 전체와 부분을 혼동하는 오류에 불과하다.

한국인 유학생들이 독일에서 공부하면서 자기들의 언어 능력 부족으로 생긴 독일인들과의 불쾌한 경험을 일반화하여 '독일 사람들은 외국인에 대해 적대적이다'라고 한다면 이는 지나친 일반화의 오류를 범한 것이다. 필자는 독일 유학시에 그런 한국인들을 많이 보았다. 선진국에서 생기는 외국인들과의 불쾌한 경험은 거의가 언어 소통이 안 되고 문화적 차이를 이해하지 못하기 때문이다.

또 반대의 경우 한 외국인이 한국에 와서 한국의 몇 가지 특이한 경우를 보고 자기 나라에 돌아가서 '한국 사람은 모두 개고기를 먹는다'라고 할 경우 이는 '지나친 일반화의 오류'(the error of oversimplification)이다.

우리나라 사람들이 흔히 저지르는 이와 유사한 오류로는 흑백논리(黑白論理)가 있다. 이는 어떤 사안의 평가에 있어서 흑 아니면 백이라는 것이다. 즉 그 중간의 색깔은 없다는 것이다. 이는 동지냐 아니면 적이냐 하는 이분법(二分法)과 같은 논리이다. 이런 경직된 사고방식이 한국의 발전을 심하게 저해하고 있다. 학생들 역시 학교에서 계속 이른바 객관식 시험, 즉 선다형(選多型) 혹은 찍기의 평가 시험만을 보기 때문에 사고방식이 정답만을 추구하는 교과서 정답형, 혹은 모범 답안형의 인간을 양산한다. 그리고 암기식, 주입식 교육은 창조력보다는 순응, 적응하는 훈련만을 시키게 된다. 시대는 끊임없이 변하고 있다. 시대가 원하는 답안 역시 끊임없이 변한다.

이처럼 우리는 올바른 지식 혹은 진리의 산출을 위해서 여러 가지 빠지기 쉬운 편견과 오류의 함정을 물리치고 나가야 한다. 그리고 지식을 창조하는 과정에서도 많은 어려운 점이 있다. 지식을 다른 말로 인식 혹은 앎이라고 한다. 논술시험에서도 올바른 인식을 묻는 문제가 나온다.

2. 논술고사 출제 경향

인식과 올바른 의견 형성에 관한 시험문제가 여러 번 출제되었다. 대표적인 경우는 2003년 중앙대 수시 2학기 논술고사에 나온 문제로서 오류를 묻는 문제였다. 그 논제를 보면 "위의 세 글은 주장을 제시하거나 현상을 설명하는 방식에서 공통적인 오류를 범하고 있다. 그 오류가 무엇이며, 각 글에서 그러한 오류라고 판단할 수 있는 근거는 어디에 있는지, 또 그러한 오류가 지니는 문제점은 무엇인지를 중심으로 논술하시오"였다. 여기서 성급한 일반화 내지 지나친 일반화의 오류를 지적해야 문제를 비로소 옳게 풀 수 있다. 그리고 2005년 서울대 정시 논술문제가 이런 유형의 대표적인 사례이다. 여기서는 두 가지 제시문을 주고 올바른 인식을 도출하는 문제였다. 그리고 유사한 문제로서 2004년 서울대 수시 면접 및 구술고사의 지문이 있다. "인식의 객관성'에 대한 문항에서 제시문 (가)는 Eric Hobsbawm의 *On History*에 나오는 단락으로서 고등학교 국사 교과서에 나오는 것처럼 '역사가는 사료를 통해 파악되는 사실을 객관적으로 인식'한다는 주장을 펼치고 있다. 제시문 (나)는 Thomas Kuhn의 *The Structure of Scientific Revolution*에 나오는 예화를 요약한 것으로서 개별 사

돈키호테와 산초판사
중세 기사도의 이상을 실현하고자 하는 늙은 기사 돈키호테는 현실과 허구를 혼동한다. 돈키호테형 인간이란 무엇이든 일을 벌여 놓고 시작하는 적극적이고 열정적인 성격을 말한다. 반대로 햄릿형 인간이란 소심하고 망설이는 회의적인 인물을 말한다.

실에 대하여 모든 과학자들이 배경 이론과 관계없이 동일한 관찰 결과를 얻을 수 있다는 객관적 시각을 부정하고 있다. 제시문 (다)는 세르반테스의『돈키호테』에 나오는 한 일화를 재구성하였다. 여기서 사실과 허구의 경계는 모호하게 나타난다." (서울대 보도자료에서)

여기서 알 수 있는 것은 인식의 문제가 객관적 지식의 문제라는 것이고 결국 수험생의 입장에서는 인식, 객관성 등에 대한 기본적 개념의 파악과 그런 단어가 나오는 문장을 쉽게 이해할 수 있는 실력이 요구된다는 점이다.

3. 주제관련 교과서 내용

| 진교훈, 심재룡, 이종권, 『고등학교 철학』, 교학사(2003)

철학도 지식의 획득을 목표로 한다는 점에서는 수학, 물리학, 경제학 등 다른 학문과 다르지 않다. 그러나 철학은 그 자체가 하나의 지식이면서 또한 지식을 문제삼기도 한다는 점에서 다른 학문과 확연히 구별된다. 이러한 의미에서 철학은 가장 기초적인 학문으로 간주된다. 철학이 모든 학문의 기초적 학문임을 가리키는 표현으로 '학문의 학문'이라는 말이 있는데, 이 말 가운데는 각종의 학적인 지식이 철학적 탐구의 대상이 된다는 의미가 내포되어 있다. (…)

이처럼, 철학 가운데 지식을 대상으로 하는 분야를 지식론 혹은 인식론이라고 한다. 전통적으로 지식론의 영역에서 가장 크게 다루어 온 문제는 인간이 얻을 수 있는 지식은 어디까지인가? 하는 것과 지식과 지식이 아닌 것을 구분하는 기준, 즉 지식의 본질적인 특징은 무엇인가? 하는 것이다.

4. 세련된 논술 구성을 위한 용어와 개념

지역적·성적·직업적 편견, 장님 코끼리 만지기, 전체와 부분의 혼동, 지나친 일반화의 오류, 흑백논리, 주관성, 객관성, 사물 자체, 대상, 일상적 대화의 객관성, 인식의 상대성, 착각과 오류, 마음(心)과 외물(外物)의 관계, 초연한 마음, 이명과 코골이, 대응설, 정합설, 합의설, 아리스토텔레스의 진리, 동굴의 비유, 종족의 우상, 동굴의 우상, 시장의 우상, 극장의 우상, 참다운 존재, 감상, 지성, 선험적 자아, 돈키호테와 산초판사, 좌익인사 훈장 서훈, 크레타인 거짓말쟁이.

2장 | 주요 이론과 논거

1. 주관과 객관

골치 아픈 말이기는 하지만 논술 지문을 제대로 읽기 위해서는 부득불 주관(主觀)이니 객관(客觀)이니 하는 말들을 잘 알아야 한다. 1단원에서도 이야기했지만 주관과 객관이란 결국 자기와 타자를 말한다. 타자를 흔히 세상이라고 부르기도 한다.

주관-객관이란 나와 세상의 관련성을 말한다. 근대 철학의 한 특징인 주관-객관 이원론은 데카르트의 '생각하는 자아' 개념에 그 뿌리를 두고 있다. 그리고 객관적인 세계가 주관과 무관한 것이 아니라 주관의 구조와 밀접한 관련성을 가짐을 밝힌 철학자는 칸트(I. Kant)였다. 칸트는 객관적 세계가 보편적 자아의 구조에 뿌리를 두고 있음을 밝혔다. 이런 칸트의 자아를 선험적(先驗的) 자아(自我)라고 한다. 이런 맥락에서 논술 지문의 이해를 위해 여러 용어를 알아보자.

주관성(主觀性, subject, subjectivity)이란 흔히 개인의 영혼 혹은 정신과 관련된 태도를 말한다. 이와 반대로 객관성(客觀性, object, objectivity)이란 영혼이 아니라 사물 혹은 대상 자체를 지시한다. 객관성은 사물을 있는 그대로 바라보는 것을 의미한다. 다시 말해 주관성은 사람의 영혼이나 정신 곧 느낌, 감정, 욕구, 희망 혹은 가치관, 신념, 고집, 태도 등을 포함하는 개념이다. 이런 주관성은 바깥 세상을 무시하고 자기 안에 칩거하는 생각으로서 환상(幻想) 혹은 망상(妄想)이나 편견을 말한다. 이는 또 극히 사적(私的, private)인 태도를 말한다. 또 주관적인 것은 개별적인 사실이나 개인적인 경험 혹은 확신 혹은 주장 등을 말한다(subjective = individual, particular).

한편, 이런 주관적인 태도로서 객관성에 반대되는 주관성과는 다른 의미의 의지와 결단 등을 말하는 주관성은 흔히 주체성(主體性)이라고 불린다. 이런 주관성은 자발성, 자율성, 자립성이라는 긍정적인 의미를 가진다.

그러나 주관성과 주체성은 둘 다 어원이 같다.

객관성이란 주관성과 반대되는 개념으로서, 나의 느낌이나 직관 혹은 감정 등과는 무관하고 내 밖에 있는 세상이나 사물을 있는 그대로 드러내는 인식을 말한다. 이런 객관성은 달리 말해 보편성으로 나타난다. 왜냐하면 사물을 있는 그대로 본다는 것이 어떻게 알려질 수 있느냐 하는 문제가 대두되기 때문이다. 따라서 객관성이나 보편성이 완전히 같지는 않지만 보통은 같은 의미로 쓰인다. 이런 예는 어떤 시대에는 보편적으로 타당한 진리가 그 후에는 오류가 되는 수가 종종 있기 때문이다. 즉 진리와 보편성은 서로 밀접히 연결되지만 엄밀히 말하면 다른 문제이다.

객관적인 정보는 보편적인 데이터나 통계자료 등이 제공한다. 객관적이란 보편적 혹은 일반적과 같다(objective = universal).

개념 정리
주관적(subjective)이라는 말은 인식의 측면에서는 개인적 고집과 편견의 뜻이고 의지의 측면에서는 주체적, 자발적이란 의미를 지닌다.

■ 일상적 대화에 있어서의 객관성

일상적 대화에 있어서 대화자들은 자신의 주장이 객관적이고 진리적이라는 것을 밝히기 위해 흔히 한 사건에 대한 제3자의 이야기를 인용한다. 이는 마치 법정에서 증인의 증언이 객관성과 진실성을 보장하는 것과 같은 논리이다.

2. 인식의 상대성과 주관성

주관적인 경험은 각자 사람에 따라 달라질 수 있다. 이런 맥락에서 주관적 경험은 상대적이다. 이런 상대성은 개인과 단체 혹은 지역 등 여러 환경적 요인에 따라 발생한다. 이런 인식의 상대성에 대해 최초로 각성한 사람들은 고대 그리스인들이었다. 아테네에서 두 철학자가 만났다. 그들은 같은 날 같은 장소에서 날씨에 대해 이야기하는데 서로 정반대의 이야기를 하였다. 추운 북방에서 온 철학자는 "오늘 날씨가 따

인식의 상대성도 크게 두 가지가 있다. 즉 지역적, 문화적 상대성이 있다. 이는 따뜻한 지역의 사람들과 추운 지역의 사람들의 온도 인식이 다른 경우 혹은 각종 문화에 따라 무지개의 색깔을 2가지 혹은 5가지 혹은 7가지 색으로 보는 경우이다.

거기에 비해서 개인적 상대성 혹은 주관성은 흔히 오류나 착각을 말한다. 이는 황달 환자에게 모든 세상이 노랗게 보이는 식이다.

뜻합니다"라고 한 반면 더운 남방에서 온 철학자는 "무슨 말을 하시오, 오늘 날씨는 춥습니다"라고 했다는 것이다. 이처럼 같은 날씨를 두고 한 사람은 따뜻하다고 하고 다른 사람은 춥다고 한 것이 인식의 상대성이다. 따라서 주관적 인식은 상대성을 띤다.

■ 돈키호테의 주관적 인식과 오류

위에서 말한 인식의 상대성은 상식에서 이해될 수 있는 것이다. 각자 사람들은 자기가 처한 환경에서 사물을 보고 이해하며 판단한다. 그러나 그런 인식의 상대성 혹은 주관성이 도를 지나치면 정신이상의 경지로 간다. 이런 것을 흔히 망상 혹은 착각이라고 한다. 에스파냐의 작가 세르반테스의 『돈키호테』에서 잘 볼 수 있다. 이는 기사도 이야기에 미친 한 노신사가 이 세상을 바로잡겠다고 모험의 길에 나서 겪는 일들을 희극적으로 그린 소설이다.

아래 예문에서 돈키호테는 단순한 '먼지 구름'을 기사와 병사들이 행군 시에 일으키는 진군(進軍)의 먼지로 착각한다. 그리고 그는 양떼들의 움직임을 말과 기사들의 움직임으로 착각한다. 오히려 그는 적반하장(賊反荷杖) 격으로 사실을 있는 그대로 말하는 그의 시종 산초판사의 말을 비난한다. "눈앞에 보이는 것도, 확연히 들리는 것도 사실이 아니라고 하다니. 필경 두려움에 눈이 멀고 귀까지 멀었나 보구나." 이처럼 사람이 이상에 불타면 현실감을 상실하고 객관적 사실을 극히 주관적으로 이해하게 된다. 이런 인식의 상대성은 오류이며 착각이다. 이런 상태로는 객관적 현실을 인식할 수 없다.

시종과 함께 길을 가던 기사의 눈에 길 위로 커다란 먼지가 구름처럼 일어나는 것이 보였다.

"오늘이 바로 그 날이다. 내 운명이 날 위해 준비해 둔 커다란 행운이 이제야 날 찾아왔구나. 기사의 모험에 대한 역사책에 기록된 대로 나는 오늘 실력을 발휘해서 후세에 영원히 빛나는 명예를 얻게 될 것이다. 저기를 보거라. 저 엄청난 먼지 구름은 바로 수많은 기사와 병사들이 진군하면서 일으키고 있는 것이니라."

"저쪽 말고 이쪽에서도 먼지가 일어나고 있는데요."

기사가 고개를 돌려보니 사실이었다. 그는 이 두 군대가 맞부딪쳐 격렬한 전투를 벌일 것이라고 생각했다. 기사가 너무 확신하고 있었기에 시종도 믿을 수밖에 없었다.

"그럼 우리는 어떻게 하죠?"

"어쩌긴, 당연히 약한 편을 도와야지."

그러나 두 무리가 가까이 오자 먼지를 일으키는 것이 양떼였음이 드러났다. 시종이 말했다.

"아이고, 세상에. 내 눈에는 주인님이 말씀하신 군대는커녕 기사나 말의 코빼기도 안 보입니다. 또다시 마법에 걸리셨나 봅니다."

"뭔 소리를 하는 거냐. 말이 울부짖는 소리며 진군 나팔과 북 소리가 안 들린다는 말이냐?"

"양떼가 움직이는 소리밖에는 아무것도 들리지 않는데요."

"이런 겁쟁이 같으니라구. 눈앞에 보이는 것도, 확연히 들리는 것도 사실이 아니라고 하다니. 필경 두려움에 눈이 멀고 귀까지 멀었나 보구나."

그러면서 기사는 말에게 박차를 가하며 약한 편을 구하려고 양떼 속으로 달려 들어갔다.

(세르반테스, 『돈키호테』 중에서)

■ 연암 박지원의 인식의 상대성

① 이명(耳鳴)과 코골이

문학 지문을 통해 그 안에 들어 있는 사상적, 철학적 내용을 파악해 보라는 것이 서울대 논술시험의 한 특색이다. 그런 각도에서 연암(燕巖) 박지원(朴趾源)의 글들은 한국 문학에서 철학적, 사상적 핵심을 많이 보여주는 진귀한 예이다.

아래의 글은 박지원이 쓴 「공작관문고서」(孔雀館文稿序)라는 글인데 여기서도 인식의 상대성이 드러나 있다. 이 글에서는 몸이 허약하거나 늙어서 생기는 현상인 이명(耳鳴)과 코골이에 대해 재미있는 분석을 하고 있다. 이명 즉 귀울림 병에 걸린 아이는 도리어 성한 사람이 자기가 듣는 소리를 못 듣는다고 안타까워한다. 또 코를 심하게

인식의 주관성과 착각, 혼동, 정신이상
인간이 주관적으로 인식한다는 것은 때로 착각과 혼동과 정신착란을 초래한다. 연암 박지원의 글에서는 이명(귀울림) 병에 걸린 아이가 자신의 오류를 알지 못하고 도리어 동무의 상태를 의심한다. 즉 왜 자기는 피리소리를 듣는데 친구는 듣지 못하냐는 것이다.

고는 사람은 자기가 깨닫지 못하는 것을 남이 일깨워주는 것을 싫어한다. 이는 인식의 상대성이 병적인 결과를 낳는 경우를 말한다. 황달병에 걸린 사람은 세상이 온통 노랗게 보인다. 그러나 그의 인식은 착각이요 오류인 것이다. 병든 사람과 건강한 사람의 구별이 있기 때문에 이명이나 황달병 걸린 사람들의 잘못된 인식을 고쳐줄 수 있는 것이다.

조그만 아이가 뜰에서 놀고 있는 동안 그 귀가 '앵' 하고 울자 그만 혼자서 신이 났다. 그래서 그 동무에게 가만히 이렇게 속삭였다.

"애, 너 이 소리 좀 들어 봐. 내 귀에서 앵 소리가 나네. 피리 부는 소리, 생황부는 소리가 다 들린다. 마치 별처럼 동그랗게 들린다."

그 동무가 귀를 가져다 맞대고, 아무리 들어보아도 아무 것도 들리는 것이 없다고 하니, 그 아이는 딱하다는 듯이 소리를 지르며 남이 들어주지 못하는 것을 안타까워했다.

한번은 어떤 시골 사람과 같이 자는데, 그는 코를 드르렁드르렁 골았다. 마치

숨이 막히듯, 휘파람을 부는 듯, 탄식하는 듯, 한숨 쉬는 듯, 불을 부는 듯, 물이 끓는 듯, 빈 수레가 덜컥거리는 듯한데, 들이쉴 때는 톱을 켜는 듯하다가 내쉴 때는 돼지가 씨근거리는 듯했다. 같이 자던 사람이 흔들어 깨우자, 그는 불끈 성을 내면서, "내가 언제 코를 골았단 말이오?" 했다. 아하! 자기 혼자만 아는 것은 남이 몰라주어서 늘 걱정이요, 자기가 깨닫지 못하고 있는 것을 남이 일깨워주는 것은 마땅찮다. 어찌 코나 귀에만 이런 병통(病通)이 있겠는가? 글을 쓰는 데에는 이보다 더욱 심한 바가 있다.

이명(耳鳴)은 병이다. 그런데도 남이 들어주지 못하는 것을 딱하게 여긴다. 그러나 하물며 병도 아닌 것을 몰라줄 때에야. 코를 고는 것은 병도 아니다. 그런데도 남이 흔들어 깨우는 것에 성을 낸다. 그러니 하물며 그 병통을 일깨워줄 때에야.

(박지원, 「공작관문고서」(孔雀館文稿序) 중에서)

② 「일야구도하기」(一夜九渡河記)

중학교 교과서에 실린 연암 박지원의 글 「일야구도하기」(一夜九渡河記) 역시 인식의 문제를 다루고 있다. 인식의 요소인 주관과 객관의 상대성을 이 글은 잘 보여주고 있다. 여기서 객관은 강물이고 주관은 마음이라고 표현된다. 주관과 객관의 관계를 동양에서는 마음(心)과 외물(外物)의 관계라고 표현한다.

이 글에서는 강물 소리가 다르게 들리는 것은 듣는 사람의 마음에 따른 것이라고 말함으로써 사물을 대하는 마음의 자세를 강조한다. 그리고 삶을 살아가는 데 있어서 외물(外物)에 현혹되어서는 안 된다는 것을 세상 사람들에게 경계하는 교훈적인 글이기도 하다. 그렇기 때문에 작가는 사물이나 현상에 감각적으로 혹은 본능적으로 대응하지 말고, 사색과 반성을 통해서 사물의 본성을 꿰뚫어 볼 것을 요구한다. 그럼으로써 인간의 경거망동을 경계하고자 한다.

글의 내용을 보면 "강물이 싸우는 듯 여러 가지 소리로 요란하나, 그것은 사람 마음

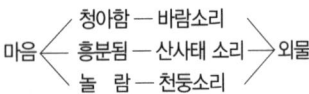

에 따라 다른 것이다. 산중에 있을 때 들리는 시냇물 소리를 구분해 보니, 여러 가지 물소리는 결국 내 가슴 소리의 뜻대로 들리는 소리였다. 내가 깨달은 진리는 결국 마음을 다스리면 두려움이 없어짐을 깨닫는 것이다." 이처럼 연암은 인식의 상대성에 대한 통찰을 통해서 외물에 구애받지 않는 초연한 마음을 누릴 것을 가르치고 있다. 이는 서양식으로 말하면 감성에 의지하지 말고 이성을 사용하라는 것이다.

"어느 누구는 이 곳이 전쟁터였기 때문에 강물이 그렇게 운다고 말한다. 그러나 이것은 그런 때문이 아니다. 강물 소리란, 사람이 그것을 어떻게 받아들이느냐에 따라 다른 것이다. 나의 거처(居處)는 산중에 있었는데, 바로 문 앞에 큰 시내가 있었다. 해마다 여름철이 되어 큰 비가 한 번 지나가면, 시냇물이 갑자기 불어서 마냥 전차와 기마, 대포와 북소리를 듣게 되어, 그것이 이미 귀에 젖어 버렸다. 나는 옛날에, 문을 닫고 누운 채 그 소리를 구분해 본 적이 있었다. 깊은 소나무에서 나오는 바람 같은 소리, 이것은 듣는 사람이 청아(淸雅)한 까닭이며, 산이 찢어지고 언덕이 무너져 내리는 듯한 소리, 이것은 듣는 사람이 흥분한 까닭이며, 뭇 개구리들이 다투어 우는 듯한 소리, 이것은 듣는 사람이 교만한 까닭이며, 수많은 축(筑)의 격한 가락인 듯한 소리, 이것은 듣는 사람이 노한 까닭이다. 그리고 우르릉 쾅쾅 하는 천둥과 벼락 같은 소리는 듣는 사람이 놀란 까닭이고, 찻물이 보글보글 끓는 듯한 소리는 듣는 사람이 운치(韻致) 있는 성격인 까닭이고, 거문고가 궁우(宮羽)에 맞는 듯한 소리는 듣는 사람이 슬픈 까닭이고, 종이창에 바람이 우는 듯한 소리는 듣는 사람이 의심하고 있기 때문인 것이다. 따라서 이러한 모든 소리는, 올바른 소리가 아니라 다만 자기 흉중에 품고 있는 뜻대로 귀에 들리는 소리를 받아들인 것에 지나지 않는다. (…)

아, 나는 이제야 도(道)를 알았도다. 마음을 잠잠하게 하는 자는 귀와 눈이 누(累)가 되지 않는데, 귀와 눈만을 믿는 자는 보고 듣는 것이 더욱 밝아져서 큰 병이 된다는 것을 깨달았다."

(박지원, 『열하일기』(熱河日記), 「일야구도하기」 중에서)

3. 진리이론

앞의 여러 가지 인식과 진리에 대한 예문을 통해서 우리는 올바른 인식에 이르는 것이 어렵다는 것을 알았다. 『돈키호테』에서 보는 것처럼 착각이나 환상은 사실을 보지 못한다. 또 병에 걸리거나 잠자면서 한 행동은 스스로 알 수가 없다. 그리고 『열하일기』에서 보는 것은 대상, 즉 바깥의 사물이 우리의 마음에 달려 있다는 것을 배운다. 눈과 귀가 보여주는 것을 그대로 믿다가는 현혹되어 올바른 판단을 내릴 수가 없다. 서양에서는 이런 문제를 진리론 혹은 인식론이라고 하여 오류와 착각에서 벗어나 객관적인 사물의 모습 그대로 아는 방법에 대해 고래로부터 많은 연구가 있었다. 아래에서는 흔히 진리이론(theory of knowkedge)라고 불리는 진리에 대한 개념을 소개한다. 진리이론에는 크게 진리 대응설, 진리 정합설 그리고 진리 합의설 등이 있다.

① 진리 대응설(the correspondence theory of truth)

정의 : 진리란 말과 사실이 일치하는 것이다.

가장 흔히 인정되는 진리의 이론으로 이는 쉽게 말해 거짓이 아닌 참이 되는 조건을 말한다. 이는 우리가 가장 항상 가장 쉽게 이해하는 진리이다. '거짓말 하지 마'라는 말을 생각해 보자. 어떨 때 거짓인가. 철수가 영희를 때렸다. 그래 놓고 철수는 자기가 영희를 때리지 않았다고 우긴다. 이는 거짓이다. 반대로 그가 영희를 때렸다고 인정한다, 즉 '내가 때렸다'라고 말한다. 이 때가 참이다. 즉 진리이다. 진리란 거창한 단

단어 정리
마음 – 외물
주관 – 객관
지성 – 사물

진리 대응설은 양자의 일치를 말한다.

어이지만 이 말의 뜻은 참말 혹은 사실과 같은 말이다. 진리란 말과 사실의 일치를 말한다.

　이런 간단한 사실을 좀 어렵게는 '진리란 지성(知性)과 사물(事物)의 일치'라고 한다. 이는 스콜라적 철학적 정의(定義)이다. 영미 분석철학에서는 이를 '한 문장은 그것이 사실과 대응 관계에 있을 때 참이다'라고 정의한다. 따라서 '고양이가 매트 위에 있다'라는 문장은 사실과 대응하는 경우 곧 매트 위에 고양이가 있기만 하면 참이다. 그 반면에 매트 위에 고양이가 없으면 거짓이 된다. 즉 진리 혹은 참이란 말과 그 말이 가리키는 사실이 일치할 때 발생한다. 이는 가장 상식적인 진리관을 반영한다.

② 진리 정합설(the coherence theory of truth)

형사 콜롬보
그는 결코 범죄 용의자에게 강압이나 폭력을 쓰지 않고 얄미울 정도의 심문과 대화를 통해서 증거를 하나하나 포착해 나간다. 그가 쓰는 것은 추리력과 논증력이다. 우리나라의 경찰이나 검찰이 피의자를 조사, 심문하면서 툭하면 고문이나 강압에 의해 자백을 받는 방식과는 다르다.

정의 : 진리란 이론들의 정합성(일관성)이다.

　즉 각 이론들이 서로 모순이 없고 전체와 부분이 일관성 있게 설명되어야 한다. 진리란 때로 단순한 사실을 말하는가 하면 때로는 복잡하다. 즉 여러 가지 사실과 사실이 얽히고 여러 가지 말과 말이 서로 얽혀 누구의 말이 진짜인지를 모를 수가 있다. 문제는 내가 모든 사실을 직접 눈으로 볼 수 있다면 일은 쉽지만 우리가 직접 볼 수 없는 경우가 너무 많다. 이 때는 남의 말을 의존하는 수밖에 없다. 가령 명탐정 콜롬보가 범인을 추적하는 과정을 생각해 보자. 이 때는 직접적인 증거보다 여러 가지 증인들과 증언들을 서로 비교하여 논리적으로 판단해야 한다. 이런 경우 진리란 말과 언어의 대응이라기보다는 여러 가지 말들의 논리적인 일관성이 중요하다. 이런 진리론을 정합설이라고 한다.

　참고로 브라이트만(E. S. Brightman)은 "어떠한 판단이든지 그것이 자체 안에 모순이 없고, 전체로서의 우리의 판단들의 체계와 정합적으로 연결된다면 그 판단은 옳다"라고 쓰고 있다.

③ 진리 합의설(the consensus theory of truth)

정의 : 진리란 과학자들 간의 합의에 근거한다.

이는 실제로 과학의 역사를 보면 과학적 진리란 대응설로도 정합설로도 이해하기 어렵다는 것이다. '당대의 최고의 지식인들과 과학자들이 서로 합의한 것이 그 시대의 진리이다'라는 상대주의적인 진리관이다. 어떤 이론에도 항상 그 이론으로 설명이 안 되는 예외적인 사례가 많이 있다. 이런 경우 합의를 진리의 기준으로 본다. 그리고 정합설도 문제가 있는데, 그 까닭은 정합적인 이론들이 서로 병존하는 경우가 있기 때문이다. 가령 빛의 성질에 대해 입자설과 파동설이 있는데 두 이론 모두 타당하다. 즉 한 가지 사실에 서로 다른 두 이론이 모두 적용될 수 있다면 어느 것이 진리인지 가리기가 곤란하다. 이런 경우 대응설도 정합설도 자연의 법칙을 제대로 규명하지 못한다. 학자들 간의 합의 내지 동의가 진리의 기준으로 작용한다.

④ 아리스토텔레스의 진리이론

정의 : 진리와 오류는 사물의 결합에 있다.

참고로 아리스토텔레스에 의하면 "참과 거짓은 하나의 사물이나 하나의 단어만으로는 발생할 수 없다"고 한다. 즉 하나의 돌멩이는 참이거나 거짓이 될 수 없다. '돌멩이는 붉다' 혹은 '돌멩이는 검다'처럼 돌멩이라는 하나의 사물 혹은 존재에 붉다 혹은 검다와 같은 다른 존재가 결합할 때 비로소 참(truth)이나 거짓(falsity)이 발생한다. 이를 아리스토텔레스는 "거짓과 참은 결합과 분리와 연관이 있다"라고 말한다. 또 그는 "있는 것을 있다고 할 때 참이고 있는 것을 있지 않다고 할 때 거짓이다"라고 하여 진리의 대응설을 선구적으로 표현했다. 이는 또한 진리가 문장, 즉 주어 + 술어, 형태에 있다는 것을 의미한다.

4. 오류의 제거 이론

앞에서 우리는 어떤 경우 진리 혹은 참(truth)이 발생하는지를 알아 보았다. 이번에는 반대로 어떤 것이 진리를 막는지를 알아 보자. 여기는 원래 논리학의 오류이론이 와야 하나 논술시험의 성격상 그런 문제는 잘 나오지 않으므로 프랜시스 베이컨의 우상론과 플라톤의 동굴의 비유를 다루어 본다. 이들은 오류가 생기는 원인과 그 제거 방법을 말하고 있다.

■ 동굴의 비유

플라톤의 이데아에 대해서는 앞에서 설명했다. 이는 불변적이고 완전한 선(善)과 미(美)를 말한다. 플라톤은 그런 이데아의 지식을 태양 빛에 비유한다. 이데아란 불변적인 관념을 말한다. 그런데 이 지식은 사실 눈에 보이는 세상을 향한 것이 아니라 눈에 보이지 않는 세계, 즉 이데아 세계를 향한 것이다. 플라톤이 이데아를 설명할 때 눈으로 보는 것 같은 뚜렷한 형태의 비유를 들지만 실은 이데아는 눈으로 볼 수 없는 가지적(可知的, intellectual)인 존재를 말한다. 눈으로 보이는 자연의 세계는 가시적(可視的, visible)이다. 이런 이데아 세계의 도입을 위해 플라톤은 『국가』 7권에서 유명한 '동국의 비유'를 서술한다.

플라톤에 따르면 세상 사람들은 눈으로 만물을 보면서 살고 있지만 실은 감옥에 사는 죄수들과 같다. 왜냐하면 그들은 참다운 존재인 이데아를 모르고 살기 때문이다. 세상의 사물들은 플라톤의 생각에 따르면 이데아의 복사 내지 모방이다. 뒤에서 다시 설명하겠지만 아름다운 사물들을 아름답게 만들어주는 것은 아름다움의 이데아 때문이다. 현실의 아름다움은 금방 시들고 부패하지만 아름다움의 이데아는 영원하고 불변적이다.

이처럼 이데아를 모르고 살아가는 사람들은 마치 동굴 속에서 살아가는 사람들 같다. 그들은 동굴 안에 살기 때문에 태양과 현실의 사물들을 직접 보지 못하고 그 그림자들만 보고 살아간다. 그러나 철학자는 그들을 동굴 밖으로 인도하여 실재의 사물들을 보여주어야 할 의무가 있다. 설령 그들이 싫어하거나 당황할지라도 '미 자체'(美 自體) 혹은 '선 자체'(善 自體)를 보여주어야 한다. 그런데 이런 이데아들은 육신의 눈이 아니라 영혼의 눈으로만 보인다. 즉 그들은 가시적인(감성적인) 존재가 아니라 가지적인(지성적인) 존재들이다. 다시 말해 감성이 아니라 지성으로 파악되는 존재가 이데아인 것이다. 여기서 우리는 고대 그리스의 지성주의와 부딪힌다. 참다운 존재는 감성이 아니라 지성 혹은 사고에 의해 파악된다. 눈에 보이는 것은 존재의 진상을 밝히지 못하고 오히려 생각과 정신이 참다운 존재를 만난다는 그리스 사유의 근본적인 요소이다.

논술에서의 동굴의 비유

논술에서 나오는 플라톤의 동굴의 비유는 앞에서 이야기한 플라톤 철학의 자세한 내용보다는 주로 동굴과 태양의 비유를 말한다. 즉 진리라는 것이 상식이라는 동굴에 의해 가리워져 있고, 따라서 진리를 캐기 위해서는 그런 상식의 세계를 뛰어 넘어 태양처럼 밝은 세계로 나가야 한다. 그리고 그런 세계는 누군가 이미 그를 맛본 사람이 우매한 백성들을 선구적으로 계몽적으로 가르쳐주어야 한다는 의미로 보통 쓰인다.

■ 베이컨의 우상론

프랜시스 베이컨은 그의 저서 『신기관론』(新機關論, *Novum Organon*)에서 학문의 방법론으로서 우상론과 귀납법을 논술하고 있다. 그의 우상론은 오류를 제거하는 방법이며 이에는 종족의 우상, 동굴의 우상, 시장의 우상, 극장의 우상 등 4가지가 있다.

① 종족의 우상 : 이는 인간의 천성(天性)에서 기인하는 착각과 오류이며, 예를 들면 천둥, 번개 등의 자연현상을 인간의 악행에 대한 신의 분노로 보는 신화와 전설, 신인 동형동성설(anthropomorphism), 그리고 자연에 인간의 영혼이 있다는 애니미즘 등이 있다. 즉 자연을 그대로 바라보지 않고 인간적인 방식으로 바라보는 오류이다.

② 동굴의 우상 : 이는 개인의 기질과 교육 혹은 습관 등에 따르는 오류이다. 예를

애니미즘(animism) – 정령숭배(精靈崇拜)

애니미즘은 라틴어의 애니마(anima)에서 온 것으로 애니마는 공기 · 호흡 · 영혼이라는 뜻이다. 애니미즘은 살아 있는 사물과 생명이 없는 대상에 혼이나 영을 부여하는 것이다. 애니미즘에서 보면 생명이 없는 대상은 아무 것도 없으며, 모든 것은 움직이든 움직이지 않든 영과 더불어 산다고 본다.

이런 애니미즘은 '종족의 우상'에 속한다. 돌이나 흙에는 영혼이 없기 때문이다. 그런데 미신이나 전설 혹은 신화의 세계에서는 종종 무생물에 영혼이 있는 것으로 보기 때문이다. 최근의 각종 공포 영화를 보면 이런 정령숭배적인 마술이 많이 나온다.

들어 황달병에 걸리면 모든 물체가 노랗게 보이는 것 등이다. 다시 말해 개인적인 편견이나 착각 등을 말한다.

③ 시장의 우상 : 시장처럼 사람과 사람이 만나서 이야기를 옮기고 떠들다 보면 실제와 무관한 것이 마치 사실인 것처럼 생각된다. 다시 말해 이는 언어를 실체로 착각하는 오류이며, 예를 들어 전설과 신화의 인물들이나 가공의 존재들을 실재로 혼동하는 것을 들 수 있다. 산타 할아버지, 행운의 여신 등.

④ 극장의 우상 : 이는 전통적인 철학이나 학문의 우상, 성현들의 말씀은 무조건 옳다고 하는 상고주의(尙古主義)의 우상 등이 있다. 이들은 모두 사실에 비추어 그 진위가 다시 검증되어야 한다.

3장 | 총정리

- 전통적인 한국 사회에서는 지역적, 성적(性的), 직업적 편견이 많다.
- '장님 코끼리 만지기'라는 속담은 사람이 자신이 본 사물의 일부를 사물의 전부라고 여기는 편견이다.
- '지나친 일반화의 오류'(the error of oversimplification)란 몇 가지 경험적 사실에서 일반적인 명제를 도출하는 오류이다.
- 흑백논리(黑白論理)란 어떤 사안의 평가에 있어서 흑 아니면 백이라는 것이다. 즉 그 중간의 색깔은 없다는 것이다. 이는 동지냐 아니면 적이냐 하는 이분법(二分法)과 같은 논리이다.
- 암기식, 주입식 교육은 사고를 경직화시키고 흑백논리를 양산한다.
- 주관성(主觀性, subject, subjectivity)이란 흔히 개인의 영혼 혹은 정신과 관련된 태도를 말한다.
- 객관성(客觀性, object, objectivity)이란 영혼이 아니라 사물 혹은 대상 자체를 지시한다. 객관성은 사물을 있는 그대로 바라보는 것을 의미한다.
- 일상적인 대화에서 객관성을 내세우기 위하여 다른 사람의 말을 인용하거나 증거를 든다.
- 같은 날씨를 두고 한 사람은 따뜻하다고 하고 다른 사람은 춥다고 한 것이 인식의 상대성이다.
- 인식의 상대성이 지나치면 착각과 오류를 야기한다.
- 연암 박지원의 이명(耳鳴) 이야기와 「일야구도하기」(一夜九渡河記)는 인식의 상대성, 주관성을 주제로 한다.
- 주관과 객관의 관계를 동양에서는 마음(心)과 외물(外物)의 관계라고 표현한다.

- 연암은 인식의 상대성에 대한 통찰을 통해서 외물에 구애받지 않는 초연한 마음을 누릴 것을 가르치고 있다.
- 진리 정합설 : 진리란 이론들의 정합성(일관성)이다.
- 진리 대응설 : 진리란 말과 사실이 일치하는 것이다.
- 진리 합의설 : 진리란 과학자들 간의 합의에 근거한다.
- 아리스토텔레스의 진리론 : 사물의 결합에 진리와 오류가 있다. 즉 올바른 결합은 진리이고 잘못된 결합은 오류이다.
- 동굴의 비유 : 플라톤에 따르면 세상 사람들은 눈으로 만물을 보면서 살고 있지만 실은 감옥에 사는 죄수들과 같다. 왜냐하면 그들은 참다운 존재인 이데아를 모르고 살기 때문이다.
- 참다운 존재는 감성이 아니라 지성 혹은 사고에 의해 파악된다.
- 눈에 보이는 것은 존재의 진상을 밝히지 못하고 오히려 생각과 정신이 참다운 존재를 만난다는 그리스 사유의 근본적인 요소이다.
- 베이컨의 우상론은 오류를 제거하는 방법이다. 여기에는 종족의 우상, 동굴의 우상, 시장의 우상 그리고 극장의 우상이 있다.
- 종족의 우상이란 사람이 자연을 인간적으로 해석하는 것이다.
- 동굴의 우상이란 개인적인 오류이다.
- 시장의 우상이란 언어에서 생기는 오류이다.
- 극장의 우상이란 위대한 철학자를 숭배하는 우상이다.

4장 | 연습문제

서울대 2005학년도 정시 논술고사

[논제] 사물에 대한 올바른 인식에 어떻게 도달할 수 있는가를 논술하시오.

※ 아래의 내용을 반드시 논술문에 포함시킬 것.

1. [제시문 1]에 드러나 있는 사물의 인식 방법에 대하여 자신의 견해를 밝히고, 이에 근거하여 [제시문 2]의 내용을 논할 것.

2. 다음 문장들을 논술에 활용하되, 그 가운데 한 문장을 반드시 직접 인용할 것.

① 큰 의심을 품지 않는 사람은 큰 깨달음이 없다. 의심나는 것을 쌓아놓고 모호하게 두는 것은 캐묻고 따지는 것만 못하다. (홍대용, 『담헌집』)

② 아는 것을 안다고 하고 알지 못하는 것을 알지 못한다고 하는 것, 이것이 바로 아는 것이다. (공자, 『논어』)

③ 사실인 것은 존재하지 않는다. 존재하는 것은 해석뿐이다. (F. W. 니체, 『권력에의 의지』)

④ 진리를 발견하는 것보다도 오류를 인식하는 편이 훨씬 쉽다. 오류는 표면에 나타나 있으므로 쉽게 정리할 수 있지만, 진리는 깊은 곳에 숨겨져 있으므로 그것을 탐구하는 일이 누구에게나 가능한 것은 아니다. (J. W. 괴테, 『잠언과 성찰』)

⑤ 어떠한 사람의 지식도 그 사람의 경험을 초월하는 것은 아니다. (J. 로크, 『인간오성론』)

[제시문 1]

　강물은 두 산 사이에서 흘러 나와 돌에 부딪혀 싸우는 듯 뒤틀린다. 그 성난 물결, 노한 물줄기, 구슬픈 듯 굼실거리는 물갈래와 굽이쳐 돌며 뒤말리며 고함치는, 원망하는 듯한 여울은 장성을 뒤흔들어 쳐부술 氣勢가 있다. 수만의 전차와 수만의 군사와 수만의 포대와 큰 북으로도 그 퉁탕거리며 무너져 쓰러지는 소리를 충분히 形容할 수 없을 것이다. 모래 위엔 엄청난 큰 돌이 우뚝 솟아 있고, 강 언덕엔 버드나무가 어둡고 컴컴한 가운데 서 있어서, 마치 물귀신들이 서로 다투어 사람을 엄포하는 듯한데, 좌우의 이무기들이 솜씨를 試驗하여 사람을 붙들고 할퀴려고 애를 쓰는 듯하다.

　어느 누구는 이 곳이 전쟁터였기 때문에 강물이 그렇게 운다고 말한다. 그러나 이것은 그런 때문이 아니다. 강물 소리란, 사람이 그것을 어떻게 받아들이느냐에 따라 다른 것이다. 나의 居處는 산중에 있었는데, 바로 문 앞에 큰 시내가 있었다. 해마다 여름철이 되어 큰 비가 한 번 지나가면, 시냇물이 갑자기 불어서 마냥 전차와 기마, 대포와 북소리를 듣게 되어, 그것이 이미 귀에 젖어 버렸다. 나는 옛날에, 문을 닫고 누운 채 그 소리를 區分해 본 적이 있었다. 깊은 소나무에서 나오는 바람 같은 소리, 이것은 듣는 사람이 淸雅한 까닭이며, 산이 찢어지고 언덕이 무너져 내리는 듯한 소리, 이것은 듣는 사람이 흥분한 까닭이며, 뭇 개구리들이 다투어 우는 듯한 소리, 이것은 듣는 사람이 교만한 까닭이며, 수많은 筑*의 격한 가락인 듯한 소리, 이것은 듣는 사람이 노한 까닭이다. 그리고 우르릉 쾅쾅 하는 천둥과 벼락 같은 소리는 듣는 사람이 놀란 까닭이고, 찻물이 보글보글 끓는 듯한 소리는 듣는 사람이 韻致 있는 性格인 까닭이고, 거문고가 宮羽**에 맞는 듯한 소리는 듣는 사람이 슬픈 까닭이고, 종이창에 바람이 우는 듯한 소리는 듣는 사람이 疑心하고 있기 때문인 것이다. 따라서 이러한 모든 소리는, 올바른 소리가 아니라 다만 자기 흉중에 품고 있는 뜻대로 귀에 들리는 소리를 받아들인 것에 지나지 않는다.

　그런데, 나는 어제 하룻밤 사이에 한 강을 아홉 번이나 건넜다. 강은 塞外로부터 나와서 장성을 뚫고 유하, 조하, 황화, 진천 등의 여러 줄기와 어울려 밀운성 밑을 지나

백하가 되었다. 내가 어제 두 번째 배로 백하를 건넜는데, 이것은 바로 이 강의 下流였다. 내가 아직 요동 땅에 들어오지 못했을 무렵, 바야흐로 한여름의 뙤약볕 밑을 지척지척 걸었는데, 홀연히 큰 강이 앞을 가로막아 붉은 물결이 산같이 일어나서 끝을 볼 수 없었다. 아마 천리 밖에서 暴雨로 洪水가 났었기 때문일 것이다. 물을 건널 때에는 사람들이 모두들 고개를 쳐들고 하늘을 우러러보고 있기에, 나는 그들이 모두 하늘을 향하여 묵도를 올리고 있으려니 생각했었다. 그러나 오랜 뒤에야 비로소 알았지만, 그때 내 생각은 틀린 생각이었다. 물을 건너는 사람들이 힘차게 돌아 흐르는 물을 보면, 굼실거리고 으르렁거리는 물결에 몸이 거슬러 올라가는 것 같아서 갑자기 현기증이 일면서 물에 빠지기 쉽기 때문에, 그 얼굴을 젖힌 것은 하늘에 기도하는 것이 아니라 숫제 물을 피하여 보지 않기 위함이었다. 사실, 어느 겨를에 그 잠깐 동안의 목숨을 위하여 기도할 수 있었으랴!

그건 그렇고, 그 危險이 이와 같은데도, 이상스럽게 물이 성내어 울어 대진 않았다. 배에 탄 모든 사람들은 요동의 들이 넓고 평평해서 물이 크게 성내어 울어 대지 않는다고 말했다. 그러나 이것은 물을 잘 알지 못하는 까닭에서 나온 誤解인 것이다. 요하가 어찌하여 울지 않았을 것인가? 그건 밤에 건너지 않았기 때문이다. 낮에는 눈으로 물을 볼 수 있으므로 그 위험한 곳을 보고 있는 눈에만 온 정신이 팔려 오히려 눈이 있는 것을 걱정해야만 할 판에, 무슨 소리가 귀에 들어온다는 말인가? 그런데, 이젠 전과는 반대로 밤중에 물을 건너니, 눈엔 위험한 光景이 보이지 않고, 오직 귀로만 위험한 느낌이 쏠려, 귀로 듣는 것이 무서워서 견딜 수 없는 것이다.

아, 나는 이제야 道를 알았도다. 마음을 잠잠하게 하는 자는 귀와 눈이 累가 되지 않는데, 귀와 눈만을 믿는 자는 보고 듣는 것이 더욱 밝아져서 큰 병이 된다는 것을 깨달았다. 이제까지 나를 시중해 주던 마부가 말한테 발을 밟혔기 때문에 그를 뒷수레에 실어 놓고, 내가 손수 고삐를 붙들고 강 위에 떠 안장 위에 무릎을 구부리고 발을 모아 앉았는데, 한번 말에서 떨어지면 곧 물인 것이다. 거기로 떨어지는 경우에는 물로 땅을 삼고, 물로 옷을 삼고, 물로 몸을 삼고, 물로 性情을 삼을 것이라. 이러한 마음의 判斷이 한번 내려지자, 내 귓속에선 강물 소리가 마침내 그치고 말았다. 그리하여, 무려 아홉 번이나 강을 건너게 되었는데도 두려움이 없고 태연할 수 있어, 마치 방 안에서 편안히 앉아있는 것과 같았다.

옛적에 禹가 강을 건너는데, 누런 용이 배를 등으로 져서 지극히 危險했다 한다. 그러나 生死의 判斷이 일단 마음속에 정해지자, 용이거나 지렁이거나, 혹은 그것이 크거나 작거나 간에 아무런 關係도 될 바가 없었다 한다. 소리와 빛은 모두 外物이다. 이 외물이 항상 사람의 耳目에 累가 되어, 보고 듣는 機能을 마비시켜 버린다. 그것이 이와 같은데, 하물며 강물보다 훨씬 더 험하고 위태한 人生의 길을 건너갈 적에 보고 듣는 것이야말로 얼마나 致命的인 병이 될 것인가? 나는 또 나의 산중으로 돌아가 앞 내의 물 소리를 다시 들으면서 이것을 經驗해 볼 것이려니와, 몸 가지는데 교묘하고, 스스로 총명한 것을 自信하는 자에게 이를 경계하고자 하는 것이다.

* 축(筑) : 거문고 비슷한 현악기.
** 궁우(宮羽) : '宮'과 '羽'는 옛날의 음계 이름.

[제시문 2]

어느 산골에 작고 깊은 우물이 하나 있었습니다. 이 우물은 흔히 볼 수 있는 우물과는 다른 모습이었어요. 우물 벽에는 구멍이 숭덩숭덩 나 있고 돌이 여기저기 삐져나와 있었습니다. 깊은 바닥 한가운데에는 진흙 웅덩이도 있었습니다. 밑바닥 쪽은 언제나 어둑하였지요. 이 우물 안에 페페, 필라, 페트라, 푸투라고 하는 개구리 네 마리가 살고 있었습니다. 좁고 어두운 곳이었지만 네 마리의 개구리가 살기에는 충분했습니다. 개구리들은 이 우물 안에서 아무런 불만도, 걱정도, 다툼도 없이 아주 행복하게 지냈습니다.

개구리들의 삶은 더할 나위 없이 편하고 단순했습니다. 우물 밑바닥에서 개구리들이 고개를 들고 위를 쳐다보면, 가끔씩 가마득히 하늘이 보였습니다. 하늘은 밝고 푸르렀으며, 작고 동그랬습니다. 개구리들의 먹이는 여기저기 널려 있었습니다. 우물 안으로 날아든 맛 좋은 파리와 날벌레, 벽을 기어 다니는 벌레들은 모두 개구리들의 재빠른 혓바닥의 적수가 되지 못했습니다. 개구리들은 배불리 벌레들을 잡아먹고는 저희들끼리 즐겁게 놀았습니다. 우물 안 진흙 웅덩이에서 팔짝팔짝 뛰어다니기도 했고, 우물 벽을 타고 오르다가 뛰어내리기도 하였습니다. 제 자리에서 발 구르기를 하며 놀다가 싫증이 나면 솟구쳐 뛰어올라 보기도 하였지요. 우물 안으로 빗방울이 내리칠 때면 '개굴개굴' 노래도 부르며 춤을 추기도 했답니다. 그러면서 개구리들은 좁고 어두운 우물과 가마득하게 올려다 보이는 하늘이 세상의 전부라고 생각하였습니다.

어느 날이었습니다. 페페가 친구들과 떨어져서 혼자 우물 벽을 기어올랐습니다. 개구리들은 항상 우물 안에서 놀다가 가끔 벽을 타고 위로 올라가 보기도 하였지만, 캄캄한 구멍이나 불쑥 솟아나온 돌멩이를 중간에서 마주치면 오싹 겁이 나서 더 이상 위로 오르지 못하고, 오던 길로 되돌아 내려오곤 하였습니다. 그러나 페페는 늘 우물 꼭대기로 작게 보이는 하늘이 궁금하였답니다. 그래서 꼭 한 번 우물 꼭대기까지 올라가 보고 싶었던 것입니다. 페페는 우물 안의 벽에 붙어 후미진 곳에서 쉬기도 하며 돌 틈을 비집고 벽을 기어오르게 되었습니다. 그리하여 우물 꼭대기 바로 아래에 튀어 나온 돌멩이에까지 도착했습니다. 여기서 페페는 크게 한 번 도약을 해서 위로 뛰어올랐습니다.

그런데 페페는 깜짝 놀랐어요. 예전에 보지 못했던 무엇인가를 보았던 것입니다. 그러나 세상이 너무도 밝아서 페페의 눈을 아프게 할 정도였습니다. 그것은 바로 태양이었습니다. 페페는 놀라서 바로 우물 안으로 황급하게 들어왔습니다. 그리고는 친구들에게로 되돌아가 소리쳤습니다.

"이봐 필라, 페트라, 푸투! 이리 좀 와 봐. 너희들에게 할 말이 있어."

"페페, 왜 그래? 무슨 일인데?"

"페페, 너 어디 갔다가 오니? 뭐가 문젠데?"

필라와 페트라와 푸투가 뛰어오면서 물었습니다.

"내가 저 꼭대기까지 올라갔었어. 간신히…"

"무슨 소리야? 네가 혼자 어떻게?"

"그런데 저기서 아주 크고 눈부신 빛을 보았어!"

"정말로?"

필라와 페트라가 놀란 눈으로 다가섰습니다.

"그래. 그 빛나는 것을 보는 순간 나는 겁이 나서 눈을 감고 우물 안으로 뛰어 들어온 거야."

"흥미로운 이야기지만 믿기 어려운 걸?"

페트라가 말했습니다. 필라도 눈을 치켜뜨고는 손을 내둘렀습니다.

"페페, 그건 아니야. 네가 무얼 잘못 본 거지. 우린 여기서 한평생을 살았어. 여기서 우리는 저 꼭대기의 작고 둥그스름한 푸른 하늘만을 보아 왔어. 저것이 우리들 세계의 크기이자 진실이야. 너는 정말로 눈이 멀었구나."

"그렇지만 내 말은 사실이야."

페페는 계속 주장했습니다.

푸투는 아무 생각도 없다는 듯이 눈만 두리번거렸습니다. 페트라는 흥미가 없다는 듯이 진흙 웅덩이로 뛰어가 버렸고, 필라도 아무 말을 하지 않고 고개를 갸웃거렸습니다. 페페는 친구들을 설득하기가 힘들다는 것을 알았어요. 그리고 친구들이 그 크고 환한 빛을 스스로 직접 보기 전에는 자신의 말을 믿지 않을 것이라는 결론에 도달했습니다.

"필라, 너도 내 말을 믿지 못하겠니? 제발 내 말을 믿어줘. 네가 직접 한번 저 꼭대기 위로 올라가보지 않을래? 저쪽 오른편 구석으로 돌아가서 돌 틈으로 기어오르면 불쑥 튀어 나온 돌멩이에 도달하게 될 거야. 그 돌멩이까지 오르는 것도 굉장한 힘이 들어. 그러나 그 돌멩이 위에 오르기만 하면 바깥 세상을 보기가 쉽지. 거기서 펄쩍 한번 뛰어오르면 우물 바깥으로 나갈 수 있어. 만일 바깥으로 뛰어 나가지 못하고 우

310

물 턱에 걸리면 너는 이 바닥으로 처박히게 될 거고. 자, 봐! 그런데 네가 그 곳에 도달하면 넌 내가 보았던 그 크고 환한 빛을 보게 될 거야! 참, 그 빛을 너무 오랫동안 쳐다보지 마. 네 눈이 상할 걸."

페페는 흥분된 목소리로 설명했습니다.

"필라, 네가 그걸 보고 오면 페트라도 쉽게 내 말을 믿겠지."

"그래, 좋아."

필라가 대답했습니다.

"페페, 그건 너무 위험해. 제발 그만 둬."

푸투는 겁을 잔뜩 먹고 있었습니다.

그날 오후, 필라는 페페의 말대로 하여도 해로울 게 없다고 결정했습니다. 팔다리 운동을 하고 목을 돌리고 무릎 운동을 하며 몸을 푼 후에, 필라는 벽을 기어 올랐습니다. 우물 벽에는 여기저기 어둑한 구멍이 있고 미끈거렸지만, 그럭저럭 올라갈 수 있었습니다. 필라는 튀어 나온 돌멩이 위에 올라서서 크게 한 번 숨을 쉰 후, 힘껏 돌바닥을 박차고 위로 뛰어 올랐어요. 그러나 우물 턱에 머리를 부딪치고는 돌멩이 위로 내리박히고 말았습니다. 필라는 머리통이 아팠지만 다시 한 번 도전했습니다. '얏' 하고 뛰어 올라 우물 턱을 간신히 손으로 잡았지만 몸이 다시 미끄러져 내렸습니다. 필라의 도전은 계속 되었습니다. 이 과정이 한 시간이나 되풀이되었고, 필라는 상처투성이가 되었답니다. 어느덧 저녁이 되었습니다. 사방이 어둑해지면서 앞뒤를 분간하기도 어려웠습니다. 필라는 거의 자포자기의 상태였습니다. 정확한 거리를 가늠하는 것도 불가능했고, 무엇보다도 몹시 피곤했습니다. 필라는 그 자리에 주저앉은 채 곧 잠에 빠져버렸습니다.

필라가 잠에서 깼을 때는 이미 한밤중이었습니다. 그런데 필라는 주위가 훤하게 밝아졌음을 알고 의아해했습니다. 우물 위로 하늘이 훤하게 트여 있었습니다. 필라는 용기를 얻어 자세를 고쳐 앉고는 다시 몸을 풀기 시작했습니다. 거리를 가늠하고, 약간 뒤로 움츠렸다가, 셋을 센 후에 뒷다리에 있는 힘을 다 주고 솟구쳐 뛰어 올랐습니다. 그리고 멋지게 우물 턱 위에 올라섰습니다.

"페페가 말했던 크고 빛나는 것이 뭐지?"

필라는 하늘을 쳐다보았습니다. 그러자 부드러우면서도 밝고 둥그런 것이 눈에 들어왔습니다. 필라는 몹시도 혼란스러워졌습니다.

"페페가 말한 것이 저건가? 눈이 멀 정도로 밝은 빛이랬는데. 저 빛은 너무도 부드럽고 곱잖아?"

필라는 달을 지긋이 쳐다보았습니다. 그리고는 둥그런 달빛의 아름다움에 도취되고 말았습니다. 한참 뒤에 필라는 사방을 두리번대다가 조심스럽게 다시 우물 안으로 들어왔습니다.

필라가 돌아오자, 페페와 페트라와 푸투는 걱정스런 눈빛으로 필라에게 달려왔습니다.

"그래, 필라야. 너도 그 환하고 강렬한 빛을 봤지?"

페페가 흥분해서 물어보았습니다.

"아니야. 강렬하다니? 무슨 소리를 하는 거야? 그것은 부드러운 느낌이었어. 난 그 빛에서 눈을 떼지 못했다니까."

"뭐? 2초 이상 빛을 보면 눈이 멀고 만다구."

"아냐. 그건 크고 둥글고 곱고 부드러웠어."

"그래? 네가 뭔가 잘못 봤나 보다. 그게 아닌데…"

페페가 필라의 말을 가로막았습니다.

"내가 무엇을 보았는지는 내가 알아."

필라도 지지 않고 페페에게 말했습니다.

이때 페트라가 끼어들었습니다.

"그만들 해. 너희들이 도대체 무슨 소리를 하는지 모르겠다. 난 누구 이야기를 믿어야 할지 모르겠어."

페페는 머뭇거리고 있는 페트라에게 다가섰습니다. 페트라를 설득하는 것이 더 낫겠다고 생각하였습니다.

"페트라, 넌 내 말을 믿지? 내가 제일 먼저 저 꼭대기 위로 나가 보았잖니? 내가 개척자야. 필라는 저기까지 올라가는 데 지쳐 쓰러졌었다고 하지 않았니? 정신을 제대로 차리지 못하고 하늘을 쳐다보아서 뭔가 혼동하고 있는 거야."

페페의 말을 들은 페트라가 고개를 끄덕였습니다. 곁에서 보고 있던 필라가 큰 소리로 말했습니다.

"아냐, 페트라. 그렇지 않아. 내가 분명히 두 눈으로 보았어. 은은하게 빛을 내는 하늘의 둥근 것을 보았다니까. 넌 내 말을 믿어야 돼. 내가 페페보다 뒤에 올라가 보았으니, 내 생생한 경험이 맞지."

필라가 힘주어 하는 말에 페트라는 둘을 번갈아 바라보면서 어쩔 줄 몰라 하였습니다. 페페와 필라는 서로 자기 말이 맞다고 야단이었습니다. 둘의 논쟁은 페트라가 질릴 때까지 계속되었습니다. 페트라는 더 이상 참지 못하겠다는 듯이 이렇게 말했습니다.

"제발 둘 다 이젠 그만해! 너희 둘 다 옳다."

"아…"

"음…"

페페와 필라가 서로 얼굴을 바라보면서 말을 더듬었습니다.

"아니면, 둘 다 잘못 생각하고 있을지 몰라."

페트라는 계속해서 말했습니다.

"내 생각으로는 이 문제를 해결할 수 있는 방법이 하나 있어. 우리 모두가 가서 확인해 보는 거. 우리 모두."

페트라의 뜻밖의 제안에 둘은 손뼉을 쳤습니다.

"그래, 우리 모두 가보자. 우리 모두."

"난 필라가 다칠까 봐 내내 걱정만 했다. 나는 안 갈래. 너희들이 무얼 보았든지 그게 우리들의 삶과 무슨 상관이니?"

푸투는 그냥 진흙 웅덩이로 들어가 버렸습니다.

페페가 약간 걱정스러운 듯이 물었습니다.

"페트라, 너 정말 저기까지 가 보겠니? 너무 힘들어서 너는 못 올라갈 거야."

"난 할 수 있어."

"좋아. 내 생각도 페트라는 해낼 수 있을 거라고 봐. 푸투는 언제나 저런 식으로 빠지니까 그냥 내버려 둬. 페페, 우리 둘이서 페트라를 도우면 돼."

필라가 페트라의 손을 잡았습니다.

개구리 세 마리는 다음날 푸투가 채 일어나기도 전에 이른 새벽부터 우물 벽을 기어오르기 시작하였습니다. 처음 예상했던 대로 페트라가 자꾸 뒤쳐졌습니다. 어려운 등반이었습니다. 방향을 잘못 잡기도 했으며, 이끼에 미끄러지기도 했습니다. 뱀이 옆을 지나가기도 했습니다. 그러나 결코 되돌아가지 않았습니다. 페트라가 몇 번이나 돌 틈으로 미끄러져 내려가는 바람에 필라와 페페가 페트라를 붙잡아 끌어 올려야 했습니다. 우물 꼭대기 바로 아래의 돌멩이 위에 이르기까지 거의 한나절을 보냈고, 돌멩이 위에서 우물 턱으로 뛰어 오르는 데에 힘을 다 쏟았습니다. 개구리들은 끝까지 포기하지 않았습니다. 페트라가 마지막으로 우물 턱으로 뛰어 오르는 순간, 페페와 필라는 뛰어 오르는 페트라의 손을 위에서 꽉 잡아 이끌었습니다. 드디어 페트라가 우물 턱 위로 올라왔습니다. 세 마리의 개구리들은 서로 힘을 합쳐 목적지에 도달할 수 있었습니다.

때는 저녁 무렵이었습니다. 해가 서쪽 지평선 위로 넘어가면서 붉게 빛나고 있었습니다. 개구리들은 이 광경을 조용히 지켜보았습니다. 페페와 필라는 아무도 먼저 말을 꺼내려 하지 않았습니다. 페페는 이것이 자신이 전에 보았던, 따가운 빛이 눈부시게 비치던 물체와 똑같은 것이라는 확신을 할 수 없었습니다. 필라 역시 자신이 밤하늘에서 보았던 것보다 이 물체가 확실하게 더 밝다는 것을 알고 있었습니다.

"저기 저게 너희들이 말한 것이니?"

페트라가 물었습니다.

"…"

페페와 필라는 선뜻 대답을 하지 못했습니다.

"여기서 좀더 기다려 보자. 무슨 일이 일어나는지."

페트라가 제안했습니다.

"좋은 생각이야."

필라가 대답했습니다.

개구리 세 마리는 처음으로 일몰을 보게 되었습니다. 그 광경은 정말로 장관이었습니다. 이 경험은 말로는 표현할 수 없는 것이었습니다. 잠시 후 하늘에 달과 별들이 빛나기 시작했습니다. 개구리들은 황홀경에 빠졌습니다. 개구리들은 밤을 꼬박 새우며 밤하늘을 쳐다보고 있었습니다. 그리고 다시 새벽이 되자, 빛나는 아침 해가 떠올랐습니다. 사방이 눈부시게 환해지고 나뭇잎들도 반짝거렸습니다. 필라, 페트라, 페페는 실눈을 뜨고 이 빛을 보았고, 점차로 빛에 익숙해지게 되었습니다. 개구리들은 점차로 서서히 새로 발견한 놀라움에 몰입하게 되었습니다. 사방에 나무들과 풀이 우거져 있고, 꽃 위로 나비들이 날고 있었습니다. 페트라가 말했습니다.

"봤지? 너희들 둘이 한 말이 모두 맞네. 우리가 서로 도와 여기까지 올라오기를 잘했어. 이렇게 많은 것을 다 보게 되었으니. 푸투도 같이 있었으면 좋았을 텐데"

개구리들은 자신들이 살았던 우물보다 더 넓고 복잡한 새로운 세계가 무한하게 펼쳐져 있다는 것을 알게 되었습니다.

여덟째 마당

과학의 역사와 이론

1장 │ 서론

1. 문제 제기

근대는 자연과학의 전성기이다. 중세에 비해 근대인들이 자부심을 느낀 것은 다름 아닌 과학과 기술의 눈부신 발전이다. 근대인들은 중세(中世)를 암흑기라고 폄하했는데 그런 이유가 바로 중세에는 과학의 발전, 특히 수학과 물리학의 발전이 거의 없었기 때문이었다. 중세는 철학과 신학 그리고 예술에 있어서 결코 근대에 뒤지지 않았지만 과학에 있어서는 그렇지 못했다.

근대철학의 시조인 데카르트는 철학자이며 동시에 해석 기하학을 창시한 저명한 수학자였다.

근대의 역사는 과학, 특히 자연과학의 발전사(發展史)와 밀접한 관련성을 맺는다. 현대에는 이 자연과학에 대해 부정적으로

중세의 성화(聖畵)
중세를 암흑기라고 폄하하는 것은 근대인들의 자만심과 편견의 소산이다. 대학의 탄생도 중세에서 시작되었고 근대과학의 산실도 거의 중세의 수도원과 대학이다.

보는 사람들도 많다. 도덕교과서에도 나와 있는 것처럼 '과학주의' 혹은 '과학지상주의'는 도구적 합리성의 지배와 더불어 자연 파괴와 인간 소외의 원인으로 지목되고 있기도 한다. 엄밀히 말하면 과학과 기술은 서로 다른 영역이지만 통상 둘이 서로 밀접한 관계를 가지고 현대의 산업문명을 이끌어 가고 있다.

그러나 이런 과학의 부작용에 대한 고려를 제외하고 보면 과학 그 자체의 눈부신 발전도 항상 긴장과 모험의 연속이었다. 오늘날 우리에게 당연하게 여겨지는 것도 당시에는 당연한 것이 아니라 이해되지 못할 것 혹은 황당한 것에 속했다. 오늘날 우리에게 많은 편리함과 혜택을 주는 기술과 지식은 당시 그것이 처음 세상에 나올 때는 그것이 과연 옳고, 좋은 것인지에 대한 극렬한 논쟁과 대립이 있었다. 이처럼 올바른 지식과 이론

원자폭탄의 핵구름

원자폭탄과 환경 파괴 그리고 인간 복제 같은 과학기술의 부정성은 과학의 의미를 다시 묻고 그 실험과 발전에 한계를 지워야 한다는 생각을 낳았다.

의 탄생은 긴장과 대립을 포함한다.

현대의 과학철학은 근대의 그것보다 훨씬 복잡화되고 또 과학 자체에 대해서 상당히 회의적이다. 토마스 쿤이나 카프라 혹은 다른 과학철학자들이 보여주는 결론은 "과학적 진술은 잠정적인 진리 혹은 가설(假設) 이상이 될 수 없거나 혹은 그것이 속한 과학이론 혹은 패러다임에 대해 상대적인 진리성밖에는 지니지 못한다"는 것이다. 따라서 과학적 지식은 그 근거가 의심할 수 없는 객관적인 사실이 아니고 사람들의 주관적인 생각에 의지한다는 것이다. 따라서 과학이 아무리 현실에서 효용성이 높고 국가 발전에 많은 기여를 한다고 할지라도 엄밀히 말하면 상대적인 지식의 체계라고 할 수밖에 없다. 그러므로 예전처럼 과학을 무조건 숭배하는 태도는 버려야 한다(교과서, 72쪽).

더욱이 과학이 보여주는 여러 가지 사회문제도 있다. 가령 물리학 이론은 핵무기 개발에 사용되며, 또 유전자 공학과 인간 복제의 기술들은 생명과 인간의 존엄성을 파괴하고 인간 사회를 기술적으로 통제할 수 있는 위험을 초래한다. 따라서 최근 과학의 의미는 예전과 달리, 그것이 인류 문명 발달에 과연 유용하기만 한가 하는 의문을 불러일으킨다. 또한 과학 연구와 실험의 한계를 설정해야 하는 형국에 와 있다.

2. 논술고사 출제 경향

논술시험과 관련해서 보면 과학과 기술의 문제는 주로 그 사회적인 혹은 문명사적인 차원에서 많이 다루어진다. 그리고 과학의 역사와 이론에 대해서도 종종 출제가 되고 있다. 특히 토마스 쿤(T. Kuhn)의 패러다임에 관한 주제는 논술시험의 제시문으로 자주 등장한다. 그 외에도 근대과학과 현대과학의 차이점에 대한 인식을 묻는 문제와 최신 과학의 풍조를 묻는 문제들이 출제되었다. 대표적인 문제 유형은 1999년 중앙대

320

논술문제 '근대과학과 현대과학의 차이점'과 1999년 경희대 논술문제 '과학의 보수주의와 진보주의' 등이다.

또 1999년 한양대 자연계 논술시험에서는 귀납적 추론과 연역적 추론의 차이를 묻는 문제가 나왔다. 2003년 동국대 정시 논술시험에서는 '기계적 세계관과 유기적 세계관'의 차이를 묻는 문제가 나왔다. 이는 프리초프 카프라(F. Capra)의 『현대물리학과 동양사상』이란 책에서 나오는 이론이다. 2004년 서울대 수시에서도 쿤의 과학철학을 사용한 문제가 나왔다.

그 밖에도 과학과 예술의 관계를 묻거나 최근의 과학이론, 예를 들면 '카오스 이론'이나 '프랙탈 이론' 같은 제시문이 나오기도 한다.

밀물과 썰물

밀물과 썰물은 달의 운동과 관련이 있다. 이들 모두 만유인력 현상으로 인해 생긴다. 그러나 뉴턴이 이런 자연 현상을 두루 관찰하고 만유인력의 법칙을 귀납적으로 발견했는지는 의문의 여지가 있다.

근대과학의 성립에 대해서는 많이 나오지 않지만 면접시험에서 물어보는 수도 있고 또 기초를 모르고 너무 현대적인 풍조만을 배우면 학습이 불안정하다. 그래서 이 책에서는 근대과학의 성립부터 서술하고 이어서 현대적 과학의 몇 가지 이론을 소개하려고 한다.

3. 주제관련 교과서 내용

| 진교훈, 심재룡, 이종권, 『고등학교 철학』, 교학사(2003), 68쪽 이하

- -

1. 과학은 객관적 진리인가?

과학적 지식도 지식이므로 정당화가 필요하다. 과학은 세계를 경험적으로 관찰함으로써 얻어진 자료에 의해 정당화해야 한다는 경험주의적 원칙에 대해서는 대부분의 철학자들이 동의하고 있다. 그러나 실제로 그러한 정당화가 어떻게 이루어지는지, 혹은 이루어져야 하는지에 대해서는 일치된 견해를 보이고 있지 않다. 과학적 지식을 얻기 위해 가장 중요한 일은 과학이론을 확립하는 것이다. 여러 가지 자연 현상과 사건을 설명하거나 예측하는 것이 과학에서 주로 하는 일인데, 과학이론의 핵심적 요소라고 할 만한 과학법칙을 확립한 뒤에야 비로소 과학적 설명과 예측이 가능한 일이기 때문이다. 경험주의적 원칙에 의하면, 과학이론은 관찰 결과에 의해 정당화됨으로써 확립되어야 한다. 근대 경험주의자들은 그러한 이론의 정당화의 방식으로 귀납추론을 주장하였다. 예를 들면, 그들은 뉴턴(I. Newton)이 행성과 달의 운동, 기타 밀물과 썰물의 현상을 두루 관찰한 끝에 그로부터 만유인력을 귀납해 낸 것이라고 주장하였다.

---

4. 세련된 논술 구성을 위한 용어와 개념

과학주의, 과학지상주의, 도구적 합리성, 자연 파괴, 인간 소외, 암흑기의 중세, 과학적 진술, 잠정적인 진리, 가설(假設) 과학이론, 패러다임 상대성, 종교적·형이상학적 전통 비판, 자연의 관찰과 실험, 경험적·실증적 과학, 경험, 귀납, 특수, 보편, 연역의 필연성, 귀납의 개연성, 논리실증주의, 전칭명제, 검증, 가설, 과학법칙, 반증주의, 반증가능성, 객관적 지식, 정통과학관, 패러다임, 누적적 발전, 혁명적 발전, 연속과 불연속, 쿤의 과학발전의 모델, 전(前)과학(pre science), 정상과학(normal science), 위기(crisis), 과학혁명(scientific revolution), 새로운 패러다임, 새로운 정상과학, 새로운 위기, 공약불가능성, 인식의 아나키즘.

2장 | 주요 이론과 논거

1. 코페르니쿠스적 전회(轉回)

갈릴레이, 뉴턴 그리고 베이컨 등은 그 전까지의 종교적, 형이상학적 전통을 비판하고 자연의 관찰과 실험을 토대로 한 경험적, 실증적 과학을 추구했고 그 전통은 오늘날까지 이어지고 있다.

근대 세계의 출발은 코페르니쿠스가 천동설 대신 지동설을 주장함으로써 비로소 시작되었다. 이에 따르면 지구는 태양 주위를 돌고 있으며 동시에 자전(自轉)을 하는 많은 유성 중의 하나에 불과하다는 가설을 토대로 하고 있다.

코페르니쿠스가 사망한 1543년에 출판된 『천구의 회전에 관하여』라는 저서는 프톨레마이오스의 천동설 천문학에 대치되는 본격적인 지동설 천문학 체계를 제시하고 당시 활발해지기 시작한 인쇄매체를 이용함으로써 매우 큰 영향력을 지니게 되었다.

코페르니쿠스(N. Copernicus, 1473-1543)
폴란드의 천문학자. 『천구의 회전에 관하여』라는 책에서 코페르니쿠스는 종래의 프톨레마이오스의 천동설 천문학에 대치되는 지동설 천문학 체계를 제시하여 지구가 더 이상 우주의 중심이 아니라고 증명했다. 이런 혁명적 변화는 그때까지 사람들이 가지고 있던 우주관의 변혁을 요구하는 것이었다. 이 우주관, 세계관의 대변혁을 흔히 코페르니쿠스의 전회라고 한다.

그가 생각하였던 태양계의 모습은 현대인이 생각하고 있는 태양계는 아니었으나 태양을 우주의 중심이라 생각하고 있었다. 그러나 지구가 더 이상 우주의 중심이 아니라는 사고는 그 때까지 사람들이 가지고 있던 우주관의 완전한 변혁을 요구하는 것이었다. 이러한 우주관, 세계관의 대변혁을 흔히 코페르니쿠스 혁명이라고 하며 철학 등의 분야에서는 코페루니쿠스적 전회(轉回)라고도 한다.

2. 근대과학의 특징 : '질(質)의 과학'에서 '양(量)의 과학'으로

관찰과 실험을 중시하는 근대과학의 다른 특징의 하나는 사물의 질(quality) 혹은 본질(本質)보다는 사물 간의 양적 관계(quantitative relation)를 중시한다는 점이다. 이 점은 코페르니쿠스의 지동설을 더욱 발전시켜 천체 운동을 수학적으로 정식화한 케플러(Johannes Kepler, 1571-1630)에 의해서 명확하게 표현되었다. 그는 "인간의 지혜는 무엇보다도 양적(量的) 관계를 선명하게 투시할 수 있으며, 인간은 바로 이 관계를 파악할 수 있도록 만들어진 피조물이다"라고 말한다. 바로 이 말에서 우리는 근세 자연과학과 그것이 구사한 방법이 그리스의 경우와 판이한 것임을 알 수 있다.

고대 그리스의 아리스토텔레스의 물리학에 의하면 불의 성질(본성)은 위로 향하는 것이며 돌의 성질은 아래로 향하는 것이었다. 이렇게 고대인들은 각종의 사물들은 모두 그 자신의 고유한 성질(본성)을 가졌다고 믿었다. 그러나 케플러는 이와 같이 질적 차이를 양적인 관계로 환원시켰다.

이런 자연의 계량화 내지 양적인 이해야말로 현대 자연과학이 이룩한 경이적인 성과를 가능케 한 근본원인을 밝혀주는 열쇠가 된다. "물질이 있는 곳에는 수학도 있다" (Ubi materia, ibi geometria)라고 외친 케플러야말로 이 후의 모든 자연과학을 발달시키는 결정적 요인이 된 수학적 지식의 이상을 정형화한 장본인이었다(쉬퇴릭히, 『세계철학사』(하권), 18쪽 이하).

이를테면 물체는 왜 낙하(落下)하는가? 라는 문제의 제기에 있어서 아리스토텔레스는 스스로 답하기를 물체란 본래 중량을 가지고 우주의 중심에 놓여 있는 본래의 위치를 추구하는 본질(本質)이 있다고 설명하였다. 그러나 갈릴레이는 물체가 실제로 낙하하는 양식(樣式)을 알아내고자 했다. 그는 낙하의 여러 요인, 즉 낙하하는 거리나 시간 또는 낙하작용의 장애요소 등을 중심으로 하나하나 분석하고 실험과 측정을 통하여 그 모든 요소의 양적(量的) 관계를 규명하였다. 이 방법의 결과 물체가 낙하하는 거리는 그 시간에 상응한다는 낙하체의 가속도원리를 발견했다. 우리는 이런 자연의 양적 관계를 자연법칙이라고 부른다.

갈릴레이의 낙하법칙이 뚜렷이 표현된 것은 1638년에 나온 『신과학 대화』(新科學 對話) 속에서였다. 이 법칙은 물체의 낙하속도는 그 무게에 의해 결정된다는 아리스 토텔레스 이래 2천 년 간에 걸친 인류의 착각에서 눈뜨게 한 획기적인 업적일 뿐만 아 니라 그 연구 자체가 코페르니쿠스의 지동설에 못지 않을 만큼 중요했다. 갈릴레이의 낙하법칙을 식으로 나타내면 다음과 같다.

$$d = \frac{1}{2}vt, \ d = \frac{1}{2}at^2$$

(d:거리 v:속도 a:가속도 t:시간)

3. 연역추리와 귀납추리

과학적 방법론의 두 가지 틀에는 연역주의와 귀납주의가 있다. 이는 아리스토텔레 스의 논리학의 연역(추리)과 귀납(추리)을 응용한 자연과학의 방법론이다.

연역과 연역추리 그리고 귀납과 귀납추리 등은 같은 말이다.

근대과학의 귀납주의와 연역주의를 알기 위해 먼저 아리스토텔레스의 연역과 귀납 개념을 알아보자.

① 연역(deduction)

아리스토텔레스의 논리적 용어로 그 뜻은 '보편자에서 특수(개별자)를 도출하는 행 위'이다. 이를 적용한 연역추리의 예로서는 유명한 삼단논법이 있다.

연역의 예 : '사람은 죽는다'라는 보편적 명제에서 '소크라테스는 죽는다'라는 특수한 명제가 도출된다. (사람: 보편자, 소크라테스: 특수자)

이는 원래 삼단논법(syllogism)의 형태를 띤다.

독배를 마시는 소크라테스
소크라테스는 역사상 죽음으로 그의 학설을 증명한 위대한 철인의 한 사람이다. 플라톤의 대화편 『파이돈』에 의하면 소크라테스는 죽음 이후의 불멸의 생명을 믿었다고 한다. 즉 육체는 소멸하지만 영혼은 영원불변하다고 소크라테스는 가르친다.

대전제 : 모든 사람은 다 죽는다
소전제 : 소크라테스는 사람이다.

결론 : 그러므로 소크라테스는 죽는다.

여기서 소크라테스는 특수자(the particular)에 해당한다. 여기서 특수란 '예외적인' 혹은 '특별한' 등의 뜻이 아니고 '특정한'의 뜻이다, 다시 말해서 '개별적인'의 뜻이다.

보편자(the universal)란 원래 '모든 것' 또는 '전체' 등의 뜻이다. 따라서 '보편적'이란 말도 '모든 것에 해당하는' 또는 '모든 것에 타당한'의 뜻이다. 예를 들어 '자유는 인간의 보편적 가치이다'라고 할 때 이 말은 '자유는 누구에게나 중요한 가치이다'라는 뜻이다.

그리고 자유가 인간에게 보편적 가치라면 그것은 '김철수'나 '박노향' 등의 특수자에게도 당연히 소중한 가치이다.

이것이 바로 연역의 원리이다. 즉 보편적 원리나 사실은 특수자, 개별자에게도 타당하다는 것이다.

② 귀납(induction)

연역과 반대로 특수에서 보편을 도출하는 행위이다. 즉 '김일성이 죽었다, 그러므로 모든 사람은 죽는다'와 같이 어느 하나의 개별적인 사실에서 보편적인 사실을 도출

하는 행위이다. 이를 흔히 귀납추리(inductive argument)라고
한다.

귀납의 예 : 귀납추리란 특수자에서 보편자를 이끌어 내는 방
법이다. 예를 들어 다음과 같이 추리하자.

내가 본 오리 1 은 까맣다.
내가 본 오리 2 는 까맣다.
내가 본 오리 3 은 까맣다.

(…)

내가 본 오리 100 은 까맣다.

따라서 모든 오리는 까맣다.

이런 추리에 필연성은 없다. 다만 상대적 개연성은 있다, 개
연성이란 '아마도 그럴 것이다' 혹은 '대체로 그럴 것이다'라고
말한다.

귀납적 논증(추리)은 경험의 일반화이다. 이는 일상생활이나
과학 발견에서 중요한 역할을 한다.

버트란드 러셀(B. Russel, 1872-1969)
영국의 철학자, 수학자.

러셀과 귀납의 문제
러셀은 귀납의 문제를 다음과 같이 이야기한
다. 한 칠면조가 귀납을 통해서 '아침 9시에
는 먹이를 먹는다' 라는 사실을 알아내었다.
거위는 눈이 오나 비가 오나 주인이 아침 9시
만 되면 자기에게 모이를 주는 것을 알아내었
던 것이다. 그래서 칠면조는 자신 있게 '내일
나는 9시에 모이를 먹는다' 라고 예측했으나
그 다음 날이 추수감사절이라 8시에 그 칠면
조는 목이 잘리고 말았다.
이런 귀납을 통한 일반화를 성급한 일반화의
오류 혹은 지나친 일반화의 오류라고 한다.

귀납과 연역
귀납은 특수에서 보편을 도출하는 길이다. 그
러나 이는 개연성을 가진다.
연역은 반대로 보편에서 특수를 도출하는 길
이다. 이는 필연성을 가진다.

4. 근대과학 방법론으로서의 귀납주의와 연역주의

① 베이컨의 귀납주의(경험주의)

앞에서 우리는 아리스토텔레스의 논리학의 연역추리와 귀납추리를 연구했다. 이번에는 이를 응용한 자연과학의 방법론으로서의 연역주의와 귀납주의를 연구하자.

베이컨은 진리의 발견을 위해서 경험과 사실을 중시하는 귀납주의 방법을 옹호한다. 이에 의하면 진리란 낡은 전통이나 논리적 추론을 통해서는 알 수 없고 결국 모든 것을 경험에 귀착시킴으로써 자연 그 자체를 고찰하는 귀납법(歸納法)만이 성과를 기약한다.

> "참다운 경험적 방법이란 일단 빛이 비치도록 한 후에 다시 이 빛의 도움을 받아서 길을 밝혀 주는 것이다. 따라서 경험에 근거한 방법은 결코 무디거나 혼미한 것이 아니고 질서정연하게 다듬어진 경험에서 출발하고 거기서 비로소 어떤 공리가 추출되며 나아가 이와 같이 확인된 공리를 바탕으로 또다시 새로운 경험을 낳게 되는 것이다."

여기서 우리는 근대 자연과학 발달의 전제가 된 방법을 알 수 있다. 즉 "문제의 출발점을 이루는 연구의 가설과 합목적(合目的)적인 방향으로 정돈된 실험결과를 토대로 그 밖의 모든 필요한 경험의 수집과, 그리고 끝으로 결론을 도출하거나 일반적 명제를 정식화하고 나아가 그 결과를 또다시 실험에 의하여 검증하는 등의 세부적인 방법을 꼽을 수 있다."(쉬퇴릭히, 『세계철학사』(하권), 46쪽 이하)

② 데카르트의 연역주의(합리주의)

귀납주의와는 반대로 경험과 사실보다는 단순하고 확실한 원리와 엄밀한 논리적 연역을 통해 더 이상 의심할 수 없는 학문의 체계를 완성할 수 있다. 이를 제창한 사람은 근대철학의 아버지인 데카르트이다.

데카르트는 방법적 회의를 통해서 "나는 생각한다. 그러므로 나는 존재한다"(cogito ergo sum)라는 유명한 명제를 도출했다. 이런 나의 존재는 더 이상 의심할 수 없다. 이것이 학문의 제 1의 원리이다. 그 다음 그는 신(神)의 존재를 논리적인 분석을 통해 연역해 낸다. 또 신을 통해 세상의 존재를 확인한다. 이처럼 의심할 수 없는 원칙과 논리적 분석을 통해 학문적 체계를 구성하는 방법을 연역주의라고 한다.

이론과 실험
가설(hypothesis)은 연구의 기본적인 방향의 수립이다.
가설에 근거한 실험과 데이터의 수집, 법칙의 정립 그리고 검증 등이 자연과학의 일련의 과정이다.

5. 현대의 과학철학

현대의 과학철학은 베이컨의 귀납주의, 경험주의 전통을 이어 받아 발전한다. 그러나 여기에도 예상하지 못했던 문제가 많이 깔려 있어서 그 후 다양한 과학철학 사조의 등장을 예고한다.

① 소박한 귀납주의(베이컨의 귀납주의)

이는 근본적으로 베이컨이 생각한 귀납주의, 경험주의 철학에 의존한다. 경험(experience)이란 감각 혹은 체험을 말하며 대상과의 직접적인 만남을 의미한다. 결국 내가 보는 것, 듣는 것 등을 말한다. 과학이론에서 경험은 실험이나 관찰을 통해서 대상의 모습을 알아가는 것을 말한다. 다시 말하면 개인적인 주관적인 경험이 아니라 과학적인 경험, 곧 실험과 관찰을 말한다. 그러나 개인적인 경험이나 과학적인 경험이나 그 근본적인 의미는 같다. 성현(聖賢)들의 이론이나 전통적인 가르침이 아니라 자신이 직접 자연을 관찰하고 사실을 직시함으로써 그 대상의 본질을 드러내는 것이다.

과학은 객관성을 추구한다. 즉 사물의 모습을 편견이나 착각 등의 주관적 오류 없이 있는 그대로 인식하는 것이 과학의 목표이다. 과학의 객관성은 다시 말하면 과학적 이론의 확인가능성, 입증가능성 혹은 검증가능성을 의미한다.

소박한 귀납주의 혹은 경험주의의 주장은 다음과 같다.

> 과학은 입증된 지식이다. 과학이론은 관찰과 실험을 통해 얻어진 경험적 사실에서 엄격한 방법을 통해서 이끌어내어진다. 우리가 볼 수 있고 들을 수 있고, 만질 수 있는 것 등은 과학의 기초가 된다. 과학에는 개인적인 의견이나 선호, 사변적인 상상이 개입될 여지가 없다. 과학은 객관적이다. 과학적 지식은 객관적으로 증명된 지식이기 때문에 믿을 수 있는 지식이다.
>
> (『현대의 과학철학』, 27쪽)

이러한 생각은 주로 17세기에 갈릴레이나 뉴턴과 같은 위대한 과학자들이 일으킨 과학혁명기 동안에, 그리고 그것의 결과로서 처음으로 일반화되기 시작했다. 베이컨과 그와 동시대의 많은 사람들은 그 당시의 과학적 태도를 잘 요약해 주고 있다. 그들은 우리들이 자연을 이해하려고 한다면 아리스토텔레스의 작품을 읽을 것이 아니라 자연을 읽어야 한다고 주장했다. 17세기의 혁신적인 사람들은 고대의 저작, 특히 아리스토텔레스의 저서에 사로잡혀 있거나 성서를 과학적 지식의 근원으로 생각하는 중세의 자연철학자들이 범하고 있는 오류를 찾아내게 되었다. 갈릴레이와 같은 '위대한 실험가'의 성공에 힘입어 그들은 점차적으로 경험을 지식의 근원으로 생각하게 되었다.

데이비스는 이와 관련하여 "과학은 사실 위에 세워진 구조물이다"라는 말을 쓰고 있으며 앤서니는 갈릴레이의 업적을 현대적으로 평가하여 다음과 같이 말하고 있다.

> "갈릴레이는 관찰과 실험을 도입함으로써 전통적인 태도와 결별을 고했다. 그는 실험에 근거한 사실만을 사실로 간주하고, 사실은 선입관적인 관념과 무관한 것으로 생각하였다."
>
> (『현대의 과학철학』, 28쪽)

이런 갈릴레이의 견해는 그의 혁명적인 발명에도 불구하고 오늘날 '소박한 귀납주의'라고 비판된다. 그 주된 이유는 앞에서 언급한 귀납추리가 보여주는 것처럼 귀납은 근본적으로 필연적인 논증이 아니라 개연적인 논증이기 때문이다. 그리고 논술 지문에서 경험 개념을 말할 때는 모두 이런 소박한 귀납주의 혹은 경험주의를 깔고 있으며 따라서 그 한계를 제시할 줄 알아야 한다.

② 논리실증주의(logical positivism)

소위 비엔나 학파로 대표되는 논리실증주의는 소박한 귀납주의 전통을 좀더 세련되게 만들려고 하였다. 그들은 전통적인 경험주의 혹은 귀납주의가 말하는 여러 가지 요소들, 예를 들면 가설의 설정, 관찰, 실험, 자료의 수집, 법칙의 정립, 검증 등의 요소들 중에서 검증을 가장 중요하게 생각했다. 이들은 과학의 기준을 검증가능성에서 찾았다.

이런 과학의 기준이 필요한 이유는 사이비(似而非) 과학이 많이 설치기 때문이다. 요즘의 문제는 과학의 이름을 달고 나오는 숱한 이론들이 사실은 그렇지 못하다는 것이다. 예를 들면 운명학, 풍수설, 심령과학(心靈科學) 등이 있다.

논리실증주의자들은 실증성 혹은 검증(verification) 개념으로서 과학의 진리성과 객관성을 정의하려고 하였다. 다시 말해 과학이론은 실증 혹은 검증(확인)되어야 한다는 것이다. 혹은 그런 가능성이 주어져야 한다는 것이다.

예를 들어 갈릴레이의 낙하법칙 'd=1/2at'라는 공식은 지구 위 어디에서건 검증되어야 한다. 문제는 모든 경우를 다 검증할

『사이비 사이언스』
(아서 위긴스, 찰스 M 윈 저, 김용완 역)
사이비 과학(사이언스)이란 과학의 흉내를 내고 있지만 사실은 그릇된 믿음체계에 불과한 심령학, 점술술과 같은 학문들을 일컫는 말이다. 이 책은 이런 학문들이 왜 과학이 될 수 없는지를 보여줌으로써 거꾸로 진정한 과학적 사고란 무엇인지를 보여준다. 과학이론은 관찰, 가설의 수립, 예측, 실험, 수정이라는 과정을 통해 만들어진다. 겉으로 보기에는 유사과학도 똑같은 절차를 밟는다. 그러나 사이비 과학은 과학일 수 없다. 과학자는 사실을 객관적으로 보지만 유사과학자들은 보고 싶은 사실만을 보기 때문이다. 게다가 "귀신이 마음을 조종했다" 같은 유사과학의 주장은 증명할 수도, 틀렸음을 입증할 수도 없다. 예상과 크게 빗나가는 결과가 나와도 유사과학자들은 대수롭지 않게 여긴다. '믿음이 부족해서' 등의 논박 불가능한 이유로 말이다. 검증실험은 규칙적이고 반복적인 결과를 얻을 수 없을뿐더러 결정적인 반박자료도 소용이 없다. 이들은 결코 자신의 '믿음'을 포기하지 않을 것이기 때문이다.

（『과학』, 2004. 6. 27）

수는 없다는 것이다.

따라서 논리실증주의는 어려움에 부딪혀 포기되고 말았다. 그 어려움 가운데 가장 두드러진 것이 '모든 …은 …이다'라는 형식을 지닌 소위 전칭명제가 검증될 수 없다는 점이다. 모든 과학법칙은 이러한 전칭명제로 표현될 수 있는 것인데 전칭명제가 검증될 수 없다면 모든 과학의 법칙은 검증될 수 없는 것이다.

검증될 수 없는 명제는 참된 명제가 아니다. 이처럼 논리실증주의는 객관성과 진리성을 보증해 주는 증거로서 검증의 개념을 제시했으나 위와 같은 어려움에 부딪혔다.

③ 반증주의

칼 포퍼(Karl Popper)는 이러한 검증의 개념 대신에 반증(falsification)의 개념을 제시했다. 논리실증주의는 어떤 사실에 관한 명제가 참되려면 검증될 수 있어야 한다고 주장한 반면 포퍼는 반증(反證)될 수 있어야 한다고 주장했다. 다른 말로 하면 어떤 주장이 과학적이라는 것은 그 주장을 반박, 즉 반증할 수 있는 가능성이 주어져야 한다.

사실에 관한 명제는 그것을 반증하는 증거, 즉 반례(counterexample)가 나타나지 않는 한, 참된 명제라고 할 수 있다. 틀렸다는 증거가 나타나지 않는 한 과학적 지식은 객관적 타당성을 지닌다는 것이다.

예를 들면 '서로 다른 자극(磁極)은 서로 끌어 당긴다', '염기에 산을 넣으면 소금과 물이 나온다' 같은 법칙은 반증가능성이 있다. 따라서 이런 이론은 과학적이다.

그런데 포퍼는 마르크스의 역사이론(사적 유물론), 프로이트의 정신분석학 등을 비과학적이라고 규정한다, 왜냐하면 이들 이론은 반증될 수 있는 가능성이 없기 때문이다. 가령 프로이트 심리학의 근본 가설인 '리비도'(성적 욕망)를 생각해 보자. 인간의 모든 행동이나 꿈 등을 프로이트는 리비도의 표현 내지는 변형으로 본다. 그러나 꿈만 해도 성욕의 해소로 보기 어려운 것들이 너무 많다는 것을 우리는 경험으로 알고 있다. 귀에 걸면 귀걸이, 코에 걸면 코걸이 식으로 해석되는 이론은 순수한 과학이라고 보기 어렵다. 그런 것들은 반박할 수 있는 가능성이 없다. 포퍼는 이처럼 반박할 수 없는 성격을 가진 이론은 과학이 아니라고 주장한다.

소박한 귀납주의자들은 과학적 이론이 관찰에서 출발한다고 하나, 반증주의자는 '과학은 문제에서 출발한다'라는 말을 자주한다. 즉 어떤 기존의 이론에 결점이나 문제가 있기 때문에 새로운 과학이 자꾸 나온다는 것이다. 기존의 과학이론들이 다 옳다면 굳이 새로운 탐구나 노력이 필요하지 않을 것이다.

따라서 과학자에게 필요한 것은 그 문제를 해결하기 위한 대담한 추측과 새로운 가설(hypothesis)이다. 반증주의에 의하면 과학적 이론은 가설의 성격을 지닌다. 이런 면을 인정하고 그 가설이 반증되었을 때 이론을 폐기처분하고 또 다른 새로운 이론으로 무한히 전진하는 것이 반증주의의 핵심이다.

④ 쿤의 패러다임 이론 – 상대주의 과학이론의 등장

앞에서 제시한 소박한 귀납주의나 논리실증주의 혹은 포퍼의 반증주의 이론 등은 많은 차이에도 불구하고 '과학이 점점 발전하고 있다' 혹은 '과학이 점차로 절대적인 진리로 나아가고 있다'라는 공통된 믿음을 가지고 있다. 이들은 과학자의 일련의 행동을 '실험하고 데이터를 모으고 이론을 수립하고 검증하며 또 기존 이론이 자연현상에 맞지 않으면 새로운 이론으로 이를 극복하거나 보완한다'라고 생각한다. 이런 면에서 위의 세 이론은 과학 발전의 진보와 합리주의를 믿고 있다. 이를 정통과학관이라고 할 수 있다. 그런데 1962년 미국의 과학철학자 쿤이 『과학혁명의 구조』라는 책을 출판하여 종전의 과학에 대한 견해가 잘못이었음을 주장했다. 쿤의 과학이론은 패러다임 개념이 그 핵심을 이룬다.

쿤(T. Kuhn)의 패러다임(paradigm) 이론은 정통과학관이 제시한 방법론에 의해 실제의 과학사가 진행되지 않았으며 과학의 발전이

쿤의 『과학혁명의 구조』

이 책은 세계 지성사에서 하나의 이정표를 제시한 현대의 고전으로 평가되고 있다. 토마스 쿤의 깊은 학문과 뛰어난 통찰력은 이 책을 통해서 그이 본래이 영역인 과학사와 과학철학을 뛰어넘어 인문학, 사회과학, 예술에 이르기까지 광범위한 영향력을 미치고 있다. 쿤의 과학관의 핵심은 근본적으로 과학적 지식의 발전이 혁명적이라는 데에 있는데 종래의 귀납주의적 과학관을 뿌리채 흔들어 놓았다. 이러한 쿤의 과학혁명은 하나의 정상과학이 심각한 이상현상들의 빈번한 출현에 의해서 위기에 부딪혀 붕괴될 때 일어나는 현상으로서 그 결과는 새로운 정상과학의 출현을 가져온다.

(책의 해설에서)

누적적으로 흡수 통합되어 왔다는 것에 대한 반론이라고 할 수 있다. 쿤의 과학사 설명의 기본 모델은 아래와 같은 과정의 사이클이다.

전(前)과학(pre science) - 정상과학(normal science) - 위기(crisis) - 과학혁명 (scientific revolution) - 새로운 패러다임(새로운 정상과학) - 새로운 위기

■ 배경지식으로서의 패러다임

패러다임은 학문 모형, 또는 해당 집단의 구성원들이 공유하는 신념, 가치, 테크닉 등의 전체 집합을 말한다. 이것은 과학자들의 연구방식, 연구방향, 정당성 등을 결정 짓는 기준 및 모범이 된다. 패러다임은 다시 말해 마치 과학이론들의 배경지식과 같은 것 이다. 그들은 이런 패러다임을 의식하지 못한다. 마치 사람의 무의식을 의식이 모르는 것처럼 과학자들은 그들의 연구와 관찰의 전제조건이 되는 패러다임을 의식할 수가 없다.

이 패러다임 즉, 배경지식이 다르면 동일한 사실에 대해서 과학자들은 동일한 관찰 결과를 얻을 수 없게 된다. 다시 말해 같은 달을 보면서도 관찰자가 속한 문화집단에 따라 어떤 사람은 토끼를 보기도 하고 어떤 사람은 할머니를 보기도 한다는 것이다.

그 대표적인 경우가 뉴턴의 역학과 아인슈타인 역학이다. 쿤에 의하면 이 둘 사이에는 아무런 공통적인 요소가 없다고 한다.

뉴턴 역학은 아인슈타인 역학의 특수한 파생으로 볼 수 없고 근본적으로 서로 모순 이라는 점을 쿤은 지적하고 있다. 다시 말해, 아인슈타인의 역학과 뉴턴 역학은 각기 성격이 판이하게 다른 세계를 묘사하고 있기 때문에 뉴턴 역학에서 아인슈타인 역학 으로의 전이(轉移)는 혁명적이라고 보아야 타당하다.

정상과학의 위기의 시기에 경쟁하는 패러다임들은 서로 '공약불가능적'(incommensurable)이다. 공약불가능이란 다시 말해 두 이론들 간에 전혀 공통점이 없다는 것이 다. 따라서 다른 패러다임을 채택하는 과학자들은 전혀 공통점을 발견할 수 없는 서로

다른 말을 하는 것과 같게 된다. 하나의 패러다임을 버리고 다른 패러다임을 채택하는 과학혁명은 과학자에게는 마치 개인의 종교적 개종(改宗, conversion)과 같은 것이다.

이는 과학이론의 변화에 개인적, 의지적, 주관적 요소가 깊은 작용을 한다는 것을 보여준다. 이런 상대주의적, 주관주의적 과학관은 베이컨이나 갈릴레이 등이 생각한 사실과 관찰에 기반을 둔 냉철한 학문의 이미지와는 너무나 다른 것이다.

■ 패러다임 간의 공약불가능성

정상과학의 지위가 흔들리고 그 이론의 틀로는 설명되지 않는 변칙(變則) 혹은 이상현상(anomaly)이 자꾸 나타나게 되면 과학자들은 기성의 패러다임을 의심하게 되고 정상과학은 위기의 국면을 맞게 된다. 과학적 위기(crisis)의 지속은 새로운 패러다임을 요구하게 되고 이는 패러다임의 전이(轉移)로 이어질 수 있다.

쿤은 패러다임의 전이(轉移) 과정을 과학혁명(scientific revolution)이라고 불렀는데 이는 패러다임 사이의 불연속성을 강조한 것으로 이는 패러다임 간의 공약불가능성(incommensurabilty)에서 비롯된다.

쿤은 패러다임 사이의 경쟁이 벌어졌을 때 이를 판가름할 수 있는 객관적 증거란 있을 수 없다는 과격한 주장을 담아서 공약불가능성을 언급한다.

> "패러다임 사이의 경쟁은 증명에 의해 해결될 수 있는 종류의 싸움이 아니다.
> 경쟁적 패러다임의 제안자들이 어째서 상대방의 관점에 완전히 접촉할 수 없는
> 가[는] (…) 총괄적으로 혁명 이전과 혁명 이후의 정상과학 전통에서의 공약불가
> 능성이라고 표현된다."
>
> (쿤, 「과학혁명의 구조」 중에서)

이러한 과학사에 대한 고찰은 과학이론의 전개가 누적적 진보를 하지도 않으며 귀

납주의나 반증주의와 같은 일의적 방법론에 의해 규정될 수 없음을 보여준다. 귀납주의와 반증주의가 미시적인 이론이었다면 쿤의 패러다임이 보여주는 것은 거시적인 수준에서의 과학이론에 대한 평가를 하고 있다는 것이다.

■ 상대주의의 문제점

과학이론의 변화와 발전이 점진적, 누적적으로 이루어지지 않고 혁명적 변화에 의해, 즉 패러다임의 변화에 의해, 이루어진다는 쿤의 이러한 주장은 과학의 발전에 대한 사회심리학에 기반하고 있으며 과학자 집단의 여러 가지 가치기준에 의해 이론의 발전이 설명된다는 측면에서 상대주의를 면하기 힘들다. 즉 거시적 차원에서 과학발전의 합리성을 인정하지 않는다.

이는 천체와 우주에 관한 설명에서 천동설에서 지동설로의 변화를 발전으로 보지 않는다는 것이다. 그리고 "천동설이 옳으냐, 아니면 지동설이 옳으냐?"라고 물어볼 때 우리는 무엇이 옳다는 말을 못한다. 단지 중세에는 천동설이 그 시대의 패러다임이고 지동설은 우리 시대의 패러다임이라고 상대적으로 말할 수 있다. 그리고 더 나아가서 과학과 비과학(非科學)의 차별도 사라진다. 이런 생각은 파이어아벤트의 무정부주의 인식론에서 더욱 두드러진다. 그리고 교과서의 질문, 즉 "과학은 객관적 지식인가?"라는 물음에 대해서는 상대주의자들은 부정적으로 대답한다. "과학은 객관적 지식이 아니다."

⑤ 파이어아벤트와 아나키즘

"어떠한 것이든지 좋다"(Anythings goes)라고 대변되는 파이어아벤트(Feyerabend)의 주장은 쿤의 패러다임 공약불가능성 이론을 능가하는 극단적인 개인주의, 자유주의, 상대주의의 과학철학이다. 그는 쿤이 말한 과학자들의 집단적, 공통적인 연구 패턴인 패러다임과 일련의 정합적 체계인 정상과학(normal science)의 개념마저 부정하고 이론과 이론, 방법과 방법 그리고 체계와 체계 사이의 철저한 독자성을 주장한다. 따라서 파이어아벤트 과학철학은 무정부주의적(anarchistic)이다. 이는 또한 개별의 과학이론들은 우리에게 이로움을 주기만 한다면 좋다는 실용주의적인 가치관을 깔고 있다.

파이어아벤트에 의하면 과학이론이란 정치활동, 신화와 근본적으로 차이가 없으며 과학자들의 학회는 정치인들의 정당대회와 유사하다. 이런 의미에서 파이어아벤트의 과학철학을 인식의 무정부주의라고 한다. 왜냐하면 파이어아벤트가 볼 때 과학자들이란 편견과 집단이기주의에 빠져나오지 못하며 따라서 자신의 필요에 의해 데이터를 조작하고 소수의 사람이 신봉하는 이론적 바탕에서 쓴 논문을 거절하는 일을 할 뿐이다.

그에게 "진화론이 객관적 사실입니까?"라고 묻는다면 이렇게 이야기할 것이다, "당연히 아니다! 그런데 도대체 객관적 사실이 있다고 믿는거야?" 이처럼 파이어아벤트의 철학에 있어서는 과학에 있어서의 객관성, 옳고 그름을 따지는 것은 무의미하다. 단지 어떠한 이론이 더 실용적이고 우리에게 많은 도움을 주는지가 중요할 따름이다.

이러한 견해는 포스트 모더니즘, 해체주의, 반 이성주의 철학 등과 함께 최근에 점차로 큰 힘을 얻어가는 추세이다.

■ 관찰의 이론 의존성

파이어아벤트와 앞에서 제시한 쿤이 상대주의적인 과학이론으로 발전하는 한 가지 원인은 소위 '관찰의 이론 의존성'(theory-ladenness of observation)이다. 이는 관찰 혹은 감각 등 우리가 사물을 보는 방식이 순수하게 벌거벗은 사물 자체를 편견이나 선입견 혹은 사심 없이 볼 수 없다는 것을 의미한다. 이런 문제는 7단원 '지식과 오류'에서 이미 여러 번 말한 것이지만 여기서는 자연과학과의 관련에서 한 번 더 이야기해 보자.

"학생들에게 현미경으로 양파세포를 관찰하게 하고 세포를 본 그대로 그리라고
하면, 학생들은 본 그대로가 아니라 교과서에 있는 세포와 비슷하게 그리거나 단

순하게 도형화하는 경우가 많다. 관찰의 이런 이론 의존성(theory-ladenness) 때문에, 과학적 사실은 물론이고 관찰을 바탕으로 이루어진 과학지식도 절대적인 진리로 보기는 어렵다.

이외에도 관찰과 과학적 사실은 선행개념(preconception)과 당시의 문화적, 사회적 관례에도 의존한다."

(『한겨레』, 2004. 10. 17)

관찰의 이론 의존성은 실제로 우리의 일상생활에서도 항상 발견되는 것이다. 가령 달이나 별을 그리라고 하면 아이들은 손톱만큼 크게 그린다. 실제로 그렇게 작게 눈에 보이기 때문이다. 그러나 우리는 그런 감각적 사실을 믿지 않는다. 왜냐하면 과학적 지식이 달이나 별이 엄청나게 큰 천체라고 알려주기 때문이다. 따라서 이론 독립적인 관찰이나 감각은 존재할 수가 없다. 이를 쿤은 다음과 같이 설명하고 있다.

"아주 옛적부터 사람들은 끈이나 사슬에 매달린 무거운 돌이 흔들리다가 멈추는 것을 보아 왔다. 아리스토텔레스는 이 운동을 제약된 낙하(落下) 운동으로, 즉 무거운 돌이 그 자체의 본성(本性)에 의해 높은 위치에서 낮은 위치로 움직여 정지 상태에 이르는 운동으로 보았다. 반면, 갈릴레이는 그것을 동일한 동작이 무한정 되풀이되는 진자(振子) 운동으로 보았다. 그러한 시각의 전환이 왜 일어났을까? 그것은 갈릴레이가 돌의 움직임을 더욱 정확하게, 더욱 객관적으로 관찰한 데서 일어난 일이 아니다. 아리스토텔레스의 지각(知覺)도 그만큼 정확했다. 제약된 낙하 운동을 진자 운동으로 보는 변화는 운동에 대한 이론(패러다임)의 변화에 의해 생겨난 것이다. 과학자들은 단지 제약된 낙하 운동이나 진자 운동을 볼 수 있었을 뿐이며 그보다 더 기초적이고 그들의 이론으로부터 독립된 경험을 할 수는 없었다."

(『과학혁명의 구조』 중에서)

이 글에서 쿤은 같은 현상이라도 그 패러다임이나 기존 이론에 의해 다른 사실을 보고 있음을 지적한다. 우리가 요즘 진자 운동이라고 부르는 자연현상을 고대에도 보고 있었고 이를 이론화한 아리스토텔레스는 이를 '제약된 낙하 운동'으로 보았다. 그러나 거기에 비해서 갈릴레이는 '진자 운동'으로 보았던 것이다. 이는 아리스토텔레스의 관찰이 덜 정확해서가 아니었다. 혹은 갈릴레이의 관찰이 더 객관적이어서도 아니다. "제약된 낙하 운동을 진자 운동으로 보는 변화는 운동에 대한 이론(패러다임)의 변화에 의해 생겨난 것이다." 그리고 쿤은 덧붙여서 이론 독립적인 관찰을 부정하고 있다. 다시 말해 그는 관찰의 이론 의존성(theory-ladeness of observation)을 주장하고 있다. 쿤이 말한 패러다임 역시 이론 의존성을 의미한다. 그 때의 이론은 배경지식 혹은 집단적 고정관념 혹은 편견이라고 할 수 있다. 곧 패러다임은 배경이론이고 이는 관찰의 이론 의존성을 말한다.

3장 | 총정리

- '과학주의' 혹은 '과학지상주의'는 도구적 합리성의 지배와 더불어 자연 파괴와 인간 소외의 원인으로 지목된다.
- '중세는 암흑기이다'라는 말은 중세의 부족한 수학, 과학에서 온다.
- 오늘날 우리에게 당연하게 여겨지는 것도 당시에는 당연한 것이 아니라 이해되지 못할 것 혹은 황당한 것에 속했다.
- 과학적 진술은 잠정적인 진리 혹은 가설(假設) 이상이 될 수 없거나 혹은 그것이 속한 과학이론 혹은 패러다임에 대해 상대적인 진리성밖에는 지니지 못한다.
- 과학의 의미는 예전과 달리, 그것이 인류 문명 발달에 과연 유용하기만 한가 하는 의문을 불러일으킨다.
- 갈릴레이, 뉴턴 그리고 베이컨 등은 그 전까지의 종교적, 형이상학적 전통을 비판하고 자연의 관찰과 실험을 토대로 한 경험적, 실증적 과학을 추구했다.
- 경험(experience)이란 감각 혹은 체험을 말하며 대상과의 직접적인 만남을 의미한다.
- 귀납은 특수에서 보편을 도출하는 길이다. 이는 개연성을 가진다.
- 연역은 반대로 보편에서 특수를 도출하는 길이다. 이는 필연성을 가진다.
- 과학이론에서 경험은 실험이나 관찰을 통해서 대상의 모습을 알아가는 것을 말한다.
- 과학은 객관적이다. 과학적 지식은 객관적으로 증명된 지식이기 때문에 믿을 수 있는 지식이다.
- 갈릴레이는 관찰과 실험을 도입함으로써 전통적인 태도와 결별을 고했다. 그는 실험에 근거한 사실만을 사실로 간주한다.

- 논리실증주의의 약점은 모든 과학법칙은 이러한 전칭명제로 표현될 수 있는 것인데 전칭명제가 검증될 수 없다면 모든 과학의 법칙은 검증될 수 없는 것이다.
- 논리실증주의는 어떤 사실에 관한 명제가 참되려면 검증될 수 있어야 한다고 주장한 반면 포퍼는 반증(反證)될 수 있어야 한다고 주장했다.
- 쿤의 패러다임(paradigm) 이론은 정통 과학관이 제시한 방법론에 의해 실제의 과학사가 진행되지 않았으며 과학의 발전이 누적적으로 흡수 통합되어 왔다는 것에 대한 반론이라고 할 수 있다.
- 쿤의 과학발전의 모델 : 전(前)과학(pre science) – 정상과학(normal science) – 위기(crisis) – 과학혁명(scientific revolution) – 새로운 패러다임(새로운 정상과학) – 새로운 위기
- 패러다임은 다시 말해 마치 과학이론들의 배경지식과 같은 것이다.
- 공약불가능이란 다시 말해 두 이론들 간에 전혀 공통점이 없다는 것이다.
- 쿤은 패러다임의 전이(轉移) 과정을 과학혁명(scientific revolution)이라고 불렀는데 이는 패러다임 사이의 불연속성을 강조한 것으로 이는 패러다임 간의 공약불가능성(incommensurabilty)에서 비롯된다.
- "과학은 객관적 지식인가?"라는 물음에 대해서는 상대주의자들은 부정적으로 대답한다. "과학은 객관적 지식이 아니다."
- '관찰의 이론 의존성'(theory-ladenness of observation)이란 관찰 혹은 감각 등 우리가 사물을 보는 방식이 순수하게 벌거벗은 사물 자체를 편견이나 선입견 혹은 사심 없이 볼 수 없다는 것을 의미한다.
- 이론 독립적인 관찰은 없다.

4장 | 연습문제

경희대 1999학년도 정시 논술고사

[논제] 다음 대화는 하이젠베르크의 '부분과 전체'에서 발췌한 것이다. 이 글에서 논점을 찾아, 그 논점을 중심으로 (가)의 주장을 보완하고, (가)의 입장에서 (나)의 주장을 비판하여 논술하시오.

(가) 당신의 견해에 따르면, 옛것을 변화시키려는 시도는 잘못된 것입니다. 당신 말씀대로라면, 이 세상에서 새로운 일이란 절대로 일어날 수 없을 것입니다. 그런데 당신은 어떻게 당신의 학문 분야에서 새로운 혁명적인 이론을 시작하실 수 있었습니까? 도대체 무슨 권리로 말입니까? 상대성 이론이나 양자 이론은 철저하게도 이전의 모든 것을 단절하고 있는데요.

(나) 우리가 과학에서의 혁명을 말할 때에는 정확하게 살펴보는 일이 매우 중요합니다. 예를 들어 플랑크의 양자 이론을 생각해 봅시다. 플랑크는 애초부터 기존의 물리학을 변화시키려는 생각이 추호도 없었던 아주 보수적인 정신의 소유자였다는 사실을 잘 알고 있을 것입니다. 그는 다만 극히 제한된 특정한 문제 해결에 집착했던 것입니다. 그래서 그는 열복사의 스펙트럼을 이해하고자 했습니다. 물론 그는 이전 물리학의 모든 법칙을 총동원해서 이를 해결하려고 시도했습니다. 그러나 이전의 것을 가지고는 불가능하다는 것을 알게 되기까지 여러 해가 필요했습니다. 그 때에야 비로소 그는 이전의 물리학 테두리를 벗어나는 하나의 가설을 제안했던 것입니다. 그런 이후에도 그는 부가적 가설로써 옛 물리학을 둘러싸고 있는 벽에다 자기가 뚫은 구멍을

막아 보려고 노력했습니다. 그러나 그것은 불가능한 것으로 나타났습니다. 그 후 계속된 플랑크의 가설 추구는 물리학 전체를 근본적으로 개조하기에 이르렀던 것입니다. 그렇다고 해서 역시 고전적 개념으로 완전히 파악할 수 있는 물리학의 영역 내에서는 변화한 것이 아무것도 없습니다. 다시 말해서, 과학에서는 사람들이 가능한 한 적게 변화시키려고 노력할 때, 즉 우선 좁고 윤곽이 확실한 문제의 해결에만 한정시킬 때, 그 때에만 결실 있는 혁명이 일어날 수 있습니다. 지금까지의 모든 것을 포기하고 자기 마음대로 변화시키려는 시도는 터무니없는 짓입니다. 확립되어 있는 것을 모두 뒤집어 엎으려는 짓은 자연과학에선 다만 분별력 없는 반미치광이 같은 광신자들만이 — 예컨대 영구기관(永久機關)을 발명할 수 있다고 주장하는 사람들 — 시도하고 있을 뿐입니다. 물론 그런 시도로부터 무엇이 나올 까닭이 없습니다. 나는 과학에서의 혁명이 인간 공동 생활에서의 혁명과 어떻게 비교 가능한지 잘 알지 못합니다. 그러나 역사적으로 보더라도 성공적인 혁명은 다만 좁고 범위가 한정된 문제를 해결하고, 되도록 적게 변화시키려고 노력해야 가능한 것이라고 생각합니다. 2,000년 전의 저 위대한 혁명을 생각해 봅시다. 그 혁명을 일으킨 그리스도는 "나는 율법을 폐하러 온 것이 아니라 율법을 완성하러 왔노라"고 말했습니다. 다시 한 번 강조한다면, 하나의 중요한 목표에만 한정시키고 가능한 한 작은 범위에서 변화시키려는 노력이 매우 중요하다고 생각합니다. 바로 그 작은 것이, 어쩔 수 없이 변화되어야만 했던 그 작은 부분이 나중에는 거의 모든 생활 양식을 변화시키고야 마는 큰 힘을 갖게 되는 것입니다.

(가) 당신은 어째서 그렇게까지 옛 형식에 집착하는 겁니까? 옛 형식들이 이미 새 시대에는 적합하지 않은데도 불구하고, 다만 일종의 타성에 의해서 어쩔 수 없이 견지되고 있는 사례가 허다하지 않습니까? 그런 경우 어째서 그러한 것을 제거해서는 안 된다는 말입니까? 예를 들면, 교수들이 여전히 중세적인 가운을 걸치고, 대학의 식전에 나타나는 행위는 참으로 우스꽝스럽다고 생각합니다. 그러한 구습은 없애 버려

야 하는 무용지물에 불과합니다.

(나) 그것이 반드시 옛 형식에 집착하고 있는 것만은 아니라고 생각합니다. 내가 보기에는 형식보다 내용이 중요합니다. 이를 다시 물리학과 비교해서 설명해 보면 이렇습니다. 옛날의 경험적 지식을 표현하는 고전 물리학의 공식들은 지금까지 항상 옳았을 뿐만 아니라 앞으로도 올바른 것으로 남아 있을 것입니다. 양자역학은 이 해박한 경험 지식에 다른 형태를 부여했을 따름입니다. 그러나 내용적으로는 진자(振子) 운동, 지렛대 법칙, 행성 운동 등의 물리학에서 변화된 것은 아무것도 없습니다. 그 까닭은 이러한 현상의 세계에 아무런 변화가 없기 때문입니다. 지금 당신이 지적한 가운 문제로 돌아가서 생각하면, 이 옛 형식은 필연코 국민의 계급적 신분을 표시하는 데서 유래했을 것입니다. 아마도 그 역사는 더 오래되었을 것입니다. 학식과 우수한 사고력을 지니고 어려운 문제에 봉착했을 때 적절히 조언해 줄 수 있는 훌륭한 사람들이 사회에서 매우 중요하다는 경험에서 기인했을 것입니다. 따라서 가운은 이와 같은 생각을 반영하는 특수한 지위를 상징하는 것입니다. 이는 오늘날에 있어서도 수백 년 전과 조금도 다를 바가 없습니다. 그러나 사람들이 가운을 고집하느냐 아니면 좀 더 현대적인 형식으로 하느냐는 그다지 중요한 문제가 아닙니다. 가운에 대한 많은 비판자들이 그 속에 표현되어 있는 경험 내용 자체까지도 부정하고 싶어하는 것이 아닌가 하고 의심이 갈 때도 있습니다. 그러나 아무리 그렇다 하더라도 사실 자체는 조금도 변하지 않기 때문에 그것은 참으로 어리석은 짓이 아닐 수 없습니다.

※ 유의사항
① 반드시 1,300자 이상 1,400자 이내로 작성하시오.
② 원고지에 제목을 쓰지 말고 특별한 표시를 하지 마시오.
③ 필기구는 반드시 학교에서 지급한 청색 볼펜을 사용하시오.
④ 제시문의 문장을 그대로 옮겨 적지 마시오.

※ 다음 제시문을 읽고 질문에 답하시오.

(가) We historians have a responsibility to historical facts in general, and for criticizing the abuse of history in particular. I need say little about the first of these responsibilities. I would not have to say anything, but for two developments. One is the current fashion for novelists to base their plots on recorded reality rather than inventing them, thus fudging the border between historical fact and fiction. The other is the rise of ?postmodernist? intellectual fashions in universities, particularly in departments of literature and anthropology, which imply that all ?facts? claiming objective existence are simply intellectual constructions — in short, that there is no clear difference between fact and fiction. But there is. And for historians, the ability to distinguish between the two is absolutely fundamental. We cannot invent our facts. Either Elvis Presley is dead or he isn't. The question can be answered unambiguously on the basis of evidence, in so far as reliable evidence is available.

*fudge: 왜곡시키다

(나) 아주 옛적부터 사람들은 끈이나 사슬에 매달린 무거운 돌이 흔들리다가 멈추는 것을 보아 왔다. 아리스토텔레스는 이 운동을 제약된 落下 운동으로, 즉 무거운 돌이 그 자체의 本性에 의해 높은 位置에서 낮은 位置로 움직여 정지 상태에 이르는 운동으로 보았다. 반면, 갈릴레이는 그것을 동일한 동작이 무한정 되풀이되는 振子 운동으로 보았다. 그러한 시각의 轉換이 왜 일어났을까? 그것은 갈릴레이가 돌의 움직임

을 더욱 정확하게, 더욱 客觀的으로 觀察한 데서 일어난 일이 아니다. 아리스토텔레스의 知覺도 그만큼 정확했다. 제약된 落下 운동을 振子 운동으로 보는 變化는 운동에 대한 理論(패러다임)의 변화에 의해 생겨난 것이다. 과학자들은 단지 제약된 落下 운동이나 振子 운동을 볼 수 있었을 뿐이며 그보다 더 기초적이고 그들의 理論으로부터 독립된 경험을 할 수는 없었다.

(다) 시종과 함께 길을 가던 기사의 눈에 길 위로 커다란 먼지가 구름처럼 일어나는 것이 보였다.

"오늘이 바로 그 날이다. 내 운명이 날 위해 준비해 둔 커다란 행운이 이제야 날 찾아왔구나. 기사의 모험에 대한 역사책에 기록된 대로 나는 오늘 실력을 발휘해서 후세에 영원히 빛나는 명예를 얻게 될 것이다. 저기를 보거라. 저 엄청난 먼지 구름은 바로 수많은 기사와 병사들이 진군하면서 일으키고 있는 것이니라."

"저쪽 말고 이쪽에서도 먼지가 일어나고 있는데요."

기사가 고개를 돌려보니 사실이었다. 그는 이 두 군대가 맞부딪쳐 격렬한 전투를 벌일 것이라고 생각했다. 기사가 너무 확신하고 있었기에 시종도 믿을 수밖에 없었다.

"그럼 우리는 어떻게 하죠?"

"어쩌긴, 당연히 약한 편을 도와야지."

그러나 두 무리가 가까이 오자 먼지를 일으키는 것이 양떼였음이 드러났다. 시종이 말했다.

"아이고, 세상에. 내 눈에는 주인님이 말씀하신 군대는커녕 기사나 말의 코빼기도 안 보입니다. 또 다시 마법에 걸리셨나 봅니다."

"뭔 소리를 하는 거냐. 말이 울부짖는 소리며 진군 나팔과 북 소리가 안 들린다는 말이냐?"

"양떼가 움직이는 소리밖에는 아무 것도 들리지 않는데요."

"이런 겁쟁이 같으니라구. 눈앞에 보이는 것도, 확연히 들리는 것도 사실이 아니라고 하다니. 필경 두려움에 눈이 멀고 귀까지 멀었나 보구나."

그러면서 기사는 말에게 박차를 가하며 약한 편을 구하려고 양떼 속으로 달려 들어 갔다.

[질문 1] 제시문 (가)의 요지를 말한 뒤, 제시문 (가)와 (나)의 관계(일치, 대립, 예시 등)를 설명하시오.

[질문 2] 제시문 (가)와 (나) 각각의 입장에서, 제시문 (다)에 나오는 두 인물을 어떻 게 이해할 수 있는가?

언어, 세계 그리고 인간

1장 │ 서론

1. 문제 제기

인터넷의 시대와 더불어 언어와 매체(media)에 대한 관심이 더욱 증대되고 있다. 대중사회의 중심에는 언어를 통한 대중전달이 가장 중요한 역할을 하고 있다.

이제 언어란 단순히 말하는 것 혹은 글을 쓰고 읽는 것 이상의 의미로 우리에게 다가온다. 언어의 몇 가지 중요한 기능을 살펴보자.

우선 언어와 사고는 긴밀한 관계가 있음을 알 수 있다. 우리의 생각은 거의 언어를 통해서 이루어진다. 슬픔이나 기쁨 같은 감정 역시 언어적이다. 즉, 그런 감정들은 형용사나 감탄사를 통해서 표현된다. 이처럼 언어를 통해서 인간은 그의 생각이나 감

TV 연속극 「다모」(茶母)

이 방송은 소위 퓨전(fusion) 사극(史劇)으로 과거의 이야기를 현대적으로 재구성한 신세대의 감각을 자극하는 드라마이다.

정을 표현한다. 혹은 언어를 통해 정신을 표현한다고 한다. 따라서 이 경우 언어는 정신의 표현 도구이다. 또 언어적 표현을 통해서 서로의 사상, 감정을 전달한다.

최근 TV 드라마에서 "아프냐? 나도 아프다"라는 대사를 통해 한때 그 말이 유행어가 된 적이 있다. 여기서 '아프다'라는 단어가 문제가 아니라 마음과 정서가 표출되고 또 공감됨을 알 수 있다. 따라서 단어는 그것이 구체적인 삶의 현장에서 튀어나올 때 마음을 울리고 행동을 유발하는 힘을 갖는다.

또 언어란 아는 기능을 포함한다. 다시 말해 언어는 인식기능이 있다는 것이다. 예를 들어 어떤 아이가 "저 사과는 노랗다"라고 혼자 혹은 다른 사람이 있는 데서 말한다면, 이는 그가 그 사과는 빨갛지 않고 노랗다는 상황을 인식했다는 말이다.

일제강점기에 창씨개명 하는 모습
이는 민족의 언어를 빼앗고 그 정신을 말살하
는 만행이다.

언어 문제는 정보사회 그리고 대중매체와 대중문화의 사회
에서 하나의 중심적인 역할을 수행한다. 정보화, 세계화 그리
고 지식화가 진전되면 될수록 그런 경향은 증대된다. 특히 인
터넷의 표준언어가 영어로 고정되면서 언어는 오늘날 획일적
인 세계화의 주된 통로가 되고 있다. 즉, 인터넷의 영향으로 세
계언어(universal language)로서의 영어의 지위가 심화되는 반면,
기타 언어가 부족언어(tribal language)화하는 현상을 볼 수 있다.

한 민족의 언어는 그 민족의 고유한 문화와 정신세계를 반영하는
기초이다. 외적에게 침략당하여 국권을 잃어버리고 정치적으로
다른 민족의 노예가 된 민족이라 할지라도 말과 글을 보유한
민족은 결코 인류의 역사에서 사라지지 않는다.

일제강점기 일본인들은 조선인의 얼과 정신을 분쇄하기 위하여 창씨개명(創氏改名)
과 학교에서의 일본어 사용을 강요하였다. 이는 한민족의 문화와 정체성을 말살하기
위한 잔혹한 정책이었다.

그 밖에도 언어와 관련한 무수한 이론과 철학이 있으나 여기서는 대입 논술과 관련
하여 몇 가지 사상을 소개하는 데 만족하기로 하자.

2. 논술고사 출제 경향

1996년 이화여대 정시논술시험에서 시(詩)의 번역의 문제와 관련한 '언어와 민족정
서'의 주제가 있었다. 1997년 서강대 모의 논술시험에서는 '언어와 사회적 관습'이란
논제를 이용하여 국어 순화 문제를 논하는 문제가 나왔다. 1997년 한양대 정시 논술
시험의 경우 '언어와 사고'란 주제를 이용하여 한국어의 '우리'란 단어의 특이한 사용
법을 묻는 문제가 출제되었다.

2002년 고려대 수시 2학기 논술고사에서는 훔볼트(Humbolt)의 언어철학 즉, '언

어관 = 세계관'이라는 명제와 버트란드 러셀의 언어이론에 바탕을 두고 한국어의 특징, 인터넷 언어철학 그리고 조지 오웰의 『1984』에서 신어(Newspeak) 등의 관련성을 묻는 문제가 출제되었다. 이에는 워프와 사피어의 언어 상대성 가설에 대한 이해가 필요하다. 그리고 다른 맥락에서 소쉬르의 언어-기호 이론과 비트겐슈타인의 이론도 조금 알아둘 필요가 있다.

3. 주제관련 교과서 내용

| 교육부 고등학교 문법

추운 지역에서 눈과 함께 생활하는 날이 많은 에스키모 인의 말에는 눈에 관한 단어가 '가루 눈, 젖은 눈, 큰 눈' 등을 구별할 수 있게 발달되어 있으며, '희다'에 해당하는 말만도 열 개 이상이나 된다고 한다. 또, 바다로 둘러싸인 오스트레일리아 원주민의 말에는 모래에 관한 단어가 많이 발달되어 있다고 한다.

(…)

우리말의 경우 '따비, 괭이, 쇠스랑, 삽, 종가래, 가래, 헹가래, 호미, 낫, 도끼, 고무래, 두레박, 용두레, 무자위, 장군, 도리깨, 쟁기, 멍에, 보습, 써레, 길마, 옹구, 망구, 발채, 꼴, 꼴망태' 등과 같은 농사 용어들이 매우 발달되었는데, 이는 우리 사회가 과거에 농경 중심의 사회였다는 사실을 알 수 있게 한다.

4. 세련된 논술 구성을 위한 용어와 개념

언어의 인식기능, 세계언어(universal language)로서의 영어, 부족언어 (tribal language)화, 민족언어, 문화와 정신의 세계, 이성적 동물, 말하는 동물, 언어=이성, 언어=활동, 훔볼트, 모국어와 상이한 세계관, 민족정신, 낭만주의, 상상력, 일본제국주의, 대화혼(大和魂), 언어와 표현수단, 언어와 세계, 언어와 사고, 언어와 행동, 언어 상대성 가설, 언어의 보편성, 랑그, 빠롤, 발화, 문법, 어휘, 기표, 기의, 관습성, 자의성, 언어능력, 언어수행, 심층구조, 표층구조, 보편문법, 신어(Newspeak), 인터넷 언어, 계층적 단절, 외계어, 이모티콘, 국어순화.

바벨탑과 언어의 힘

"그리스도교의 구약성서 창세기 11장 1절에서 9절까지에 실린 유명한 바벨탑 이야기는 말에 대해서 신비롭게 생각한 사람들에게 말의 힘을 일깨운다. 이 이야기는 성서에 쓰여 있는 다분히 신학적이지만, '말'에 대해서 살펴보면 말의 무서운 힘을 가르쳐주는 이야기이기도 하다. 한때 같은 환경에서 잘 살던 사람들이 벽돌을 쓰고 역청을 써서 도시를 만들고 하늘까지 탑을 쌓다가 일순간 모두 흩어져 버리는 모습은 우리에게 말이 얼마나 중요한 것인가를 보여준다. 벽돌과 역청은 사람이 만들어낸 문화의 일부다. 나무나 돌처럼 자연물이 아닌 것이다. 무엇이 사람들을 자연에서 문화로 나아가게 했는가? 그것은 신도 두려워할 문화를 만든 것은 '한 가지 말'이라고 했다. 서로 의사소통했던 덕분에 그런 힘을 떨치게 된 것이다. 그래서 하나님은 '말을 뒤섞어 놓아 서로 알아듣지 못하게' 하셨다. 말이 서로 다른 사람들은 뭉칠 수도 없고 뿔뿔이 흩어지는 수밖에 없어서 문명조차 허물어 뜨리고 마는 모습을 보인다. 그래서 사람들은 도시에서 떠날 수밖에 없었다. (…)

인간은 다른 동물과 달리 인간들만의 언어를 가지고 있다. 인간은 그 언어를 통하여 문화를 가지게 되고, 그것을 발달시킬 수 있으며, 앞 세대에서 이룩한 것을 다음 세대에 전수함으로써 더 나은 고도의 문화생활을 영위해 가는 것이다. 한 세대가 얻은 경험, 지혜, 기술, 방법 즉 문화를 말로써 다음 세대에 전달하며 그 다음 세대에는 이미 쌓인 문화의 토대 위에서 새로운 인류사회를 이룩해 나가는 힘을 갖게 된다.

인간은 제 2의 언어(문자언어=글자)의 발명을 통해 시간과 공간을 초월하여 문화를 축적할 수 있으며, 더 많은 사람에게 지식교환을 하게 된다. 이것이 바로 시-공의 제약을 초월하여 인류사회의 문화를 점점 고도로 발달하게 하는 힘인 것이다. 이와 같은 힘은 바로 그 위대한 언어의 힘이고, 이런 언어의 힘 때문에 인간은 다른 동물과 다른 고도로 발달한 문화생활과 어울려 정신생활을 해 나가는 것이다."

（「언어, 사고, 민족, 정신, 문화와의 관계와 이에 대한 교육」 중에서）

2장 | 주요 이론과 논거

1. 언어와 이성

인간이 다른 동물과 다른 점은 말을 사용한다는 점이다. 말은 우선 의사전달의 수단이다. 말을 해야 우리는 자신의 생각을 다른 사람에게 알릴 수 있다. 자신의 고통이나 마음을 타인에게 말하지 않고 있다가 오해를 받거나 사태가 악화되는 것을 우리는 종종 체험한다. 이상한 분위기나 선입견 때문에 우리는 종종 자신의 내밀한 상태 변화를 주위의 사람들에게 말하지 않는 경우가 있다. 말을 통해서 문제가 풀리고 새로운 인식이 생기는 것을 경험한다. 이처럼 말은 우선 의사전달의 수단이다.

그런데 동물들이나 몇몇 곤충들 역시 의사전달의 수단을 가진다. 예를 들면 꿀벌의 경우 한 꿀벌이 꽃을 발견하면 이를 다른 동료에게 알리기 위하여 다양한 춤 동작을 통해서 표현한다고 한다. 그러나 이는 인간의 언어와는 비교할 수 없는 제한적인 기능을 가진다.

이성(logos)이란 말 역시 원래는 말 혹은 언어라는 단어에서 나왔다. "인간은 말하기 때문에 이성적인 동물(Homo animal rationale quia orationale)이다"라는 오래된 명제가 바로 이성 = 언어라는 것을 말한다.

여기서 우리는 인간의 이성(理性) 혹은 합리성의 개념이 인간의 언어 사용과 밀접한 관련성을 가지고 있음을 알 수 있다.

2. 훔볼트의 언어관 – 세계관 이론

독일의 빌헬름 폰 훔볼트(Wilhelm von Humboldt, 1767-1835)는 외교관이었던 직

업적인 이유로 많은 외국어를 비교 연구할 수 있었고, 또 그것을 통해 민족마다 고유한 사고방식이 각각의 언어에 깃들어 있다는 점에 주목하였다. 그리하여 언어와 사유가, 혹은 언어와 세계가 상호 밀접한 관계를 맺고 있다는 사실을 인식하고, 이를 체계적으로 이론화하였다. 훔볼트의 언어이론은 다음과 같은 몇 가지 요소로 이루어졌다.

① 언어는 활동이다

이는 언어가 도서관이나 창고에 묻힌 문화재가 아니라 끊임없이 사람들에 의해 새롭게 만들어지는 생산물이며 또 그런 과정이라는 사상이다. 흔히 언어를 책에 쓰인 이론이나 문자로 오해하는 경우가 많은데 그런 문자적 표현 역시 부단한 언어적 창조 활동의 산물(産物)로 이해해야 한다. 훔볼트가 제시한 언어적 활동의 무한한 창조성은 현대에 와서 미국의 **촘스키**(N. Chomsky)의 **변형생성문법**에 영향을 준다. 이런 맥락에서 훔볼트는 "언어는 **산물**(Ergon)이 아니라 **활동**(Energeia)이다"라는 명언을 남겼다. 다시 말해 언어가 활동이란 말은 언어를 몇 개의 문법(文法) 규칙이나 어휘(語彙) 수와 동일시한다든지 기존의 문서 등과 동일시하면 안 된다는 것이다.

가령 우리가 한국어의 문법을 모두 이해하고 그 단어를 모두 안다고 해도 한 편의 문장을 제대로 쓰기는 어렵다.

우리가 유한한 한국어 단어와 문법을 활용하여 창조할 수 있는 말과 생각 그리고 이론은 무수히 많다. 비단 일상적인 회화뿐만 아니라 연설이나 대화, 토론 등은 모두 창조적인 언어 사용의 경우이다.

② 민족의 언어는 그 민족의 세계관이다

훔볼트는 각 민족의 살아 있는 언어를 연구하다가 그 민족의 고유언어가 단순한 의사소통의 수단을 넘어서서 한 민족의 고유한 정신영역을 나타내는 이른바 세계관(世界觀)이라는 것을 알았다. 그는 언어가 각 민족의 구성원들이 세계를 바라보고 탐구하는 근원적인 방향을 제공한다는 사실을 알았다. 훔볼트는 인도네시아 자바 섬의 원주민들이 쓰는 '카비 어(語)' 연구에 대한 서문인 「카비 말 연구 서설」에서 이런 관점을 밝혔다.

> "사유와 낱말의 의존관계에서 명백하게 밝혀지는 것은, 언어들은 본래 인식된 진리를 표현하는 수단이 아니라, 오히려 아직 인식되지 않은 진리를 발견하는 수단이다. 언어의 차이는 소리나 기호의 차이가 아니라, 세계관(Weltansicht) 자체의 차이이다. 여기에 일체 언어연구의 이유와 최종목적이 있다."
>
> (훔볼트, 「카비 말 연구 서설」 중에서)

이와 같은 훔볼트의 말을 따르자면, 각 나라에 있어서 모국어의 차이는 바로 제각기 상이한 세계관을 갖는 것으로 나타난다. 그렇기 때문에 우리가 새로운 언어를 배운다는 것은 그 언어가 지니는 세계관을 새롭게 획득한다는 것과 동일한 의미일 수도 있다. 따라서 흔히 '언어가 서로 다르다'고 말할 때의 의미는 사물을 표시하는 기호가 서로 다르다는 뜻이 아니라 사물을 바라보는 민족의 관점, 즉 '언어적 세계관'이 다르다는 뜻이 된다. 이것이 바로 위에서 언급한 "언어의 차이는 소리나 기호의 차이가 아니라 세계관 자체의 차이"라고 하는 훔볼트의 주장이다(배상식, 「W. v. 훔볼트의 언어관과 그 영향」 중에서).

③ 낭만적, 신비적 집단주의

앞에서 우리는 훔볼트의 고유한 언어철학을 보았다. 그런데 그는 언어를 단순한 글자나 알파벳의 차이를 넘어선 고유한 민족적, 정신적 차이라고 봄으로써 민족 혹은 민족정신을 신비화하는 경향을 보이고 있음을 알 수 있다.

세계 각 민족이 모두 다른 세계관을 가지고 있다면 오늘날처럼 지구화, 세계화되어 가는 현실에서 민족과 민족끼리 혹은 국가와 국가끼리 충돌과 오해가 발생할 소지가 있다. 훔볼트는 다음과 같이 표현한다.

"언어는 실로 인류의 깊은 밑바닥으로부터 생겨난 것으로서, 일반적으로 민족의 고유한 산물이자 창조물로 이해된다. 언어는 비록 그 본질 면에서 해명하기 어려운 것일지라도 우리에게 가시적으로 나타나는 자발성을 소유하고 있다. 이런 점에서 본다면 언어는 결코 활동의 산물이 아니라 정신의 무의식적 유출이며, 민족의 소산물이 아니라 민족의 내적 운명을 통하여 민족에게 주어진 산물이다. 민족은 그들이 언어를 어떻게 형성했는가를 알지 못하고 언어를 얻는다. 그럼에도 불구하고 언어는 항상 번영하는 민족과 함께 발전했음이 틀림없으며, 언어에게 많은 제약을 부과한 민족의 고유한 정신에서 나왔음이 틀림없다."

(「카비 말 연구 서설」 중에서)

야스쿠니 신(神)이 된 소년 특공대원

SBS 「그것이 알고 싶다」 '야스쿠니 신(神)이 된 소년 특공대원' 편에서는 17세에 일본의 소년 비행병에 지원해서 가미가제로 죽어간 박동훈(사진)이라는 인물을 다루었다.
이는 일본의 전체주의와 군국주의의 말로를 표현하는 사건으로서 한국민에게도 엄청난 피해를 주었다. 이런 광적인 집단주의의 배후에는 민족정신(民族精神) 내지 대화혼(大和魂) 같은 신비주의적인 개념이 작용하고 있다. 일본의 민족정신인 대화혼을 위해 젊은 목숨들이 희생되어야 했다.
참고로 근대 민주주의 국가관은 국가란 개인들의 권리와 행복을 위해 존재한다는 개인주의와 자유주의에 기초한다.

위 글의 요지는 언어, 즉 각 민족언어가 민족정신에서 유출되어 나왔다는 것이다. 우리의 건전한 상식은 민족정신이란 민족 사람들 개인 개인의 집단적인 성격 묘사에 불과하다는 것이다. 그리고 민족정신 혹은 민족혼 운운할 때 문제는 실제의 한 민족의 역사를 보면 그런 이론으로 결코 설명할 수 없다는 것을 알 수 있다. 예를 들어 삼국시대에 혹은 오늘날 민족은 분열되어 있다. 이 경우 민족정신은 어디에 있는가?

하여간 필자가 강조하고 싶은 것은 남들이 보는 한민족의 공통적인 특징은 있지만 이를 실체화(實體化)하여 마치 개인을 초월한 신(神)적인 민족의 정신이 있다고 보는 것은 낭만적 신비주의라는 것이다.

이처럼 민족정신을 신비적인 실체로 생각하는 것은 독일의 낭만주의, 비합리주의의 한 특징이다.

만약 한 개인을 초월하고 시대를 초월하는 민족정신(民族精神, Volksgeist)이란 것이 있다면 개인의 가치와 독립성은 상대적으로 미천하게 될 것이다. 이런 독일 낭만주의 철학의 민족정신 개념이 일본 제국주의에서 소위 대화혼(大和魂)으로 변하였고, 또 이를 일본 군국주의자들이 이용하여 애꿎은 가미가제 특공대를 죽음의 구렁텅이로 몰아 넣었던 것이다.

논술시험과 더불어 한 가지 더 말한다면 훔볼트의 민족언어 이론이 옳다면 오늘날 한국에서 전국적으로 거칠게 부는 영어 학습의 열기와 영어 공용화 이론을 어떻게 볼 것인가 하는 점이다. 이는 민족혼을 팔아먹는 매국적인 행동으로 나타날 것이다. 여기서 뭔가 타협점이 필요하다. 학생들의 활발한 사고가 필요한 지점이다.

3. 사피어와 워프의 언어 상대성의 가설

미국의 호피족 인디언 언어를 연구한 사피어(E. Sapir, 1884-1939)와 워프(B. L. Whorf, 1897-1941)는 인디언들의 언어 사용이 영어의 그것과는 판이하게 다른 것을 발견했다. 가령 건물이나 공간을 지칭할 때, 영어를 쓰는 사람들은(한국인도 그렇지만) 방의 사용과 필요성에 따라 이름을 붙인다. 그러나 호피족 인디언들은 주로 형태와 건축의 구조에 따라 이름을 붙인다. 예를 들어 영어에서는 식당(dining room), 거실(living room), 서재, 차고(garage) 하는 식으로 방이 쓰이는 용도에 따라 방의 이름을 붙인다. 이에 비해서 호피족 인디언들은 '둥근 방', '긴 방' 혹은 '바깥 방' 하는 식으로 주로 공간적이고 형태적인 특징에 따라 이름을 붙인다.

그리고 인디언들에게는 잡초(weed)라는 말이 없다. 그들은 우리가 언덕 위에 자라나는 잡초들을 보고 잡초라고 부르면 아주 놀란다고 한다. 불필요한 식물을 잡초라고 부르는 우리의 사고방식을 그들은 도무지 이해할 수가 없다.

이런 상황에서 사피어와 워프는 언어 상대성의 가설을 내놓았다. 즉, 사피어는 "언어는 단순히 표현의 수단이 아니다. 흔히 우리가 실세계라고 하는 것은 언어적 습관의 기초 위에 세워져 있다. 우리는 언어가 노출시키고 분절(分節)시켜 놓은 세계를 보고 듣고 경험하는 것이다"라고 했다. 이는 마치 언어가 세상을 바라보는 창문 같다는 생각이다. 창문이 없을 때 우리는 세상의 사물을 보지 못한다.

워프는 "언어는 우리의 행동과 사고의 양식을 주조(鑄造)한다"고 하였다. 이러한 주장은 우리가 객관적 세계를 있는 그대로 보고 경험하는 것이 아니라 언어를 통해서 인식한다는 뜻이다. 다시 말해 언어 없이 사물을 그대로 볼 수가 없다는 것이다. 인간은 언어가 시키는 대로 보고 판단하고 행동한다. 예를 들어, 앞에서 이미 말한 것처럼 우리는 무지개의 색깔을 7가지로 본다. 학교에서 그렇게 배운 덕분이다.

또 다른 한 가지 유럽어가 한국어와 다른 점은 형제라는 말은 있어도 동생이니 형이니 하는 독자적인 단어는 없다는 것이다. 또 학교나 사회에서 선배니 후배니 하는 말들이 없다. 굳이 형이나 동생을 지칭하고 싶으면 그냥 큰 형제(big brother), 작은 형제(little brother)라고 부른다.

4. 소쉬르의 보편 언어학

소쉬르(F. Saussure, 1857-1913)
현대 언어학의 아버지, 구조주의의 원류, 기호학의 창시자.
"소쉬르가 지적한 언어기호의 본질은 기표와 기의의 관계가 자의적이라는 점이다. 예를 들어 '소'라는 단어에는 전혀 소와 관련된 이미지가 없으며, 영어로는 'oks', 불어로는 'beof'라고 부르는 것으로 보아 기호의 형식과 내용 사이에는 필연적인 관계가 없는 것이 확인된다.
기호 체계는 자의적이기 때문에 언어를 비롯한 인간의 다양한 문물과 제도들은 시간 속에서 끊임없이 변화한다."

「조선일보」

독일의 헤르더, 훔볼트 등이 언어를 민족정신의 표현으로 보는 것과는 달리 근대 언어학의 창시자인 소쉬르(F. Saussure, 1857-1913)는 언어의 보편성에 대한 연구를 했다. 그는 스위스의 제네바 출생으로 독일의 라이프치히 대학과 베를린 대학에서 비교 언어학과 고대 언어학을 연구했다.

소쉬르는 각 나라와 민족의 언어를 비교 연구하는 가운데 모든 언어들의 공통적인 몇 가지 속성을 발견했다. 논술시험과 연관하여 우리가 다룰 내용은 랑그(langue)와 빠롤(parole)의 구분과 기표(significant)와 기의(signifie)의 구분이다.

① 랑그(langue)와 빠롤(parole)

소쉬르에 의하면 모든 언어는 기본적으로 랑그(langue)와 빠롤(parole)이라는 두 가지 측면으로 나누어진다고 한다.

이는 어느 특수한 민족언어에만 타당한 것이 아니라 보편적인 언어의 특성이다. 랑그는 언어(language)라고 번역되며 그 의미는 언어 능력인데 이는 다시 말해 언어 사용자가 갖고 있는 어휘(vocabulary)나 문법적 지식(grammar)을 말한다. 거기에 비해 빠롤은 흔히 말(speech)이라고 번역하며 실제적으로 개인들에 의해 구사되는 발화(發話) 현상을 말한다. 빠롤은 각 시대와 상황에 따라 무한히 다양하고 변화가 심하다. 따라서 소쉬르는 빠롤은 언어학 연구의 대상이 될 수 없고 랑그만이 연구의 대상이 될 수 있다고 보았다.

랑그는 다시 말해 언어의 불변적 부분이고 빠롤은 가변적 부분이다. 그리고 랑그는 수동적인 데 비해 빠롤은 능동적이다. 훔볼트가 말한 산물(Ergon)이 아니라 활동(Energeia)으로서의 언어가 소쉬르의 빠롤이다.

② **기표(signifiant)와 기의(signifie)**

소쉬르는 언어학(linguistics)을 기호학(semiotics)이라는 더 폭넓은 관점에서 해명한다. 그는 랑그를 기호의 체계로서 이해하고 언어기호의 특징을 고찰한다. 다시 말해 언어를 기호로 본다는 것이 소쉬르 언어학의 가장 큰 특징이다. 이런 점에서 이후의 프랑스의 구조주의 철학과 포스트모더니즘 철학의 형성에 큰 영향력을 주었다.

원래 기호학은 미국의 철학자 퍼스(C. Pierce)가 고안한 이론인데 인간들이 사용하는 기호를 여러 각도에서 분석하는 것이다. 가령 언어 기호는 말의 사용과 종래의 문법에서 다루어진다. 그러나 비언어적(非言語的) 기호(記號), 예를 들어 교통신호의 시스템이나 거리의 각종 푯말 등은 언어와는 다른 기호의 체계를 나타낸다. 또 다른 예는 이를테면 바디랭귀지(body language)가 있다. 야구장에서 보면 감독이 선수들에게 각종 사인(sign)을 보낸다. 이런 사인과 실제 운동과 작전의 관계를 탐구하는 것이 기호학이다.

단어는 소리와 문자를 가진다. 그리고 그 소리와 문자는 자기와 다른 무엇을 지시한

기표(記標, signifiant)는 단어이고
기의(記意, signifie)는 단어의 의미이다.
기표와 기의의 관계는 마치 사람과 그의 이름
처럼 우연적으로 결합되어 있다. 어떤 아이가
태어났을 때, 부모들은 자기 원하는 대로 그
아이의 이름을 짓는다. 이처럼 기표와 기의의
관계는 자의적이고 우연적이다. 그러나 사람
의 이름과는 달리 사물의 이름은 개인이 좌지
우지하지 못한다. 이는 사회의 관습이자 약속
이다.

다. 가령 사과라는 단어가 있다. 그 음성은 [sakwa]라고 표현
되고 그 문자는 [사과]라고 표현되고 그것이 가리키는 것은 다
음의 그림

이다. 여기서 우리는 사과의 소리값 [sakwa]와 문자값 [사과] 그리고 그 지시대상으
로서의 그림을 구별할 수 있다.

여기서 소리와 문자가 기표이고 그림이 기의이다.

다시 말해 기호 혹은 부호가 가지는 물리적, 감각적인 부분을 기표(記標, signifiant)라고
하고 부호가 가리키는 것, 지시하는 것을 기의(記意, signifie)라고 한다. 기의는 소리(청각)
나 문자(시각)로 감지할 수 없는 것이다. 수신자는 기표를 감지하고 다시 자신의 의식
을 통하여 발신자의 의미를 이해한다.

다시 말해 기표는 야구경기의 감독이 보내는 수신호(手信號) 사인이고 기의는 그에
해당하는 작전이나 행동을 말한다. 즉 기표는 감독이 모자를 만진다든지 하는 것이고
기의는 도루나 번트가 되는 셈이다. 여기서 야구의 예에서 우리가 알 수 있는 것은 상
대편이 보면 저 쪽 편의 감독의 수신호나 옷이나 모자를 만지는 것이 무엇인지를 도
무지 알 수가 없다. 즉 객관적 행동으로서의 사인이 무엇을 의미하는지 알 수 없다는
것이다. 반대로 이 쪽 팀은 시합 전에 미리 각종 사인을 서로 결정하고 합의한다. 왜
도루의 사인이 오늘 시합에서는 손가락 두 개를 보이는 것인지는 특별한 이유가 없
다. 단지 편의상 그렇게 약속한 것일 뿐이다. 즉 그 약속을 모르면 손가락 신호를 전
혀 이해할 수가 없다.

③ 기표의 자의성, 관습성

위에서 야구경기의 사인을 통해서 우리는 기표와 기의의 상관관계에 대해 충분히 알았다. 기표와 기의의 연결은 사회적 협약, 즉 약속일 뿐 아무런 필연적인 관계는 없다.

물론 단어 중에는 의성어(擬聲語)와 의태어(擬態語) 등이 있어서 일부의 단어들은 기표가 기의를 직접적으로 표현한다. 예를 들어 고양이를 '야옹이'라고 한다든지 그런 경우에는 기표가 기의를 반영한다. 그러나 거의 대부분의 단어들은 기표와 기의의 상관관계가 우연적이고 자의적(恣意的)이다.

언어기호를 구성하는 두 성분인 기표와 기의는 마치 동전의 앞면, 뒷면과 같아서 필수적, 불가분의 관계에 있다.

이 양면 사이의 관계는 기호를 사용하는 개인이 변경할 수 없다. 이는 사회적인 약속이다. 이를 어기는 구성원은 언어 게임에 참여할 수가 없다. 야구시합에 나가는 선수가 자기 팀의 사인을 모르고 움직인다면 그는 경기를 망칠 것이다.

그리고 어떤 기표가 어떤 기의와 관계를 맺느냐는 언어기호가 사용되는 언어 공동체마다 다르므로, 그 관계는 관습적 성격을 띤다.

훔볼트의 언어철학에 있어서 민족정신에 해당하던 것이 소쉬르에 와서는 한갓된 자의성(恣意性)과 관습성(慣習性)으로 치환되어 버렸다. 또한 기표의 관습성, 자의성은 새로운 언어기호를 만들 수 있다는 것을 암시한다. 새로운 사태와 거기에 따르는 새로운 말의 창조를 가능케 하는 것이 언어기호의 자의성과 관습성이다. 앞에서도 말한 것처럼 관습이란 협약, 약속의 의미를 가지기 때문이다.

5. 촘스키의 변형-생성 문법

미국의 저명한 언어학자이며 지식인의 사회참여를 보여주는 촘스키(N. Chomsky, 1928-)는 현대 언어학의 창시자라고 할 수 있다. 그의 이론은 변형-생성 문법

노암 촘스키(N. Chomsky, 1928-)
미국의 언어학자. 그가 제시한 변형-생성 이론은 소쉬르의 일반 언어학에 맞먹는 현대 언어학의 금자탑이다. 근래 촘스키는 언어학자라기보다는 미국의 행동하는 지성(知性)으로 통한다. '미국의 양심'이라고도 불리는 촘스키는 지식인의 책임과 의무를 강조하면서 신자유주의, 거대 다국적기업과 미국의 패권주의 등을 신랄하게 꼬집어오고 있다. 『불량국가』, 『숙명의 트라이앵글』 등의 저서로 국내에 잘 알려졌다.

(transfomational-generative grammar)이라고 하는데 이는 위에서 다룬 훔볼트의 활동(Energeia)으로서의 언어이론과 소쉬르의 보편(일반) 언어관의 결합으로 볼 수 있다.

우선 촘스키는 소쉬르의 빠롤/랑그의 구분이 지나치게 경직화되어 있음을 지적한다. 소쉬르는 랑그를 주로 어휘 요소의 총체로 보는 경향이 있는데 촘스키는 이를 규칙의 총체로 본다.

그는 빠롤을 언어능력(language competence)이라고 번역하고 랑그를 언어수행(language performance)이라고 번역하여 양자의 밀접한 관련성을 규명하려 했다.

빠롤, 즉 언어수행은 개인적이고 독창적이다. 사람들은 한번도 배우지 못한 글이나 문장을 무한히 만들어내는 능력이 있다. 이와 더불어 촘스키는 "단어 사전은 있으나 문장 사전은 없다"라는 말을 했다. 그만큼 문장은 무한히 만들어질 수 있고 또 무한히 긴 문장도 만들 수 있다. 개인의 언어 사용, 즉 언어수행은 이처럼 독창적인 것이다.

촘스키는 모국어 화자가 이미 듣거나 배운 문장뿐만 아니라, 전에 듣거나 배운 바 없는 문장이라도 듣고 이해하고 또 말할 수 있는 것은 언어능력에 기인한다고 주장한다. 그리고 아이들은 그 인종적 출생에 관계없이 어느 나라 말이나 다 습득할 수 있는 능력이 있음에 주의하여 촘스키는 인간에게는 보편적으로 언어를 이해하고 사용하는 능력이 천부적으로 있다고 주장한다. 가령 한국에서 태어난 흑인 아이들은 한국어를 한국인과 똑같이 구사할 수 있다. 이는 선천적 언어습득능력을 말한다. 그럼에도 불구하고 각국의 언어는 단어뿐만 아니라 문법도 다 다르다.

이런 차이를 해소하기 위해 촘스키는 언어의 표층구조와 심층구조가 다름을 주장한다. 각국의 다양한 언어들은 그 표층적 구조의 차이에도 불구하고 심층적 구조는 같고 이는 결국 인간의 언어습득능력으로 환원된다. 가령 한국에서는 의문문을 만들 때 의문형 어미를 붙인다. "너 학교에 가니?" 이에 반해 영어는 주어와 동사의 위치를 바꾼다. "Are you going to school?" 이처럼 실제 문장의 형식은 다르지만 그 화자의 머릿속에 들어 있는 생각은 같다. 즉 물어본다는 것이다.

이처럼 사람의 머릿속에 들어 있는 사상을 심층구조라고 하고 그것이 실제 상황에서 발화(發話)될 때 혹은 쓰일 때, 각국의 언어 습관과 문법에 따라 각각 다르게 나타나는 문장의 구조를 표층구조라고 한다. 그리고 심층구조와 표층구조를 연결해 주는 것이 변형규칙이다. 위의 예문에서 한국어의 경우 의문문은 의문형 어미를 붙이는 것이고, 영어의 경우 주어와 동사의 위치를 바꾸는 것이다.

이런 심층구조의 보편성이란 생각을 개념화하여 촘스키는 보편문법이라는 것을 생각했다.

■ 보편문법(universal grammar)

모든 언어는 공통점을 지닌다. 즉, 사람들은 인종, 지역 등에 상관없이 누구나 언어 습득능력이 있다. 인간의 언어에는 인종이나 계층에 관계없이 그리고 명백히 존재하는 인간의 정신적, 성격적, 육체적 차이와도 관계없이 존재하는 보편적인 문법이 존재한다. 이처럼 인간의 선천적인 언어습득 및 언어사용 능력을 규정하는 문법을 보편문법(universal grammar)이라고 한다.

6. 언어 통제 이론 - 오웰의 신어(新語, Newspeak)를 중심으로

앞에서 예시한 사피어와 워프의 언어 상대성의 가설을 거꾸로 이용하면 언어를 이용하여 사람의 사상과 관념을 통제할 수 있다는 전체주의적인 언어이론이 나올 수 있다. 이는 언어를 통제하고 새로운 단어를 만들어내고 혹은 기존의 단어를 탄압함으로써 인간을 지배하거나 통제한다는 이론이다. 이것은 누가 정립한 것은 아니고, 필자가 논술시험의 필요를 위해 한 번 만들어본 개념이다.

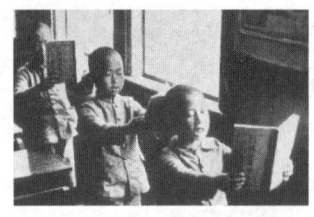

황국신민화(皇國臣民化), 황국신민서사

일제는 민족 말살정책의 일환으로 조선인들에게 황국신민서사를 각종 공적인 회의와 학교 조례시간 등에 제창하도록 하였다. 그 내용은 이렇다.
① 우리들은 대일본 제국의 신민입니다.
② 우리들은 마음을 합하여 천황 폐하께 충성을 다합니다.
③ 우리들은 인고 단련하여, 훌륭하고 씩씩한 국민이 됩니다.

조지 오웰(George Orwell, 1903-1950)

영국의 소설가. 그의 저서 『1984』는 전체주의적인 감시사회를 풍자하며, 지옥 같은 미래를 그린(디스토피아) 소설이다.

"승강기 손잡이 반대편에는 내려올 때마다 큰 얼굴이 그려진 포스터가 벽으로부터 응시하고 있었다. 그것은 당신이 이동할 때 그 그림의 눈동자가 어디든지 당신을 따라 다니도록 고안된 그림들 중의 하나이다. '대형(大兄, Big Brother)이 당신을 감시하고 있다'라고 포스터 아래에 표제가 씌어 있었다."(『1984』 중에서)

『1984』에 나오는 독재자 빅 브라더(Big Brother)는 오늘날 CCTV 같은 감시와 통제의 조직사회를 예견한다.

이는 우리가 이미 일제강점기에 겪었던 이론이다. 일본인들은 한민족의 얼과 혼을 빼앗고 소위 그들의 내선일체(內鮮一體), 황국신민화(皇國臣民化)를 위하여 조선어 말살정책을 획책하였다.

언어를 빼앗기면 사상을 빼앗기고 세상을 빼앗긴다. 반대로 언어를 지배하면 사상을 지배하고 세상을 지배한다.

최근 인터넷의 범람으로 이제는 예전 같은 무력의 지배나 육체의 지배 혹은 영토의 식민지화보다 더 문제가 되는 것이 언어와 문화의 지배이다. 인터넷이 영어로 주로 사용되는 바람에 미국 문화의 세계지배가 가속화되고 있다.

■ 조지 오웰의 『1984』에 나타난 신어

조지 오웰의 소설 『1984』는 '빅 브라더'라는 이름을 가진 존재에 의해 지배되는 통제사회를 배경으로 한다. 이 사회는 사람들의 머릿속을 통제하고 모든 행동을 감시하면서 당을 거부하는 행위를 철저히 차단한다. 이 통제과정의 핵심에 놓인 것은 '뉴스피크'(Newspeak)라는 언어이다. 소설 속에서 독재정부는 신어(Newspeak)를 개발하여 바람직하지 않은 단어를 배제하고 정통성이 없는 단어를 무력화시켜, 이단적 사고는 언어사용상 불가능하게 만든다. 이단적 사고란 반체제적인 사고를 말한다.

이 신어는 인간의 사고를 조작하고 통제하기 위하여 만들어진 일종의 '가짜 말'이다. 여기서는 모든 진실과 자연스러운 가치가 전도된다.

"전쟁은 평화다. 자유는 속박이다. 무지는 힘이다"와 같은 신어, 뉴스피크를 사용하면서 사람들은 전쟁이 평화이고, 자유가 속박이라고 '진짜로' 믿는다.

예를 들면 북한에서는 김일성이 말하는 것이 모두 진리인 것처럼 철저한 세뇌(洗腦, brainwashing)를 통해 군중들은 오직 당과 수령이 지시하는 것을 무조건 믿게 된다. 우리 역시 군부독재의 시대에 이런 사상과 언어의 통제가 횡행했다.

억압과 통제는 감옥을 짓고 사람들의 자유를 빼앗고 국경을 막는 것으로 가능하지 않으며, 결국 사람들의 정신을 지배함으로써만 완성될 수 있다. 이런 언어를 통한 대중지배의 목적은 독재정부의 정당(예를 들면 '공산당')의 지배력을 철저히 하기 위함이다.

오늘날 북한에서 볼 수 있는 것과 같은 철저한 사상통제와 언어통제를 구현하고 있는 것이 바로 조지 오웰의 『1984』이다.

이와 같은 원칙에서 창조된 신어는 대중들의 사고영역을 좁히기 위한 것이며, 체제에 복종하지 않는 이단자 내지 반체제 인사(dissident)들의 책동을 사전에 막기 위한 문화적인 통제장치이다. 오웰의 소설을 보면 이런 신어의 등장과 더불어 구어(oldspeak)는 점차 사라지게 된다. 구어는 낡은 사고(oldthink)를 표상하는 일이고 이는 일당독재 치하의 새로운 세계에서는 범죄사고(crimethink)로 간주된다. 마치 공산주의 치하에서 시장경제나 언론의 자유 등이 모두 부르주아적인 범죄로 간주되는 것과 같다.

■ 문화와 언어의 변화 – 사이버스피크(Cyberspeak)의 등장

'뉴스피크'처럼 정치적인 목적으로 인위적으로 말을 없애거나 새로운 단어를 만들기도 하지만 언어는 문화의 변화에 따라 자연히 변화하는 하나의 생명체이기도 하다.

언어는 세월의 흐름에 따라 다양한 변화를 보인다. 한국어 발전사를 보면 알겠지만 그 발음이나 어휘 혹은 문법 등이 많이 변화해 왔다.

예를 들면, '곳'이란 낱말은 '꽃'으로 경음화(硬音化)되었고 '갈'은 '칼'로 격음화(激音化)되었다. 이는 의미의 전달을 더 강하게 하려는 의도에서 그렇게 된 것이다.

발음뿐만이 아니라 의미의 변화도 보인다. '사랑한다'는 말은 원래 '생각하다'라는 뜻에서 '특별히 좋아하고 생각하다'라는 의미로 변해 버렸다. 이는 일반적인 의미에서 좁은 의미로 그 뜻이 바뀐 경우이다.

이런 언어의 변화와 더불어 새로운 낱말이 생겨나고 문법의 변화가 생기는 것도 또한 당연하다.

새로운 사물의 생성이나 문화의 변화가 새로운 말을 만들어내는 것이다. 가령 학자들이 새로운 학술용어를 만들어 쓴다든지, 작가들이 그들의 표현욕구를 만족시키기 위하여 새로운 말을 만들어 쓰고, 언어 대중(言衆)들도 필요에 따라 말을 만들어 쓰는 것은 흔히 있는 일이다.

최근에는 인터넷의 시대를 맞이하여 인터넷 용어가 빈번하게 젊은이들 가운데 널리 유포되어 있다. 소위 통신언어 혹은 채팅용어에는 다음과 같은 것들이 있다.

강추 : 강력 추천
강퇴 : 강제 퇴장
겜, 껨 : 게임
고등어, 고딩어, 고딩 : 고등학생
공사중: 어떤 부분을 미완성하였거나 편집 중임을 나타냄 (주로 홈페이지에서 볼 수 있음)
그만 방청소하죠 : 대화방을 폐쇄하자는 제안
글쿠나 : 그렇구나

■ 통신언어의 문제점

요즘 인터넷을 사용하는 사람들, 주로 젊은 층들은 인터넷 채팅이나 게시판 사용 혹은 각종 온라인 게임이나 홈페이지를 관리하면서 다른 사회에서는 알 수 없고 오직 인터넷 세대 — 이를 흔히 N세대라고 함 — 에서만 이용되는 문자와 표현들을 만들어

내고 있다. 이런 사이버스피크(Cyberspeak)는 기존의 언어적 사회생활을 동요시키고 세대 간의 의사전달을 방해하는 면이 있는가 하면 반대로 각종 신조어(新造語)를 개발하여 새로운 언어기호를 생산해 내기도 한다. 소쉬르가 지적한 것처럼 언어기호는 자의성과 관습성이 있기에 시대와 문화에 따라 그 기호체계가 변할 수 있다면 이는 당연한 사회현상이기도 하다.

그러나 너무 심한 계층적 언어 단절은 사회적 통합과 언어 표현의 전달을 막을 수도 있다. 특히 지나친 약어(略語)를 사용하든지 또는 문법과 기존의 철자체계를 무시하면 언어순화와 표준말의 사용에 불편을 초래하기도 한다. 이런 면에서 전문가의 말을 인용하여 인터넷 언어 혹은 사이버스피크의 문제점을 알아보자.

국립국어연구원의 박용찬 연구원의 조사에 의하면 그 내용은 다음과 같다(모두가 함께하는 우리 말 다듬기[http://www.malteo.net/]에서 발췌 인용함).

① 우리말 어법이나 맞춤법을 완전히 무시하거나 표준어가 아닌 말

먼저 컴퓨터 통신이나 인터넷과 같은 온라인상에서는 우리말 어법이나 맞춤법을 완전히 무시하거나 표준어가 아닌 말을 써서 우리말을 심하게 왜곡하는데 이러한 현상에 관하여 일부에서는 '언어파괴'라 하여 크게 우려하고 있다.

이러한 현상은 실생활에도 그대로 이어져서 부정적인 영향을 미치고 원만한 국어 교육을 어렵게 하고 있다. 특히, 학교 교육 현장에 미치는 부정적인 영향은 아주 심각하다. 예를 들어 청소년들이 쓴 글에서 우리말 어법과 어긋난 예, 맞춤법과 띄어쓰기에 어긋난 예, 비표준어나 변이형 따위가 빈번하게 발견되는데도 청소년들은 그러한 사실을 그다지 부끄럽게 생각하지 않는 것이다. 결국 통신언어는 학교에서 학습하는 언어 규범과 같은 지식들을 불필요한 것으로 받아들이게 함으로써 국어 교육의 효과를 크게 감소시킬 위험이 있는 것이다.

이러한 '언어파괴' 현상에 대한 많은 사람들의 우려와 달리, 몇몇 사람들은 그 속성상 언어의 변화가 불가피한 것이므로 크게 걱정할 필요가 없다고 보고 있다. 통신언어 가운데 '줄인 말'이나 '신조어'는 우리말의 어휘를 풍부하게 해 줄 수 있는 원천이므로 적극적으로 받아들일 것을 제안하고 있기도 하다.

영어권에서도 우리말에서처럼 통신언어의 문제점이 크게 지적되었지만 그 가운데 몇몇을 사전에 수록한 바 있다. 최근 옥스퍼드 대학이 통신언어에서 널리 쓰이는 준말(b4 : before, hand : have a nice day, tx : thanks 등)이 추가된 사전을 개정하여 내놓은 것이다. 또한 이 사전은 이러한 준말과 함께 이모티콘('기쁘다'는 뜻의 :-), '우울하다'는 뜻의 :-(, '놀랍다'는 뜻의 :-O 등) 몇몇을 수록하기도 하였다.

그러나 '방긋', '어솨요', '즐팅' 따위와 같은 '줄인 말'의 대부분은 우리말 어법에 어긋나며 '허걱', '헐', '즐' 따위와 같은 '신조어'는 경박한 느낌을 주므로 이러한 점은 좀더 신중하게 검토해 볼 필요가 있다.

② 외계어처럼 보이는 말

통신언어에서는 우리말을 한글이 아닌 다른 문자의 글자로 대체하거나, 아예 글자 자체를 해체하여 사용하거나, 각종 기호나 부호를 조합한 이모티콘을 사용하거나 하는 등 외계어(또는 외계언어)처럼 보이는 말들이 많이 쓰인다.

청소년들은 재미있거나 새롭다는 이유로 이러한 말들을 자주 쓰고 있다. 그러나 이러한 말들은 통신언어를 점점 더 정체불명의 언어로 변질시켜 기성세대와 N세대 간의 원활한 의사소통을 가로막고 있다. 이러한 말들 때문에 기성세대와 N세대 간에 의사소통의 장애가 생겨 괴리감이 형성되고 있는 것이다.

이에 대해서 몇몇 사람들은 이런 말들이 재치와 창의력이 있을 뿐만 아니라 글쓴이의 미묘한 감정을 그럴듯하게 보여줘 대화의 사실감, 현장감을 더해 주는 등 커다란 장점이 있다고 보고 있다. 그러나 이러한 말들은 대부분 말장난의 하나로 언어유희에 가깝고 기성세대에게는 아주 기괴하게 보일 뿐더러 우리말의 어법이나 글자구성 면에서 볼 때에도 크게 잘못된 것이다.

③ 심한 욕설이나 저속한 말

컴퓨터 통신이나 인터넷은 익명성(匿名性)과 비대면성(非對面性)을 바탕으로 하기 때문에 통신언어에서는 욕설이나 저속한 말이 널리 사용되고 있다. 그러나 이러한 말의 사용은 언어 예절('네티켓'이라 함)이 결여된 것으로서 다른 사람의 기분을 상하게 하고 그것이 특정인에게 집중될 때에는 그 사람에게 인격적으로 결정적인 피해를 줄 수도 있다. 최근 들어 청소년들은 일상 언어생활에서도 욕설이나 비속어를 남발하고 있다. 게다가 욕설이나 비속어를 쓰는 것에 대하여 별로 죄책감을 느끼지 않으며 욕설이나 비속어 없이는 아이들끼리 제대로 대화가 이루어지지 않는다는 신문기사가 나기도 했다.

미국의 언어학자인 사피어(Sapir)와 워프(Whorf)가 세운 '언어 상대성 가설'에 따르면 언어는 인간의 사고나 사유를 반영할 뿐만 아니라 그 언어를 쓰는 사람들의 사고방식에 영향을 미친다. 이것은 언어가 어떤 사람의 됨됨이 즉, 인격 형성에 커다란 영향을 줄 수 있음을 암시한다. 즉, 고운 말을 쓰면 그 사람의 됨됨이도 훌륭해지고 거친 말을 쓰면 그 사람의 됨됨이도 좋지 않게 된다. 따라서 사이버 공간에서 빈번하게 쓰이는 욕설이나 품위가 없는 비속어, 은어는 큰 문제가 된다.

3장 | 총정리

● 단어는 그것이 구체적인 삶의 현장에서 튀어나올 때 마음을 울리고 행동을 유발하는 힘을 갖는다.

● 언어에는 인식기능이 있다.

● 인터넷의 영향으로 세계언어(universal language)로서의 영어의 지위가 심화되는 반면, 기타 언어가 부족언어(tribal language)화하는 현상을 볼 수 있다.

● 한 민족의 언어는 그 민족의 고유한 문화와 정신세계를 반영하는 기초이다.

● "인간은 말하기 때문에 이성적인 동물이다"(Homo animal rationale quia orationale)라는 오래된 명제가 바로 이성 = 언어라는 것을 말한다.

● 훔볼트는 언어는 산물(Ergon)이 아니라 활동(Energeia)이라고 한다.

● 각 나라에 있어서 모국어의 차이는 바로 제각기 상이한 세계관을 갖는 것으로 나타난다.

● 우리가 새로운 언어를 배운다는 것은 그 언어가 지니는 세계관을 새롭게 획득한다는 것과 동일한 의미일 수도 있다.

● 한 개인 개인을 초월하고 시대를 초월하는 신적인 정신이 민족정신(民族精神, Volksgeist)이다. 이는 그러나 하나의 상상의 산물이다.

● 이런 독일 낭만주의 철학의 민족정신 개념이 일본 제국주의에서 소위 대화혼(大和魂)으로 변하였다.

● 민족정신이나 대화혼 등은 개인의 권리와 행복의 추구를 등한시하고 개인을 희생하여 국가나 민족의 번영을 추구하라고 가르친다.

● 사피어는 "언어는 단순히 표현의 수단이 아니다. 흔히 우리가 실세계라고 하는 것은 언어적 습관의 기초 위에 세워져 있다"라고 말한다.

- 워프는 "언어는 우리의 행동과 사고의 양식을 주조(鑄造)한다"고 하였다.

- 이런 사피어와 워프의 이론을 언어 상대성의 가설이라고 한다.

- 근대 언어학의 창시자인 소쉬르는 언어의 보편성에 대한 연구를 했다.

- 랑그는 언어(language)라고 번역되며 그 의미는 언어능력인데 이는 다시 말해 언어 사용자가 갖는 어휘(vocabulary)나 문법적 지식(grammar)을 말한다.

- 빠롤은 흔히 말(speech)이라고 번역되며 실제적으로 개인들에 의해 구사되는 발화(發話) 현상을 말한다.

- 기호 혹은 부호가 가지는 물리적, 감각적인 부분을 기표(記標, signifiant)라고 하고 부호가 가리키는 것, 지시하는 것을 기의(記意, signifie)라고 한다. 쉽게 말하면, 우리가 외국어를 배울 때 단어가 기표이고 그 의미가 기의이다.

- 언어기호를 구성하는 두 성분인 기표와 기의는 마치 동전의 앞뒷면과 같아서 필수적, 불가분의 관계에 있다. 이 양면 사이의 관계는 기호를 사용하는 개인이 변경할 수 없다. 이는 사회적인 약속이다.

- 어떤 기표가 어떤 기의와 관계를 맺느냐는 언어기호가 사용되는 언어 공동체마다 다르므로, 그 관계는 관습적 성격을 띤다.

- 촘스키의 빠롤, 즉 언어수행은 개인적이고 독창적이다. 사람들은 한번도 배우지 못한 글이나 문장을 무한히 만들어내는 능력이 있다. 이와 더불어 촘스키는 "단어 사전은 있으나 문장 사전은 없다"라는 말을 했다.

- 각국의 다양한 언어들은 그 표층적 구조의 차이에도 불구하고 심층적 구조는 같고 이는 결국 인간의 언어습득능력으로 환원된다.

- 사람의 머릿속에 들어 있는 사상을 '심층구조'라고 하고 그것이 실제 상황에서 발화(發話)될 때 혹은 쓰일 때, 각국의 언어 습관과 문법에 따라 각각 다르게 나타나는 문장의 구조를 표층구조라고 한다.

- 인간의 정신적, 성격적, 육체적 차이와 관계없이 존재하는 보편적인 문법이 있다. 이처럼 인간의 선천적인 언어 습득 및 사용 능력을 규정하는 문법을 보편문법

(universal grammar)이라고 한다.

● 언어를 빼앗기면 사상을 빼앗기고 세상을 빼앗긴다. 반대로 언어를 지배하면 사상을 지배하고 세상을 지배한다.

● 조지 오웰의 『1984』에서 독재 정부는 신어(Newspeak)를 개발하여 바람직하지 않은 단어를 배제하고 정통성이 없는 단어를 무력화시켜, 이단적 사고는 언어 사용상 불가능하게 만든다. 이는 인민들의 사상통제를 위한 것이다.

● 언어는 문화의 변화에 따라 자연히 변화하는 하나의 생명체이기도 하다.

● 인터넷 언어의 너무 심한 계층적 언어 단절은 사회적 혼란과 장애를 초래할 수 있다.

● 우리말 어법이나 맞춤법을 완전히 무시하거나 표준어가 아닌 말이 사이버 언어를 지배한다.

● 외계어처럼 보이는 말이 한글의 철자를 파괴한다.

● 심한 욕설이나 저속한 말이 국민정서의 순화를 방해한다.

4장 | 연습문제

이화여대 1996학년도 정시 논술고사 (인문)

[문제] 다음 두 글에 공통적으로 드러나는 생각을 400자 내외로 쓰시오.

(가) 우리는 詩(시)에서 우리말이 우리말답게 구사되고 있음을 발견할 수 있다. 따라서 좋은 시 읽기는 우리말 공부를 위한 첩경이요, 왕도이기까지 하다. 모든 나라의 시가 그렇다. 어휘 면에서나 낱말의 적정한 구사 면에서나 우리말의 우리말다움이 가장 잘 드러나는 것이 시다. 말과 글에 대한 文理(문리)를 트게 하는 것도 시다. 좋은 시란 번역이 불가능한 것이고, 번역을 하게 되면 그 맛을 잃어버리게 되는 것이 시다. 가령 李箱(이상)의 앞 시대 시인인 김소월, 한용운, 정지용 등의 名篇(명편)들은 외국어로 번역하기도 어렵고, 번역한다 해도 이들 시의 시다운 맛은 사라져 버리고 말 것이다. 그러나 시라는 이름으로 발표된 이상의 여러 산문시에서는 우리말다움을 느끼기 힘들다. 이상의 산문시는 외국어로 번역하기도 수월하고 번역 과정에서 사라지는 것도 없으리라는 것이 확실하다.

— 유종호, 「시와 수수께끼」 중에서

(나) 松江(송강)의 '관동별곡'과 '전후미인곡'은 우리 동방의 離騷(이소)이다. 그러나 그것을 중국 글로 쓸 수 없었기 때문에 樂士(악사)들의 입에서 입으로 전수되거나 한글로 기록되어 전해질 뿐이다.

어떤 사람이 '관동별곡'을 七言詩(칠언시)로 번역했으나 제대로 되지 않았다. 인도 승려 구마라습은 "인도에서는 대개 말로 꾸미는 것(辭華)를 대단히 숭상하여, 부처를 찬양하기 위해 지은 인도의 노래는 무척 아름답다. 그런데 그것을 중국 글로 번역하게 되면 다만 그 뜻만 전할 뿐이지 辭華(사화)는 전하기 어렵다”라고 말했다.

이것은 당연한 이치다. 사람의 마음이 입을 통해 나타난 것이 말이고, 말에다 운율을 가미한 것이 노래요, 시요, 문장이다. 사람의 언어가 비록 같지 않으나, 말을 잘하는 사람이 자기네 고유 언어를 가지고 운을 잘 맞추기만 한다면, 충분히 천지를 움직이고 귀신에게까지도 통할 수 있는 것이다. 이는 비록 중국의 경우에만 국한된 것은 아니다.

이제 우리나라의 시와 문장은 고유한 언어를 버리고 다른 나라의 언어를 빌려다 쓰니 설사 아주 비슷하게 표현한다 해도 앵무새가 사람의 말을 흉내내는 것일 뿐이다. 나무하는 아이들이며 물긷는 아낙네들이 지껄이고 서로 話唱(화창)하는 것이 비록 비속하다고는 하지만, 그 참된 가치를 따진다면 사대부들의 漢詩(한시)와는 비교가 되지 않는다.

— 김만중, 「서포만필」 중에서

고려대 2002학년도 수시 2학기 논술고사

[논제] 아래의 세 요소를 유기적으로 구성하여 논술하시오.
① 예시문 (1)과 (2)에 제시된 언어의 특성
② 예시문 (3), (4), (5)에 나타난 현상의 해석
③ 미래 사회에서의 언어와 인간의 관계

(1) 인간은 오로지 언어가 대상의 표상을 그에게 제시하는 대로 사는 수밖에 없다. 인간 스스로가 언어를 조직해 내는 바로 그 행위를 통해 인간은 자기 자신을 언어 속에 짜맞추어 넣는다. 그리고 모든 언어는 그 언어를 사용하는 민족에게 하나의 영역

을 지정한다. 이 영역을 벗어나는 것은 오직 다른 하나의 영역 안으로 들어갈 때에만 가능하다. 따라서 새로운 언어를 습득할 때는 지금까지의 세계관과는 다른 관점을 획득할 수 있을 것이다. 사실 이러한 일이 어느 정도는 가능하다. (…) 그러나 다소의 차이는 있지마는 항상 고유한 세계관과 언어관을 지닌 채로 우리가 새로운 언어 안으로 들어가기 때문에 이 성과는 순수하고 완전한 것으로 지각될 수는 없다.

— 빌헬름 폰 훔볼트, 「카비 말 연구 서설」

(2) Language has two primary purposes, expression and communication. In its most primitive forms it differs little from some other forms of behaviour. A man may express sorrow by sighing, or by saying 'alas!' or 'woe is me!' He may communicate by pointing or by saying 'look'. Expression and communication are not necessarily separated; if you say 'look' because you see a ghost, you may say it in a tone that expresses horror. This applies not only to elementary forms of language; in poetry, and especially in songs, emotion and information are conveyed by the same means. Music may be considered as a form of language in which emotion is divorced from information, while the telephone book gives information without emotion. But in ordinary speech both elements are usually present.

— B. Russell, *Human Knowledge*

(3) 추운 지역에서 눈과 함께 생활하는 날이 많은 에스키모 인의 말에는 눈에 관한 단어가 '가루 눈, 젖은 눈, 큰 눈' 등을 구별할 수 있게 발달되어 있으며, '희다'에 해당하는 말만도 열 개 이상이나 된다고 한다. 또, 바다로 둘러싸인 오스트레일리아 원주민의 말에는 모래에 관한 단어가 많이 발달되어 있다고 한다. (…)

우리말의 경우 '따비, 괭이, 쇠스랑, 삽, 종가래, 가래, 헹가래, 호미, 낫, 도끼, 고무래, 두레박, 용두레, 무자위, 장군, 도리깨, 쟁기, 멍에, 보습, 써레, 길마, 옹구, 망구, 발채, 꼴, 꼴망태' 등과 같은 농사 용어들이 매우 발달되었는데, 이는 우리 사회가 과거에 농경 중심의 사회였다는 사실을 알 수 있게 한다.

— 교육부, 『고등학교 문법』

(4) It's a beautiful thing, the destruction of words. Of course the great wastage is in the verbs and adjectives, but there are hundreds of nouns that can be got rid of as well. It isn't only the synonyms; there are also the antonyms. After all, what justification is there for a word which is simply the opposite of some other word? A word contains its opposite in itself. Take 'good,' for instance. If you have a word like 'good,' what need is there for a word like 'bad'? 'Ungood' will do just as well—better, because it's an exact opposite, which the other is not. Or again, if you want a stronger version of 'good,' what sense is there in having a whole string of vague useless words like 'excellent' and 'splendid' and all the rest of them? 'Plusgood' covers the meaning, or 'doubleplusgood' if you want something stronger still. (…) Don't you see that the whole aim of Newspeak(the official language of the society) is to narrow the range of thought? In the end we shall make thoughtcrime literally impossible, because there will be no words in which to express it. Every concept that can ever be needed will be expressed by exactly one word, with its meaning rigidly defined and all its subsidiary meanings rubbed out and forgotten. Already, in the Eleventh Edition(of the Newspeak dictionary), we're not far from that point. But the process will still be continuing long after you and I are dead. Every year fewer and fewer words, and the range of consciousness always a little smaller. Even now, of course, there's no reason

or excuse for committing thoughtcrime. It's merely a question of self-discipline, reality-control. But in the end there won't be any need even for that. The Revolution will be complete when the language is perfect.

— G. Orwell, *Nineteen Eighty-Four*

(5) 인터넷에서 사용되는 언어는 통신 환경의 제약을 극복하고 새로운 방식으로 자신의 생각을 표현하려는 이용자들의 욕구에 의해 일상 언어와 다른 형태를 보이고 있다. 소리나는 대로 적기, 음절 줄이기, 이어 적기, 의도적 단어 변형, 이모티콘(emoticon) 등이 있다.

일상어와 달리 형태를 바꾸어 통신 분위기를 재미있고 편하게 만들어 친밀감을 나누려는 표현적 동기는 '알지'가 '알쥐'로, '안녕'이 '안뇽'으로, '해요'가 '해여' 등으로 변형된 바꾸어 적기를 만들어냈다. 또 '뭔일?', '방가^^' 등 서술어 없이 한두 단어로 대화를 나누는 완결되지 못한 문장, '번개해봤음?', '인사안해줘서 삐짐' 등 종결어미의 변용 등도 통신 언어의 특징이다.

영국 옥스퍼드 대학 출판부는 인터넷과 휴대전화 문자 메시지를 쓸 때 애용되는 축약어를 실은 사전을 발간했다. 'B4'(Before), 'HAND'(Have A Nice Day), 'TX'(Thanks) 등이 영어로 인정받았다. 기쁘다는 뜻의 :-), 우울하다는 뜻의 :-(, 놀랍다는 뜻의 :-O 등의 이모티콘도 사전에 올랐다. 이에 반해 한 국어학자는 "일부 젊은층에서 개성 발휘를 위해 사용하는 통신 언어를 사전에 등록하는 것은 일시적 유행을 반영하는 것"이라고 말했다.

— 신문 기사 모음

※ 유의사항
① 답안에는 자신을 드러내는 표현을 쓰지 말 것.
② 답안은 한글로 작성할 것.

③ 제목은 쓰지 말 것.
④ 분량은 띄어쓰기를 포함하여 1,600자 안팎(±100자)이 되게 할 것.

열째 마당

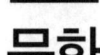

문화

1장 | 서론

1. 문제 제기

오늘날 문화에 대한 관심과 이해는 현대적 삶의 가장 중요한 요소의 하나이다. 특히 교통과 통신 수단 그리고 전자 미디어 시스템의 발전으로 세계가 하나가 되는 지구촌(global village) 시대와 세계화(globalization) 현상 덕분에 문화에 대한 관심은 더욱 커지고 있다. 이에 반해 전통적 사회는 타(他) 문화에 대한 관심이 그렇게 크지 않았다고 볼 수 있다. 즉 전통사회에서는 여행이나 문물(文物)의 교역이 지금만큼 활발하지 않았기 때문에 '자문화중심주의'(自文化中心主義)에 빠져서 살아도 아무런 문제가 발생하지 않았었다.

그러나 이제 우리 사회도 자문화중심주의에 도취되어 살 수는 없는 시대가 되었다. 도처에 퍼져 있는 미국과 유럽 문명의 편리함과 유용성이 전통문화를 불합리하고 불편한 것으로 배척하며 따라서 민족 고유의 문화와 전통은 거의 모두 제거되고 있는 실정이다. 특히 현대는 TV와 인터넷 등의 미디어 수단을 통해 각국의 정보와 지식이 빛의 속도로 전달되는 속도의 시대에 선진 외국 문물의 '자기문화화'(自己文化化) 현상은 더욱 도를 넘어 실행되고 있는 실정이다.

몇 천년 간 지켜온 한국의 고유문화는 이제 한갓 부족문화 (tribal culture)로 전락하고 있는 실정이다. 선진국과 후진국

자문화중심주의(自文化中心主義)
자기 민족의 문화를 '당연' 시하고, '정상적' 인 것으로 받아들이며, 자신들의 규범과 가치를 표준으로 삼아 다른 문화를 평가하려는 태도.(사회, 문화 교과서, 181쪽)
'자문화중심주의' 와 비슷한 단어가 자민족중심주의이다.

자민족중심주의(ethnocentrism)
이는 자기 민족의 사상, 도덕, 가치관 혹은 생활양식을 가장 올바른 것으로 보고 다른 민족의 문화를 경멸하는 태도를 말한다.

문화상대주의(cultural relativism)
이는 앞의 두 가지 편향적이고 일방적인 자기중심주의 문화를 부정하고 타민족이나 국가 혹은 다른 사회의 문화를 자신과 동등하게 여기는 견해이다. 오늘날 문화에 관한 가장 바람직한 태도가 문화상대주의이다.

오리엔탈리즘(orientalism)
서양의 자문화중심주의

오리엔탈리즘

이는 에드워드 사이드(Edward Said)라는 학자가 만든 용어로서 그가 말하는 오리엔탈리즘이란 동양에 대한 서양의 편견을 말한다. 사이드가 말하는 오리엔탈리즘은 '동양에 대한 서양의 사고방식이자 지배방식'이다. 서양의 지리적 확장과 식민지주의, 인종차별주의(반셈주의), 자민족중심주의와 결부되어 지배의 양식으로 대두되며 20세기의 영국 및 프랑스에 의한 식민지 지배로부터 현대 미국의 아시아, 남미, 아프리카 등의 세계정책에 이르끼까지 오리엔탈리즘의 기능은 사이드가 강력하게 비판하는 부분이다.

이런 오리엔탈리즘은 아시아에 대한 서구의 식민지정책을 뒷받침하는 지배의 이데올로기이다.

에드워드 사이드(Edward Said, 1935~2003)
그의 저서 『오리엔탈리즘』(Orientalism)은 20세기 최고의 문제작의 하나이다.

사이의 과학과 기술의 불균등성과 비대칭성 그리고 자본의 세계지배와 더불어 각국의 민족 고유의 문화는 점점 그 고유한 형태를 상실하고 있다.

이처럼 현대는 토착적인 자문화의 위기와 미국 등 선진국의 세계적 문화제국주의 시대로 접어들고 있다. 이는 근래 우리의 생활을 조금만 반성해 봐도 알 수 있는 사실이다. 가령 우리 주위에 즐비한 외국 브랜드의 물품들이나 상점 혹은 맥도날드를 비롯한 다국적 소비문화의 범람 등에서 인식될 수 있다. 그러나 우리는 이런 외국 문화의 침투에 대해 자국 문화를 보호하는 수동적이고 소극적인 자세를 벗어나 해외 문화의 좋은 부분을 빠르게 우리의 것으로 소화하고 흡수하여 한국 문화의 정체성을 확장하고 이를 바탕으로 새 문화를 창조하고 수출하는 문화대국으로의 정체성을 키워나가야 한다.

조선시대와 대한제국의 말기에 힘없는 유교문화의 울타리 안에 안주하여 노도(怒濤)와 같이 몰려드는 외국의 제국주의 세력에 대해 마냥 이를 거부하고 폐쇄적으로 자국의 전통문화를 유지하려 한 수구적(守舊的)인 자세를 벗어나서, 외국의 문화와 상호교류, 상호작용하여 세계문화의 폭과 깊이를 넓혀 나가도록 노력해야 한다.

현재 우리나라는 경제와 산업 그리고 기술의 선진국으로 치달으면서 해외로 물자와 서비스를 수출하는 무역 강대국으로 부상하기에 이르렀다.

또한 소위 한류(韓流)라는 한국의 영화, TV 드라마 그리고 노래와 엔터테인먼트의 동남아 진출은 그 간 문화적인 수입국에서 이제는 수출국으로의 자리매김을 할 수 있는 중요한 모멘트를 제공하고 있다. 이는 막대한 경제적 이익을 주는 동시에 한민족의 숨은 문화적 역량을 세계에 다시금 알리는 획기적인 계기를 형성하고 있다.

따라서 우리는 이제 종래의 해외문물에 대한 소극적인 수용의 자세를 떠나 해외에서 배울 것은 더 빨리, 더 많이 배우고 우리 문화의 불합리한 부분은 한시바삐 제거하여 제 2, 제 3의 한류(韓流)를 창조하여 나갈 위치에 서 있다. 이는 전통적으로 문화의 사대주의를 표방하며 중국 문화의 변방으로 만족하며 자기정체성을 정립하던 조선시대의 퇴영적인 정신적 상태를 벗어나 이제 세상에 당당히 한국의 문화를 각인시키고 또 경제적 이익을 취하는 세계시민국가로서 우리를 스스로 정립하는 위대한 작업의 시작이다.

한류 스타 송혜교

톱스타 송혜교가 한류 스타의 정상임을 CF 몸값으로 증명했다. 송혜교는 최근 극비리에 다국적 브랜드 P&G와 중화권 CF 모델 계약을 맺었다. 계약조건은 1년 전속에 개런티 10억원. P&G측은 이례적으로 송혜교측에 중국, 홍콩, 대만 등 중화권 내 판매신장에 따른 별도의 '러닝개런티' 까지 약속한 것으로 알려졌다.

(『스포츠투데이』, 2004. 6. 9)

2. 논술고사 출제 경향

지난 10년 간의 대학입시 논술시험들 중에서 아마도 가장 자주 출제된 주제의 유형이 '문화'일 것이다. 물론 그 방식과 관점은 다양하다.

한국외국어대 2002학년도 정시 논술고사는 다음과 같다 : [논제] 다음 〈제시문 1〉에 나타난 문화의 속성을 토대로 〈제시문 2〉와 〈제시문 3〉을 읽고, 디지털 문명 시대에서의 세계화와 문화에 대한 자신의 의견을 논술하시오.

또한 한양대 2002학년도 정시 논술고사는 다음과 같다 : [논제] 글 (가), (나)는 서구 문화 및 외국인에 대한 한국인의 태도를 보여주고 있다. 글 (다)는 서구의 식민주의가 비서구 식민지에 끼친 영향에 대한 글이다. (다)에 제시된 개념을 활용하여 (가), (나)에 드러난 태도를 분석하고, 그 문제점을 극복하기 위한 개인적 사회적 방안을 논술하시오.(참고 : 글 (가)는 에드워드 사이드의 '오리엔탈리즘'을 말하고 있다.)

경희대 2004학년도 수시 1학기 논술고사(인문)는 세계화가 문화산업에 미치는 영향에 대해 묻고 있다. 이 문제는 또한 헐리우드 영화의 세계 영화산업 지배와 관련해서 한국 영화시장의 개방과 유럽의 문화 보호정책에 대한 관점을 묻고 있다. 2005년

제레미 리프킨(Jeremy Rifkin)의
『소유의 종말』(The Age of Access)

산업자본주의에서 문화자본주의로
소유에서 접속으로
제레미 리프킨의 책 『소유의 종말』은 산업자본주의의 종말과 이를 대체할 문화상품 자본주의가 도래할 것을 예측하고 있다.
이를 가능하게 하는 기술은 디지털 통신과 사이버 스페이스이다.
이를 그는 '소유에서 접속으로'라는 문구로 압축한다. 즉 과거에는 물리적 자산이 경제적 부(富)의 척도였다. 그러나 네트워크 경제 속에서 부동산, 생산시설, 재고 등은 장부상 자산일 뿐 기업에 사실상 부담이 된다. 이제 기업들은 지적 자산만 보유하고 물리적 자산은 보유하려고 하지 않으며, 필요한 것은 아웃소싱, 하청 등을 통해 구하려 한다. 소유로부터 접속으로 전환하는 것이다.
주요생산이 산업생산에서 문화생산으로 바뀐다는 점이다. 소니, 디즈니, AOL, 타임워너 등 새로운 경제주도 기업들은 주로 콘텐츠를 판매한다. 콘텐츠란 인류의 이야기와 체험 이다. 이들 기업은 지구 구석구석에서 창출돼 수천 년 동안 축적돼 있는 문화유산을 발굴해 유료 상품화하는 셈이다. 이 새로운 경제를 체험 경제라 부른다.
(「중앙일보」, 2001. 6. 19)

한양대 정시 논술문제에는 한류(韓流)를 묻는 문제가 나왔다.

그 외에 문화상대주의를 묻는 문제, 전통적인 한국의 유교적 가치관 혹은 집단주의, 가족주의 등을 묻는 문제가 여러 번 출제되었다.

또 다른 큰 주제 항목은 소위 대중문화－고급문화의 주제이다. 여기에는 2005년 성균관대 정시 논술문제가 있다. 거기서는 팝송을 비롯한 대중음악과 클래식 고급음악에 대한 찬반토론을 문제시하고 있다.

3. 주제관련 교과서 내용

| 전숙자, 권태환, 김용학, 이문용, 『고등학교 사회 · 문화』, 교학사(2004), 185쪽

문화사대주의

어떤 사람들은 자신의 문화보다는 오히려 강대국이나 선진국의 문화를 더 높게 평가하거나 동경하는 문화사대주의적인 태도를 보이기도 한다. 외국의 기술이나 도구가 우리 것보다 더 효율적이고 이득을 가져다 줄 수 있는 것이라면, 그것이 어느 나라의 것이든 상관하지 않고 받아들인다고 하여 별로 문제될 것이 없다. 그러나 그러한 경향이 국산품을 외면하고 외제를 선호하는 태도로 발전한다면, 우리가 국제 경쟁에서 당당하게 살아 나가기는 힘들 것이다. 맹목적인 국수주의는 세계화시대의 경쟁에서 낙오를 자초한다는 점에서 경계해야 할 태도이다. 또, 국악보다는 서양음악이, 우리의 도자기보다는 중국의 것이 더 훌륭하다는 식의 문화적 사대주의는 자기 문화의 정체성을 해친다는 점에서 결코 바람직한 태도라고 보기는 어렵다.

---

4. 세련된 논술 구성을 위한 용어와 개념

문화의 전승·발전, 자문화중심주의(自文化中心主義), 자민족중심주의(ethnocentrism), 오리엔탈리즘, 서양의 자문화중심주의, 에드워드 사이드, 동양에 대한 서양의 편견, 동양에 대한 서양의 사고방식이자 지배 방식, 문화상대주의(cultural relativism), 수구적(守舊的)인 자세, 문화와 상호 교류와 전파, 문화 이해, 문화 수입국, 문화 수출국, 제레미 리프킨, 소유의 종말, 산업자본주의의 종말, 문화상품 자본주의, 네트워크(network) 경제, 물품 중심의 경제, 문화 콘텐츠(contents) 중심의 경제, 소유로부터 접속으로, 문명충돌론, 세계관으로서의 문화, 대중문화, 대중예술의 하향평준화, 대리만족, 신데렐라 콤플렉스, 할리우드 십계명, 스크린쿼터제, 문화다양성 협약.

'국산품 애용'과 합리적인 소비생활

예전과 달리 한국의 소비재는 국제화, 다원화되어 이제 어지간한 중저가의 물품은 모두 'made in china'라는 것을 알 수 있다. 이런 여건에서 종래와 같이 '국산품을 애용합시다'라는 구호는 그 타당성을 잃어 버린다. 외국의 물건이라도 싸거나 품질이 좋은 것은 이용하는 것이 합리적 소비이다. 그 대신 외제를 값과 품질에서 능가하는 기업이 나와야 한다.

2장 | 주요 이론과 논거

1. 문화의 정의

문화(文化)란 인간 사회가 집단적인 생존을 위하여 주변의 환경세계와 상호작용하면서 만들어낸 행동의 방식 내지 반응의 양식(way of response)이다. 그런데 동물의 본능적인 반응양식과는 달리 인간의 자연에 대한 행동방식 내지 반응양식은 전달과 학습을 통해서 후세에까지 남게 되고 또 더욱 발전된다. 이런 인간의 고유한 생존방식과 그 흔적을 흔히 문화라고 정의한다. 따라서 문화란 크게 보아서 일종의 생존의 기술인데, 이것이 다른 동물과의 차이점은 그것이 전승(傳承)되고 학습(學習)되며 또 계승(繼承) 발전된다는 사실이다.

그리고 인간 문화의 또 다른 측면은 그의 놀이 문화이다. 동물들 역시 생존의 치열한 순간을—가령 포식(捕食)하거나 포식을 당하는 위험—지나서는 같은 동물끼리 혹은 동물 형제 간에 장난치며 논다. 이런 놀이와 휴식의 방식 역시 인간의 경우는 한 번 해본 재미있는 놀이는 후대에 의식적으로 전승되고 학습되며 또 발전된다는 것이다.

따라서 이렇게 전승, 학습, 발전되는 인간의 생존의 방식 내지 생활의 방식을 우리는 문화라고 정의할 수 있다.

흔히 문화(culture)는 자연(nature)과 대비된다. 즉, 단순하고 직접적으로 자연에 대응하는 동물들과는 달리 인간은 자연에 대해서 복잡하게 적응한다. 가령 단순한 포식(捕食)이나 채집(採集) 대신 농경(農耕)이나 목축(牧畜)을 한다.

여기에서 중요한 요소가 도구(道具)의 사용이다. 도구의 사

문화의 하부구조와 상부구조 (물질문화와 정신문화)

인간의 문화는 기본적으로 의(衣)식(食) 주(住) 생활에 관련된 것이다. 또는 생산과 관련된 것, 예를 들면 경작의 도구나 방법, 사냥의 도구나 방법 혹은 남은 음식을 저장하는 도구나 방법 등이 원시문화의 기본을 이룬다. '유교문화' 니 '불교문화' 니 혹은 고유의 '정신문화' 니 하는 말들은 오두 이런 인간의 원초적인 삶 위에 근거하는 2차적인 문화 혹은 문화의 상부구조이다. 즉 물질문화가 정신문화의 토대를 이룬다.

용을 통해서 원래 자연적으로 볼 때는 극히 불리한 처지에 있던 인간이 자신보다 더 크고 용맹스러운 동물들을 제압하고 사냥할 수 있게 되었다. 또 인간은 불을 발견하여 어둠을 밝히고 여가시간을 효율적으로 사용하게 되었다. 그러므로 인간은 자연의 일부라기보다는 자연을 자기의 고유한 방식으로 가공하고 이용하는 제 2의 창조자라고 할 수 있다.

이런 면에서 인간은 자연의 일부이면서도 그 자연을 초월하는 면이 있다. 동물은 그의 생존을 위해서 본능적으로 자연에 직접적으로 반응하지만 사람은 도구를 이용하고 또 집단적으로 사회를 조직화하여 지극히 효율적인 방식으로 자연에 대응한다.

동물들과 식물들이 자신의 생존과 번식을 위해서 자연을 본능적, 직접적으로 이용하는 데 비해서 인간은 집단적, 사회적 그리고 창의적으로 대응한다.

이런 인간의 문화는 언어(言語)와 밀접한 관계가 있다. 왜냐하면 인간의 언어를 통해서 문화가 후대로 전해지고 동시대에서도 한 지역에서 다른 지역으로 넓게 퍼지는 경향이 있기 때문이다. 따라서 문화의 한가운데에는 언어가 있다.

모든 인간 종족은 음성언어를 가지고 있다. 인간은 말하는 존재인 것이다. 즉 생존을 위해서 자연을 직접 공략하는 것 외에 인간은 자연에 대해 이리 저리 말을 함으로써 정보와 지식을 산출한다. 이처럼 언어를 통한 지식과 정보의 수집과 전달은 인간의 사회적인 노동을 가능케 하였고 이를 통해 다른 동물에서는 볼 수 없는 생산성의 효율을 제공한다.

음성언어를 넘어서 유력한 인간의 종족들은 문자언어까지 만들고 이를 이용하게 되었다.

일본의 일급 국보로 지정된 막사발 '기자에몬 이도 다완' (입지름 15.5cm, 16세기, 일본 교토 다이도쿠샤 고호안 소장)

넉넉하고 질박한 조선 자기
"이는 조선시대 경상도 지방에서 사용했던 막사발로서 서민들이 만들어 새 것일 때는 밥그릇으로 쓰다가 허름해지면 막걸리 잔으로나 굴리다가 아무데나 내버린 막사발이다. 막사발이란 말 그대로 흙을 뭉텅 떼어서 대충 빚어 유약통에 텀벙 담갔다가 그냥 꺼내 말린 사발이다. 일본의 세계적 동양미술학자인 야나기 무네요시는 1931년 어렵사리 이 막사발 보물을 친견하고서 크게 감탄한다. '몇 푼 안 되던 물건이 만금으로 바뀐' 이 막사발이야말로 '미에 대한 철학과 생활의 축소판' 으로서 그 아름다움은 '솔직한 것, 자연스러운 것, 무심한 것, 사치스럽지 않은 것, 과장이 없는 것' 에 있다고 했다."

(『한겨레』, 2005. 4. 18,
「정수일 교수의 문명교류기행」· 44)

미국의 9.11 테러와 이라크 침공 그리고 헌팅턴의 문명의 충돌론

2001년 9월 11일 반미(反美) 이슬람 근본주의 지도자 오사마 빈 라덴이 이끄는 알카에다 테러조직은 미국의 심장부인 뉴욕의 세계무역센터와 워싱턴의 국방부를 공격하여 2,749명의 인명 피해를 주었다. 그 후 미국은 이에 대한 보복으로 아프가니스탄과 이라크를 각각 침공했다. 이들 나라는 테러의 대부(代父) 오사마 빈 라덴과 그 일당의 활동을 국가적으로 지원했다는 이유였다.

이런 맥락에서 미국과 이슬람권의 문화적인 혹은 종교적인 충돌이 그런 참상(慘狀)의 저변에 깔려 있다는 인식이 퍼지면서 미국의 정치학자 새뮤얼 헌팅턴(Samuel Huntington)의 『문명의 충돌』이라는 책이 급부상했다.

음성언어와 문자언어를 모두 소유한 민족은 그만큼 자연에 대해서 효과적으로 대응한다. 문자와 숫자의 발명은 인간의 사회화, 조직화를 촉진시켰으며 인간의 단순한 집단으로서의 인간 사회를 고도의 정치적인 조직체인 국가로 형성시켜 나갔다. 국가를 형성할 수 있었던 민족들은 거의 모두 문자와 숫자를 이용하는 고도의 문화를 향유하고 있었다.

인간은 본능적으로 행동하는 동물들과는 달리 합목적적으로 계획을 세우고 이를 실행하여 자신의 생존을 영위해 간다. 이런 사회적, 집단적인 생존활동에서 문자와 숫자는 극히 중요한 역할을 한다.

이처럼 원래는 자연을 통한 생존의 수단이었던 문화의 의미는 인류 사회가 고차적으로 발전함에 따라 다양한 정신적, 문화적 가치관을 함축하게 되었다. 이를 흔히 문명(文明, civilization)이라고 한다.

문화와 문명 개념의 관계는 여러 가지로 이해할 수 있으나, 간단히 말해 문화는 인간이 자연을 대하는 혹은 자연에 적응하는 고유한 방식이라고 할 수 있고 문명은 이런 문화가 집단화, 역사화하여 거대한 시스템으로 정착한 것이라고 볼 수 있다. 예를 들어 기독교 문명, 이슬람 문명 등이 있다.

2. 문화와 문명

위에서 고찰한 것처럼 문화와 문명은 본래 같은 것이다. 둘 다 자연에 대한 인간의 고유한 행동방식 내지 반응의 방식이다. 즉 언어와 도구를 사용하고 집단적으로, 역사적으로 또 지식적으로 자연에 대응하여 많은 결실을 올리는 인간의 생존방식이 문화이며 또 문명이다.

그런데 학자들마다 문화와 문명에 대해 각기 다르게 정의하기 때문에 여기에 대한 일별이 필요하다.

예를 들어 독일 계열의 학자들은 문명을 물질적인 발전으로 보고 문화를 정신적, 도덕적인 발전으로 구분하기도 한다. 즉 현대의 발전된 기계, 기술의 상태를 문명이라고 하고 반대로 정신적, 도덕적인 발전상태를 문화라고 부른다. 그래서 우리는 기술문명이라고 하지 기술문화라는 말은 잘 하지 않는다.

이런 관점을 따르면 문명은 보편적인 지식이나 기술의 우위성을 말하고 거기에 비해 문화는 특수한 지역이나 집단의 고유한 가치관 혹은 취향을 말하는 것이다. 다시 말해 문명은 보편적 가치를 말하고 문화는 특수한 가치를 말한다는 것이다.

이와 비슷한 또 다른 구분은 문명을 고대의 도시문명과 관련시키는 것이다.

문명이라는 말이 라틴어의 시민(civis)과 도시(civitas)에서 유래했듯이 특히 도시의 문화를 가리키는 일이 많다. 따라서 문명은 도시화를 말하고 이는 다시 말해서 세계 중심부의 개화된 상태로 보는 것이다. 그래서 야만을 문명의 반대개념으로 본다.

이는 고대의 문명이 모두 고대 도시에서 유래하였고 그런 문명의 중심부에서 주변부의 농경지나 산간벽지로 이동하였다는 사실에서 나온다. 우리가 흔히 선진화된 문물에 대해 동경하고 이를 수입하려고 할 때 문명을 수입하는 것이다. 이는 후진적이고 미개한 상태의 종족들이 선진적이고 개화된 종족들의 산물을 흡수, 수입하는 것이다.

새뮤얼 헌팅턴(Samuel Huntington)의 『문명의 충돌』

여기서 헌팅턴은 미소의 이데올로기 전쟁으로 대변되는 냉전(cold war) 이후의 세계, 즉 탈냉전시대의 정세를 전망하면서 이전처럼 국가와 민족의 전쟁 혹은 이데올로기의 전쟁 양상이 아니라 종교와 문명의 충돌이 새로운 변수로 떠오를 것을 전망했다. 그에 의하면 각 문명은 서로를 이해할 수 없고 각 문명들 사이에는 날카롭고 깊은 단층선이 있어서 서로 연결이 안 되고, 자문화중심주의를 초월하여 상호이해와 협력교류가 불가능하다는 것이다.

헌팅턴이 분류하는 인류의 문명은 중화, 일본, 힌두, 이슬람, 정교, 서구, 라틴아메리카, 아프리카의 상이한 여덟 개이다. 이러한 문명들은 상호간에 우호나 협력보다는 갈등관계를 기본으로 삼고 있다는 것이 문명충돌론의 전제이다. 이러한 갈등관계의 전제하에 문명 내부 성원들의 정체성이 형성되며, 다른 문명과의 전략적인 협력도 가능하다는 것이다. 헌팅턴의 문명권의 분류에 따르면 한국은 중화문화권에 편입되어 있다. 문명의 충돌은 바로 이러한 문화적 단층선에서 비롯된다는 헌팅턴의 주장은 서구 문명에 대한 비서구 문명의 위협으로 이어진다. 헌팅턴은 비서구 문명권 중에서 서구 문명에 가장 위협적인 세력으로 이슬람 세력과 유교적인 중국 문명권을 꼽았다.

(http://blog.empas.com/joo213/961198)

문화를 생활방식이나 반응방식으로 보는 입장을 학문적으로는 적응체계로서의 문화라고 한다. 여기에는 메거스나 해리스 등의 학자가 포함된다.

B. J. 메거스는 그의 저서 『아마조니아』에서 "인간은 하나의 동물이다. 따라서 다른 모든 동물과 마찬가지로 그 생존을 위하여 주위 환경에 적응해야만 한다. 인간은 주로 문화를 매개로 이 적응을 완수해 가는데, 그 과정의 방향은 생물의 적응을 지배하는 자연선택법칙에 의해 규제된다"고 주장하고 있다. 문화를 적응체계로 보는 입장은 기술, 경제, 생산에 연결된 사회조직의 요소가 문화의 중심적인 영역이라고 본다.

M. 해리스의 『문화물질주의』(*Cultural Materialism*)도 이런 입장을 지지한다.

(엠파스 백과사전)

적응체계로서의 문화는 쉽게 말해 물질문화를 말하고 관념체계로서의 문화는 정신문화를 말한다.

3. 문화와 세계관

앞에서 우리는 문화를 자연에 대한 인간의 행동양식 혹은 생활방식으로 규정한 바 있다. 즉 인간이 그의 생존을 위해서 주위 환경에 적응하는 방식과 그 역사적인 전승과 축적을 문화의 기본으로 본 것이다. 이를 흔히 적응체계로서의 문화라고 한다.

그런데 언어와 문자를 통해서 이런 문화가 전승되는 과정에서 각 민족과 지역에 따라 그리고 그 역사적 특수성에 따라 많은 차이와 변형이 나타나게 되었다.

즉 문화의 기본은 인간의 생존을 위한 행동이지만 그것이 오랜 기간 동안 전승, 발전되면서 각양각색의 문화적, 도덕적, 미학적, 종교적, 철학적인 차이를 야기했다. 이를 흔히 관념체계로서의 문화라고 일컫는다. 즉 문화의 생산적 측면보다는 정신적이고 형이상학적 혹은 종교적인 측면이 부각될 수 있다는 것이다.

특히 이런 요소는 문화가 종교와 결부되면서 활발히 나타난다. 각 민족과 부족들은 거의 모두 자신들의 특정한 종교와 의식(儀式) 그리고 이를 치장하는 예술적인 특징을 가진다. 우리는 문화의 이런 종교적, 관념적인 특징을 세계관으로서의 문화라고 부른다. 이는 예를 들면 기독교적 문화 혹은 불교적 문화라고 할 때, 그 문화의 의미이다.

여기서 세계관(Weltanschauung)이란 세상을 바라보는 관점을 말한다. 이는 지역과 집단 그리고 문화와 역사 혹은 개인에 따라 각각 다른 입장이나 관점을 말한다. 세계관은 다른 말로 가치관이나 인생관을 일컫는다.

이는 위에서 말한 관념체계로서의 문화와 같은 말이다. 이는 삶의 물질적인 조건과는 다소 무관한 관념적이고 주관적인 요소가 문화의 개념에 내포되어 있다는 말이다. 그래서 사람들은 서구의 기술문명에 대립하는 고도의 정신문화, 도덕문화, 예술문화 혹은 종교문화 등의 말을 사용한다.

그런데 한 가지 주목할 점은 도덕, 종교 혹은 정신 역시 인간의 삶의 물질적인 조건 향상에 기여한다는 점이다. 또 그렇게 되어야 한다.

그리고 오늘날 민족 고유의 정신문화 혹은 예술문화 역시 상업적으로 이용되고 있다. 즉 이런 고유의 정신문화를 수출하여 결국 경제적인 부를 구축하는 데 그 의미를 찾고 있다. 따라서 세계 문화의 다양성은 점차로 줄어들고 획일적인 기술문화, 자본주의적 상업문화가 지구촌을 지배하고 있다. 이런 측면에서 논술의 사상을 파악하고 있어야 한다.

4. 대중문화와 대중예술 비판

논술의 경우 대중문화와 고급문화에 대한 인식을 요구하는 경우가 종종 있다. 현대는 주지하는 것처럼 대중문화의 시대이다. 대중문화(mass culture)란 현대 산업사회의 한 특징이다. 즉 문화의 생산과 소비가 모두 대규모로 이루어지고 대중문화의 스타들이 새로운 우상으로 부각되는 사회적인 현상이다.

전통 사회에서는 문화의 향유자와 수용자가 거의 모두 귀족층에 속해 있었는 데 비해 현대 사회는 문화가 산업화되고 대중매체에 의해 순식간에 전 세계로 확산되는 추세에 있다.

■ 대중예술과 고급예술의 차이점

고급문화와 대중문화의 근본적인 차이점은 전자가 셰익스피

조캉 사원 앞에서 오체투지를 하는 사람들

티베트의 오체투지

머리와 두 팔, 두 다리를 완전히 땅에 붙이는 방법으로 절하는 것을 '오체투지'(五體投地)라고 한다. 티베트인들은 오체투지를 통해서 종교적인 행복과 열반을 추구한다. 심지어 많은 티베트 승려들은 오체투지로 티베트의 수도인 라사까지 순례한다. 이는 세계관으로서의 문화를 말하고 있다.

불교를 빼고 티베트 문화를 생각할 수 없을 정도로 불교는 티베트인들의 생활뿐 아니라 모든 것에 영향을 주고 있다. 불교는 티베트인들에게는 단순한 신앙체계가 아니다. 그들의 문화와 문명을 포함하고 있으며 생활의 핵심을 이루고 있다. 국민으로서 그리고 민족으로서 티베트인들을 묶어주는 것 중에서 불교가 가장 강력하다. 1950년 중국 공산당이 티베트를 점령하기 전에는 티베트인들의 25%가 종교적인 일을 담당하고 있었다. 또한, 티베트 불교에서는 라마, 즉 스승이 죽으면 다시 어린 아이로 환생(還生)하여 전생에서 다하지 못한 자신의 역할을 계속 수행한다고 믿는다. 그리고 종교적 지도자인 달라이 라마가 세속적 통치권을 함께 지니는 전통이 있다.

(http://www.tibetfriends.org/t&hhdl
/t&hhdl.htm)

600만 티베트인의 영적, 정치적 지도자 달라이 라마의 모습

영화 「록키」의 주인공 실베스터 스탤론
무명의 복서가 권투 세계 챔피온을 상대로 싸우는 이야기의 영화 「록키」는 대중적 흥행성을 최대한 살린 헐리우드의 걸작이다.

어나 베토벤 혹은 미켈란젤로 같은 소수의 천재(天才), 엘리트 혹은 거장(巨匠)들에 의해 창조되고 공연되는 데 비해 후자는 기본적으로 산업(industry)과 예술의 결합으로 보아야 한다는 점이다. 따라서 오늘날의 대중예술은 고급예술과 반대이며, 그렇다고 전통적인 민속예술의 범주로도 이해할 수 없고 오직 대중 산업사회의 고유한 예술양식으로 보아야 한다. 이 말은 물론 대중예술에는 천재와 장인들이 불필요하다는 말이 아니라 이들을 포함한 다른 종류의 사람들과 전문가들이 더 많이 필요하다는 말이다.

가령 헐리우드 영화산업은 기술관리와 자본관리가 그 핵심으로 자리잡고 있는데, 이는 분업화, 표준화 등의 사업적 구성과 사운드 도입기부터 본격적 은행자본의 참여와 간섭을 받고 있다는 점이다.

또 영화산업은 그 계획에서 ① 흥행가능성, ② 제작인력의 신뢰도, ③ 제작비용의 합리성을 사전에 검토해야 하고 더 나아가서 수직적 통합과 수평적 통합 등을 통해서 판매와 소비 그리고 이윤창출까지 경영합리성을 통해서 이루어진다는 점이다. 여기서 수직적 통합이란 제작, 배급, 상영의 통합을 말하고, 수평적 통합이란 거대기업이 중소규모의 회사를 흡수, 통합하여 독과점을 이루는 것을 말한다.

대중예술은 따라서 철저히 장사(commerce) 혹은 사업(business)의 형태로 보아야 한다. 이런 측면 때문에 대중예술이 과연 고유한 의미의 예술이냐 하는 의문점들이 생긴다. 문제는 그것이 예술이든 아니든 우리 시대의 고유한 생활의 방식이며 또 국민경제의 핵심요소라는 이유에서 많은 관심과 지속적인 창조성이 요구되고 있다는 점이다. 이는 이제 대중예술이 한류 예술의 부흥과 더불어 국민의 먹고 사는 문제로 탈바꿈한다는 것이다.

■ 전통 사회의 대중예술

전통 사회에서도 고급예술이 아닌 소위 민속예술(folklore), 민중예술이나 향토예술 등이 있었다. 그러나 오늘날의 대중예술과 예전의 민속예술, 예를 들면 아리랑 같은 민요 혹은 하회 탈춤 같은 민속예술은 대중성을 가지고 있기는 하지만 오늘날같이 상업적으로 기획된 것은 아니고 민중들 사이에서 작가 미상으로 발전되어 온 것이다. 이런 민속놀이와 예술은 기본적으로 민중들의 축제(祝祭)와 제의(祭儀) 등에서 발전한 것이다. 이는 놀이와 음악을 통해서 기층민중의 불만을 달래며 계층 간의 차별을 해소하고 사회통합을 이루기 위한 방편이라고 볼 수 있다.

■ 귀족문화에서 대중문화로의 이행

강준만이 쓴 『대중문화의 겉과 속』에 의하면 종래의 귀족문화에서 대중문화로 이행하는 과정은 다음과 같다.

"좁은 의미에서의 문화는 흔히 예술을 가리키는 것이었으며, 이는 소수의 귀족들만이 누릴 수 있는 것이었다. 그러나 보통 사람들의 사회적 지위와 권리가 신장되면서 그들도 문화 활동에 참여하게 되자 큰 변화가 일어났다. 보통 사람들이 참여하기 이전의 문화 활동은 귀족들이 주는 돈에 의존해 이루어졌으므로 예술가들은 귀족들의 취향을 만족시키는 것으로 족했다. 귀족들은 소수에 지나지 않았고 그들의 문화적 취향은 비슷했으므로, 예술가들은 비교적 자신이 원하는 대로 활동할 수 있었다. 그러나 보통 사람들을 대상으로 하는 예술 활동은 경제적으로 관객의 입장료에 의존했기 때문에 늘 더 많은 관객을 끌어들여야 할 필요성에 직면하게 되었다. 이른바 시장 논리의 지배를 점차 받게 되었다는 것이다. 더 많은 관객을 불러 모으기 위해서는 예술의 수준이 낮은 사람의 취향도 만족시켜야 했으므로, 이는 불가피하게 예술의 하향 평준화를 초래하게 되었다."

위의 글에 의하면 대중문화와 대중예술은 그 상업성 때문에 불가피하게 수준의 하향평준화를 초래하는 것으로 나와 있다. 종래의 예술가들이 영감과 천재성을 갖추고 자신의 예술적 역량을 펼쳐 보인 탁월한 예술과 문화의 세계는 이제 경제적 동기와 시장의 논리에 의해 종속되게 되었고, 따라서 예술의 독자성 혹은 예술가의 자발성과 천재성은 모두 자본주의 시장의 야만성과 상업성으로 치환된다는 우려와 공포를 조성했다.

■ 대중문화는 인민의 아편(?)

이런 대중문화에 대해 사람들은 불안하게 생각하고 더 나아가서 비판적으로 보았다. 그 이유는 대중문화가 자본주의 세력의 노예가 되어 대중의 속된 취미에 부합하여 장사를 하고, 더 나아가서 대중의 현실비판의식을 마비시키고 타락시킨다는 취지였다.

> "한편, 20세기의 대중문화 비판자들은 대중문화의 상업적 타락에 대해 경계심을 나타냈다. 그들은 대중문화가 영리 추구를 위해 조직된 기업에 의해 이루어지며, 그로 인해 대중에게 영합하는 동질적이고 규격화한 상품만이 양산될 뿐이라는 점에 주목하였다. 대중문화 비판자들 가운데에서도 특히 좌파적 입장을 갖고 있는 사람들은 대중문화가 대중의 정치로부터의 도피를 부추기고 기존의 불평등한 사회체제를 정당화한다고 비판하였다. 그러한 시각에 따르면, 대중문화는 노동계급의 수동성과 무관심을 조장하는 자본주의의 도구에 지나지 않기 때문에 단호히 거부해야 할 아편과도 같은 것이었다."
>
> (강준만, 『대중문화의 겉과 속』 중에서)

여기서 "사람들은 대중문화가 대중의 정치로부터의 도피를 부추기고 기존의 불평등한 사회체제를 정당화한다고 비판하였다"라고 하는 것은 사람들이 대중문화에 빠져서 자신이 처한 현실의 문제와 고통의 원인이 되는 사회의 구조적인 모순을 직시하지 못하고 TV에 나오는 부유하고 잘생긴 배우들의 삶을 자신의 그것과 혼동, 동일시하는 경향이 있다는 것이다. 사실 우리는 대중예술을 즐기면서 현실의 고통을 잊고 환상 속에서 대리만족을 누리고 있다.

즉 자신의 현실은 실직(失職)과 이혼(離婚)의 상처가 심한데도 불구하고 TV와 영화에서 정반대의 현실을 구경하면서 현실의 아픔을 망각하고 있다는 것이다. 한국 TV에는 유독 드라마가 많다. 그런데 한국의 TV 드라마를 보면 그 주인공들은 거의가 재벌 2세이거나 부유층이다. 그리고 또 가난하고 신분이 낮은 계층의 여자가 재벌 2세와 사랑하고 결합하여 신분상승을 한다는 통속적인 드라마가 대다수를 이루고 있다. 문제는 가난하고 소외된 계층이라고 할지라도 영화나 TV에서는 자신과 처지가 다른 계층의 이야기를 선호(選好)한다는 것이다. 이런 맥락에서 좌파 이론가들은 산업시대의 대중문화를 '인민의 아편'이라고 생각한다.

이런 대중문화의 현실망각 효과와 마취 효과를 적극적으로 이용한 한국의 정치가들이 있었다.

이런 사실은 한국의 정치의 비민주화의 시기에 독재자들이 소위 3S 정책이라고 하여 Sex, Screen, Sport를 공공연히 조장한 것과도 상통한다. 즉 전국적으로 향락업소를 조장하여 주색(酒色)으로 국민들의 불만을 잠재우고 비판정신을 침묵시키려고 하였고, 프로축구 등을 도입하여 국민들의 정치적 관심을 딴 데로 돌리려 한 것이었다.

■ 대중문화의 비판(批判)과 반비판(反批判)

대중문화의 현실도피증을 비판하는 좌파 이론가들에게 필자는 이렇게 대중문화 변호를 하고 싶다. 즉 대중과 서민의 삶은 고단하다는 것이다. 그리고 대부분의 사회문제의 경우 정치인들도 그에 대한 해답을 가지기 어렵다. 그리고 사회주의의 비능률성은 이미 역사적으로 판정되었다. 가령 실업자가 직장을 구하기 위해서 노력을 하겠지만 불가항력적인 문제에 부딪힐 수 있다는 것이다.

그런 경우 계속 현실을 직시하고 있어 봤자 아무런 도움이 안 된다. 또 낮의 힘든 노동과 삶의 스트레스를 안고 집으로 돌아온 노동자, 직장인들의 경우 TV 앞에 앉아서 자신의 현실을 일시적으로 망각하고 상상의 세계 속으로 빠져드는 것은 삶의 능률을 높여준다. 이처럼 일시적인 현실의 망각과 도피는 건전한 일상적인 생활의 활력소이다. 단, 문제는 대중매체가 보여주는 환상과 재미를 현실과 혼동하는 정신이상적인 경우는 극히 해로운 것이다.

5. 반 덴 하그의 대중문화 비판

미국의 보수주의 철학자이며 고급문화 옹호자인 반 덴 하그(Ernest Van Den Haag)는 현대 사회에서 유행하는 대중문화가 고급문화를 타락시킨다고 비판한다. 고급문화와 고급예술은 삶의 진지한 문제를 다루고 미학적으로 우수한 감수성을 개발하는 데 비해, 상업주의와 오락주의에 찌든 대중문화는 문화의 생산자가 철저한 상업적인 동기를 가지고 제작하는 문화이며 대중은 문화의 소비자로서의 수동적인 역할만을 수행한다고 비난한다. 또 더 큰 문제는 매스미디어를 통해서 기업화한 대중문화, 대중예술이 종래의 고급문화, 엘리트 문화를 타락시킨다고 한다.

반 덴 하그에 의하면 대중문화가 고급문화를 타락시키는 방식은 대중문화와 고급문화가 혼합되는 과정을 취한다고 한다. 그래서 그는 다음과 같이 썼다.

> "바흐의 음악은 스토코우스키에 의해 달콤하게 되었고, 비제의 음악은 로저스와 해머스타인에 의해 조잡하게 되었고, 성서는 진부한 산문으로 변색되어 매끈하게 다듬어졌고, 셰익스피어의 작품은 재미를 곁들여 달콤한 뮤지컬 코미디로 각색되었고, 프로이트의 심리학은 신문 독자에 대한 조언난이나 적당한 천박한 것으로 이용되었다."

(『대중문화의 겉과 속』에서 재인용)

대중문화는 고급문화를 이처럼 통속화(通俗化)시킨다. 또 대중예술은 대중들의 흥미를 자극하기 위해 섹스나 폭력에 지나치게 의존한다. 소위 대중예술의 선정성(煽情性)이 문제이다.

반 덴 하그에 의하면 이런 대중문화와 고급문화의 혼합 내지 고급문화의 통속화를 통해서 고급문화는 그 본래의 성격을 상실하고 혼탁해진다. 또한 자본과 시장의 압박을 느끼는 고급예술가들 혹은 고급문화 생산자들 역시 타락하여 스스로 상업주의의 포로가 되는 경향이 있다고 한다.

이런 경향은 최근 오페라와 팝송을 결합한 팝페라 혹은 크로스오버(cross-over) 음악의 등장을 통해 볼 수 있다.

반 덴 하그는 "사람은 외롭거나 권태로울 때 매스미디어에 관심을 갖게 된다. 그러나 매스미디어는 한 번 관습이 되면 의미 있는 경험을 할 수 있는 능력을 말살시킨다"라고 대중예술의 습관성과 중독성을 비판한다.

반 덴 하그는 근본적으로 천박한 대중사회와 대중예술에 대해 지극히 비판적이다. 그에 의하면 "대중들은 과거부터 항시 학문과 예술은 좋아하지 않았으며 지금도 마찬가지다. 대중은 인간의 삶을 밝혀보려고 하기보다는 오히려 일상의 어려운 삶을 잊게 하는 것을 찾는다"라고 한다(『대중문화의 겉과 속』에서 재인용).

다시 말하면 대중은 새로운 것에 당혹해하기보다는 익숙한 전통적인 놀이의 표현에 의해 편안히 즐기고자 하는 것이다. 대중은 사실 아슬아슬한 스릴(thrill)을 원하기는 한다. 그러나 대중의 스릴은 비이성적인 폭력이나 천박한 것을 통해서 얻게 된다. 이러한 폭력은 그들의 감정을 해소시켜 줄 수도 있는 것이다.

팝페라(popera)

팝과 오페라의 합성어.
1980년대부터 시작된 크로스오버 음악의 한 줄기라고 할 수 있다. 보통 오페라 아리아에 대중적인 팝 스타일을 가미하여 편안하게 들을 수 있는 노래를 말한다. 1997년 미국의 『워싱턴 포스트』지에서 최초로 사용되었다. 팝페라 가수로는 사라 브라이트만, 안드레아 보첼리, 이네싸 갈란테, 엠마 샤플린, 필리파 지오르다노, 조수미, 임형주 등이 있다.

(엠파스 백과사전)

색소폰주자 케니 G(Kenny G·48)와 팝페라 가수 임형주(18)가 만났다.
감미로운 연주로 한국팬들에게 특히 큰 사랑을 받고 있는 케니 G는 최근 발매한 새 앨범 홍보차 내한해 11일 임형주와 함께 기자회견을 가졌다. 케니 G의 새 앨범은 여러 가수들과의 듀엣 형태로 제작됐고, 임형주는 이 앨범에서 케니 G의 연주에 맞춰 '하월가'를 불렀다.

(『경향신문』, 2005. 4. 13)

이런 비이성적인 스릴과 흥분은 거의가 황당한 구성이나 공상 혹은 불합리한 스토리를 통해서 재현된다.

가령 007 영화나 실베스터 스탤론 주연의 람보 시리즈, 아놀드 슈워제네거 주연의 터미네이터 시리즈 그리고 그 밖의 공포, 호러, 서스펜스, 스릴러 등의 영화 범주들이 보여주는 불합리한 요소를 보면 반 덴 하그가 말하는 것을 이해할 수 있다.

인기 TV 드라마 「파리의 연인」의 한 장면

최근 텔레비전 드라마를 보게 되면 재벌 2세와 평범한 여인과의 사랑을 주제로 한 드라마들이 인기를 얻고 있다. 이러한 드라마들은 대개의 경우 돈 많은 집에서 귀하게 자란 아들이 등장하고, 그는 평범하고 가난한 여자들에게 끌린다. 그 이유는 여자들이 대개 아름답고 또 낙천적인 성품을 가졌기 때문이다. 물론 처음에는 그 여성에게 별다른 관심을 갖지않다가 시간이 지난 후 사랑을 이루는데, 사랑을 이룬다 하더라도, 부모님이 점지해 준, 자신과 수준이 비슷한 집안의 여성과의 사이에서 갈등하게 된다.

■ 반 덴 하그의 대리만족(代理滿足) 개념

근본적으로 대중예술은 대리만족의 개념으로 설명될 수 있다. 즉 평소에 내가 하고 싶었으나 현실적인 제약 때문에 할 수 없었던 것을 가상의 공간에서 체험할 수 있다는 것이다. 가령 내가 여자이기 때문에 사회와 가정에서 구속당하고 피해를 볼 수 있다. 그런 경우 나는 여성 주인공이 영화 속에서 남자에게 뺨을 치는 장면을 보고 대리만족을 얻을 수 있는 것이다.

이런 대리만족 때문에 우리는 황당한 이야기나 영화를 보고 즐거워하고 돈까지 지불하는 것이다. 대리만족의 대표적인 경우가 소위 신데렐라 콤플렉스이다. 이야기들의 주된 줄거리는 의붓딸이 계모 또는 잔인한 아버지에게 학대받으면 초자연적인 존재가 끼어들어 그녀를 도우며 왕자가 나타나 그녀와 사랑에 빠져 결혼함으로써 운명이 뒤바뀐다는 것이다.

이런 신데렐라 이야기는 현실에서 소외되고 학대받는 여성들의 꿈을 형상화한 것이다. 현실에서 이처럼 학대받는 여성들은 신데렐라 스토리를 보고서 대리만족을 채울 수 있을 것이다. 그러나 문제는 이런 대리만족이 현실도피로 이어질 수 있다는 약점이다. 반 덴 하그는 그래서 "여러 가지로 조야(粗野)한 감성을 지닌 대중들이 좋아하는 달콤하고 감상적인 것들은 대중 스스로를 현실도피의 상태로 끌어간다. 오늘날 새롭게 나타나는 문화현상의 문제는 타당성이 없는 스릴과 감상적 내용이 인위적으로 먹혀들어 가게끔 꾸며진다"라고 말한다. 반 덴 하그는 이런 대중의 취향에 부합하는 문화와 예술을 대리만족(substitute satisfaction)의 수단으로 보고 있다. 대중들이 좋아하는 달콤하고 감상적인 이야기가 바로 신데렐라 이야기이다. 그리고 한국 드라마에서 자주 사용되는 수법이 소위 **출생의 비밀**이다. 예를 들면 인기 TV 드라마 『파리의 연인』의 경우 원래 한기주(박신양)와 윤수혁(이동건)은 삼촌과 조카의 관계이나 나중에 이들은 형제 간으로 밝혀진다. 이런 출생의 비밀이 한국 멜로 드라마의 하나의 표준형으로 자리잡고 있다.

이런 대중문화의 범람과 함께 이제는 엘리트들이 자신의 자리를 지킬 수 없게 되고 소비자 대중의 요구에 밀리게 되었다는 것이 우리 시대의 비극이라고 반 덴 하그는 이야기한다.

6. 대중문화의 결정판 – 미국의 헐리우드 영화

미국 영화는 100여 개 국가 이상에서 상영되고 있으며, 전 세계 영화 상영시간의 50% 이상을 차지하고 있다. 세계 영화 총 생산량의 6%에 지나지 않는 미국 영화가 세계 영화 교역의 절반 이상을 차지하고 있으며, 매년 500억 달러 이상의 해외수입을 거둬들이고 있다. 미국의 헐리우드 영화가 해외 진출을 하는 이유의 하나는 그 엄청난 제작비용 때문이다. 그리고 미국 영화의 해외 진출의 성공요인은 미국이 전 세계 배급망의 90% 이상을 장악하고, 해외 지사들이 해당 국가의 국적을 취득하고 합작영화에 대한 규정을 이용하기 때문이다.

미국이 헐리우드 영화의 해외 진출을 지원하는 이유는 해외 진출을 통한 금전적 이익은 물론이고, 미국 문화의 전파가 결국은 미국의 모든 산업의 수출에 중대한 도움을 줄 것이라 판단하기 때문이다.

"영화는 무언의 선전물(Propaganda)이다. 미국 영화의 내용은 어떤 의도적인 내용이 없더라도 부지불식간에 선망의식이 이루어지기 때문에 미국 자동차의 판매에 직접적인 대리인 역을 수행하게 되는 것이다."

■ 헐리우드 영화의 십계명

소위 헐리우드 영화의 십계명이라는 것을 보면 미국 대중예술의 세계적인 상업적인 성공의 요인이 무엇인지를 알 수 있다. 이는 다음과 같다.

① 영화는 상업성에 우선권을 부여하는 오락산업이다.
② 전 세계에 걸쳐 호응받을 수 있는 보편적인 소재를 개발해야 한다.
③ 대중의 욕구를 충족시켜야 한다.
④ 오락적 요소가 중심이 되어야 한다.
⑤ 관객의 관심과 욕구는 유아기(幼兒期)적이다.
⑥ 관객의 욕구를 충족시키되 관객을 당황케 하거나 자존심을 건드리지 않아야 하며, 영화의 천박함이 문제되지 않도록 배려해야 한다.
⑦ 스타는 관객의 욕구를 충족시키는 매우 중요한 역할을 한다.
⑧ 주제와 스타일은 관객에게 큰 영향을 미치지 못한다.
⑨ 영화는 TV와 경쟁관계이기 때문에 TV에서 볼 수 없는 금기사항을 다루어야 한다.
⑩ 영화에 필요한 형식은 이야기 중심의 닫힌 내러티브(이야기)이며, 마지막에 모든 문제가 해결되어야 한다.

이런 헐리우드 십계명을 보면 반 덴 하그의 대중문화 비판이 수긍을 얻는다. 특히 그 5계명, 즉 "관객의 관심과 욕구는 유아기(幼兒期)적이다"에서 우리는 영화가 얼마나 인간의 유치한 본능을 건드리고 이를 상업적으로 이용하는지를 알 수 있다. 이래서 "대중예술은 인간의 심미적 본능과 취향을 고양시키지는 못하고 반대로 저급하게 만든다"라는 비판가들의 말이 타당성을 얻게 된다.

그리고 미국 헐리우드 영화의 세계지배는 위에서 보는 것처럼 대중을 철저한 상업적 대상으로 간주하고 영화 제작과 배급을 철저한 자본주의 경제 시스템으로 몰고 가는 것이다. 이런 조건 위에서 미국의 헐리우드 영화는 세계 각국의 고유한 문화, 예술 발전을 방해하고 문화적인 제국주의를 형성해 가고 있다.

7. 스크린쿼터 제도

몇해 전부터 계속 논란이 되고 있는 스크린쿼터 제도(screen quarter system)란 한국 영화 의무상영제를 말한다. 이는 기본적으로 미국의 헐리우드 영화를 비롯한 외국 영화가 국내 영화 시장을 지나치게 잠식하는 현상을 방지하는 한편 자국(自國) 영화의 국내시장 확보가 용이하도록 해줌으로써 자국 영화의 보호와 육성을 유도하기 위한 제도다. 영국에서 처음 실시되었으며 이후 프랑스, 이탈리아 등 유럽 일부 국가와 남아메리카, 아시아 국가 일부가 이 제도를 시행했으나 현재까지 계속하고 있는 나라는 한국을 비롯하여 브라질, 파키스탄, 이탈리아 등이다. 제2차 세계대전 전까지만 해도 프랑스와 독일 그리고 영국 등은 미국에 못지 않는 영화 생산국들이었다. 그러나 세계대전 이후 미국의 영화산업이 일방적으로 세계 영화시장을 지배하게 됨으로써 유럽의 영화산업은 큰 타격을 받게 되었고, 따라서 일종의 보호무역제도인 스크린쿼터 제도를 도입해서라도 자국의 영화산업을 보호하려 하였다.

영화 「실미도」의 한 장면
한국 영화 사상 최초로 관객 1,000만 명을 돌파한 강제규 감독의 대작 영화 「실미도」.
이 영화는 남북 분단과 관련된 북파공작원들의 비극적인 최후를 그 소재로 하고 있다. 이와 관련, 삼성경제연구원 고정민 수석연구원은 "관객 수와 흥행 수입 외에도 영화의 촬영 장소였던 실미도의 관광상품화, 다른 분야에 비해 브랜드 효과가 높은 문화산업의 특성 등을 감안할 때 '실미도'의 경제적 파급효과는 3,000억 원 이상으로 추산된다"고 밝혔다.

한국에서는 1966년부터 이 제도가 도입되어 현재까지 시행되고 있다.

영화진흥법은 스크린쿼터, 즉 한국 영화 의무상영일수를 다음과 같이 규정한다. 모든 극장이 연중 5분의 2에 해당하는 146일 이상 한국 영화를 상영하도록 의무화하고

스크린쿼터 축소 음모 저지를 위한
범영화인 규탄대회

1999년 6월 18일, 서울 한복판 광화문 빌딩
앞 광장은 '눈물의 야외 이발소'였다. 영화인
들은 '스크린쿼터 축소 음모 저지를 위한 범
영화인 규탄대회'를 갖고, 영화감독 정지영,
박광수, 장선우 씨를 비롯해 105명이 2차로
집단 삭발식을 가졌다.
당시 영화인들은 "스크린쿼터는 한미투자협
정의 흥정대상이 아니며 쿼터와 관련해 어떤
타협이나 양보도 하지 않을 것"이라며 "스크
린쿼터는 미국 문화제국주의에 맞서 한국의
문화주권을 지키기 위한 마지막 보루"라고 주
장했다.
99년 당시 영화인들의 노력에 힘입어 스크린
쿼터제는 유지됐고 98년 25%에 불과했던 한
국영화 점유율도 몇 년 간 40%대를 유지하는
게 가능했다.
그로부터 4년이 지난 지금, 또다시 스크린쿼
터 축소 문제로 온 나라가 시끄럽다. 게다가
이번에는 침체된 경기상황까지 맞물려 있다.
경제연구기관과 재계에서는 한미투자협정이
체결되면 한국의 국가신용도가 높아지고 대외
채무의 금리가 낮아져 약 40억 달러 가량의
외국인 투자 추가유입 효과가 발생할 것이라
는 분석을 내놓으면서 스크린쿼터 축소를 주
장하고 나섰다.
(http://dept.daejin.ac.kr/~joymedia
/movie_1/movie_1_2.htm)

있다. 문화관광부 장관이나 시·구청장이 20일씩 줄여주는 재
량권을 감안하면 실제로는 106일이 의무상영일수다.

■ 스크린쿼터의 축소 혹은 폐지 논쟁

스크린쿼터의 축소 또는 폐지는 미국 영화의 불공정한 독점
배급을 불러온다. 미국은 막강한 배급망을 통해 80% 이상의
세계시장을 장악하고 있고, 스크린쿼터와 같은 적절한 제도를
마련하지 못했던 대부분의 나라들은 미국 영화의 시장 독점 앞
에 자국 영화의 붕괴라는 결과를 낳고 말았다. 스크린쿼터에서
정하고 있는 한국 영화 의무상영일수 106일은 미국 영화의 시
장독점을 막기 위한 최소한의 날짜다. 따라서 스크린쿼터는 한
국 영화의 생명선과 같다는 주장이 있다.

그러나 최근 한국 영화의 시장 점유율이 40%를 넘어가고 더
욱이 영화 『실미도』와 『태극기 휘날리며』가 관객 1,000만을
돌파하는 신기록을 세우면서 스크린쿼터 제도가 과연 아직도
더 필요한 제도인지 하는 논쟁이 불붙었다.

왜냐하면 스크린쿼터 제도는 자국의 영화산업을 보호한다는
취지를 가지고 있는 반면, 영화관 주인들의 자유로운 영업을
방해하고 또 교역의 자유에 제한을 가하는 제도이기 때문이다.

한편, IMF 이후 한국 정부는 미국과 한미투자협정을 체결하
기로 약속했다. 경제연구기관과 재계에서는 한미투자협정이
체결되면 한국의 국가신용도가 높아지고 대외 채무의 금리가
낮아져 약 40억 달러 가량의 외국인 투자 추가유입 효과가 발
생할 것이라는 분석을 내놓으면서 스크린쿼터 축소를 주장하
고 나섰다.

또한 4년 간 끌어온 한미투자협정에 종지부를 찍고자 하는 재경부는 "국내 영화시장 규모 5억 달러 중 대미 영화수입은 2억 달러에 불과해 일반 상품의 대미(對美) 수출액 330억 달러와는 비교가 되지 않는다"며 "스크린쿼터 유지는 영화계의 집단이기주의"라고 강도 높게 비판했다.

그리고 최근 한국 영화의 성공은 스크린쿼터 제도에 기인한다기보다는 국내 영화업계의 구조 개혁 때문이라는 주장도 있다. 즉 최근의 한국 영화의 성공은 1985-86년에 국내 영화시장이 개방되고 이에 따라 국내 영화시장이 경쟁적 구조로 변한 결과라고 판단할 수 있다. 당시 국내 영화시장이 개방됨에 따라, 외화 수입업과 제작업을 겸했던 독점적인 제작자들이 퇴출되었고, 유통·배급의 측면에서는 대기업이 영화산업에 진출했으며, 멀티플렉스 상영관이 도입되었는데, 이러한 요인들에 의해 한국 영화의 경쟁력이 제고되었다는 것이다.

지금까지 다루어 온 스크린쿼터 축소 내지 폐지 논쟁을 정리해 보면 다음과 같다. 재정경제부를 비롯한 경제부처나 재계(財界)는 외국인 투자유치, 대외신뢰도 제고 등의 측면에서 미국과의 투자협정이 필요한 만큼 스크린쿼터제를 축소하는 것이 바람직하다고 주장하고, 문화관광부와 영화인들은 국내 영화산업 보호, 나아가 문화적 가치를 지키기 위해 스크린쿼터 축소를 수용할 수 없다는 입장인 것이다.

그런데 최근 한류를 비롯한 공연예술의 해외 진출 시장이 3조-4조 원, 즉 30억-40억 달러에 해당하면서 문화산업의 경제 비중이 점점 커지고 있다. 따라서 우리는 한국의 문화주권을 지키고 미국의 문화제국주의에 대항하며 마지막으로 UN이 규정

닥쳐온 '문화전쟁', 정부 전략이 아쉽다

유네스코가 마련 중인 '문화 다양성 협약'의 내용이 다음달 최종 확정된다. 지구촌의 다양한 고유문화를 보호하고 이를 촉진하려는 협약 내용의 확정을 앞두고 이미 많은 나라가 치열한 물밑싸움에 들어갔다. 오는 10월 유네스코 총회에서 어떤 내용으로 채택되느냐에 따라 경제적 득실이 크게 달라지기 때문일 것이다.

유네스코가 이 협약의 채택을 추진하는 뜻은 분명하다. 문화는 한 사회집단의 정체성과 직결되므로 일반 상품과 달리 나라의 정책으로 보호돼야 한다는 것이다. 할리우드 영화 같은 문화상품을 내다 팔아 이득을 챙기려는 미국 등은 당연히 협약의 효력을 낮추려고 한다. 반대로 유럽연합과 중국, 인도, 남아공 등은 자국의 문화영역 보호를 위해 협약에 법적 강제력을 부여하자는 쪽이다.

문제는 코앞에 다가온 전지구적 문화전쟁을 앞두고 우리 정부는 아무런 전략도 세우지 못하고 있다는 점이다. 스크린쿼터 폐지를 요구해 온 미국의 눈치도 봐야 하고, 한류나 영화 등 우리 문화의 국제시장 진출도 고려해야 하는 정부의 고충도 이해 못할 바 아니다. 하지만 우리 문화상품이 국제시장에서 경쟁력을 높여가기 위해서도 우리의 문화적 고유성을 강화해야 한다. 정부가 단기적 이해관계에서 벗어나 이 협약과 관련한 대책에 좀더 적극적인 자세를 보여야 할 이유가 여기에 있다.

당국이 통상 강대국의 견제 탓에 태도를 정하기 어렵다면, 문화와 관련한 시민사회단체가 적극적으로 나설 필요가 있다. 인류 전체의 지속가능성과 관련된 중요한 문제를, 경제적인 잣대로만 생각하는 관료들에게 맡길 수만은 없다.

(『한겨레』, 2005. 4. 17)

한 문화의 다양성을 지킨다는 대의(大義)를 통해 스크린쿼터의 축소에 반대한다.

■ 유네스코의 문화 다양성 협약

문화 다양성 협약이란 문화에 대한 세계화의 부정적 효과를 상쇄시키면서 나아가 문화적 '종적 다양성'을 보존하고, 문화적 평화공존을 담보하며 그 최저 생존권을 보장하기 위한 법적 수단으로서 제기된 것이다. 유네스코(UNESCO, 국제연합교육과학문화기구)에서 지난 2004년 3월 협약 초안 마련에 이어 같은 해 9월엔 초안 심의를 위한 1차 정부간 전문가 회의, 지난 2월 초 2차 정부간 회의를 열었다. 5월엔 3차 정부간 전문가회의가 개최되었고, 이르면 오는 10월 열리는 제33차 유네스코 총회에서 채택될 예정이다.

이는 다시 말해서, 문화는 한 사회집단의 정체성과 직결되므로 일반 상품과 달리 나라의 정책으로 보호돼야 한다는 것이다.

한국의 스크린쿼터 제도는 유네스코의 문화 다양성 협약의 모범적인 사례로 간주되고 있다고 한다.

TV 드라마 「겨울연가」
일본에서 소위 욘사마 열풍을 일으킨 TV 드라마 「겨울연가」의 한 장면.
최근 일본의 독도 영유권 주장으로 인한 한일 간의 분쟁에도 불구하고 일본에서의 배용준씨의 인기는 식을 줄 모르고 있다.

8. 한류 열풍 – 한국산 대중문화의 세계 질주

1996년 한국 드라마 수출을 계기로 중국, 대만 등지에 일기 시작한 한국 대중문화 붐을 한류(韓流)라고 부른다. 1998년 가요 진출이 본격화한 이후에는 홍콩, 베트남, 태국, 필리핀, 인도네시아 등 동남아 일대까지 영향권이 확대되고 있다.

한류의 주역은 중국과 대만에서 시청률이 높았던 TV 드라마의 주인공과 역동적인 춤과 화려한 비주얼을 앞세운 가수들로, 탤런트 안재욱, 차인표, 송혜교, 송승헌, 채림, 김남주, 이영애와 댄스 그룹 H.O.T, NRG, 베이비복스, S.E.S, 신화 등을 들 수 있다.

대만에서는 한국 연예인과 드라마 촬영장소를 방문하는 스타관광을 판매하는 여행사 80여 곳이 성업 중이며 송혜교, 이영애, 김남주 등의 얼굴을 본뜬 성형수술이 붐을 이루고 있다. 중국에는 한국 제품에 열광하는 청소년들을 일컫는 하한쭈(哈韓族)라는 신조어도 생겼다.

일본에서는 한국 가수 보아가 일본의 대중음악 시장에서 상위권에 진출하여 명성을 높였고 또 최근에는 KBS 드라마 『겨울연가』가 큰 인기를 얻으면서 그 주역인 배용준과 최지우는 일본에서 욘사마, 지우히메 등의 애칭으로 통하면서 거의 신화적인 인기와 명성을 누리고 있다. 한 경제연구소의 조사에 의하면 『겨울연가』 하나가 한국과 일본에서 가져오는 경제적인 파급효과가 3조 원 이상에 달한다고 한다.

이렇게 한국 역사 5천 년 이래 가장 적극적인 해외 진출의 역사로 평가되고 있는 한류 현상의 몇 가지 원인을 알아보자.

① 역사적, 문화적 동질성

우선 중국, 대만, 베트남, 일본 등 한류 문화가 성행한 나라들은 역사적으로 볼 때 같은 유교문화권에 속하기 때문에 문화적인 동질성(同質性)이 강하다. 따라서 한국에서 유행하는 문화는 동아시아 지역에서 같이 유행할 수 있다는 것이다. 특히 중국의 경우 미국의 자본주의, 개인주의 예술이 직접적으로 수용되기에는 약간의 문화적 이질감이 있다. 중국 정부는 한류를 '수용가능한 콘텐츠'로 인정해 주었고 그래서 중국의 각 방송과 공연무대 진출이 비교적 용이했던 것이 중국의 한류 열풍의 하나의 원인이다.

또한 중국은 계속되는 경제성장 속에서 도시 상류층이 형성되게 되었고, 따라서 풍족한 가정환경에서 부모의 많은 관심을 받으며 자라난 이들 부유한 젊은이들은 위성방송과 인터넷의 발달 속에서 기존의 국경과 이데올로기의 한계에서 상당히 벗어나 있으며, 외국 문물과의 접촉이 자유롭고 개방적 성격이 강하다. 기존의 중국 문화에 대해 만족하지 못하고 새로운 문화를 갈망하고 있는 이들 젊은 층이 상당한 소비력을 확보했다는 점이 한류에 한 원인을 제공하였다.

② 한국 문화 역량의 우수성

동아시아에서 한류의 성공은 단순한 문화적인 동질성만으로 설명될 수는 없다. 거기에는 한국인들의 예술적, 문화적인 탁월한 능력이 있다고 전제해야 한다.

특히 한민족은 고래로부터 인심이 후하고 예절이 바르며 특히 노래와 춤을 잘 추었다고 전해진다. 한국인들의 노래 실력과 춤 실력은 동남아에서 인정받고 있다. 이는 특히 댄스음악에서 잘 나타나고 있다. 요즘 유행하는 가수들, 예를 들면 비와 이효리는 그들의 탁월한 춤 솜씨와 가창력으로 유명하다. 그 외에도 공연의 기획력과 마케팅 능력이 대단하다고 할 수 있다. 거기다가 현지에서 활동하는 소수의 엔트테인먼트 비즈니스 업체들이 지역의 방송과 연결되어 한국의 대중가요를 현지에 소개했고 이를 통해 많은 가수들이 중국에 진출할 수 있었다.

위에서 언급한 놀라운 한국 예술의 해외 진출에도 불구하고 개선되어야 할 점이 많이 있다.

무엇보다도 한 번 일어난 한류의 붐이 일과성(一過性)이 되지 않도록 철저한 현지조사가 필요하고 이를 바탕으로 문화 컨텐츠를 수출하거나 판매하는 과정에서 발생하는 국제적인 분쟁을 없도록 해야 하며, 미국처럼 일방적으로 자국 문화의 상업화에만 전력할 것이 아니라 수출국과 수입국의 상호 공존과 호혜를 성장시키는 소위 원-윈(win-win) 전략을 구상해야 한다.

그 다음 다른 문제는 해외에서의 문화적 성취와 국내적인 경제를 연결시키는 복합적인 구상이 필요하다는 점이다. 예를 들어 드라마 『겨울연가』 때문에 일본의 관광객들이 평소의 10배나 늘었다고 한다. 그러나 그들은 가령 드라마의 로케이션 장소인 강원도에 가서도 특별한 기념품을 사거나 추억을 간직할 상품을 찾지 못해 단순 방문이 되고 있다.

　그 다음으로 필자가 문제 삼고자 하는 것은 한국의 획일적인 입시 위주의 교육으로
인해 청소년들의 예술적 역량이 조기에 발굴되고 육성되기 어렵다는 것이다. 그러므
로 특기 적성 교육을 강화하고 대학 진학에 관계없이 전문적인 육성에 힘쓰는 것이
바람직할 것이다. 일본에서 활약 중인 '보아'의 경우 어린 나이에 학교교육을 생략하
고 외국어 학습과 음악 학습을 통해서 17세의 나이에 일본의 가요시장을 석권할 수
있었다. 그녀의 엔트테인먼트의 경제적인 가치가 이미 몇 천 억이 된다는 것은 많은
시사점을 남겨준다.

3장 | 총정리

- 문화란 크게 보아서 일종의 인간의 생존의 양식이며 기술인데, 다른 동물과의 차이점은 그것이 전승(傳承)되고 학습(學習)되며 또 계승(繼承) 발전된다는 사실이다.

- 전승, 학습, 발전되는 인간의 생존의 방식 내지 생활의 방식을 우리는 문화라고 정의할 수 있다.

- 자문화중심주의(自文化中心主義) : 자기 민족의 문화를 당연시하고, 정상적인 것으로 받아들이며, 자신들의 규범과 가치를 표준으로 삼아 다른 문화를 평가하려는 태도이다.

- 자민족중심주의(ethnocentrism) : 이는 자기 민족의 사상, 도덕, 가치관 혹은 생활양식을 가장 올바른 것으로 보고 다른 민족의 문화를 경멸하는 태도를 말한다.

- 오리엔탈리즘 : 서양의 자문화중심주의. 이는 에드워드 사이드라는 학자가 만든 용어로, 동양에 대한 서양의 편견을 말한다. 사이드가 말하는 오리엔탈리즘은 '동양에 대한 서양의 사고방식이자 지배방식'이다.

- 문화상대주의(cultural relativism) : 이는 편향적이고 일방적인 자기중심주의 문화를 부정하고 다른 민족이나 국가 혹은 다른 사회의 문화를 자신과 동등하게 여기는 견해이다. 오늘날 문화에 관한 가장 바람직한 태도가 문화상대주의이다.

- 조선시대와 대한제국의 말기에 힘 없는 유교문화의 울타리 안에 안주하여 노도(怒濤)와 같이 몰려드는 외국의 제국주의 세력에 대해 마냥 이를 거부하고 폐쇄적으로 자국의 전통문화를 유지하려 한 수구적(守舊的)인 자세를 벗어나서, 외국의 문화와 상호교류, 상호작용하여 세계 문화의 폭과 깊이를 넓혀나가도록 노력해야 한다.

- 한류(韓流) : 한국의 영화, TV 드라마 그리고 노래와 엔터테인먼트의 동남아 진출

은 문화적인 수입국에서 이제는 수출국으로 자리매김을 할 수 있는 중요한 모멘트를 제공하고 있다. 이는 막대한 경제적 이익을 주는 동시에 한민족의 숨은 문화적 역량을 세계에 다시금 알리는 획기적인 계기를 형성하고 있다.

- 제레미 리프킨의 책 『소유의 종말』은 산업자본주의의 종말과 이를 대체할 문화상품 자본주의가 도래할 것을 예측하고 있다.

- 디지털 통신과 사이버 스페이스 등을 비롯한 네트워크(network) 경제는 물품 중심의 경제를 문화 콘텐츠(contents) 중심의 경제로 변화시킨다.

- 네트워크 경제 속에서 소유로부터 접속으로 전환하는 것이다. 주요생산이 산업생산에서 문화생산으로 바뀐다는 점이다.

- 기업은 지구 구석구석에서 창출되어 수천 년 동안 축적돼 있는 문화유산(콘텐츠)을 발굴해 유료 상품화하는 셈이다. 이 새로운 경제를 체험 경제라 부른다.

- 인간의 문화는 기본적으로 의(衣) 식(食) 주(住) 생활에 관련된 것이다. '유교문화'니 '불교문화'니 혹은 고유의 '정신문화'니 하는 말들은 모두 이런 인간의 원초적인 삶 위에 근거하는 2차적인 문화 혹은 문화의 상부구조이다. 즉 물질문화가 정신문화의 토대를 이룬다.

- 문화(culture)는 자연(nature)과 대비된다. 즉, 단순하고 직접적으로 자연에 대응하는 동물들과는 달리 인간은 자연에 대해서 복잡하게 적응한다. 가령 단순한 포식(捕食)이나 채집(採集) 대신 농경(農耕)이나 목축(牧畜)을 한다. 여기서 문화가 축적된다.

- 인간은 자연의 일부라기보다는 자연을 자기의 고유한 방식으로 가공하고 이용하는 제 2의 창조자라고 할 수 있다. 이런 면에서 인간은 자연의 일부이면서도 그 자연을 초월하는 면이 있다.

- 인간의 문화는 언어(言語)와 밀접한 관계가 있다. 왜냐하면 인간의 언어를 통해서 문화가 후대로 전해지고 동시대에서도 한 지역에서 다른 지역으로 넓게 퍼지는 경향이 있기 때문이다. 따라서 문화의 한가운데에는 언어가 있다.

- 문자와 숫자의 발명은 인간의 사회화, 조직화를 촉진시켰으며 단순한 집단으로서의 인간의 사회를 고도의 정치적인 조직체인 국가로 형성시켜 나갔다.
- 문명은 이런 문화가 집단화, 역사화하여 거대한 시스템으로 정착한 것이라고 볼 수 있다. 예를 들어 기독교 문명, 이슬람 문명 등이 있다.
- 헌팅턴이 분류하는 인류의 문명은 중화, 일본, 힌두, 이슬람, 정교, 서구, 라틴아메리카, 아프리카의 여덟 개이다. 이러한 문명들은 상호간에 우호나 협력보다는 갈등관계를 기본으로 삼고 있다는 것이 문명충돌론의 전제이다.
- 어떤 학자들은 문명을 물질적인 발전으로 보고 문화를 정신적, 도덕적인 발전으로 구분하기도 한다. 즉 현대의 발전된 기계, 기술의 상태를 문명이라고 하고 반대로 정신적, 도덕적인 발전 상태를 문화라고 한다.
- 인간이 그의 생존을 위해서 주위 환경에 적응하는 방식과 그 역사적인 전승과 축적을 문화의 기본으로 본 것을 흔히 적응체계로서의 문화라고 한다.
- 적응체계로서의 문화는 쉽게 말해 물질문화를 말하고 관념체계로서의 문화는 정신문화를 말한다.
- 문화의 종교적, 관념적인 특징을 세계관으로서의 문화라고 부른다. 이는 예를 들면 기독교적 문화 혹은 불교적 문화라고 할 때, 그 문화의 의미이다.
- 세계관(Weltanschauung)이란 세상을 바라보는 관점을 말한다. 이는 지역과 집단 그리고 문화와 역사 혹은 개인에 따라 각각 다른 입장이나 관점을 말한다.
- 현대는 주지하는 것처럼 대중문화의 시대이다. 대중문화(mass culture)란 현대 산업사회의 한 특징이다.
- 고급문화와 대중문화의 근본적인 차이점은 전자가 셰익스피어나 베토벤 혹은 미켈란젤로 같은 소수의 천재(天才), 엘리트 혹은 거장(巨匠)들에 의해 창조되고 공연되는 데 비해 후자는 기본적으로 산업(industry)과 예술의 결합으로 보아야 한다는 점이다.
- 헐리우드 영화산업은 분업화, 대량생산, 표준화 그리고 은행자본의 참여와 간섭을

받고 있다.

- 대중예술은 따라서 철저히 장사(commerce) 혹은 사업(business)의 형태로 보아야 한다.

- 전통 사회의 대중예술은 민속놀이와 민중들의 축제(祝祭)와 제의(祭儀) 등에서 발전한 것이다. 이는 놀이와 음악을 통해서 기층민중의 불만을 달래며 계층 간의 차별을 해소하고 사회통합을 이루기 위한 방편이라고 볼 수 있다.

- 대중예술은 시장논리의 지배를 받게 되었다. 더 많은 관객을 불러 모으기 위해서는 예술의 수준이 낮은 사람의 취향도 만족시켜야 했으므로, 이는 불가피하게 예술의 하향 평준화를 초래하게 되었다.

- 좌파 이론가들은 대중문화가 대중의 정치로부터의 도피를 부추기고 기존의 불평등한 사회체제를 정당화한다고 비판하였다.

- 우리는 대중예술을 즐기면서 현실의 고통을 잊고 환상 속에서 대리만족을 누리고 있다.

- 독재자들은 흔히 3S 정책, 즉 Sex, Screen, Sports를 통해 국민들의 비판의식을 마비시키려고 한다.

- 반 덴 하그는 현대 사회에서 유행하는 대중문화가 고급문화를 타락시킨다고 비판한다.

- 대중문화가 고급문화를 타락시키는 방식은 대중문화와 고급문화가 혼합되는 과정을 취한다.

- 근본적으로 대중예술은 대리만족의 개념으로 설명될 수 있다. 즉 평소에 내가 하고 싶었으나 현실적인 제약 때문에 할 수 없었던 것을 가상의 공간에서 체험할 수 있다는 것이다.

- 대리만족의 대표적인 경우가 소위 신데렐라 콤플렉스이다. 이런 신데렐라 이야기는 현실에서 소외되고 학대받는 여성들의 꿈을 형상화한 것이다. 현실에서 이처럼 학대받는 여성들은 신데렐라 스토리를 보고서 대리만족을 할 수 있을 것이다.

● 대리만족은 그러나 현실도피를 초래한다.

● 헐리우드 십계명을 보면 "대중예술은 인간의 심미적 본능과 취향을 고양시키지는 못하고 반대로 저급하게 만든다"라는 비판가들의 말이 타당성을 얻게 된다.

● 스크린쿼터 제도란 한국 영화 의무상영제를 말한다. 이는 기본적으로 미국의 헐리우드 영화를 비롯한 외국 영화가 국내 영화시장을 지나치게 잠식하는 현상을 방지하는 한편 자국(自國) 영화의 국내시장 확보가 용이하도록 해줌으로써 자국 영화의 보호와 육성을 유도하기 위한 제도다.

● 유네스코의 문화 다양성 협약이란 문화에 대한 세계화의 부정적 효과를 상쇄시키면서 나아가 문화적 '종적 다양성'을 보존하고, 문화적 평화공존을 담보하며 그 최저 생존권을 보장하기 위한 법적 수단이다.

● 한류(韓流)란 1996년부터 시작된 동아시아에서의 한국 문화 상품의 대폭적인 해외 진출을 말한다. 그 원인은 같은 유교문화권이라는 문화적, 역사적 동질성과 한국의 문화적 우수성이 복합적으로 작용한 것이다.

4장 | 연습문제

한국외국어대 2002학년도 정시 논술고사 (120분, 1200자 내외)

[논제] 다음 제시문 (1)에 나타난 문화의 속성을 토대로 제시문 (2)와 제시문 (3)을 읽고, 디지털 문명 시대에서의 세계화와 문화에 대한 자신의 의견을 논술하시오.

(1) 우리는 어떻게 한 문화를 터득하게 되는가? 우선 우리는 인류학적 의미에서의 출생지와 부모의 언어, 일련의 사고방식, 관습 및 관례 등을 유산으로 물려받는다. 물론 이것만으로는 문화인이 되기에 충분하지 않다. 사실인즉, 문화는 고립되는 바로 그 순간부터 숨을 쉬지 못하고 죽게 된다. 그것은 문화라는 것이 본질적으로 어느 한 지점에서 발생하여 조금씩 이웃 문화들을 새로이 만나게 되는 여정의 결과물로 형성되기 때문이다.

한 문화에서 다른 문화에 이르는 이 여정에는 여러 가지 장애물이 놓여 있다. 흔히 그러하듯, 우리의 기대에 부응하지 않는 타인과 사귀기란 어려운 일이다. 또한 그의 언어, 사고나 관습을 이해하는 것도 쉬운 일이 아니다. 그럼에도 불구하고 우리는 이 여행에서 어떤 매력을 느낄 수 있으며, 우리에게 낯선 관습도 발견할 수 있다. 브라질의 수공업 제품보다 더 아름다운 것이 어디 있고, 일본 문화 또한 그 나름대로 얼마나 섬세한가? 문화는 국경을 초월하는 것이다. 퍼지고 흡수하는 것이 그의 속성이다. 프랑스는 17세기보다 더 프랑스다워 본 적이 없지만, 당대 최고의 극작가였던 몰리에르(Moliére)와 꼬르네이유(Corneille)는 각각 이탈리아와 스페인으로부터 지대한 영향을 받았었다.

오늘날 '지역 문화'와 '세계 문화', 즉 '어느 특정 사회의 구성원들이 이룩해 온 것들의 총체로서의 문화'와 '상품화된 문화' 사이에 전쟁이 벌어지고 있다는 견해는 '문화 공간'이 무엇인지를 제대로 이해하지 못하는 데에서 연유한 것이다. 문화 공간이란 균일한 것이 아니다. 이 공간은 개인마다 다르고, 이 공간들 사이에는 여러 통로와 장애물이 있으며, 넘지 못할 골짜기와 산도 있다. 특히 우리 각자는 이 공간 안에 자기만의 길을 내고 지도를 그리면서, 자신만의 문화적 특수성을 확보한다.

— Michel Serres, "Entre Disneyland et les ayatollahs", 「르몽드 디플로마티크」 칼럼

(2) 디지털 통신 분야에서 일어난 혁명 덕분에 지리적 시장이 사이버 스페이스로 전환되면서 인간관계를 조직할 수 있는 새로운 길들이 열렸다. 컴퓨터, 통신, 케이블 TV, 가전제품, 방송, 출판, 오락이 하나의 종합 통신망 안으로 통합되면 영리를 추구하는 기업들은 인간이 상호 교류하는 방식에 역사상 유례없는 지배력을 행사하게 된다. 벌써 20년 전에 다니엘 벨은 앞으로 나타날 시대의 성격을 "통신 서비스에 대한 지배가 권력의 원천이 되고, 통신에 대한 접속이 자유의 조건이 된다"고 진단했다.

세계 유수의 미디어 기업들은 21세기의 거의 모든 상업영역을 차지할 통신 회로와 문화 자원의 지배권을 놓고 치열한 각축전을 벌이고 있다. 20세기에는 스탠더드 오일, 듀폰, US 스틸, 시어스 같은 기업들이 소유 가능한 제품의 생산과 판매에 전념하면서 시장의 중심부를 차지했다. 그러나 21세기에는 디즈니, 타임워너, 베텔스만, 비아컴, 소니, 뉴스 코퍼레이션, TCI, 제너럴 일렉트릭, 폴리그램, 시그램 같은 기업들이 글로벌 미디어 시장을 지배하면서 대중이 문화 자원과 상품화된 경험에 접속하기 위한 조건을 규정할 것이다. (…)

글로벌 미디어 기업들은 통신 인프라뿐 아니라 포털과 관문에 대한 접속권, 나아가 인터넷에서 유통되는 문화 콘텐츠까지 거머쥠으로써 전무후무한 권력을 누리게 된다. (…)

세계 통신·방송망의 규제 완화와 상업화가 가속화되면서, 국민 국가는 자국 영토 안에서 통신을 감독하고 통제할 수 있는 능력을 상실해 가고 있다. 글로벌 미디어 기

업은 정치적 국경선을 가뿐히 뛰어넘는 통신망을 전 세계에 깔고 있으며, 이 과정에서 정치의 근본적 성격까지 바꾸어 놓고 있다.

— Jeremy Rifkin, *The Age of Access*

(3) 세계화, 국제화, 획일화라고도 불리는 미국화를 거부하는 것은 정치적, 경제적, 문화적으로 정당성이 있을 수 있다. 그러나 미국화를 부정하기 위해서는 반미적 자세보다는 미국의 있는 그대로의 모습을 알려고 하는 자세가 더 필요하다. 미국을 모든 가능한 미래의 용광로로 바라본다는 것은 그래도 미국의 모든 것이 다 나쁜 것은 아니며, 때때로 미국으로부터 배우고 숙고할 만한 교훈도 있음을 인정하는 것이다. 몇 가지 예를 들어보면, 실업을 해소하기 위한 노동시장의 효율성, 기업경영의 효율성, 자율화된 대학의 우수성, 여러 인종의 문화적 다양성에 대한 존중 등이 그것이다.

우리는 미국의 다문화주의와 그에 따른 다양한 정치적 성향의 목소리를 비웃곤 한다. 미국 문화의 결점만을 비난하려는 초보적 반미주의가 미국인들의 삶의 방식이 지니고 있는 진실과 유용성을 보지 못하게 하는 것이다. 물론 다문화주의나 다양한 목소리도 부작용이 있기는 하지만, 동시에 인종과 성의 차이를 존중하도록 해준다. 이는 관용과 예의를 가르쳐 주는 좋은 본보기다. 우리가 미국인들과 같은 관심과 애정으로 장애자들을 대할 때, 미국 목사들의 차별주의를 비난할 수 있을 것이다. 또한 남성들이 여성들의 존엄성을 인정할 때, 미국의 과도한 여권운동을 조롱할 수 있을 것이다. 그리고 미국만큼 소수민족의 문화를 이해하려고 노력할 때, 소수민족 우대정책에 반대하는 미국인들에 대해 우리도 비로소 이의를 제기할 수 있을 것이다. (…)

극도의 무지에 기인하거나 기회주의에 편승한 반미주의자들만이 미국이 제시하는 다양한 문화적 가능성을 문화전쟁으로 왜곡시키지만, 미국은 세속적인 것에서 고상한 것까지, 상업적인 것에서 비상업적인 것까지, 세계주의자에서 지역주의자까지, 유일신주의에서 다신주의에 이르기까지 선택의 폭이 넓은 나라이다. 게다가 사람들은 컴퓨터와 텔레비전의 결합을 통해 다양한 접속 채널을 확보함으로써, 동일한 메뉴로부터도 자신만의 독자적인 프로그램을 구축할 수 있게 된다.

어떤 점에서 이와 같은 시나리오가 한 국가의 문화적 정체성에 대해 위협이 되겠는가? 오히려 이와 같은 시나리오를 따름으로써, 이미 뿌리내린 고유문화에 다원화된 문화가 접합된 새로운 사회로 나아가는 길이 열릴 수 있을 것이다.

— Guy Sorman(기 소르망, 프랑스 사회비평가), *Le monde est ma tribu*

중앙대 2002학년도 정시 학업적성평가 (인문)

※ 유의사항
① 문제지는 모두 3장으로 구성되어 있습니다.
② 연습지가 필요할 경우 문제지의 뒷면을 이용하시오.
③ 답안지의 수험번호 표기란에는 반드시 컴퓨터용 수성 사인펜으로 표기하시오.
④ 답안지는 로마자 번호를 붙인 네 개의 '큰 문제'로 구분되어 있습니다. 각 문제의 답은 이 구분 경계를 넘지 않도록 작성하시오. 또한 큰 문제에 포함된 '작은 문제'의 번호를 반드시 쓴 뒤에 답안을 작성하시오.
⑤ 답안지의 여백에는 자신의 성명을 비롯하여 어떠한 글도 쓰지 마시오.

Ⅰ. 다음 글을 읽고 물음에 답하시오.

(가) 1492년 콜럼버스와 그 일행들이 대서양을 건넜다. 그 결과 구대륙과 신대륙 사이에 생태적인 대변화가 시작되었다. 소는 버팔로를 만났고, 아일랜드인들은 감자를 먹게 되었고, 코만치족은 말을 타게 되었으며, 잉카인들은 천연두라는 병을 앓게 되었다. 이 모든 것들이 당시에는 처음 있는 일이었다. 500년 전만 하더라도 신대륙에는 밀, 보리, 호밀, 소, 돼지, 양, 염소 등이 없었다. 신대륙에 상륙한 유럽인들은 자신

들의 주요 양식이 되는 가축들과 곡식들이 그곳에서 번식할 수 있도록 기존 생태계의 먹이사슬을 파괴하였다. 그리하여 팜파(남미의 대초원)에 서식하고 있던 토착식물들이 질경이나 서양민들레 같은 외래식물에 밀려 멸종위기에 처하였다.

(나) 5백 개 이상의 인공위성이 지구촌 방방곡곡에 전파를 쏘고 있고 거미줄처럼 촘촘한 인터넷의 도움으로 세상은 하나가 되었다. 이제 지구촌 사람들은 마음만 먹으면 동일한 양식의 범지구적인 삶을 영위할 수 있게 되었다. 그 결과 필연적으로 미국식 문화가 전 세계를 휩쓸고 있다. 마치 이를 증명이라도 하듯 수년 전부터 한참 앞서 나가는 젊은 문화 부대가 시베리아나 오스트리아의 빈, 포르투갈의 리스본 등 지구촌 여러 곳에서 맥도날드 햄버거를 먹으며 뉴욕에서 유행하는 것들을 떠들썩하게 흉내 내고 있다. 반미 분위기가 드센 이란에서조차 중산층의 10대 청소년들 사이에는 미국식 록음악이 가장 큰 인기를 끌고 있을 정도이다. 도대체 어떻게 해서 미국식 생활방식이 온 지구를 뒤덮게 되었는가? 어째서 디즈니가 모든 것을 이기게 되었을까? '팍스 아메리카나'(Pax Americana)로 대변되는 미국의 문화가 인종과 종교에 관계없이 인류의 오랜 꿈인 세계평화와 만인의 행복을 보장해 줄 것인가에 대한 우려의 시각들이 조심스럽게 제기되고 있다.

(다) '오리엔탈리즘'이란 서양이 동양을 길들이거나 종속시키기 위해 사실 여부와 관계없이 동양 특유의 역사와 전통을 왜곡, 호도하려는 이데올로기적 담론을 일컫는 용어이다. 오리엔탈리즘은 대략 다음과 같은 3가지 독단적 믿음에 기초한다. 첫째, 합리적이고 우월한 서양과 일탈적이고 열등한 동양 사이에는 절대적이고 체계적인 차이점이 존재한다는 믿음이다. 둘째, 동양은 정체되어 있고, 획일적이며, 자신을 스스로 규정할 수 없기 때문에 서양의 관점에서 체계적이고 보편적인 용어를 사용하여 동양을 묘사하는 것은 당연하다는 믿음이다. 셋째, '황색 공포'(Yellow Peril: 황색 인종이 서양 문명을 압도할 수도 있다는 백인종의 공포심을 일컬음)라는 용어가 시사하듯

이, 동양은 본질적으로 두려움의 대상이거나 혹은 서양의 무력으로써 통제 진압되어야 할 대상이라는 믿음이다.

(1) 글 (가)가 주장하듯, 인위적인 요인에 의한 생태계의 변화로 나타나는 자연질서 파괴현상의 구체적인 사례를 한국에서 찾아 제시하고 그 문제점을 100자 내외로 설명하시오. [8점]

(2) 글 (나)에서 기술된 경향들이 '세계화' 혹은 '지구화'의 이름으로 전 세계에 파급되고 고착될 경우에 발생할 수 있는 문화적인 문제점들을 100자 내외로 서술하시오. [8점]

(3) 글 (다)에서 요약한 '오리엔탈리즘'적 시각을 비판하는 입장에서, 서양인들이 우리의 독특한 전통과 문화양식을 오해 혹은 왜곡한 구체적인 사례를 제시하고 그 부당성을 100자 내외로 지적하시오. [9점]

※ 유의사항 : 띄어쓰기는 글자 수에 포함하지 않음.

열한째 마당

신자유주의와 세계화

1장 | 서론

1. 문제 제기

1997년 11월에 발생한 한국의 '외환위기' 이후 한국의 경제는 엄청난 시련을 겪었다. 그 동안 정부의 과잉보호와 규제 하에서 시장경제의 기초를 무시한 채 비약적으로 발전하던 한국의 산업과 금융 제도는 국제적 자본주의의 무력 앞에서 백기를 들지 않을 수 없었다.

소위 'IMF 위기'로 불리는 한국의 외환위기는 외국 돈의 부족으로 갚아야 할 외국 빚을 갚지 못함으로써 생긴 국가적 부도상태를 말한다.

외환위기 혹은 IMF 위기의 원인에 대한 분석은 복잡하고 어려워 아직도 그 실체가 제대로 규명이 되지 않고 있다. 그러나

1999년 5월 20일 IMF 총재 접견

김대중 전 대통령이 청와대에서 미셸 캉드쉬 국제통화기금(IMF) 총재를 접견하고 있다. 외환위기 당시 미셸 캉드쉬 IMF 총재는 한국에 대규모의 자금 지원에 관련해서 많은 기여를 하였다.

외환위기가 한국인의 삶에 남긴 상처는 매우 커서 아직도 많은 국민들이 그 여파로 시달리는 중이다. 그 대표적인 것이 기업 도산과 대량 실직 그리고 400만 명에 달하는 신용불량자와 하루에 40건에 달하는 자살 현상이다. 그리고 이와 더불어 빈부의 차이가 심해지고 사회는 양극화 사태로 치닫고 있다. 상위 20%의 사람들의 월평균 소득은 하위 20% 사람들보다 5.4배나 많은 불균형을 보이고 있다. 그리고 이런 차이가 점점 벌어지고 있다는 것이 더 큰 문제이다.

IMF란 국제통화기구(International Monetary Fund)의 약자로서 현재 국제 경제의 주된 물결인 '신자유주의'(Neo-Liberalism)라는 사상을 기조로 하여 운영이 되고 있다. 이는 경제와 정치 그리고 사회, 문화 전반에 걸친 시대적 사조이며 그 중심에는 다 아는 것처

10대그룹, 외국인 지분 '절반' 육박

〈앵커〉 국내 10대그룹에 대한 외국인 투자자의 시가총액 비중이 절반에 달하고 있습니다. 삼성그룹의 외국인 지분율이 가장 높았습니다. 최대식 기자의 보도입니다.

〈기자〉 지난 8일 현재 상장사 기준 10대그룹의 시가총액은 모두 211조 8천억 원에 이릅니다. 이 가운데 외국인 보유액은 104조 6천 5백억 원으로 1년새 10% 포인트 이상 늘어난 49%를 기록했습니다. 삼성그룹의 외국인 비중이 57%로 가장 높았고 두산그룹의 외국인 비중은 1.6%로 가장 낮았습니다. 삼성의 경우 시가총액이 백조 원에 육박하는 삼성전자의 외국인 비중이 62%로 사상 최고치를 기록한 것이 큰 영향을 미쳤습니다. 삼성그룹에 이어 현대차그룹과 SK그룹, LG그룹 등의 순서로 외국인 비중이 높았습니다.

(SBS, 2004. 4. 13)

럼 미국이라는 초강대국이 도사리고 있다. 신자유주의와 세계화는 이제 거역할 수 없는 세계적인 추세가 되고 있다. 따라서 이에 대한 우리의 입장도 일방적인 비난이나 일방적인 찬양을 떠나서 그 장단점을 골고루 수용하여 민족문화의 발전과 국민 복지에 향상이 되는 방향으로 그 진로를 모색해야 한다.

이런 과정에서 우리는 현재 세계 경제를 주도하는 '신자유주의'(Neo-Liberalism)와 '세계화'(Globalization)라는 두 가지 키워드를 알아야 한다. 외환위기의 원인 가운데 중요한 하나는 당시 김영삼 정부는 국제화 혹은 세계화에 대한 세밀한 준비나 확실한 인식 없이 세계화를 한다고 외쳤다. 세계화의 중요한 요소는 시장의 개방과 자유무역이다. 이 중에서도 금융시장과 자본시장의 개방은 극히 위험한 정책인데 이를 무심히 수용하여 국내의 제2금융권으로 하여금 금리가 싼 해외 자금을 도입하게 한 것이다. 이는 IMF의 직접적 원인인 단기자금 회사(소위 종금사)의 무분별한 설립을 가져왔고, 이에 외환의 부족을 초래한 것이다.

한국의 산업 가운데 제조업은 이제 국제적인 경쟁력을 갖추었다고 볼 수 있으나 금융 부분은 아직 그 경영의 노하우가 극히 미미한 상태이다. 또한 한국은 국제적인 투기 자본에 대한 대책이 대단히 취약하다. 현재 한국의 대기업들의 주식 지분 구조를 보면 약 50%가 외국인의 소유로 되어 있다. 이는 세계화가 그만큼 진행되었다는 사실을 보여준다.

2. 논술고사 출제 경향

경희대 2005년 수시 1학기 논술(인문)은 민주적인 인간의 평등한 권리 확보가 시장 경제적 효율성과 충돌하는 것을 문제시하고 있다. 이는 또한 공기업 민영화의 문제가 효율성의 측면에서는 탁월한 효과가 있으나 국민복지의 축소라는 면에서는 문제가 있음을 밝히고 있다.

서울대 2004년 정시모집 구술면접시험의 한 제시문은 세계화에 대하여 다음과 같이 서술한다.

"세계화는 국가 간의 障壁을 허물어 사람과 物資와 情報가 자유롭게 넘나드는 세상으로의 변화를 의미한다. 세계화 시대에는 세계가 하나의 시장이 되는데, 이 세계시장은 競爭의 원리에 의해 승리와 패배가 분명하게 구별되는 냉혹한 공간이다. 그 냉혹성은 道德性의 개입을 용납하지 않는다. 이 시장에서는 종래의 商品만이 거래되는 것이 아니라 文化와 思想도 일종의 商品으로서 거래 품목이 된다. 이러한 품목들은 세계적 수준에 도달하지 못하면 淘汰의 위험에 처하게 된다. 따라서 세계화 시대로의 진입은 시장에서의 競爭이 삶의 모든 영역에서 획기적으로 확대되고 치열해진다는 것을 의미한다. 이제 우리는 세계인을 상대로 하는 이 새로운 競爭의 게임을 하여야 한다. 이 게임에서 승리하기 위해서는 처절한 노력을 쏟아부어 우리의 商品이 세계 정상의 수준에 도달하게 하여야 한다."

그리고 같은 시험의 영어 지문은 경쟁의 긍정성과 부정성에 대해서 부연 설명하고 있다.

동국대 2004년 정시 논술은 유명한 아담 스미스의 『국부론』의 '보이지 않는 손' (invisible hand)을 인용하면서 개인의 사적인 이익 추구가 사회의 전반적인 복지의 추구를 가져온다는 자유방임주의적인 견해, 그리고 이와 반대로 시장의 기능이 실패하는 경우 사회적인 부작용이 발생한다는 이론을 병립하고 그 해결책을 묻고 있다.

경희대 2004학년도 수시 1학기 논술고사(인문)의 논제는 다음과 같다 : [논제] 아래의 제시문 (가)와 (나)는 세계화가 문화산업에 미치는 영향에 대해 상반된 입장을 갖고 있다. (가)와 (나)의 논지를 요약하고, 둘 중에서 어느 쪽 입장이 타당하다고 생각하는

지 우리의 영화 시장 개방을 예로 들어 논술하시오.

성균관대 2003년 정시 논술은 세계무역기구(WTO), 세계은행, 국제통화기금(IMF) 등에 의해서 추진되는 자유무역과 세계화의 경향이 각국의 무한경쟁을 야기하고 동시에 각국의 고유한 지역문화와 생물의 다양성을 어떻게 파괴하는지를 말한다.

2003년 한양대 정시 논술은 자연의 종적 다양성이 없을 때 생기는 문제와 생산 효율성의 추구가 어떻게 사회의 혼란을 가져오는지를 말한다.

이는 신자유주의와 세계화가 급속하게 진행될 때, 자연적 생물체의 '종적 다양성'과 '문화적 다양성'이 심각하게 훼손됨을 말한다. 종적 다양성의 훼손의 경우, 농산물 시장이 개방되면 각 지역의 농사는 주로 경제적, 상업적 이익이 되는 소수의 작물들을 재배하기 쉽다. 이는 다양한 작물의 성장을 방해하는 것이다. 문화적 다양성 역시 세계화 때문에 많이 손상될 수 있다. 가령 맥도날드의 국제적 침투는 다양한 토속 음식 문화의 위축을 가져오기 쉽다.

성균관대 2002학년도 수시 2학기 논술고사의 논제는 다음과 같다 : [논제] 구조조정을 통한 경쟁력 확보와 고용안정은 상당히 상반된 정책목표이다. 다음의 두 제시문과 표를 읽고 경쟁력 확보와 고용안정이라는 두 가지 관점 중 어느 한 관점에서 자신의 주장을 전개하시오.

이 역시 신자유주의의 정책인 노동시장의 유연화가 가져오는 작용과 부작용에 대한 문제이다.

3. 주제관련 교과서 내용

| 『고등학교 경제』, 두산출판사(2003), 220쪽 이하

경제적 측면에서의 세계화란 국가 간에 재화, 서비스, 자본, 노동 등이 자유롭게 이동하며, 세계적으로 통용되는 공동의 규범이 형성되는 과정, 즉 경제적으로 세계가

하나의 지구촌으로 통합되는 과정을 말한다.

세계화는 사회주의 국가들이 몰락한 이후 자본주의 시장 경제가 전 세계적으로 확산되면서 시작되었다. 정보·통신기술과 교통수단의 획기적 발전은 국가 간의 시간적 거리를 좁혀 세계화를 추진시키는 원동력이 되었으며, 세계무역기구(WTO) 체제의 성립과 함께 세계적인 경제 질서와 규범이 마련되면서 경제의 세계화는 더욱 가속되었다. 이러한 세계화의 추세 속에서 국제 거래 환경은 급격하게 변화하고 있다. WTO는 무역 장벽의 완화와 국경을 초월한 국제 거래 및 기업경영 등을 강조하면서 경제의 개방을 요구하고 있는데, 이로 인해 세계 경제가 하나의 시장으로 단일화되면서 상호협력과 의존 관계가 심화되고 있다.

국제 거래의 대상도 소비재와 원자재뿐만 아니라 노동, 자본, 보험, 금융 등의 서비스에 이르기까지 다양해지고 있다. 특히 우루과이 라운드가 타결되고 WTO 체제가 성립된 이후에는 교역 대상이 거의 모든 재화와 서비스로 확대되었는데, 특히 서적, 음반, 디자인, 저작권, 특허권 등의 지적 재산권과 관련된 무역 거래가 뚜렷한 증가 추세를 보이고 있다. 한편 오늘날에는 국가 간의 경쟁도 더욱 치열해지고 있는데, 특히 개발도상국들은 경제적으로 심각한 도전에 직면해 있다. 과거 냉전 시대에는 선진국들이 정치적, 군사적 이해관계를 바탕으로 개발도상국들에게 많은 특혜를 주었으며, 개발도상국들의 기업은 정부의 보호 속에서 외국 기업과의 정면 대결을 피할 수 있었다. 그러나 WTO 체제는 특정 국가에게 차별적 특혜를 줄 수 없도록 하고 있으며, 보조금과 같은 자국 산업의 보호를 위한 제도도 규제하고 있다. 이와 같이 오늘날 세계 각국은 세계화의 흐름 속에서 서로 협력하고 있을 뿐만 아니라, 국경 없는 무한경쟁을 벌이고 있다.

우루과이 라운드
1986년 9월 116개국 대표가 우루과이에 모여 세계 각국의 무역장벽을 없애기 위해 진행한 다자간 무역협상으로 1994년에 타결되었다.

지적 재산권
문화 예술 분야의 창조적 지식이나 제작에 관한 권리 및 산업 분야의 새로운 발명이나 기술에 대한 소유권.

4. 세련된 논술 구성을 위한 용어와 개념

종적 다양성, 문화적 다양성, 시장개방, 자유무역, 우루과이 라운드, 지적 재산권, 자유방임주의(自由放任主義, Laisser faire), 중상주의(重商主義), 반사이익(反射利益), 수출장려금, 수출지원 금융혜택, 반기업정서, 비교생산비설, 보이지 않는 손(an invisible hand), 이타주의(利他主義)와 이기주의(利己主義), 공익과 사익, 대공황(The Great Depression), 시장실패, 경제의 순환과정, 유효수요, 잠재적 수요, 개입주의(interventionism), 복지국가, 뉴딜정책, 사회주의, 계획경제, 작은 정부, 영국병, 대처리즘, 공공지출의 삭감, 세금인하, 국영기업의 민영화, 노동조합의 활동규제, 레이거노믹스(Reaganomics), 노동시장 유연화, 감량 경영(다운 사이징), 국제화, 세계화, 민영화, IMF 구조조정 프로그램, 무한경쟁, 효율성과 형평성, 국제투기세력, 헤지펀드.

2장 │ 주요 이론과 논거

1. 아담 스미스의 『국부론』과 자유주의 경제이론

신자유주의(新自由主義) 경제학을 이해하기 위해서는 자유주의(自由主義) 경제학을 먼저 알아야 한다. 그리고 미리 말하면 양자는 근본적으로 같다. 단지 역사적, 경제적 상황의 변화에 따라 강조점이 조금 다를 뿐 그 뿌리는 같다는 것이다.

자유주의 혹은 자유방임주의 경제학이란 경제학의 시조인 영국의 아담 스미스(Adam Smith)가 그의 저서 『국부론』(國富論)에서 펼친 경제의 이론으로서, 이는 한 마디로 말해서 경제의 발전과 국민의 복지를 위해서는 국가나 정부가 일일이 경제나 무역 사업에 간섭을 하지 말고 사업가나 상인들 혹은 농민들에게 그들의 경제행위를 스스로 결정하도록 내버려두라는 것이다. 이런 경제이론을 자유방임주의(自由放任主義, Laissez-faire, Let it be)라고 한다.

아무것도 아닌 것처럼 보이는 이론이 왜 그렇게 중요한지는 그 당시의 역사적 상황에서 보아야 비로소 이해가 된다. 이는 동시에 오늘날에도 타당한 이야기이다.

자유방임주의 경제의 성립을 이해하기 위해서는 18세기의 유럽 각국의 경제 및 무역에 관한 약간의 지식이 요구된다. 당시 영국이나 프랑스 혹은 네덜란드 등의 유럽 국가들은 자국의 산업을 육성하고 부강한 국가를 만들기 위하여 노력했는데 이를 위해서 수입을 제한하고, 수출을 장려한다는 정책을 펼쳤다. 이를 다른 말로 중상주의(重商主義)라고 한다. 즉 중상주의는 자국 산업의 보호, 육성을 위해서 다른 나라에서 상품이 마구 들어오는 것을 막았는데 이를 위해서 수입 상품에 고율의 관세를 매기거나 아주 수입을 금지하는 경우도 있었다. 이렇게 외국 상품이 국내에서 팔리는 것을 막아주면 그 결과 자국의 생산업체들은 반사이익(反射利益)을 볼 수 있다.

또 중상주의는 수출을 장려하기 위하여 수출상품에는 세금을 부과하지 않거나 부과하더라도 수출기업에 되돌려주는 수법을 썼다(세금환급, drawback). 그 밖에도 정부는 수출업체에 수출 장려금을 지불하거나 통상조약을 자국의 수출에 유리하도록 하는 정책을 추진했다.

이런 중상주의 정책은 시대를 초월하여 오늘날에도 계속 진행 중이다. 바로 개발도상국으로서의 한국의 무역정책은 이와 같았다. 즉 우리나라도 과거에 수입품에는 고율의 관세를 부과하고 수출품에 대해서는 수출 보조금이나 여타의 금융적 특혜를 부여하여 국가의 산업을 장려했다. 이런 의미에서 고(故) 박정희 대통령의 산업 및 무역정책은 중상주의라고 볼 수 있다. 수출지상주의가 한국의 경제적 부흥을 이룬 한 원인이라는 점은 의심의 여지가 없다.

그런데 아담 스미스는 이런 중상주의 경제정책이 결코 국가의 번영과 국민의 복지를 가져올 수 없다고 보았다. 그 이유는 명쾌하다. 중상주의 정책은 상인과 제조업자들에게는 고율의 관세나 수입금지 등의 조치를 통해서 많은 이익을 초래하지만 일반 국민들, 즉 소비자들에게는 이익이 아니라 반대로 손해를 입히는 반(反)경제적 정책이라는 것이다. 국내 소비자는 싸고 경쟁력이 있는 외국의 상품 대신 비싸고 질이 나쁜 국내의 상품을 강제로 구매해야 하기 때문에 그만큼 손해를 보게 되고 그 덕분에 다른 곳에 투자할 자금 여력이 적어진다는 것이다. 그리고 더 나쁜 것은 국가의 보호를 받고 국민의 희생을 먹고 자란 국내 제조업체들은 과잉보호되어 생산력을 높일 노력을 하지 않는다는 것이다. 국가 정책의 보호를 받는 업체나 상품은 보통 그 분야에서 독점적 위치를 차지하기 쉬운데, 이는 오늘날 국영기업체들의 비생산성(非生産性)을 설명해 주기도 한다.

아담 스미스는 이런 경제적 원리를 쉬운 예화를 통해서 잘 설명한다. 즉 한 농부가 있다고 하고, 그가 어떤 물건을 집에서 자기의 손으로 만들 수도 있고 또 그렇지 않고 시장에서 살 수도 있다고 해보자. 그러나 그 농부는 "구입하는 것보다 만드는 것이 더 비싸면 결코 집에서 만들지 않는다"는 것이다. 다시 말하면 어떤 물건을 내가 만드는 비용이 남이 만드는 비용보다 더 많이 든다면 나는 그 물건을 스스로 만드는 대신 남에게서 사는 것이 훨씬 경제적이라는 사실이다. 이것이 또한 유명한 아담 스미스의 분업(分業)의 원리이기도 하다.

각자 스스로 자급자족(自給自足)하는 경제보다는 자기가 잘 만드는 것만 생산하고 나머지는 타인의 생산품과 자기의 생산품을 교환하는 것이 백배 낫다는 것이 곧 분업의 원리이다. 이 것은 국가와 국가 사이에도 적용되는데 이를 무역이라고 한다. 리카도의 비교생산비설(比較生産費說, theory of comparative cost) 역시 아담 스미스의 분업이론에서 도출될 수 있다.

이런 과정을 통해서 무역의 자유와 경제의 민간인 주도라는 고전적 자유주의 이론이 탄생한다.

아담 스미스는 국내 산업의 육성, 발전이라는 목적도 국가가 이를 장려해서가 아니라 개인들이 자신의 이익과 안전을 최대한 추구하려는 이기심에서 나온다고 본다. 즉 상인이나 기업가가 투자를 고려할 때, 우선 외국이 아니라 자국에서 하는 이유도 오직 자신의 사업과 재산의 안전을 염두에 두기 때문이라고 설명한다.

이처럼 자유주의 경제학은 개인의 이익추구가 공익의 증대 및 사회의 복지를 가져온다고 설명한다. 이는 분업과 시장의 기능을 통해서 개인의 이익과 사회의 이익이 일치한다는 것을 말한다. 아담 스미스는 이런 경제학의 원리를 '보이지 않는 손'(an invisible hand)이라고 한다.

"그러나 각 사회의 해마다의 수입은 그 사회의 근로활동의 해마다의 전 생산물의 교환가치와 언제나 정확히

공익(公益)과 사익(私益)의 관계

사익의 추구가 공익의 추구와 일치한다는 아담 스미스의 사상은 동양의 철학, 공자의 가르침과는 다르다. 공자는 군자는 의(義)를 추구하고 소인은 이(利)를 추구한다고 말했다(이 책 1단원 참조).

이는 공익(公益)의 추구와 사익(私益)의 추구가 정반대라는 생각을 함축한다. 아담 스미스는 이와 반대로 공익은 사익의 총합이라는 견지를 유지한다. 나의 행복은 사회 전체의 행복의 한 부분이다. 따라서 나 하나가 행복해지면 전체로서의 사회도 그만큼 더 행복해진다. 이런 면에서 볼 때 유교의 사상보다 아담 스미스의 자본주의 경제학이 우리에게 더 적합하다. 개인의 복지 없는 전체 국민의 복지 혹은 국가의 복지란 생각할 수 없다. 국가란 개인들의 총합 이외에 아무것도 아니다.

그런데 아담 스미스의 생각도 절대적으로 옳은 것은 아니다. 이는 한 공동체에 정상적인 사회의 법과 질서가 작동할 때 그러하다. 즉 건전한 사회에서는 사익의 추구는 곧바로 공익의 증대를 가져온다.

그러나 만약 일제강점기나 불법이 판치는 전제정치 하에서처럼 사회에 정의(正義)가 사라지고 불법이 판을 칠 때에는 공(公)과 사(私)는 분리, 대립된다. 이럴 경우에는 공(公)을 위해서 사(私)를 희생하는 것이 옳다. 가령 일제 치하에서 개인 자신의 영달을 위해서 민족과 등지고 일본의 앞잡이 노릇을 한 친일파 부역자들은 사익(私益)을 위해서 공(公)과 의(義)를 저버린 자들이다.

거기에 비해서 민족을 위해서 처자식을 버리고 자신마저 그 몸을 사지(死地)로 던진 독립운동가들은 공(公)을 위해서 사(私)를 희생한 거룩한 분들이다.

같다. 아니 바로 이 교환가치와 정확하게 동일물인 것이다. 그러므로 각 개인은 자기 자본을 될 수 있는 대로 많이 자국의 근로활동의 유지에 사용하고 그 근로활동으로 하여금 그 생산물이 최대의 가치를 가지도록 노력하게 된다면, 각 개인은 필연적으로 사회의 해마다의 수입을 될 수 있는 대로 최대로 하려고 노력한 것이 된다. 물론 그는 사회공공의 이익을 촉진하려고도 하지 않고, 그가 어느 정도 사회공공의 이익을 촉진하고 있는지도 모른다.

그가 외국의 산업을 유지하지 않고 국내의 산업을 선호하는 것은 오로지 자기 자신의 안전을 기도하기 때문이고, 그가 그 산업을 그 생산물이 최대의 가치를 가지도록 운영하는 것은 오로지 그 자신의 이익만을 기도하는 것이다.

그리하여 그는 이 경우에 다른 많은 경우에 있어서와 같이 보이지 않는 손(an invisible hand)에 이끌려 그가 전혀 의도하지 않았던 한 목적을 촉진하게 되는 것이다.

그것이 그가 의도한 바가 아니라는 것은 반드시 사회에 대해서 나쁜 것이 아니다. 그는 자신의 이익을 추구함으로써 진실로 사회의 이익을 증진코자 의도하였을 때보다도 더욱 유효하게 사회의 이익을 증진하는 수가 많은 것이다. 나는 사회의 복지를 위하여 사업을 하는 체하는 사람들에 의해서 진실로 복지가 이루어진 예를 알지 못한다."

(아담 스미스 저, 최호진 · 정해동 역, 『국부론』(상), 범우사(1992), 553쪽)

"But the annual revenue of every society is always precisely equal to the exchangeable value of the whole annual produce of its industry, or rather is precisely the same thing with hat exchangeable value. As every individual, therefore, endeavours as much as he can both to employ his capital in the support of domestic industry, and so to direct that industry that its produce may be of the greatest value, every individual necessarily labours to render the annual revenue of the society as great as he can. He generally, indeed, neither intends to promote the public interest, nor knows how much he is promoting it. By preferring the support of domestic to that of foreign industry, he intends only his own security; and by directing that industry in such a manner as its produce may be of the greatest value, he intends only his own gain, and he is in this, as in many other cases, led by an invisible hand to promote an end which was no part of his intention. Nor is it always the worse for the society that it was no part of it. By pursuing his own interest he frequently promotes that of the society more effectually than when he really intends to promote it. I have never known much good done by those who affected to trade for the public good."

(A. Smith, An Inquiry into the Nature and Causes of the Wealth of Nations)

아담 스미스(Adam Smith, 1723-1790)
영국의 경제학자, 철학자. 그는 자유방임주의 경세학의 창시사로서 사유시장과 자유무역의 사상을 강조하였다. 이는 정부의 간섭이나 보호가 경제활동을 방해한다는 주장이며, 개인들이 자신의 사익(私益, self-interest), 즉 사리사욕을 따라서 움직일 때 국가의 자원은 가장 효율적으로 이용되며 따라서 국가의 경제도 발전한다는 것이다.
사회적 복지와 공익(公益)은 개인들이 사익을 추구하는 과정에서 부산물로서 주어진다. 공익의 추구를 목표로하는 국가와 또 사회사업가들의 노력은 시장의 힘에 비교하면 극히 미미하다고 한다.

여기서 아담 스미스가 '보이지 않는 손'에 의해서 의도하는 것은 명료하다. 즉 개인이 자신의 사업의 이익과 안전을 위해서 최대한 노력할 때, 이는 자연히 사회 전체의 이익과 번영에 그만큼 기여한다는 것이다. 그러므로 이타주의(利他主義)와 이기주의(利己主義)의 구분이 따로 없다. 이기주의가 바로 이타주의라는 것이다.

물론 시장경제의 극심한 생존경쟁을 고려하면 이런 말은 황당하게 들릴지 모른다. 그러나 기업이나 작은 영세 자영업자들의 경우를 생각해 보면 자신이 사는 것은 바로 가족이 사는 것

민주노총, 00복지원 비리 엄중 수사 촉구

민주노총 충남서부지구협의회는 3일 오후 3시 서산시청 앞에서 소속 조합원 100여 명이 참가한 가운데 집회를 갖고 "검 · 경은 장애인 수용 복지시설인 사회복지법인 00복지원(원장 xxx)의 비리 부정과 폭력 사건에 대해 엄정히 수사해 관련자를 처벌할 것"을 요구했다.

이들은 또 "이 복지원 x 원장의 즉각 교체와 복지원 비리 부정 및 폭력 사건에 대한 강력한 재발방지 대책을 마련할 것"을 보건복지부와 서산시청 등 관계기관에 촉구했다.

180여 명의 장애원생을 수용, 예산의 90% 이상을 국고에서 지원받고 있는 00복지원은 각종 비리 의혹에 대한 서산시 특별조사에서 일부가 사실로 드러났으나 노조는 "특감 결과가 축소됐다"고 주장, 시청 앞에서 농성을 계속해 왔다.

(연합뉴스)

이고 더 나아가서 고용인을 부릴 경우는 다름 사람에게도 혜택을 주는 것이다.

그리고 요즘같이 불황으로 생존이 극히 어려운 시국에서는 나의 사회적, 직업적 생존 그 자체가 바로 사회에 기여하는 길이기도 하다. 최소한 내가 직업이나 사업 활동을 하여 경제적으로 자립함으로써 실직자나 기타 사회적 보호의 대상자가 되는 신세를 피한다는 점에서 사회에 피해를 주지 않는 것이다.

이런 면에서 보면 사회 발전과 개인 발전이 따로 없고, 내가 스스로 사회에 폐를 끼치지 않고 자기 수입을 벌어서 당당히 살아갈 때, 나는 사회 전체 발전에 기여하는 것이다.

아담 스미스는 더 나아가서 '공익사업을 한다' 혹은 '자선사업을 한다' 하고 떠드는 사람들을 비웃기까지 한다. 그런 사람들 가운데는 '공익'(the public good)을 위해서 헌신한다고 하면서 사익을 챙기는 사람들이 많다. 이는 한국의 많은 복지단체들이 겉으로는 비영리 자선사업을 내세우면서도 그 속으로는 다분히 불법, 비리가 자행되고, 수용자들의 인권을 무시하는 경우가 많은 것을 보면 알 수 있다.

따라서 애국(愛國)이니 뭐니 하면서 일은 하지 않고 말만 내세우는 사람들보다 법을 지키고 세금을 제대로 내면서 기업하는 사람들이야말로 이 사회의 진정한 영웅들이다. 독일에서는 기업가들을 '생존건설자'(Existenzgründer)라고 하면서 대단히 높게 평가한다. 현재 한국에는 반(反)기업인 정서가 많은데 이는 앞으로 바뀌어야 한다.

2. 케인즈 경제학과 복지국가 이념

'보이지 않는 손'을 내세운 아담 스미스와 그를 따르는 자유주의 경제학은 19세기를 풍미했으나 그 후의 역사적 과정에서 여러 문제점을 드러내었다. 즉 개인의 이익과

434

기업가 활동에 기초를 두는 경제정책은 빈부의 차이를 증대시켜 한 공동체의 통일성과 연대의식을 파괴하는 지경에까지 이르렀다.

여기서 자본주의 시장경제를 전면적으로 반대하는 마르크스의 이른바 사회주의, 공산주의 사상이 20세기 유럽과 전 세계로 퍼져 나갔다.

한편, 미국에서 1929년 발발한 대공황(The Great Depression)은 자본주의의 근본적 한계를 노출시킨 거대한 사건이었다. 이를 통해 자본주의의 오류를 인식하게 되었고 이를 경제학에서는 시장실패(market failure)와 관련을 짓는다. 즉 시장의 기능을 통해서 자원의 적절한 배분이 이루어지지 않고 과잉생산이나 과잉투자로 말미암아 생산물의 가격이 폭락하는 경우에 이런 시장실패가 발생한다.

영국의 경제학자 케인즈(J. M. Keynes, 1883-1946)는 대공황의 원인을 경제의 순환과정에서 찾았다. 케인즈에 의하면 생산력의 증대에 따라 국민의 소득이 늘어나면서 그 소득은 저축되는데, 문제는 고도로 경제가 성장하면 더 이상 투자의 출구(出口)를 찾기 어려워진다는 것이다. 즉 투자보다 저축이 많아진다. 이는 현재 한국의 기업들이 영업의 흑자를 올려 막대한 현금을 보유하면서도 더 이상 국내에서의 투자를 꺼리는 이유와 같다. 즉 기업들이 이윤을 창출할 수 있는 투자처를 발견하지 못하고 있는 것이다. 기업의 투자가 부진함으로써 다시 생산이 감소하고 그 결과 고용과 소득의 감소가 따른다. 이런 불경기 내지 불황이 심화되면 공황으로 발전한다.

여기서 우리는 케인즈의 유효수요(effective demand) 개념을

대공황 시기 한 외국인 이주민 어머니의 모습

이는 미국의 대공황 당시 자식을 일곱이나 가지고 있는 이주민 여인을 찍은 사진이다. 그녀는 완두콩 따는 일을 하였다.

칼 마르크스(Karl Marx, 1818-1883)

독일의 철학자, 경제학자. 마르크스는 당시 영국에서 발전한 자본주의 경제학을 비판하였다. 자본가의 이익은 노동자의 피와 땀을 착취한 것이며, 따라서 자본주의는 극도로 타락한 제도이며, 이는 무산자(프롤레타리아) 계급의 혁명을 통해서 전복되어야 한다고 본다. 마르크스는 자본주의 국가들의 법과 제도는 모두 유산자(부르주아) 계급의 이익을 반영하고 이를 합리화시킨 것이라고 본다.

케인즈(J. M. Keynes, 1883-1946)

영국의 경제학자. 『고용, 이자, 화폐에 관한 일
반 이론』에서 그는 시장 시스템만으로는 자본
주의 경제의 성장을 보장할 수 없다고 보고
정부가 재정과 금융을 조절해서 유효수요(소
비, 투자)의 부족을 해소하고, 실업률 저하와
완전고용 실현을 도모하여야 한다고 주장하였
다. 이를 위해서 정부는 불경기에 적자 재정을
운영해서 유효수요를 창출해야 한다. 왜냐하
면 민간 자본가들은 이럴 경우 투자를 기피하
기 때문이다. 기업의 투자 기피는 실업률을 올
리고 소비지출을 억제시킨다. 이는 다시 기업
의 투자를 감소시킨다. 이런 불경기의 악순환
을 끊고 경기를 살리기 위해서는 정부의 간섭
과 개입이 필수적이다.

볼 수 있다. 유효수요는 구매력을 가진 욕망(수요)으로서, 이는 욕망만 있지 그 욕망을 충족할 수 있는 구매력(돈)이 없는 잠재적 수요와는 다르다. 유효수요가 클 때는 경제활동이 증대되고 반대로 유효수요가 작을 때에는 경제는 위축된다.

현재 한국의 경기가 나쁜 이유도 바로 이 유효수요가 작기 때문이다. 국민들은 미래에 대한 불안 때문에 돈쓰기를 꺼린다. 유효수요란 이처럼 소비의 수요를 포함하는 것이다.

케인즈는 이런 경기불황의 경우 국가가 나서서 유효수요를 창출하여 판매를 촉진하고 또 기업의 투자를 활성화할 수 있다고 주장하였다.

이런 유효수요의 창출을 위해서 국가는 토목사업이나 각종 사회복지사업을 하는 것이 바람직하다. 즉 정부는 돈을 풀어서 사회간접자본을 확충하여 유효수요를 증폭시켜야 경제가 활성화된다.

이러한 케인즈의 주장은 대공황(1929)에 부딪혔던 미국의 루즈벨트 대통령이 뉴딜 정책을 실행한 것이 대표적 사례이다. 즉, 테네시 강의 개발 공사와 같은 대토목 사업을 통해서 실업자에게 취업의 기회를 부여하고 전력을 생산하게 하여 궁핍에 빠진 미국의 경제를 부흥시키는 데 큰 역할을 하였다.

이처럼 케인즈의 유효수요 이론에 따라서 정부가 실업자를 구제하고 각종 사회적 약자를 도와주는 복지국가의 모델이 도입된다.

복지국가는 이처럼 국민경제에서 국가의 역할을 강조하고 국가가 각종 경제활동에 직·간접적으로 참여하고 간섭, 규제함으로써 국부를 증대하고 사회복지를 높인다는 정책이다.

3. 신자유주의와 작은 정부의 등장

앞에서 우리는 간략하게나마 아담 스미스의 고전 자유주의 경제학과 이를 수정하는 케인즈의 복지국가 이론을 살펴보았다. 자유주의 경제정책은 주로 19세기에 성행하였고 케인즈의 경제이론은 20세기, 더 자세히는 미국의 대공황 시기 이후에 각광을 받은 정책들이다.

경제정책에서 국가의 간섭과 규제를 배제하고 다시 시장의 자율적 기능을 강조하는 학파가 신자유주의이다. 시장을 경제의 중심으로 간주하고 국가나 정부의 역할을 가능한 축소해야 한다는 신자유주의 대표적 이론가에는 오스트리아 출신의 경제학자 하이에크(Friedrich August von Hayek, 1899-1992)와 미국의 프리드먼(Milton Friedman, 1912-)이 있다.

하이에크(Friedrich August von Hayek, 1899-1992)
오스트리아의 경제학자. 하이에크는 당시 유행하던 케인즈의 복지국가 이론, 국가개입주의 경제학에 대항하여 다시 자유시장(free market)과 고전적 자유주의 원칙을 부활했다. 그는 사회주의, 계획경제에 대해서도 이를 개인의 자유를 부정하는 전체주의라고 강력하게 비판했다.

하이에크는 저서 『예종에의 길』에서 사회주의와 계획경제를 비판했다. 그는 모든 (경제) 계획은 전체주의로의 길이며 국민이 노예화되는 길이라고 강조했다. 이런 의미에서 한국의 1960-70년대 한강의 기적을 가져온 고(故) 박정희 대통령의 경제개발 계획 역시 민주주의, 시장주의보다는 사회주의, 계획경제의 흔적이 큰 정책이었다.

하이에크는 비단 구소련 식의 사회주의, 계획경제뿐만 아니라 케인즈 식의 복지국가, 국가간섭주의 경제 모델도 맹렬히 비판했다.

하이에크는 경제에 대한 국가의 통제를 비판하면서 이를 개입주의(interventionism)로 규정한다. 개입주의에는 위에서 언급한 케인즈주의, 뉴딜정책, 대규모의 사회복지 정책, 소득의 재분배 등의 정책이 포함된다. 이런 국가의 간섭과 개입주의는 시장경제의 합리성을 포기하는 대가로 실업, 경기침체, 불황 등 경제적 불안을 초래하며 또 스탈린이나 나치스 정권에서 보는 것처럼 인간의 자유를 말살하고 국민의 노예화를 초래한다는 것이다.

프리드먼 역시 국가의 간섭과 통제보다는 개인의 경제적 자유를 존중한다. 프리드먼은 1962년 아내인 로즈 D. 프리드먼과 함께 쓴 『자본주의와 자유』(*Capitalism and Freedom*)에서 당시의 사회복지제도를 자유주의, 개인주의의 전통적인 가치에 반하는 중앙집권적, 관료적인 제도라고 비판하면서 이를 대신하는 작은 정부(small government)를 주장하였다. 프리드먼에 의하면 작은 정부란 정부와 국가의 혜택은 누리면서도 그것이 개인의 자유를 위협하지 않도록 정부의 할일의 범위를 최소화하고 또 정부의 힘을 광범위하게 분산시킨다는 구상이다. 이를 위해서 정부는 가능한 세금을 적게 걷고(감세정책) 각종 재정지출이나 사회복지정책을 축소한다. 그러나 여기에도 약간의 문제가 있는 것처럼 보인다.

우리나라에서도 종종 관찰되지만, 사회에서 발생하는 각종 사회문제에 대해서 언론은 툭하면 사회의 책임 운운한다. 국민들 역시 정부가 모든 것을 다 잘 할 수 있다는 착각에서 어려운 일이 생기면 정부에 해결해 달라고 매달리는 약점을 갖고 있다. 또한 정치인들과 관료들은 자신들의 중요성이 증대한다는 망상에서 자꾸 정부의 권한과 영역을 키우는 습관이 있다.

그 결과 정부의 힘은 점점 더 비대해지며 조세부담은 더욱 커지고 간섭과 통제는 더욱 심해지며 개인의 자유로운 영역은 점점 작아지게 된다. 작은 정부는 우리나라에서도 김영삼 정부 시절 이를 수용한 적이 있다. 그러나 이를 일관성 있고 강력하게 추진한 인물은 미국의 레이건 대통령과 그 정부였다.

■ 신자유주의의 실천

신자유주의 경제이론은 1980년대에 미국과 영국에서 레이건 대통령과 대처 수상에 의해서 국가의 정책으로 채택되어 현실화됨으로써 국제사회에서 엄청난 영향력을 발휘하게 된다.

영국의 대처(Margaret Thatcher, 1925-) 수상은 1979년 보수당을 이끌고 집권했는데, 그녀는 당시 영국이 처한 소위 '영국병', 즉 사회적, 경제적 침체와 무기력증을 타파하기 위하여 민간기업의 자유와 경쟁에 기초하는 사회 시스템을 회복하는 정책을 폈다. 이를 소위 대처리즘(Thatcherism)이라고 한다.

대처는 그 전의 노동당 정부가 고수해 왔던 각종 국유화와 복지정책 등을 포기하고 민간의 자율적인 경제활동을 중시하는 경제개혁을 추진했는데, 그 개혁의 내용은 ① 복지를 위한 공공지출의 삭감과 세금인하, ② 국영기업의 민영화, ③ 노동조합의 활동규제, ④ 기업과 민간의 자유로운 활동보장 등이다. 대처는 또한 '작은 정부'의 실현을 위해서 각종 정부기구의 축소와 감세정책을 추진했다.

이와 비슷한 시기에 미국의 레이건(Ronald Reagan, 1911-2004) 역시 신자유주의에 입각한 각종 경제·사회 정책을 펴가기 시작했다. 그의 정책 역시 자유화(무역/투자/자본), 민영화, 복지축소, 규제완화, **노동시장 유연화** 등이다. 노동시장 유연화란 노동자의 취업 상태를 법적으로 보호하는 것이 아니라 경기변동과 기업가의 경영적 판단에 따라서 쉽게 채용하거나 해고시킬 수 있게 하는 정책을 말한다. 이는 노동자와 노동조합의 권리를 심하게 약화시킬 수 있는 단점이 있다. 그래서 **노동계와 진보진영**에서는 신자유주의를 약자의 희생 위에서 강자의 권익을 도모하는 비인간적인 정책으로 비판한다.

또 신자유주의의 복지축소 이론은 당장 사회의 약자들로부터 복지혜택을 상실하게 함으로써 많은 물의를 일으키고 있다.

이처럼 신자유주의는 노동자보다는 기업가에게 더 많은 자유와 기회를 보장하고 사회적 약자보다는 강자에게 지도권을 부여하는 시스템이라고 할 수 있다.

레이건(Ronald Reagan, 1911-2004)
미국의 제 40대 대통령. 그는 영화배우 출신으로 대통령이 된 뒤 소위 '레이거노믹스' (Reaganomics)라는 신자유주의 경제정책을 추진하여 소득세의 대폭감세, 기업에 대한 정부규제의 완화, 정부지출의 감소 등을 통해서 공급자 위주의 정책을 시행했다.
그는 또 '별들의 전쟁'이라는 천문학적 예산이 드는 군사력 경쟁 정책을 펴서 구(舊)소련을 군비경쟁에서 붕괴하는 지경으로 몰아갔고, 결국 이는 소련을 비롯한 동구 사회주의 국가들의 붕괴를 야기했다.

노조 파업권을 무력화시키려는 손해배상 가압류
1980년대 레이건, 대처가 탄압의 원조
1980년대 초 미국 레이건 행정부는 1981년 항공관제사 노조 파업에 참여한 1만 2천 명을 해고하고 수백만 달러의 손해배상을 떠안기면서 공무원이던 이들의 재취업을 금지시켰다.
이 후 미국에서 사용자는 고용과 해고에 있어서 전권을 행사하게 되었고, 중재를 받아들이지 않으면 연방군을 투입할 수도 있게 되었다. 노동자들에게 감당할 수 없는 손해배상을 떠안김으로써 노동자의 권리를 지키는 최후보루인 파업권을 사실상 무력화시키게 되었다.
이 후 1997년 대부분 비정규직인 18만 5천 명의 트럭 노동자들이 파업으로 승리할 때까지 미국 노동운동은 그야말로 전례없는 암흑기를 지나야 했다.
1979년 등장한 영국의 대처는 1년 간이나 파업으로 맞선 탄광노조를 완전히 와해시켰다. 이것은 1980년부터 1984년까지 4차례나 노동법을 개정해 노동조합에 파업으로 인한 손해배상 책임을 묻게 함으로써 가능했다.
(『울산노동자신문』, 2001. 7. 16)

국제화와 세계화

세계화(globalization)와 비슷한 말로
국제화(internationalization)란 말이 있다. 이
둘의 차이점은 다음과 같다.

● 국제화(internationalization)
국가단위 전제로 교역이나 투자를 하는 것. 이
는, 즉 각 국가들의 독자성과 차이성을 인정하
고 그런 개념 하에서 각국이 서로 무역이나
경제활동을 전개시켜 나가는 것이다.

● 세계화(globalization)
국가의 단위를 초월하여 투자하거나 교육하는
것. 이는, 즉 상품, 서비스, 자본, 노동, 정보 등
에 대한 인위적 장벽이 제거되어 세계가 일종
의 거대한 단일시장으로 통합되어 나가는 추
세를 말한다.
이를 위해서 국경을 초월한 전 세계적으로 일
률적인 규격, 규범, 가치관이 필요해지는데 이
를 통제하는 기관이 WTO이다.

그런데 노동시장 유연화를 비판하는 노동계 및 진보진영의 공격에 대해서는 다음과 같은 반론이 가능하다.

즉, 쉬운 해고의 조건이 도리어 신규 고용 창출에 기여한다는 것이다.

노동자에게 해고란 바로 생명을 빼앗는 것과 다름없는 가혹한 처사이다. 그러나 노동시장이 경직화되어 있으면 회사가 적자를 보고 기업이 망할 지경이 되어도 해고할 수 없다는 말이 된다. 또 평생 고용보장 같은 제도는 최근 기업 경영의 유행인 감량경영(다운 사이징)을 할 수 없게 만든다.

그리고 직원의 해고가 어려우면 그만큼 채용도 어려워진다. 왜냐하면 창업 기업같이 아직 영세하고 앞날이 불투명할 경우 해고시킬 수 없는 (정규) 직원을 채용하는 것은 너무 큰 부담으로 작용하기 때문이다.

유럽의 실업률이 미국보다 훨씬 높은 이유도 바로 복지혜택이 많고 또 노동시장의 유연성이 없기 때문이다. 유럽에서는 전반적으로 직원을 해고하기(정리해고)가 미국에 비해서 훨씬 어렵다. 미국은 그 반대로 경영자에게 해고의 권한이 부여되어 있다. 미국의 노동생산성이 유럽, 특히 독일보다 높고 1인당 GDP 가 그만큼 높은 이유도 신자유주의와 노동시장 유연성에 있다고 볼 수 있다.

현재 한국 노동시장의 문제는 정규직은 고용이 보장되고 비정규직은 상대적으로 불안정적이고 임금도 아주 낮다는 점이다.

4. 신자유주의와 세계화

신자유주의 경제이론과 떼어 놓을 수 없는 문제가 바로 세계화이다. 신자유주의는

자유시장과 무역의 자유를 주장한다는 점에서 구(舊)자유주의 혹은 자유방임주의 경제학과 기본적으로 동일하다. 앞에서 우리는 아담 스미스의 경우에서 국가의 간섭이나 보호가 국민경제에 별로 좋은 영향을 주지 못한다는 것을 설명했다.

그러므로 구자유주의의 후손인 신자유주의가 자유시장과 무역의 자유를 주장하는 것은 당연하다고 볼 수 있다. 그런데 이렇게 논리적이고 본질적인 설명을 떠나서 역사적, 상황적으로 20세기 후반에 와서 왜 이렇게 급작스럽게 무역의 자유를 부르짖는 이론과 그런 국제기구들이 탄생하여 국제적인 파란을 일으키는지 알아보면 다음과 같다.

제2차 세계대전 이후 세계경제는 약간의 굴곡은 있었지만 대체로 순풍에 돛 단 듯 서구 자본주의를 중심으로 발전했고, 이 시기에 서구 제국들의 국민복지와 풍요는 그 전의 어느 시기보다 눈부신 성장을 했다. 그러나 1980년대에 와서 서구 자본주의는 생산성의 정체라는 괴로운 시기를 맞이하게 되었다. 그래서 그 전의 시대를 풍미했던 케인즈 경제학과 복지국가의 모델에 대한 심각한 반성이 일어났고 여기에 상응하여 하이에크와 프리드먼의 신자유주의 경제학이 주목을 받게 된 것이었다.

그 동안 후진국들에게 상당히 관대하게 대해 주었던 선진국들은 그러나 자국의 경제적 침체에 직면해서는 후진국들에게 악착같이 공격적인 자세를 취하게 되었다. 그런 서구 자본주의 국가들의 단체적 행동으로 조직된 것이 세계무역기구(WTO)와 국제통화기금(IMF), 그리고 경제협력개발기구(OECD) 등이다.

앞에서 우리는 한국의 외환위기 시기에 국제통화기금이 큰 도움을 주었지만 동시에 철저한 신자유주의적인 구조조정 프로그램을 요구하여 대량실업과 대량해고, 흑자기

『세계화의 덫』(*Die Globalisierungsfalle*)
마르틴(Hans-Peter Martin)과 슈만(Harald Schumann)이 쓴 『세계화의 덫 : 민주주의와 삶의 질에 대한 공격』이란 책은 세계화와 신자유주의를 다음과 같이 비판한다.
세계화란 지구촌을 하나의 시장판으로 만들면서 다시 '무한경쟁'이라는 정글의 논리로서 지구촌을 분열시켰다. 이는 20:80의 사회를 말한다. 즉 상위 20%의 사람들은 경쟁과 성장의 혜택을 누리고 하위 80%의 사람들은 죽지 못해서 살아간다.
이 책에서 보는 세계화는 복지사회를 파괴하는 무자비한 합리성과 효율의 논리이며 자연생태계와 민주주의를 파괴하는 논리이다.
이 책은 신자유주의와 세계화가 민주주의와 삶의 질을 파괴한다는 주장을 제기한다. 그 이유는 민주주의가 국민들의 인간적 존엄성과 자유 그리고 평등을 위해서는 재화 분배의 실질적 형평성이 필요한데, 무한경쟁의 논리는 이를 부정하기 때문이다. 효율성은 형평성 혹은 평등성을 거부한다. 효율성(efficiency)과 형평성(equality)은 이처럼 서로 대립하는 경향이 있다.

세계화와 각 지역의 문화적 전통의 상실

세계화의 부작용 중의 하나는 보편적인 세계 문화가 지역적, 전통적 문화를 대체하여 그 지역이나 민족의 문화적 정체성을 말살할 수 있다는 것이다. 비근한 예로 Sarawak라는 보르네오 섬 서북부에 위치한 한 지역에 사는 Dayak 종족은 그 지역에 라디오가 수입되기 전까지는 전통적인 긴 노래를 즐겨 불렀다. 그러나 그 지역에 라디오가 수입되어서 이를 즐겨듣는 과정에서 오랜 전통이 있는 그들의 민요를 잊어버리게 되었고 그 전통적 문화는 말살되어 버렸다. 이는 라디오라는 기술이 도입된 지 불과 20년 만이었다.

이처럼 오늘날의 국제화, 세계화 등의 영향은 고유 문화의 계승에 치명적인 해를 가한다. 예를 들어 국제어가 되는 영어의 사용과 TV, 영화, 외국 여행 등은 지역 문화와 전통을 방해한다.

국제적 투기세력과 헤지 펀드(hedge fund)

국제적 투기세력을 헤지 펀드라고 하는데 그 중 유명한 것이 조지 소로스(George Soros)가 운영하는 '퀀텀 펀드'이다. 소로스는 1992년 불안정한 영국의 파운드화를 상대로 환투기를 실시하여 영국의 중앙은행을 무너뜨리고 2주일 만에 당시 돈으로 10억 달러를 벌었다는 신화적인 업적을 달성했다.

업의 부도 등으로 한국인의 삶에 엄청난 상처와 고통을 준 것을 언급했다.

국제통화기금은 채무국에 대한 자금 대출의 조건으로 신자유주의 경제이론에 부합하는 IMF 지원 프로그램을 시행할 것을 요구하고 있다. IMF 지원 프로그램은 신자유주의 경제노선에 부합하는 구조조정 프로그램을 말하며, 여기에는 각종 규제의 완화, 정부소유 국영기업의 민영화, 수입상품에 대한 관세장벽의 철폐, 수입품의 가격을 내리기 위한 통화의 평가절하, 고금리정책, 기업에 대한 정부의 경제적 지원의 철폐 등이 있다.

미국을 위시한 자본주의 선진국들은 세계무역기구(WTO)를 만들어서 자본의 국제적인 이동을 가속화시키고 자본과 상품의 이동을 가로막는 모든 국가적, 제도적 방해물을 제거한다. 또한 WTO는 어떤 나라라도 초국적(超國的)인 자본의 운동을 막지 못하게 감시하고 통제하는 기능을 가진다.

따라서 상품의 생산, 분배 및 소비가 이제는 국가적인 차원에서가 아니라 세계적인 차원에서 아무런 제약 없이 자유롭게 이루어지고, 전 세계적인 단일 규모의 완전경쟁시장이 생긴다. 그리고 이를 통해서 전 지구적 차원에서 무한경쟁이 가능하게 되었다.

관련 교과서 내용에서도 이미 나타난 바와 같이 "세계무역기구(WTO) 체제가 성립된 이후에는 교역대상이 거의 모든 재화와 서비스로 확대되었는데, 특히 서적, 음반, 디자인, 저작권, 특허권 등의 지적 재산권과 관련된 무역거래가 뚜렷한 증가 추세를 보이고 있다." 이는 전통적으로 비경제적인 것으로 여겨졌던 문화적, 정신적 산물에 대해서도 철저한 시장거래가 시행됨을 의미한다. 인간의 모든 가치와 문화를 오직 시장의 대상으로서만 보는 것이 신자유주의적인 세계화이다. 이런 세계화가 진행되면 각 나라의 고유한 문화와 자연은 모두 상업적 가치 하나에 의해서 평가되고 또 시장의 효율성에 합당하지 않은 문물과 자연의 생물들은 모두 도태되어 버리고 말 것이다. 이것이 신자유주의적인 세계화가 가져올 자연적, 문화적, 정신적 획일화의 우려이다.

또한 특정 수입품에 대한 보호관세나 규제 혹은 자국의 특정한 수출품을 장려하기 위한 금융지원이나 차별적 특혜도 더 이상 허용되지 않는다. 이는 국가적 장벽이 더 이상 무역과 자본의 이동을 방해할 수 없다는 것이다. 특히 소위 헤지 펀드(hedge fund)라고 불리는 국제적 투기 자본이 천문학적 규모의 자금으로 하루에도 몇 번씩 전 지구를 배회하며 취약한 자본시장을 호시탐탐 노리고 있다. 신자유주의 세계화는 결국 경제적, 문화적으로 약한 나라의 희생의 기반 위에서 강대국의 자유를 누리는 그런 지구촌 경제를 의미한다.

5. 세계화, 위기인가 기회인가?

그러나 세계화는 위험인 동시에 기회를 제공하기도 한다. 세계화를 한다고 반드시 미국이나 강대국에만 유리한 것은 결코 아니다. 가령 최근 중국의 부흥은 세계화의 긍정적인 결실로 봐야 한다. 그리고 한국의 경우도 전자제품의 수출과 특히 한류 열풍은 귀중한 세계화의 열매로 간주해야 한다. 세계화를 타고 한국의 고

국제 금융계의 신화적 존재이며 투기자본의 영원한 대부로 불리는 조지 소로스

최근 한국에서도 부실한 금융업체를 헐값으로 인수하여 이를 정상화시킨 뒤 다시 비싼 값으로 되파는 외국의 투자회사들이 단기간에 엄청난 이익을 남겼다. 가령 미국계의 펀드 '뉴브리지 캐피탈'은 파산위기에 몰렸던 제일은행을 유리한 조건으로 인수하여 정상화시킨 후 다시 파는 방법으로 엄청난 이익을 거두었다.

뉴브리지, 제일은행 매각 환차익까지 챙겨

뉴브리지캐피탈이 제일은행을 매각하는 과정에서 환차익까지 챙겨 실제 매각차익이 1조1천800억 원에 육박하게 됐다. 15일 금융계에 따르면 뉴브리지는 이날 영국계 스탠다드차타드은행(SCB)으로부터 제일은행 보유지분(48.56%) 매각대금 15억9천420만 달러를 받았다.

SCB는 당초 뉴브리지 보유지분 인수대금 1조6천500억 원을 원화로 결제키로 했으나 환전 비용 절감 등 상호 이해관계가 맞물리면서 달러당 1035원의 환율을 적용, 결제통화를 달러로 변경하기로 최근 뉴브리지와 합의한 것으로 전해졌다. 이에 따라 뉴브리지가 제일은행 매각을 통해 거둔 차익은 원화 결제시의 1조1천500억 원에서 1조1천795억원으로 증가했다.

뉴브리지는 지난 1999년 5천억 원(당시 환율 기준 4억3천782만 달러)을 투입, 제일은행을 인수했으나 최근 환율이 1020원대로 하락함에 따라 300억 원 가량의 환차익을 얻게 된 것이다.

(연합뉴스, 2005. 4. 15)

유한 문화적 유산이 세계로 뻗어갈 수도 있고 반대로 미국의 문화제국주의의 밥이 될 수도 있다.

신자유주의 세계화, 그것은 문자 그대로 국가가 주체가 아니라 자본이 주체이다. 따라서 세계화가 특정 나라에게만 유리하다는 것은 지나친 편견이다. 자본에는 국경이 없다. 아담 스미스의 말처럼 자본가가 국내에 투자하는 이유는 자본의 안전과 이익 때문이다. 최근 한국의 기업들은 국내의 비싼 임금 때문에 대다수가 중국으로 그 생산기지를 옮겼다. 이런 자본과 생산의 국제적 이동을 국가가 막을 수 없다.

따라서 세계화는 우리 시대에 하나의 필연적인 현상으로 이해해야 한다. 문제는 이를 어떻게 이용하는가 하는 것이다. 이는 또한 세계화에 대한 한국의 태도와 관련이 된다.

3장 | 총정리

● 소위 'IMF 위기'로 불리는 한국의 외환위기는 외국 돈의 부족으로 갚아야 할 외국 빚을 갚지 못함으로써 생긴 국가적 부도상태를 말한다.

● IMF란 '국제통화기금'(International Monetary Fund)의 약자로서 현재 국제경제의 주된 물결인 '신자유주의'(Neo-Liberalism)라는 사상을 기조로 하여 운영되고 있다.

● 세계화의 중요한 요소는 시장의 개방과 자유무역이다.

● 한국의 대기업들의 주식 지분 구조를 보면 약 50%가 외국인 소유로 되어 있다.

● 세계시장은 경쟁의 원리에 의해 승리와 패배가 분명하게 구별되는 냉혹한 공간이다.

● 세계시장에서는 종래의 상품만 거래되는 것이 아니라 문화와 사상도 일종의 상품으로서 거래 품목이 된다.

● 우루과이 라운드가 타결되고 WTO 체제가 성립된 이후에는 교역대상이 거의 모든 재화와 서비스로 확대되었는데, 특히 서적, 음반, 디자인, 저작권, 특허권 등의 지적 재산권과 관련된 무역거래가 뚜렷한 증가 추세를 보이고 있다.

● 신자유주의(新自由主義)와 자유주의(自由主義), 양자는 근본적으로 같다.

● 아담 스미스는 그의 저서 『국부론』(國富論)에서, 경제의 발전과 국민의 복지를 위해서는 국가나 정부가 경제나 무역사업에 간섭하지 말고 사업가나 상인들 혹은 농민들에게 그들의 경제행위를 스스로 결정하도록 내버려두라고 하였다.

● 중상주의는 수입을 제한하고 수출을 장려한다는 정책을 펼쳤다.

● 어떤 물건을 내가 만드는 비용이 남이 만드는 비용보다 더 많이 든다면 나는 그 물건을 스스로 만드는 대신 남에게서 사는 것이 훨씬 경제적이다.

- 자유주의 경제학은 개인의 이익추구가 공익의 증대 및 사회의 복지를 가져온다고 설명한다. 아담 스미스는 이런 경제학의 원리를 '보이지 않는 손'(an invisible hand)이라고 한다.
- 현재 한국에는 반(反)기업인 정서가 많은데, 이는 앞으로 바뀌어야 한다.
- 미국에서 1929년 발발한 대공황(The Great Depression)은 자본주의의 근본적 한계를 노출시킨 거대한 사건이었다.
- 케인즈에 의하면 기업의 투자가 부진함으로써 다시 생산이 감소하고 그 결과 고용과 소득의 감소가 따른다. 이런 불경기 내지 불황이 심화되면 공황으로 발전한다.
- 케인즈의 유효수요는 구매력을 가진 욕망(수요)으로서, 이는 욕망만 있지 그 욕망을 충족할 수 있는 구매력(돈)이 없는 잠재적 수요와는 다르다.
- 케인즈의 유효수요 이론에 따라 미국의 루즈벨트 대통령은 뉴딜 정책을 추진했다.
- 케인즈의 유효수요 이론에 따라서 정부가 실업자를 구제하고 각종 사회적 약자를 도와주는 복지국가의 모델이 도입된다.
- 하이에크는 저서 『예종에의 길』에서 사회주의와 계획경제를 비판했다. 그는 모든 (경제) 계획은 전체주의로의 길이며 국민이 노예화되는 길이라고 강조했다.
- 하이에크는 경제에 대한 국가의 통제를 비판하면서 이를 개입주의(interventionism)로 규정한다. 개입주의에는 앞에서 언급한 케인즈주의, 뉴딜 정책, 대규모의 사회복지정책, 소득의 재분배 등의 정책이 포함된다.
- 프리드먼은 『자본주의와 자유』(Capitalism and Freedom)에서 당시의 사회복지제도를 비판하면서, 그 대신 작은 정부(small government)를 주장하였다.
- 작은 정부를 일관성 있고 강력하게 추진한 인물은 미국의 레이건 대통령과 그 정부였다.
- 영국의 대처 수상이 추구한 대처리즘(Thatcherism)은 각종 국유화와 복지정책 등을 포기하고 민간의 자율적인 경제활동을 중시한다.
- 레이건은 대통령이 된 뒤 소위 '레이거노믹스'(Reaganomics)라는 신자유주의 경

제정책을 추진하여 소득세의 대폭 감세, 기업에 대한 정부규제의 완화, 정부지출의 감소 등을 통해서 공급자 위주의 정책을 시행했다.

● 노동계와 진보진영에서는 노동시장의 유연화와 같은 신자유주의 정책을 약자의 희생 위에서 강자의 권익을 도모하는 비인간적인 정책으로 비판한다.

● 유럽의 실업률이 미국보다 훨씬 높은 이유는 바로 복지혜택이 많고 또 노동시장의 유연성이 없기 때문이다.

● 한국 노동시장의 문제는 정규직은 고용이 보장되고 비정규직은 상대적으로 불안정적이고 임금도 아주 낮다는 점이다.

● 국제통화기금(IMF)은 철저한 신자유주의적인 구조조정 프로그램을 요구하여 대량실업과 대량해고, 흑자기업의 부도 등으로 한국인의 삶에 엄청난 상처와 고통을 주었다.

● 미국을 위시한 자본주의 선진국들은 세계무역기구(WTO)를 만들어서 자본의 국제적인 이동을 가속화시키고 자본과 상품의 이동을 가로막는 모든 국가적, 제도적 방해물을 제거한다.

● 세계화를 한다고 반드시 미국이나 강대국에만 유리한 것은 아니다. 가령 최근 중국의 부흥은 세계화의 긍정적인 결실로 봐야 한다.

경희대 2004학년도 수시 1학기 논술고사 (인문)

[논제] 아래의 제시문 (가)와 (나)는 세계화가 문화 산업에 미치는 영향에 대해 상반된 입장을 갖고 있다. (가)와 (나)의 논지를 요약하고, 둘 중에서 어느 쪽 입장이 타당하다고 생각하는지 우리의 영화 시장 개방을 예로 들어 논술하시오.

(가) Culture takes diverse forms across time and space. This diversity is embodied in the uniqueness and plurality of the identity of the groups and societies making up humankind. As a source of exchange, innovation and creativity, cultural diversity is as necessary for humankind as biodiversity is for nature. The defense of cultural diversity, therefore, is a moral duty, inseparable from respect for human dignity. It implies a responsibility to human rights and fundamental freedoms, in particular, the rights of persons belonging to minorities nd those of indigenous peoples.

However, in most corners of the world, the predominance of American popular culture is ever visible. Flick a remote control almost anywhere on earth, and you will see American products: Hollywood films, the CNN news channel, television shows such as "Friends" or "The X-Files." This poses serious challenges to the peoples and cultures around the world. Market-driven globalization doesn't want diversity. Its enemies are national habits, local brands and distinctive regional tastes. The worry also comes from the lips of TV programme-makers in Europe. "We are told that the world is globalizing," said Greg Dyke, director-general of the BBC. "That's not true: It is Americanizing." The market mechanism alone, therefore, cannot preserve and promote cultural diversity. Market forces would rather kill the diversity and tend to work for strengthening America's cultural predominance.

This is why various forms of cultural protectionism have risen, especially in Europe. The urge to drive American popular culture from European TV schedules is sometimes pursued with a passion. France's Ministry of Culture has been almost uniformly supported for its position by a French cultural elite worried about the threat that America poses, particularly to French film. Their concern is not, as sometimes claimed, that an upstart America hijacked the French national invention of Melies and the Lumieres. Rather it is that Hollywood is a Trojan horse bringing with it Disney Paris, fast-food chains and free advertising for American products from clothes to rock music. "America is not just interested in exporting its films," says Giles Jacob, the head of the Cannes Film Festival. "It is interested in exporting its way of life."

[주]
① plurality : 다양성
② biodiversity : 생물(종)다양성
③ indigenous : 토착적인
④ predominance : 지배
⑤ upstart : 건방진
⑥ Melies and the Lumieres : 프랑스 영화 산업의 선구자들

(나) It is true that global competition threatens the survival of the high-cost programming that many state-owned broadcasters in Europe produce. But technology will cut the cost of producing cheap-and-cheerful local programming. It will also be less expensive to distribute minority programming to scattered audiences around the world. In this way, the globalization of media may uarantee a globalization not merely of Micky Mouse, but of the many cultures valued by people who are separated by distance from their geographic or national origins. In television, as everywhere else, companies usually seek to provide the goods which their customers seem to want.

Even if America really were as powerful as its cultural enemies imagine, the commonly suggested solution of protection would not be the answer. Take film, where there is no question about Hollywood's might. Quotas are about as suitable to the modern age as the horse and carriage. Anybody who wants to watch an American TV programme in prime time can flick through an ever-increasing number of channels or rent a video. Quotas also have the perverse effect of encouraging the production of "quota quickies," that is, banal local productions designed only to satisfy official mandates and capture the subsidies that often come with them. The case for subsidies is hardly more robust. Government handouts tend to go to the people who have least need of them. At best, this means that public money is used to subsidize films that would have been made anyway; at worst, it means that talented producers spend their time lobbying the government rather than making good films.

Whether they want to resist American predominance from fear or from envy, cultural protectionists are wrong to think they can direct taste through subsidies and quotas. And they err more yet if they think that, given a free choice, their citizens will prefer American to local artifacts. Let market orces work for cultural products, and you will see how they work to preserve and promote cultural diversity as global companies compete for local tastes and demands. "Viewers are essentially local in what they consume," says David Hulbert, head of Walt Disney elevision International. "The more the world becomes global," says Bibiane Godfroid, head of content at Canal Plus, which operates in 11 European countries, "the more people want their own culture."

[주]

① scattered : 흩어져 있는

② perverse : 잘못된, 전도된

③ quickies : 급조한 날림작품

④ banal : 진부한, 시원찮은

⑤ subsidies : 보조금, 지원금

⑥ handouts : 동냥, 자선품

⑦ artifacts : 예술품

※ 유의사항

① 띄어쓰기를 포함하여 1,300-1,400자 이내로 논술하시오.

② 제목은 쓰지 말고 특별한 표시를 하지 마시오.

③ 예시문 속의 문장을 그대로 쓰지 마시오.

④ 반드시 본교에서 지급한 필기구를 사용하시오.

⑤ 수정할 부분이 있을 경우 수정도구를 사용하지 말고 원고지 교정법에 의하여 교

정하시오.

⑥ 본교에서 지급한 필기구를 사용하지 않았거나, 수정도구를 사용한 경우, 답안지에 특별한 표시를 한 경우, 또는 원고지의 일정 분량 이상을 작성하지 않은 경우에는 감점 또는 0점 처리합니다.

해설 및 예시답안

첫째 마당 | 자아와 세계

〈성균관대 논술의 특징〉

성균관대학교 인문계 정시 논술은 논술시험의 정수를 보여주는 현대적 문제의식과 심도 있는 제시문의 구성으로 논술 준비를 하는 수험생들에게는 모범적인 사례를 보여준다. 다른 학교에서도 이와 유사한 주제설정과 제시문을 활용할 수 있으므로 이를 한 번 익히고 또 공부할 필요가 있다.

'자아정체성'이란 주제는 '도덕' 공통교과서에도 나오고 '윤리와 사상' 과목에도 나오는 중요한 주제이다. 이런 분야는 논술시험의 필수적인 항목이라고 할 수 있다. 현대 사회의 큰 문제의 하나가 바로 자아정체성이기 때문이다. 본 교재에서도 이런 문제의 의미를 충분히 밝혔다. 자아 문제는 워낙 다양한 맥락에서 나오기 때문에 본 교재에 제시된 내용만으로는 모든 논술시험의 형식과 내용에 부합할 수는 없지만 그래도 교재의 내용을 충분히 소화해두면 이와 유사한 형태의 논술문제에 당황하지 않고 대응할 수 있다.

그리고 위의 성균관대학교 논술문제를 풀이하는 데도 본 교재의 미드의 자아정체성 이론이나 플라톤의 영혼 이론들을 미리 알고 있다면 제시문 이해에 도움이 된다.

〈문제해설〉

제시문 (가)는 전형적으로 자아 문제를 제기하는 글이다. 비록 이 글이 영어로 되어 있지만 그 서두를 보면 벌써 그것이 자아정체성을 묻고 있다는 것을 알 수 있다, 즉 who is who 혹은 who am I 같은 문장은 자아정체성을 의미한다. 정체성(Identity)은 다시 말해서 동일성이다. 즉 영어의 identity라는 단어는 때로 동일성으로 때로 정체성으로 번역된다.

따라서 중요한 개념들은 항상 영어로 이해를 하고 있어야 한다.

즉 내가 어제나 오늘이나 같은 나인가 하는 문제가 바로 정체성의 문제이다. 제시문은 그런 자아정체성 내지 자아동일성을 기억과 신체라는 두 가지 근거에서 고찰한다. 전통적으로는 기억을 정신이라고 간주한다. 논술문 분석에서 개념을 바꾸어 생각하는 기술이 필요하다. 즉 자신이 잘 모르는 개념이라면 이를 자신이 잘 아는 개념으로 치환하여 논지를 끌고 갈 수 있어야 한다.

그러나 이 지문에서는 정신이라는 말 대신 기억(memory)이라는 범주로 정체성을 나타낸다.

기억이 정신적 연속성을 나타낸다면 신체는 공간적 연속성을 나타낸다. 우리는 기억을 통해서 어제의 내가 오늘의 나와 동일한 존재임을 인식한다. 그래서 만약 누가 기억상실증에 걸린다면 그 사람의 자아정체성은 심각한 타격을 받을 것이다.

그런데 기억 혹은 정신이란 주관적인 존재이다. 즉 남의 눈에는 보이지 않는다. 그러므로 나의 내부적 의식은 있지만 그 객관적 존재는 불확실할 수 있다. 여기에 비해 신체, 즉 물리적 연속성은 객관적이다. 다시 말해서 남들이 볼 수 있는 공간 속에 존재한다. 여기서 문제는 기억 혹은 정신은 그 자체로서 충분한 자아정체성을 나타내는지 아니면 어디까지나 신체와 대조됨으로써 비로소 그 의미를 지니는 불완전한 정체성인지 하는 것이 제시문의 논점이다. 달리 말한다면 정신이냐 신체냐 하는 문제로 된다. 정신은 기억을 포함하는 더욱 근본적인 존재이다.

제시문 (나)는 전형적인 인간의 정신성과 도덕성을 나타내는 문장이다. 그 내용은 제시문 속의 "인간은 대체로 육체적 욕구를 가진 점에서는 동물과 비슷하지만, 도덕적, 정신적인 면에서는 동물의 범주를 벗어난다고 할 수 있다. 다시 말해서, 모든 동물은 본능적으로 행동하는 데 비하여, 인간은 의식적으로 행위하며, 스스로 가치를 추구하고 정신적으로 행동할 수 있다"에서 나타난다. 더 이상의 설명이 필요없는 대목이다. 그러므로 제시문 (나)의 주제는 인간의 정신적 본성 혹은 도덕성이 된다.

제시문 (다)는 인간의 행동이 선천적인 기질보다는 후천적인 환경에 의해서 결정된다는 환경결정론을 말하고 있다. 즉 대도시라는 비자연적, 비인간적 환경은 인간으로 하여금 병리적으로 행동하게 만든다는 것이다. 도시 거주자는 우리에 갇힌 동물과 비교할 수 있다는 것이 글의 요지이다.

제시문 (라)는 과학기술문명 하의 정체성을 주제화하고 있다. 이 내용은 누구나 이해할 수 있고 여기서 포인트는 이를 소재로 하여 창의적인 의견을 서술하는 것이다. 즉 유전자 조작을 통한 인간복제와 변형이 문제이다. 이를 제시문 (가)와 연결시킬 때에는 여러 가지 생각의 가능성이 있다. 유전자는 물질이며 신체의 일부이다. 그런데 유전자를 조작함으로써 완전히 다른 정체성을 가진 인간을 조작해 낼 수 있다는 것이 현대 생물과학의 딜레마이다. 이런 면에서 볼 때 신체적-물질적 요인이 정신적-도덕적 요인보다 더 중요하다는 논리가 나올 수 있다. 즉 정신은 물체에 붙어 있는 하나의 속성이라는 관념이 나온다. 그래서 제시문 (가)에서도 "does it(memory) count as evidence only insofar as it can be checked against third-person, 'bodily' evidence?"라고 한 것이다.

이런 문제를 철학에서는 흔히 마음-몸(mind-body) 이론이라고 한다. 마음과 몸의 관계는 여러 가지로 나타난다. 즉 양자는 플라톤이 주장하는 것처럼 완전히 두 가지 실체라는 이론이 있고, 아니면 몸이 기본적인 존재이고 마음은 거기 붙어 있는 부수적인 존재라는 이론이 있다. 여기까지 들어가는 것은 너무 어려운 문제이나 수험생의 입장에서는 하여간 유전자가 물질이라는 것, 그리고 유전자(물질)의 조작이나 변화가 마음이나 정신에도 결정적인 영향을 줄 수 있다는 것을 추리할 수 있어야 한다.

신체의 일부인 뇌의 일부분을 절개하거나 유전자의 조작을 통해서 인간의 정체성을 통제할 수 있다는 것이 현대 생물학과 의학의 기여이다. 문제는 이런 기술적인 인간정체성의 조작이 윤리적으로 어떤 문제가 있느냐 하는 점이다. 여기부터는 수험생들의 주관적이고 창의적이며, 논리적인 의견이 필요하다.

〈예시답안〉

우리의 자아정체성은 흔히 내가 누구인가? 하는 물음으로 나타난다. 이는 달리 말해서 어제의 내가 오늘의 나와 일치하는지 하는 문제와도 같다. 여기에는 기억과 신체라는 두 가지의 자료가 답을 제공할 수 있다. 우리가 무엇을 한 기억이 있으면 그 일을 행한 사람은 다른 사람이 아니라 바로 우리 자신이다. 즉 어떤 일을 한 사람이 나와 유사하게 보이던지 아니면 그가 나와 시공간적으로 연속이 된다면 그 일을 한 사람은 다른 사람이 아니라 바로 나이다. 여기서 하나의 문제는 기억 자체가 독자적이며 충분한 자아동일성을 보장해 주는 증거가 될 수 있느냐 아니면 그것은 신체적−물리적 동일성에 대조되는 한에 있어서, 즉 보조적인 증거가 되느냐 하는 문제이다. 아래의 제시문들을 볼 때 기억 내지 정신적 동일성은 신체에 수반하는 부가적인 증거이기 쉽다.

제시문 (나)는 인간을 정신적, 윤리적 존재로 보는 전통적인 인간관을 표현하고 있다. 이 글에 따르면 인간이 동물과 다른 점은 그가 본능이나 충동을 극복하고 사람다운 사람, 즉 도덕적 책임감을 가진 사람이 되어야 한다고 주장한다. 거기에 비해서 제시문 (다)는 인간성이나 자아정체성이 환경에 의해서 지배되고 있음을 제기한다. 즉 대도시의 부자연스럽고 비인간적인 환경이 인간성을 파괴한다. 인간들의 공격성을 높이고 비만과 각종 질병에 걸리게 하며 동성애자의 수를 늘인다. 이런 이유는 도시가 정상적인 생활을 방해하는 갇힌 공간이기 때문이다. 마치 우리 속에 갇힌 동물들이 비정상적인 행동을 하는 것처럼 도시는 그런 삶을 인간에게 강요한다고 작가는 주장한다. 따라서 제시문 (나)와 (다)를 비교하면 전자는 인간의 정신과 도덕성을 강조한 반면 후자는 인간이 환경에 의해서 큰 영향을 받음을 강조한다. 필자의 견해는 제시문 (다)의 주장이 호소력이 있는 것처럼 보인다. 특히 도시생활이 각종 성인병과 폭력의 온상이라는 지적은 타당하다. 따라서 인간의 도덕적 주체성도 중요하지만 그를 둘러싼 외부환경 또한 무시할 수가 없다. 따라서 콘크리트 정글에 갇힌 대도시보다는 중소 도시가 낫고 농촌이 그 보다 더 환경적으로 좋다고 생각한다.

제시문 (라)는 오늘날의 과학기술이 인간의 정체성을 어떻게 조작하고 변형시킬 수 있는지를 보여준다. 강력 범죄자들을 순치시키기 위해서 뇌수술(로보토미)을 받게 하는 것은 이미 실험된 바가 있다. 그게 사회적, 국가적으로 아무리 유용하다고 할지라도 이는 인간의 정신을 부정하고 고유한 정체성을 변형시키는 일이다. 또 유전자 조작을 통해서 인간이 원하는 인간을 대량으로 만들어내고 그런 사회체제를 만들 수 있다는 것은 이미 책이나 영화를 통해서 구상화되었다. 제시문 (가)는 인간의 자아정체성이 기억이나 내면적인 부분보다는 신체적-물리적 요소에 의해서 규정됨을 보여준다. 이는 유전자 조작이나 뇌의 수술에 의해서 인간의 정체성을 감시, 통제할 수 있다는 (라)와 일맥상통한다. 그러나 문제는 설령 유전자 조작을 통해서 멋진 신세계를 만들었다고 할지라도 인간의 정신성과 주체성 등을 완전히 통제할 수는 없다. 만약 그게 된다면 그 만들어진 인간들은 인간이 아니라 로봇이나 동물에 가깝다고 할 수 있다. 따라서 유전자 조작이나 인간 복제는 인간의 존엄성을 파괴하는 인권유린이며 생명을 경시하는 비윤리적 행동이다.

〈서강대 논술의 특징〉

서강대학교의 정시 논술은 매번 상당히 무겁고 심오한 주제의식을 다루고 있다. 가령 '신(神)과 변신론(辯神論)' 그리고 '아리스토텔레스의 시학(詩學)'의 문제 등을 다룬 1998년의 논술시험이나, 여러 맥락에 나타난 '죽음의 의미'를 묻는 2001년 정시 논술 그리고 '노동의 다양한 의미'를 묻는 2003년 정시 논술 등이 그런 예이다. 이는 폭넓은 독서와 깊이 있는 사고의 전개를 바라는 이 학교의 고유한 교육철학 때문이다. 따라서 서강대학교에 지원하는 수험생들은 그런 특징을 알고 평소에 준비를 해야 할 것이다.

〈문제해설〉

제시문 (가)는 아리스토텔레스의 『니코마코스 윤리학』의 한 부분이다. 처음 보아서는 대단히 이해하기가 어려운 철학적 문장이다. 제시문 (가)를 제대로 파악하지 못하면 이 논술시험을 제대로 풀기 어렵다. 여기서의 핵심은 우선 쾌락이 인간의 감성(감각)에 대응하며 감성기관이 활발하게 움직일 때, 그 쾌락도 커진다는 것이다. 예를 들면 후각이라는 감성 혹은 감각기관은 향기를 맡을 때 쾌락을 느낀다. 이를 아리스토텔레스는 "쾌락은 활동에 따르는 결과"라고 요약한다. 또 아리스토텔레스는 "쾌락이 활동을 완전하게 하는 부가적인 목적"이라고 한다. 이 말은 예를 들어 우리는 먹을 때 쾌락(즐거움)을 느낀다. 그러나 그 즐거움은 먹는 것의 주된 목적이 아니라 생존의 에너지를 얻기 위하여 음식을 먹게 되는데 그때 즐거움이 부가적으로 주어진다는 것이다. 물론 때로는 먹는 즐거움 자체를 주된 목적으로 하여 음식을 먹는 경우도 있다. 그러나 원래 먹는 것은 생명활동을 지속하기 위함이다. 다른 감각기관의 만족과 쾌락도 마찬가지이다. 그래서 아리스토텔레스는 "모든 활동은 거기에 따르는 쾌락으로 말미암아 완전하게 되는 것이다"라고 말한다.

성적 쾌락은 출산과 번식을 위한 보조적 목적이다. 그러나 오늘날 많은 사람들은 출산과 관계없이 쾌락만을 추구한다. 이처럼 원래의 생물적 목적과 관련없이 쾌락 그 자체만을 추구하는 것이 쾌락주의이고 이는 제시문 (다)에서 구체적으로 나타난다.

제시문 (나)는 현대인들의 쾌락주의, 다시 말해 쾌락지상주의 혹은 향락주의 풍조를 비판하고 있다. 현대인들은 생산이나 성장과는 무관한 쾌락을 추구한다. 그들은 절정의 느낌을 추구한다. 에리히 프롬이 생각하는 건전한 쾌락은 아리스토텔레스의 그것과 같다. "사람의 본질적인 능력의 생산적 표현을 동반하는 지속적 감정상태이다." 다시 말해 쾌락은 능동적 활동에 따라오는 부가적인 선물이라는 것이다. 그런 쾌락을 프롬은 기쁨이라고 개념화한다. 원래 기쁨이나 쾌락은 모두 같은 말이나 현대인들의 경우 생산과 활동의 과정과 무관한 쾌락을 추구하기 때문에 프롬은 절정 경험(peak experience)이라고 한다. 아리스토텔레스도 이런 사정을 다음과 같이 표현한다. "활동력이 떨어지면 쾌락도 힘을 잃게 된다." 여기서 우리는 쾌락의 원천이 욕망의 충족이라기보다는 활동의 결과라고 하는 아리스토텔레스의 생각이 더 타당함을 알 수 있다. 욕망은 활동의 추진력이다. 우리는 욕망 때문에 활동을 한다. 그런 활동의 결과로서 쾌락이 주어진다. 이를 망각하고 쾌락 자체만을 쫓는 현대인들의 정신은 소외되어 있다고 할 수 있다.

제시문 (다)는 타락한 대중들이 자신들의 욕망의 충족과 쾌락의 추구를 위해서 어떻게 한 여인을 농락하고 타락시키는지를 적나라하게 표현하고 있다. 사람들은 모두 그녀를 자신들의 동물적인 욕망의 도구로만 이용한다. 심지어 신앙심이 좋은 노부인들도 그녀의 노동력이 떨어지니 그녀를 팽개치고 만다. 그런 과정에서 그녀는 "사람은 그 누구나 자기만을 위해서, 자기의 쾌락만을 위해서 살고 있다"라고 결론을 내린다. 이는 부패한 세상 사람들의 행동을 지적하는 것이다. 사랑이라는 인격적 교류와 상호작용 없는 성적 만족의 추구는 인간을 동물의 수준으로 타락시키는 결과를 초래한다.

제시문 (라)는 쾌락과 관능의 추구를 인생의 목적으로 하는 향락주의 내지 쾌락주의 사상을 문학을 통해서 제시해 보고 있다. 이는 근본적으로 아리스토텔레스나 에리히 프롬의 쾌락 개념에 대립하는 생각이다. 이 소설의 주인공 도리언 그레이는 쾌락 혹은 관능 자체를 숭배하는 관능주의자 혹은 탐미주의자이다. 이런 주장은 일이나 활동의 가치보다는 순간적인 쾌락의 가치를 인생의 최고의 목적으로 간주한다. 그래서 "쾌락주의는 그 자체가 순간에 불과한 인생의 모든 순간에 자기를 집중하게 하는 것을 인간에게 가르쳐야만 한다"라고 주인공은 생각한다. 따라서 쾌락주의는 찰나주의, 순간주의를 초래하고 인생의 목적이나 계획 혹은 발전이나 생산 그리고 성장, 교육 등의 장기적이고 보람있는 일은 등한시하게 된다. 이런 일들은 순간적으로는 고통스럽고 힘들지만 사람들은 미래의 꿈을 실현하기 위해서 현실의 고통을 참고 견디는 것이다. 그러나 향락적 찰나주의는 그런 노력과 고통을 기피하고 오직 이 순간의 감각적인 만족을 위해서 인생의 모든 것을 희생한다. 이는 결국 부어라, 마셔라 혹은 오늘은 이 여자, 내일은 저 여자를 따라다니며 순간 순간적인 온갖 즐거움을 탐닉하는 플레이보이의 사생활을 암시한다.

〈예시답안〉

오늘날 쾌락과 욕망은 시대의 흐름을 이끌어가는 키워드이다. 자본주의 사회는 욕망을 증폭시키고 통제함으로써 그 체제를 유지하고 있다. 매스컴은 성을 상품화하며 몸을 광고전략의 수단으로 이용한다. 이런 맥락에서 우리는 건전한 욕망과 쾌락 그리고 삶의 기쁨과 보람에 대한 올바른 가치관의 정립을 위해 노력해야 한다. 먼저 제시문 (가)는 고대 그리스 철학의 윤리와 쾌락에 대한 인식을 보여준다. 아리스토텔레스는 우선 쾌락과 감각의 관계를 모범적으로 해명하고 있다. 그에 의하면 감각기관 활동의 만족에서 쾌락이 주어진다는 것이다. 이를 아리스토텔레스는 쾌락이 활동의 결과이며, 활동을 완전하게 하는 것이며 또 활동의 부가적 목적이라고 한다. 예를 들어 우리는 먹을 때 쾌락(즐거움)을 느낀다. 그러나 그 즐거움은 먹는 것의 주된 목적이 아니라 생존의 에너지를 얻기 위하여 음식을 먹게 되는데 그때 즐거움이 부가적으로 주어진다는 것이다.

에리히 프롬의 현대 사회 분석, 제시문 (나)에 의하면 현대인들은 기쁨 없는 쾌락, 다시 말해 향락주의를 숭배하고 있다. 현대인들은 생산이나 성장과는 무관한 쾌락을 추구한다. 그들은 온갖 종류의 쾌락과 스릴, 흥분의 절정, 만족의 절정, 환각적, 광란적 상태의 절정 등을 추구한다. 그러나 이들 절정의 환희는 적절하게 조절되지 않으면 병적이고 범죄적인 향락으로 떨어진다. 에리히 프롬이 생각하는 건전한 쾌락은 능동적 활동에 따라오는 부가적인 선물이라는 것이다. 그런 쾌락을 프롬은 '기쁨'이라고 표현한다. 기쁨은 인간의 개인적, 사회적 활동의 결과로서 얻어지는 삶의 보람 혹은 삶의 의미라고 할 수 있다. 이처럼 쾌락은 삶의 의미와 결부된다. '열심히 일하고 잘 노는 것'이야말로 진정한 즐거움이고 쾌락이다.

톨스토이는 타락한 인간들이 자신들의 욕망의 충족과 쾌락의 추구를 위해서 어떻게 한 여인을 농락하고 타락시키는지를 적나라하게 표현하고 있다. 사람들은 모두 그녀를 자신들의 동물적인 욕망의 도구로만 이용한다. 심지어 신앙심이 좋은 노부인들도 그녀의 노동력이 떨어지니 그녀를 팽개치고 만다. 그런 과정에서 그녀는 "사람은 그 누구나 자기만을 위해서, 자기의 쾌락만을 위해서 살고 있다"라고 결론을 내린다. 이는 부패한 세상 사람들의 행동을 지적하는 것이다. 사랑이라는 인격적 교류와 상호작용 없는 성적 만족의 추구는 인간을 동물의 수준으로 타락시키는 결과를 초래한다.

제시문 (라)의 주인공 도리언 그레이는 쾌락 혹은 관능 자체를 숭배하는 관능주의자 혹은 탐미주의자이다. 이들은 일이나 활동의 가치보다는 순간적인 쾌락의 가치를 인생의 최고의 목적으로 간주한다. 이처럼 쾌락주의는 찰나적 순간적 쾌락과 욕망의 추구를 목표로 삼는다. 따라서 인생의 장기적인 목적이나 계획, 예를 들어 인격의 발전, 성장, 교육, 생산과 창조 등의 장기적이고 보람있는 일은 등한시하게 된다. 이런 일들은 순간적으로는 고통스럽고 힘들지만 사람들은 미래의 꿈을 실현하기 위해서 현실의 고통을 참고 견디는 것이다.

쾌락과 기쁨은 인간의 행복이고 삶의 윤활유와 같다. 일과 쾌락을 적절히 분배하여 양자가 조화를 이루어 갈 때 개인이나 사회나 건전한 삶을 영위할 수 있다.

〈연세대 논술의 특징〉

연세대학교의 논술시험의 일반적인 특징은 특정 이론이나 학문에 매이지 않고 그때 그때마다 다르게 나온다는 것이다. 그래서 이 학교의 논술시험을 준비하는 데는 특별한 방도가 없다. 마치 '수학에 왕도가 없다'라는 말처럼 주제나 경향별 대책을 세우기 무척 어렵다는 뜻이다. 많이 읽고 많이 생각하고 많이 써보아야 한다. 그럼에도 불구하고 굳이 몇 가지 일반적인 논술 그리고 구술의 특징을 찾고자 한다면, 우선 연세대 사유의 특징인 '발상의 전환'이라는 주제를 말하고 싶다. 이는 다시 말해서 기존의 통념으로는 풀 수 없는 문제가 나오므로 수험생들은 당황스런 가운데 이를 소화하여 자신의 방식으로 논지를 끌고 가야 한다. 예를 들어 1997년 인문계 정시 논술에서는 영화 『블레이드 러너』의 모티브, 즉 기계가 인간을 사랑한다는 사실의 근거로 해서 인간-기계의 2분법을 극복한다는 논제를 출제했다. 그리고 문학 지문 위주의 논술인 경우에는 문학에 등장하는 주인공들의 인간성과 인간들 간의 관계 그리고 성격, 사상, 도덕성의 분석을 요구한다. 이런 경향은—문학에 나타난 인간성, 가치관 분석—연세대뿐만 아니라 서울대에도 있었다. 2002년 인문계 정시 논술문제는 역시 연세대다운 면모를 보여주어, 남들이 보통 생각하는 것과 다른 인식이나 해석을 요구하는 문제가 나왔다. 예를 들어 중국의 역사적 인물인 조조의 경우 이를 보는 관점에 따라 훌륭한 사람으로 보기도 하고 비열한 인물로 볼 수도 있다. 2003년의 논술은 사물과 그의 이미지에 대해서 여러 가지 맥락과 관점에 따라 분석을 요구하는 문제가 나왔다. 그 때 담배 파이프 이미지를 보여주고 그 밑에 '이것은 파이프가 아니다'라는 구절이 붙어 있었다. 요약하자면 연세대 논술의 중요한 특징은 한 사물에 대한 인식이 정반대로 다를 수가 있다는 가치의 다원성과 또 이를 다양한 제재를 통해서 표현할 수 있다는 '다양성의 제곱'의 사상 혹은 '다차원적 사고'라고 할 수 있다. 그리고 다른 무엇보다 미국의 철학자이자 문필가인 벤자민 플랭클린의 자서전 『덕의 기술』을 잘 읽어서 그 요점을 익혀두면 연세대 논술·면접 시험준비에 큰 도움이 될 것이다.

〈문제해설〉

제시문 (가)는 세월의 흘러감과 세월의 무상성을 노래한 전통적인 문장이다. 이 글의 주제는 "사람이 어렸을 때는 새해가 오는 것을 다투어 기뻐하지만, 나이를 먹으면 모두 서글픈 마음을 갖게 되는 것"과 "세월이 흘러감을 탄식하는 것"이다. 이런 종류의 사상은 사람이면 누구나 가지게 되는 느낌을 표현한 것이다. 인간의 유한성과 세월에 대한 무력감은 특히 한국의 고유의 시(詩)문학의 한 전통이다.

제시문 (나)는 성경 「전도서」의 한 부분이다. 「전도서」에 대한 해설은 이 책의 본문을 참고하길 바란다. 이 구절은 노력과 수고의 무상(無常)함을 노래하고 있다. 하나 특이한 것은 자신이 노력하여 그 결과를 후손이나 후임자에게 물려주는 것도 나에게는 무상함으로 나타난다는 것이다. 이는 지나친 이기주의, 개인주의라고 할 수 있다. 다시 말하면 「전도서」의 저자처럼 후대에 남길 만한 큰 일을 한 사람도 결국 죽을 때는 홀로 간다는 것이니 역시 인생무상이라고 하지 않을 수 없다.

제시문 (다)는 노년기의 특징을 인색함과 냉소주의에서 찾고 있다. 지나치게 노인에게 대해 비판적인 어조로 일관하는 아리스토텔레스의 글은 다른 한편 노년의 부정적인 측면의 원인에 대해서 명쾌한 설명을 제시하는 점에서 교훈적이다. 이는 "모든 욕망의 대상이란 갖고 있지 않은 것이기 마련이고, 우리는 우리에게 가장 절박하게 필요한 것들을 갈구하는 바, 노인들은 살날이 얼마 안 남았기에, 삶을 더욱 사랑하는 것이다"라는 구절에서 드러난다. 여기서 욕망의 구조를 볼 수 있다. 이는 본 교재 라캉의 욕망 이론에서 미리 알려진 것이다. 라캉은 "욕망은 항상 타자의 욕망이다"와 "욕망은 환유적이다"라는 사상을 전개한 바 있다. 이는 욕구와는 달리, 인간의 욕망의 충족이 근원적으로 불가능함을 말한다. 인간의 욕망을 이끄는 대상 X는 영원히 알 수 없는 것이다. 따라서 제시문 (다)에서 논술문의 주제를 발견하고 그 서술의 전략을 정립해야 한다.

제시문 (라)는 이탈리아의 화가 티치아노의 작품 『인간의 세 시기』이다. 이 그림은 인간의 유아기와 청춘기 그리고 노년기 세 시기를 그림으로 표현하고 있다. 유아기에 인간은 동경과 꿈을 가진다. 미지의 것에 대한 호기심을 가진다. 그러나 아직 그 꿈의 내용과 윤곽은 드러나지 않고 있다. 청년기에는 아름다운 사랑과 에너지가 넘친다. 그림에서는 두 개의 피리를 든 처녀가 남자에게 하나를 건네주는 아름다운 모습을 묘사한다. 노년기를 대표하는 늙은 여인은 지치고 피곤하여 멀리 앉아 있다. 그녀는 슬픈 느낌을 주는데, 주위에서 친한 누가 죽었는지도 모른다.

제시문 (마)는 젊음의 욕망과 사랑을 활짝 태워보지 못하고 세월을 허비한 시인의 슬픔을 대리석 조각 트리톤에 의탁하여 형상화하고 있다. 이 시의 요점은 "들끓는 젊음이 내게 있었을 때 우리가 만났었다면! 그러나 나는 꿈에 잠겨 늙어가"라는 구절에서 잘 나타나고 있다. 이 역시 라캉의 "욕망은 타자의 욕망이다"라는 명제를 반영한다. 인간의 욕망은 결코 채워질 수가 없다. 시(詩) 속의 화자는 젊은 시절에 못 다한 사랑을 그리워한다. 이는 달리 말해서 현실에서 인간의 기본적인 삶의 욕구가 채워지고 유복한 생활을 하더라도 누구나 모자람과 결핍이 있다는 것이다. 이를 무지개를 좇아가는 인간의 본래적인 꿈이라고 할 수 있다.

〈예시답안〉

제목 : 욕망과 타자

인간에게 가장 소중한 것은 꿈과 욕망이 있다는 것이다. 불교에서는 욕망을 고통의 원인으로 간주하고 이를 근절할 것을 요구한다. 그러나 이는 모든 인간이 도달할 수 있는 보편적인 인간의 목표는 될 수 없다고 본다. 욕망은 세월의 흐름에 따라 변할 수는 있어도 결코 사라질 수는 없다. 이것이 라캉이 말하는 욕구와 욕망의 차이점이다. 라캉은 "욕망을 타자의 욕망"이라고 규정하고 또 "욕망은 환유적이다"라는 명제를 정립했다. 이는 인간의 욕망이 타자를 지향한다는 것, 즉 항상 내가 가지지 않은 무엇을 추구한다는 점이다. 물론 그 욕망의 대상은 때때로 '미인과의 사랑'이나 '높은 지위' 등의 여러 가지 모습으로 나타날 수는 있다. 그러나 이는 근원적인 욕망의 변형일 뿐이다. 한 욕망의 대상을 우리가 획득하면 욕망은 또 다른 대상을 추구하기 마련이다.

이런 맥락에서 제시문들을 보면 우선 (가)는 "사람이 어렸을 때는 새해가 오는 것을 다투어 기뻐하지만, 나이를 먹으면 모두 서글픈 마음을 갖게 되는 것"이라고 하면서 세월의 흘러감을 한탄하고 있다. 그 이유는 인간의 욕망과 꿈을 이룰 수 있는 시간이 점점 짧아져 가기 때문이다. 이는 인간의 유한성을 노래하는 것이다. 인간의 사는 과정, 곧 세월이란 강물처럼 흘러만 간다. 그래서 고인(古人)들은 묵은 해를 보내고 새해를 맞이할 때 술이나 시(詩)로서 그런 회포를 풀었던 것이다.

제시문 (나)의 작중화자는 후대에 남길 만한 큰 일을 한 사람이다. 그러나 그도 자기가 힘들게 이루어 놓은 결과를 후손에게 물려준다는 사실에 의구심을 품고 있다. 세월의 흘러감에 따라 욕망도 시들어 가고 욕망을 이루기 위한 수고와 노력 역시 세월의 위력 앞에는 아무런 족적을 남기지 못한다.

제시문 (다)는 노년기라는 인생의 한 시기를 욕망과 더불어 고찰하고 있다. 노인들의 욕망은 작다. 그들의 욕망은 단지 더 생존하다는 것밖에는 없다. 노인들은 열렬히 사랑할 것도 심하게 증오할 것도 없다. 욕망과 꿈을 상실한 노인들은 삶에 대한 뚜렷한 목적의식과 확신이 없다. 그래서 그들은 매사 소극적이고 냉소적이다. "욕망의 대상이란 가지고 있지 않은 것이다"라는 말은 라캉의 '타자의 욕망'과 같다. 즉, 욕망은 자기에게 없는 것 혹은 모자라는 것에 대한 욕망이다. 노인은 가지고 있지 않는 것이 이제 얼마 남지 않은 생명이다. 그러니 생명에 대한 집착은 누구보다 더 강하다. 제시문 (라)의 그림은 인간의 세 시기를 그린 것으로, 우선 어린 시절은 꿈과 동경으로 찬 시기로서 마치 꿈꾸는 듯하다. 청년기는 건강과 힘이 넘치면서 사랑과 열정으로 가득 찬 시기이다. 노년기는 이에 비해 힘이 없고 지치는 슬픈 시기이다.

제시문 (마)는 젊음의 욕망과 사랑을 활짝 태워보지 못하고 세월을 허비한 시인의 슬픔을 대리석 조각 트리톤에 의탁하여 형상화하고 있다. 이 시의 요점은 "들끓는 젊음이 내게 있었을 때 우리가 만났다면! 그러나 나는 꿈에 잠겨 늙어가"라는 구절에서 잘 나타나고 있다. 인간의 욕망은 결코 채워질 수가 없다. 시(詩) 속의 화자는 젊은 시절에 못 다한 사랑을 그리워한다. 이는 달리 말해서 현실에서 인간의 기본적인 삶의 욕구가 채워지고 유복한 생활을 하더라도 누구나 모자람과 결핍이 있다는 것이다. 이를 무지개를 좇아가는 인간의 영원한 향수라고 할 수 있다.

위에서 주로 라캉의 무의식이론을 통해서 욕망을 조명해 보았다. 그런데 이는 모두 개인적인 차원에서 고려된 욕망이었다. 그러나 욕망은 이런 개인적인 관점뿐만 아니라 사회적인 차원에서도 고려될 수 있다. 특히나 인간의 의식이 사물화(事物化)되고 소외가 보편적으로 진행 중인 산업사회에서는 무의식마저 소외로부터 자유롭지 못하다. 따라서 욕망을 통한 사회비판과 고발 그리고 체제에 순응하는 모든 것을 거부하는 혁명적 욕망의 이론이 정립되어야 한다.

[서울대 2001학년도 수시 지필고사]

〈문제해설〉

오늘날 인간중심적인 세계관이 자연을 황폐하게 하고 자연의 일부인 인간마저도 파괴한다는 사실은 이제 널리 알려졌다. 제시문 역시 그런 관점에서 이해될 수 있다. 자연의 신은 인간의 정의나 이성에는 무관하며 모든 생물들에 대해 평등한 가치를 부여한다. 인간중심주의에 사로 잡힌 작중의 화자는 자연이라는 여신에게 '인류의 완성과 행복'에 대해 물었으나 여신은 벼룩의 다리근육을 튼튼히 하는 생각에 몰두해 있었다. 이는 인간의 문명과 자만심에 대한 하나의 풍자가 될 것이다.

〈예시답안〉

근대문명은 자연과학과 기술의 발명으로 인류에게 그 전에 보지 못한 복지와 혜택을 주었다. 인간은 비로소 자연의 지배를 벗어나서 도리어 그 자연을 지배하게 되었다. 아도르노와 호르크하이머는 『계몽의 변증법』에서 계몽을 자연의 지배라고 규정했다. 즉 인간이 생존을 위해서는 자연을 계량화, 도구화해서 인간의 목적에 맞게 이용한다는 것이다. 그런 과정에서 인간은 자신마저 억압하고 지배하는 모순에 빠지게 된다. 이런 계몽은 인간중심주의 혹은 이성중심주의라고 할 수 있다. 이런 인간중심적 세계관은 인간 이외의 다른 존재와 사물들을 인간의 수단으로밖에 볼 수 없다. 그러나 인간은 자신이 자연의 일부라는 사실을 망각하고 있다. 결국 자연의 남용과 착취는 인간 자신의 파괴라는 계몽의 역설을 초래한다.

이런 관점에서 제시문을 보면 인간의 자기 숭배 도취가 얼마나 허황된 망상인지를 알 수 있다. 자연이라는 전능한 신(神)은 인간의 관점에서 세계를 보지 않는다. 작중의 화자는 인본주의에 사로잡혀 자연의 여신에게 인간의 미래와 행복을 걱정하느냐고 물어본다. 그러나 그녀는 "벼룩의 다리근육을 더 튼튼히 할 수는 없을까" 하는 생각에 몰두해 있었다. 그녀에게는 인류뿐만 아니라 모든 창조물이 다 똑같이 사랑하는 자식들이다. 자연의 신에게는 일체의 생물들은 동등한 가치를 가지고 있고 그들은 생산하고 멸망되어 가도록 조장한다. 그녀에게 이성(理性)이니 정의(正義)니 하는 관념은 의미를 가지고 있지 않다. 단지 모든 것이 생명을 가지고 있다는 점에서 일체는 평등할 뿐이다.

인간의 이성은 인간을 동물성으로부터 한 단계 높여주는 고귀한 능력임에는 분명하다. 그러나 그 이성이 도구화되어 자신과 타자를 약탈하고 지배하는 데에만 사용된다면 이는 분명 자연의 명령을 위반하는 잘못이다. 이성은 이제 자연과 화합하고 조화를 이루는 방향으로 발전해야 한다.

〈출제의도〉

고대 그리스인들에게 기술이란 단지 특정 목적에 쓰이는 유용한 수단에 불과한 것이었다. 신발을 제작하는 기술은 발을 보호하는 목적에서, 집을 제작하는 기술은 쾌적한 거주라는 목적에서 이루어졌다. 이런 관점에서 볼 때, 기술의 본래적 의미는 인간이 자연을 지배하고 자신의 삶을 편안하게 한다는 목적에 유용한 수단이라는 점에 있다. 그러나 고도의 기술문명에 의해 지탱되는 현대 사회의 곳곳에서 인간의 편안한 삶을 위한 도구가 거꾸로 자신의 목적을 지배하는 전도된 현상들이 관찰되고 있다. 개인의 생활방식은 물론이고, 한 시대의 표상방식, 그리고 사람과 사람 간의 사회적 관계의 형식조차도 기술의 직·간접적 지배 하에 놓여 있다. 따라서 기술의 원래의 의미를 반성해 보고, 이 무서운, 그러나 유용한 도구를 잘 관리하는 방안을 모색해 보는 것은 기술문명 시대를 살아가는 모든 현대인들에게 꼭 필요한 일이라 하겠다. 이런 맥락에서 이번 논술시험은 기술문명과 인간의 삶에 대한 응시자들의 의식을 묻고자 했다.

모든 논술시험이 그렇듯이 이번 역시 주어진 논제에 대한 특정 규범적 판단을 (예를 들어 기술폐기론이나 기술 불가피론) 요구하는 것은 아니고, 또한 이에 대한 수험생들의 지식과 정보의 양을 측정하고자 했던 것도 아니다. 중요한 것은 응시자가 주어진 여러 사태를 비교하여 문제를 제기하고, 분석하고, 대안까지 제시할 수 있는 종합적, 포괄적 사고능력이 있는가의 여부이다. 이를 평가하기 위해 출제진은 다섯 개의 비교적 많은 제시문을 마련하였다. 이들은 일견 직접적인 관련을 갖지 않는 듯이 보이며, 이들을 하나로 묶어주는 중심개념 또한 주어지지 않았다. 이것의 발견은 오히려 응시자에게 하나의 과제로 던져지고 있는데, 이는 문제의 제기가 사고의 참된 출발이며, 적절한 물음을 던지는 것이 던져진 물음에 답하는 것보다 더 생산적인 사유과정이라는 출제진의 생각에 근거한 것이다. 그러므로 응시자에게는 다섯 가지의 제시문에 나타난 사태 내지 주장을 분석하여 스스로 문제를 찾아낼 것이, 그리고 이 문제에 대한 분석과 해명을 통해 가능한 해결책까지 궁리해 볼 것이 기대된다. 물론 이 사고의 과정은 모순과 비약 없이 잘 짜여진 논리적 구성물로 쓰여질 수 있어야 할 것이다. 이러한 종합적 사고능력과 그것의 논리적 표현능력을 평가하는 것이 이번 출제의 중심적인 의도였다. 왜냐하면 이 능력은 대학에서의 정상적인 학업수행을 위한 필요조건이기 때문이다. 이번 출제가 고교 과정의 학생들에게 종합적 사고능력의 배양에 관심을 기울이게끔 하는 계기가 되기를, 그리고 이를 통해 고교 교육 정상화에 일조할 수 있기를 기대한다.

[고려대 2002학년도 수시 1학기 논술고사]

〈문제해설〉

본 논술의 예시문은 공통적으로 기술문명의 발전에 의해 인간의 삶의 양식이 변화하는 것을 다양한 관점에서 보여주고 있다. 논제에서 요구하는 것은 예시문에 공통적으로 나타난 주제를 선정하여 논술하는 것으로서 학생들이 예시문을 읽고 이에 대한 공통적인 주제를 파악하여 자신의 주장을 논술하는 것이다. 문제에서 요구하고 있는 것은 먼저 5개의 예시문에 전체적으로 관련된 내용이나 견해를 정리하여 자신의 논술문을 작성하기 위해 제목을 정하고, 다음으로 예시문에 나타난 내용들을 체계적으로 이해하여 그 내용들이 논술문 안에 포함되도록 논술을 구성하는 것이 바람직하다. 아울러 논술은 자신의 주장이 드러나야 하기 때문에 이를 논리적이고 체계적으로 구성하는 것이 필요하게 된다.

이 논술의 주제는 과학기술문명이 인간의 삶에 어떤 영향을 미치는가 하는 것을 밝히는 것이다. 과학기술이 발전됨으로써 인간의 삶은 긍정적, 또는 부정적으로 변화하게 된다. 이러한 변화는 여러 가지 차원에서 검토될 수 있다. 먼저 시계의 발명에서 볼 수 있는 것처럼 기술의 변화는 인간의 삶에 인식론적 변화를 초래하게 된다. 시계의 등장으로 사람들은 본능이나 자연현상에 의해 반응하기보다는 시간이라는 관념에 따라 반응하게 되었다. 다음으로 구체적인 일상의 체험에서는 기술문명의 발전으로 인한 새로운 삶의 양태가 나타나게 된다. 예를 들어 컴퓨터의 등장으로 현대인들의 일과는 컴퓨터에 접속하는 것으로 시작된다. 이는 새로운 인간생활의 모습이라고 할 수 있다. 또한 기술의 발전으로 사람들은 환경을 극복하기 시작했고, 자연적 조건을 인간에게 편리한 인공적 조건으로 대체하기 시작했다. 에어컨과 히터의 등장으로 계절의 변화에 관계 없이 일정한 온도를 유지할 수 있게 되었고, 도시화와 건물 중심의 삶으로 자연환경의 조건을 무시하게 되었다. 하지만 이러한 인공적 환경을 구축하기 위해 자연환경을 변형시키고 왜곡할 수밖에 없는데 이 과정에서 환경이 파괴되는 모순을 나타내게 된다. 또 다른 측면은 인간의 사회적, 정치적 관계가 변화하게 되는 것으로 정보화로 인한 시민사회의 발전을 들 수 있다. 인터넷과 팩스 등의 기술 및 기기의 보급은 국가 중심적 교류가 아니라 시민단체 간의 국제교류를 증진시켰고, 이는 국제적 규범의 중요성과 국가를 초월한 시민운동의 가능성을 확대시켰다. 이러한 현상은 정보화로 인한 민주정치의 가능성을 확대시키기도 한다.

따라서 기술문명의 발전은 긍정적으로 활용할 때에는 시민참여 기능이 확대될 수도 있지만, 부정적으로 적용될 때에는 시민들의 참여를 배제하고 정치권력의 독점화를 초래할 수도 있다.

이와 같은 이해를 바탕으로 이 논술에서는 과학기술의 변화에 따른 인간의 사회적, 개인적, 정치적 삶의 변화를 예시문에 의거해 분석하고, 자신의 견해를 논리적으로 밝히는 것이 요구된다. 더 나아가 과학문명의 발전에 따른 문제점을 지적하고, 이에 대한 평가 및 전망을 논술하는 것도 가능하다.

〈예시답안〉

제목 : 기술문명과 인간의 삶

오늘날 인간들이 살아가는 데는 과학과 기술이 절대적으로 중요한 요소가 되었으며 이를 활용한 산업사회는 현대인들의 고향이요 삶의 터전이다. 예전의 선조들이 흙과 땅을 파고 살았다면 현대인들은 공장과 회사에서 기계를 만지거나 장부를 정리하며 살아간다. 기계 · 기술문명은 동시에 인간의 뿌리라고 할 수 있는 자연을 파괴하고 황폐케 하여 이제는 인간에게 큰 위협으로 다가오고 있다. 이런 맥락에서 제시문들을 보면 다음과 같다.

예시문 ⑴은 컴퓨터와 인터넷이 일상화된 도시인의 삶을 그리고 있다. 작중의 인물은 "눈을 뜨면 가장 먼저 하는 일은 컴퓨터를 켜는 일이다. 물론 자기 전에 마지막으로 하는 일도 그것을 끄는 일이다." 이런 생활의 양식은 이제 보편적인 생활이 되어가고 있다. 많은 사무실 직원들과 학생들 혹은 문필가들의 일상은 이런 모양을 하고 있다.

예시문 ⑵는 기술적인 사회의 인간소외에 대해서 다루고 있다. 보통은 기술지배의 사회는 권위주의적이고 비인간적이라고 생각하지만, 저자는 이와 달리 기술 그 자체보다는 기술문명을 지배하는 비민주주의적인 가치관이 문제라고 본다. 이상적인 정치라면 사회의 구성원들이 중대한 사회적, 정치적 결정에 모두 적극적으로 참여해서 공공성을 획득해야 한다. 그러나 오늘날의 문제는 대중들의 선택과 결정이 기술적인 결정에 의해서 매개된다는 것이다. 이는 흔히 여론조사나 투표의 출구조사의 경우 그 과정이 인터넷이나 기타 기술적인 방식으로 전개되는 수가 많다는 점이다. 따라서 오늘날의 가장 중대한 결정과 합의는 기술 자체의 목적과 설계에 대해서 이를 전문가에게만 맡기지 말고 대중들의 정치적 합의를 거쳐 이 문제에 대한 사회적인 일치를 확보하는 것이다. 이처럼 중대한 기술의 형상과 목적에 대해서 많은 대중들이 배제됨으로 해서 우리 사회는 점차 비인간화, 권위주의화로 변한다.

예시문 ⑶은 오늘날 산업의 부작용으로 환경이 오염되고 지구온난화가 되는 이유를 설명한다. 이는 사람들이 대부분 도회지의 빌딩 속에서 생활함으로 인해서 기후의 변화에 무관한 생활을 하고 있고 그만큼 자연환경의 변화에 둔감하기 때문에 자연의 변화에 신경을 쓰지 않고 있다는 것이다. 그런 와중에 지구의 온난화는 진전되어 한국 같은 온대 기후지역이 아열대로 바뀌어 가고 있다.

예시문 (4)는 기계식 시계의 발명으로 인해 인간이 자연의 리듬감과 유기적인 시간을 상실하고 이제는 철저히 시계가 시키는 대로 생활한다는 이야기를 한다. 예전에는 '해가 뜨면 일어나 일하고 해가 지면 휴식한다'라는 자연의 리듬이 삶을 규정했다면 이제는 기계적 시간표와 스케줄이 생활의 질서를 잡아간다.

예시문 (5)는 기계·기술 문명의 편리함과 그 정치적 의미변화를 추적한다. 요즘의 비정부기구(NGO)나 국제적 시민단체들은 인터넷이나 팩스의 덕분으로 그 활동력이 강화된다. 국제 시민운동기구들은 이들 전자적 수단을 이용하여 그들의 의견을 국제적으로 유포하고 수렴한다. 이런 시민운동의 국제적, 세계적 흐름을 지역 국가가 더 이상 통제할 수 없다.

위에서 지적된 여러 사항들을 종합적으로 분석해 볼 때, 우리는 기술문명에 대해서 일방적으로 비판할 수도 없고 그렇다고 일방적으로 찬양만 할 수도 없다. 예를 들어 환경문제의 피해를 알리고 이를 막기 위한 그린피스의 활동 역시 전자통신에 의존한다. 이런 면에서 볼 때, 기술이 인간의 삶에 끼치는 영향력은 이중적이라고 할 수밖에 없다. 좋은 기술과 나쁜 기술을 구별한다면 커뮤니케이션 기술은 엔트로피의 발생이 적은 반면, 중화학이나 에너지를 많이 소모하는 기술은 가급적 지양되어야 할 것이다.

다섯째 마당 | 합리성과 근대 사회

2002학년도 고려대학교 정시모집 논술문제는 다음과 같은 문제의식에서 출제되었다. 현대 사회의 효율성이 언제나 바람직한 것인가? 효율성의 추구는 어떤 합리성의 기준에 의해 이루어지는 것인가?

주제는 현대 사회에 나타난 도구적 합리성에 대한 비판적 논의를 다루고자 했다. 현대 사회는 주어진 목적을 달성하기 위해 최소의 비용과 최대의 효과를 추구하는 효율성의 사회이다. 현대 관료제의 특성에서 나타나는 것과 같은 표준화, 관리화, 계층화, 통제화, 계량화 등의 효율성은 현대 사회의 발전의 원동력이기는 하지만, 그것을 추구하는 과정에서 근본 가치나 목적의식을 상실할 때 심각한 사회적 비효율을 초래하게 된다.

예시문은 고등학교 교과서, 철학 서적, 사회 비평서를 고루 선택하여 폭 넓은 독서의 필요성을 강조했다. 예시문은 막스 베버와 하버마스가 설명한 도구적 합리성에 대한 개념과 현대 사회를 상징하는 맥도날드 햄버거 회사의 생산과 소비 시스템에 대한 내용으로 이루어져 있다. 논제에서는 도구적 합리성이라는 개념을 갖고 맥도날드 햄버거의 생산 시스템의 효용성과 한계를 분석하고, 이와 유사한 현대 사회의 특성을 비판적으로 분석하게 했다.

이번 논술로 맥도날드화되어 가고 있는 현대 사회의 특성이 어떤 긍정적, 부정적 영향을 미치는가를 수험생들이 생각해 볼 수 있게 했다. 특히 익숙한 생활양식에 대해 비판적으로 사고해 봄으로써 사회현상에 대한 비판적 인식을 가능하게 했고, 개념적 추상화를 통해 구체적 현상에 대한 체계화된 판단능력을 확인하고자 했다.

이번 논술의 문제는 다음과 같다.

[논제] 아래의 글 (다)는 현대 사회에서 전형적으로 나타나는 합리성이 잘 드러난 예이다. (가)와 (나)를 참조하여 (다)에 나타난 합리성이 갖는 특성을 구체적으로 설명하고, 현대 사회의 합리성에 대하여 비판적으로 논술하시오.

첫째 문장 "아래의 글 (다)는 현대 사회에서 전형적으로 나타나는 합리성이 잘 드러난 예이다" 는 수험생으로 하여금 '효율성'을 '합리성'으로 해석할 수 있도록 안내하는 내용이다. (다)만을 보았을 때는 일차적으로 그 내용의 핵심어가 '효율성'으로 파악된다. 그런데 현대 사회에서는 설정된 목적을 가장 효율적으로 달성하는 데에 도움이 되는 것을 '합리성'으로 해석하기도 한다. 논제에서 '전형적으로 나타나는 합리성'이라 한 것은 현대 사회의 지배적 합리성 유형인 '도구적 합리성'을 간접적으로 표현한 것이다.

둘째 문장의 전반 "(가)와 (나)를 참조하여 (다)에 나타난 합리성이 갖는 특성을 구체적으로 설명하고"는 수험생으로 하여금 (다)에서 효율적, 다시 말해서 합리적이라고 하는 것들을 지적하고 그것에 대해서 평가하도록 하는 내용이다. 그런데 '(가)와 (나)를 참조하여'라는 조건을 준 것은 수험생의 자의적인 평가를 최소화하기 위한 것이다. 그러므로 수험생은 반드시 (가)와 (나)에 들어 있는 내용을 바탕으로 (다)에 나타난 합리성이 갖는 특성을 설명해야 한다. (가)에 는 문화적 합리성과 사회적 합리성이 제시되어 있는데, (가)의 구분을 기준으로 보면 (나)의 내용은 사회적 합리성에 대한 기술이라 할 수 있다. 여기의 '사회적 합리성'은 곧 '도구적 합리성'과 상통하는 것이므로 (다)에 나타난 합리성이 갖는 특성의 설명은 두 부분으로 이루어질 수 있다. 즉, '사회적 합리성'의 측면에서는 긍정적인 것으로 설명될 수 있으나, '문화적 합리성'의 측면에서는 부정적인 것으로 설명될 수도 있다. 따라서 (다)에 나타난 합리성이 갖는 특성을 설명함에 있어 두 측면을 모두 고려한 답안이 높게 평가되어야 할 것이다.

둘째 문장의 후반 "현대 사회의 합리성에 대하여 비판적으로 논술하시오"는 수험생으로 하여금 (다)에 대한 설명을 바탕으로 현대 사회에서 전반적으로 나타나는 도구적 합리성의 문제를 비판적으로 설명하도록 하는 내용이다. 다시 말해 이 부분에서는 (다)의 경우보다는 더 넓은 범위에서 나타나는 현대 사회의 도구적 합리성에 대하여 비판해야 할 것이다. 이 때 특정의 구체적인 사례를 들어 거기에 나타나는 합리성에 숨어 있는 문제를 파악하고, 이를 논리적으로 설득력 있게 비판하여 논술한 답안은 높은 평가를 받을 것이다.

〈고려대 논술의 특징〉

고려대학교의 대학입시 논술은 상당히 전문적인 분야까지 파고들어 수험생들의 심층적인 독해 능력과 문화에 대한 이해를 요구한다. 연세대 논술의 성격이 '다차원적 사고'라고 하면 고려대 논술의 성격은 '분석력과 논리력'이다. 최근 이런 경향은 더욱 두드러지게 나타나고 있다.

고려대의 수시 논술을 보면, 가령 고려대 2001학년도 수시 논술고사 (언어) 문제는 '보편성(세계성)과 개별성(지역성)'의 관계를 묻는 문제이며 이는 또 '인류 보편의 세계성'과 '민족 혹은 지역의 개별성'을 대비적으로 놓고 그 양자의 관계를 논하고 있다.

그러면서 두 글의 논점과 강조점에는 주목할 만한 차이가 있고 이를 수험생들이 지적하고 분별하는 것을 요구한다. 그리고 문항도 ① 제시문 요약, ② 자기 의견 서술 등 두 부분으로 나누어져 있다. 그리고 수험생들은 제시문들 간의 공통점과 차이점을 지적하여야 한다. 그리고 최근의 수시 논술 (언어) 문제에는 영어지문이 한글지문보다 더 많다. 이는 논술을 통해서 학생들의 영어능력을 측정하려는 의도로 보인다. 2004-2005년의 1, 2학기 수시 언어영역은 모두 주어진 제시문들 간의 공통주제 찾기 문제였다. 문화의 다양성과 보편성이 주제인 2005년 2학기 수시의 경우 (가) 브라질 인디언의 동화 정책의 실패, (나) 식물의 종적 다양성의 중요성을 감자의 역사를 통해서 이야기함, (다) 소수민족의 자발적인 동화 정책의 필연성 등을 열거하고 있다. 따라서 (공통)주제 파악과 영어실력이 수시 언어논술의 핵심이다.

그리고 수시 논술의 경우 수리논술의 비중을 무시할 수 없다.

정시 논술 역시 수시 논술과 일맥상통한다. 단지 영어 제시문이 나오지 않는다는 점만 다르다. 그 외에 고려대 정시 논술의 발전과정을 보았을 때 다음과 같은 몇 가지 특색이 있다고 할 수 있다.

문화와 사회에 대한 대립적 논점을 날카롭게 분별할 수 있어야 하고 결론에서는 이를 종합할 수 있어야 한다. 예를 들어서 위에서 언급한 '문화의 개별성과 보편성' 혹은 '합리성과 불합리성' 혹은 '개인과 사회', '사실과 해석', '(체제의) 안정과 자유' 등의 양가적 문제(ambivalence)에 대한 폭넓은 이해가 필요하다.

〈예시답안〉

근대 사회는 합리화를 그 특징으로 한다. 여기에 대해서는 막스 베버를 비롯한 수많은 사상가, 철학자들이 다양한 학설을 제기했다. 막스 베버는 근대화를 '탈주술화, 지성화 그리고 합리화'라는 세 가지 범주로 규정했다. 합리화란 근본적으로 사물과 사람에 대해서 양화(量化), 계산가능성을 통해서 효율성을 제고시킨다는 개념이다. 제시문 (가)는 합리화를 다시 문화적 합리성과 사회적 합리성으로 구별, 분류했다. 사회적 합리화는 주로 시장경제 구조와 관료제에 의하여 그 구체적인 모습을 드러낸다. 제시문 (나)는 이런 합리화를 도구적 합리성의 관점에서 다시 말하고 있다. 도구적 합리성이란 사회적, 개인적 판단과 결정에 있어서 목적 자체의 타당성이나 합리성에는 관심이 없고 오직 주어진 목적을 어떻게 하면 효율적으로 달성할 수 있을까 하는 합리성이다. 도구적 합리성은 하버마스에 의하면 시장경제와 행정 시스템에 의해서 매개된다. 현대 산업사회와 이를 지탱하는 법적, 제도적 시스템은 너무나 전문적이고 방대해서 일반인들이 쉽게 접근하기 어렵다. 따라서 사회적 중대 문제에 대한 결정은 점점 도구적 합리성에 의해서 지배된다. 이를 하버마스는 "체계에 의한 생활세계의 식민지화"라고 부른다. 현대의 모순은 이처럼 인간의 사회적 삶의 기초가 되는 생활세계가 합리성에 의해서 장악되고 있다는 점이다.

이런 관점에서 제시문 (다)를 보면 우리의 구체적이고 일상적인 삶에서 어떻게 작용되는지 알 수 있다.

리처가 보는 맥도날드는 현대 자본주의적 합리성의 상징이다. 맥도날드는 우선 효율성을 대표한다. 제시문 (다)에도 나타나 있는 것처럼 식당에 출입하는 과정이 빠르고 지체가 없는 것이 맥도날드이다. 그리고 운전자용 창구의 설치는 더욱 합리성과 효율성을 높여준다. 이는 "주차를 하고, 카운터까지 걸어가서 줄을 서고 주문하고 계산하고, 식탁으로 음식을 가져가서 식사하고, 또 식사 후 쓰레기를 휴지통에 버려야 하는 귀찮고 비효율적인 과정을 거치는 대신" 차 안에서 주문하고 물건을 받고 다른 장소로 이동할 수 있다. 때로는 차 안에서 먹을 수도 있다. 이는 아마도 현대인들이 바라는 최대의 효율성이요 합리성일 것이다. 그러나 이런 도구적 합리성은 때로 진정한 삶의 합리성과 올바른 삶 혹은 가치 있는 삶을 방해한다. 다시 말해서 합리성이 도리어 불합리성이라는 것이다. 그 이유는 이렇다. 맥도날드적인 효율성은 인간을 기계화시킨다는 것이다. 맥도날드 식당에서는 종업원들이 로봇화, 획일화되어 손님들의 주문에 대해 극히 간단 명료하게 대답하고 동작은 최대한 절제되어 있다. 불필요한 이야기나 배려는 손님들이 싫어하므로 금지되어 있다.

이런 점이 손님들에게 편리하기도 하지만 그 편리성은 인간들의 어울림과 교류를 저해하고 개인을 더욱 고립화시킨다는 사실이다. 또 주문의 신속성과 예측가능성은 도시적 생활에 필요하지만 마찬가지로 식생활의 습관의 파괴와 성인병의 증대를 가져온다. 맥도날드 식의 공장적이고 기계화된 식당은 가정적 분위기를 파괴하고 빨리 먹고 빨리 떠나는 초조함을 나타낸다.

현대인들이 세계 어디서나 맥도날드를 찾는 이유는 예측가능성과 계산가능성 때문이다. 세계 어디서 빅맥 메뉴를 주문하든 값이나 품질이 똑같다. 이런 표준화된 대중문화는 그 지방의 토속적인 음식과 문화를 파괴한다. 따라서 오늘날 안티맥도날드 시위가 발생하는 것은 결코 우연이 아니다. 이 시대의 비인간적으로 합리화된 문화를 다시 인간화시키는 노력이 필요한 시점이다.

여섯째 마당 | 소외

〈한양대 논술의 특징〉

지금까지의 한양대 논술시험을 주로 인문계를 중심으로 살펴볼 때, 하나의 특징은 시사성이
높은 사회적, 문화적 현상에 대한 심층적인 이해와 그런 문제에 대한 해결책을 구한다는 점이
다. 이는 이 학교의 교훈인 '사랑의 실천'과도 무관하지 않다. 다시 말해 현실적 문제에 대한
추상적, 관념적인 이해가 아니라 어디까지나 이를 자신의 문제로 삼고 그 해결책을 모색한다
는 실천 지향적 성격이다. 특히 이 학교의 지금까지의 논제는 '아날로그와 디지털' 개념, '카
프카의 소설 『변신』의 현대적 의미', '탈산업 사회의 여러 문제들', '환경문제와 엔트로피의 철
학', '기술문명과 인간소외', '식민주의와 오리엔탈리즘', '자연의 종적 다양성 결핍과 정보사
회의 재앙', '자살', '한류열풍' 등으로 대단히 현실적이고 실천적이라고 할 수 있다. 그 대신
순수한 학문적 이론이나 인식론, 역사철학 등의 현학적인 주제는 거의 없다. 고전에서 출제되
더라도 이는 항상 동시대의 문제의식을 함축하는 한에서 고전이 인용된다. 논술의 주관성과
창조성은 결국 주어진 문제의 해결책을 제시하는 것으로 나타난다. 그리고 시대적인 상황의
이해를 위한 배경지식은 상당히 필요하다고 할 수 있다. 이런 배경지식은 고등학교 교과과정
을 통해서 거의 커버될 수 있기는 하지만 논술을 위한 준비를 특별히 해두는 것이 유리하다고
본다.

〈출제의도〉

기술문명사회의 인간 소외 현상이라는 문제점을 찾고 그 극복 방안을 제시하도록 함으로써 학
생들이 현실 문제에 대하여 더욱 깊은 관심을 갖고 문제 해결에 적극적으로 참여하는 자세를
가지도록 출제했다. 비교적 긴 지문을 제시하여 학생들의 글쓰기 능력뿐 아니라 독해능력을
측정할 수 있도록 하였다.

〈문제해설〉

예문은 에리히 프롬의 『자유로부터의 도피』, 루이스 멈퍼드의 『예술과 기술』, 김승옥의 소설
『서울, 1964년 겨울』, 존 단의 시 「누구를 위하여 좋은 울리나」이다. 이 중 현대인이 물질화,

476

기계화, 인간관계의 단절 등을 통해 인간 소외의 상황에 처해 있다는 것을 보여주는 세 예문에서 현대인이 처한 상황의 여러 모습들을 분석해야 한다. 그 후 인간을 각각 고립된 '섬'이 아니라 모두 하나로 연결된 '대륙'으로 보는 존 단의 시를 바탕으로, 인간은 혼자만으로는 살아갈 수 없는 존재이며 타인의 삶이 곧 나의 삶의 일부이므로 현대인이 처한 '인간 소외'의 문제는 타인에 대한 관심과 이해, 그리고 사랑을 통해 극복해 갈 수 있다는 방안을 제시하면 된다.

〈예시답안〉

과학과 기술의 발전에 힘을 입은 현대 사회는 사회적, 제도적으로 조직화, 관료주의화를 통해서 더욱 생산성과 효율성을 높이고 있다. 또한 시장경제라는 경제적 메커니즘의 작용을 통해서 만인은 만인에 대한 생존경쟁을 벌여야 하는 각박한 시기이기도 하다. 그러다 보니 우리 시대는 먹고 살기는 유래가 없을 만큼 나아졌지만 인간과 인간의 관계는 소외와 사물화라는 망령에 의해 시달리고 있는 형국이다. 이런 관점에서 제시문들을 살펴보면 다음과 같다.

(가)는 구매와 소비의 현장에서 일어나는 비인간화 내지 소외를 다루고 있다. 예전의 소매상이나 구멍가게에서의 매매는 서로가 얼굴을 대면하는 인간적인 관계라고 할 수 있다. 물건을 고르는 동안 손님은 주인과 일상적인 문제도 의논할 수 있었다. 상품의 판매가 단순한 상거래를 떠나서 인간적 만남의 장소를 제공해 준 것이다. 그러나 백화점이나 대형 할인점에서 상거래는 철저히 계산적이고 기계적으로 이루어진다. 여기서는 사람들 간의 익명성이 지배한다. 일체의 잡담이나 불필요한 이야기는 배제된다. 편리함은 주지만 자칫 인간관계의 화석화가 우려된다. 광고 역시 개인보다는 허구적인 소비자를 지향하고 그들에게 허상을 심어줌으로써 판매를 증가시킨다.

(나)는 기계, 기술문명을 통해서 삶이 편해지기는 했으나 여가와 자유를 상실하는 현대의 비극적인 모습을 묘사한다. 인간의 창의성과 개성은 라디오나 TV에 의존하고 있다. 17세기에는 런던의 하인들도 자신의 목소리로 가정음악회를 이루어갔으나 오늘날 사람들은 스스로 노래 부르기보다는 워크맨 같은 휴대음향기의 작용에 수동적으로 따라갈 뿐이다.

(다)는 젊은 남자들의 일시적 만남을 통해서 이루어지는 이야기 속에서 나타난 비인간화와 무관심을 묘사하고 있다. 거기 3명의 남자가 나오는데 '안'씨와 주인공과 자살한 남자이다. '안'은 그 사람이 자살할 것으로 짐작하고 있었고 주인공은 모르고 있었다. 문제는 첫째 '안'의 태도이다. 그는 자살자가 죽을 줄 미리 알고 있었지만 그를 혼자 머물도록 방치한 것이다. 이는 일종의 살인(자살) 방조죄에 해당한다. 이는 철저한 개인주의와 이기주의 그리고 타인에 대한 무관심주의를 말하는 것이다. 두 번째 그들의 문제는 "아직까진 아무도 모르는 것 같습니다. 우린 빨리 도망해 버리는 게 시끄럽지 않을 것 같습니다"라는 문장에서 드러나는 것처럼 죽은 자 때문에 귀찮아질까 봐 신고도 하지 않고 현장에서 도망치는 것이다. 이런 인간 소외와 사물

화는 산업사회와 근대적 개인주의의 부산물이다. 편리를 추구하다가 인간의 생명마저도 합리성과 편리의 희생물이 되고 만 것이다.

(라)는 이런 모든 비인간화, 소외 그리고 사물화 현상에 대한 대안을 보여주고 있다. 우선 이 시(詩)에서 "모든 인간은 대륙의 한 조각이며, 대양의 일부이다" 라는 인식에서 문제의 해결방향을 보여준다. 이는 인간의 근원적인 공동체성을 의미한다. 물론 현재적 복잡한 상태에서 과거의 전통적인 공동사회를 재구성한다는 것은 불가능하지만 그럼에도 불구하고 노력의 여하에 따라서 사랑의 공동체를 만들 수도 있다. 특히 다른 공동체보다도 가정공동체의 복원이 시급한 상태이다. 인간의 인격성은 익명적인 거대사회에서보다는 인격적인 작은 사회에서 제대로 구현될 수 있다. 인간성의 소외는 사랑에 기초한 공동체 안에서 사람들 간의 실명적인 상호작용과 상호이해를 통해서 비로소 가능해진다.

일곱째 마당 | 지식과 오류

〈서울대 논술의 특징〉

서울대학교의 지난 10년 동안의 논술 · 면접 시험을 살펴보면 대략 다음과 같은 양상을 발견할 수 있다. 1997년에는 '거대조직과 익명성'의 문제를 생텍쥐베리의 소설 『어린 왕자』을 통하여 이해하는 것이었으며 1998년은 조지 오웰의 소설 『동물농장』을 통해서 전체주의 감시사회의 모순을 고발하는 문제이며 1999년은 사회생물학의 '이기적 유전자 이론'과 신채호의 '대아(大我)를 위한 소아(小我)의 희생'이라는 사상을 서로 비교하는 문제이다. 2000년에는 루소의 소설 『에밀』을 통해서 '도덕성을 갖춘 이성적 인간은 어떻게 형성되는가?'를 묻는 논제였다. 2001년은 인문계의 경우 북경의 인력거꾼 이야기와 슈바이처의 봉사정신을 통해서 '바람직한 삶의 자세' 내지는 인간의 도덕성을 묻는 문제였다. 2002년부터 2004년까지는 논술이 없었다. 그 대신 심층면접으로 수험생들의 논술실력을 평가했다. 심층면접 문제 중에서도 중요한 것은 2003년의 '언론의 자유', '조직사회의 개인 구속력(벌집모형)', 2004년에는 '세계화와 경쟁', '과학철학(패러다임 교체이론)과 돈키호테' 등을 물어보았다. 2005년 시험에는 다시 논술고사가 등장하여 '올바른 인식', '오리엔탈리즘과 실증주의(후설 철학)' 등을 물어보았다. 이런 서울대학교의 논술 내지 구술 면접 고사의 흐름을 보았을 때 대략 다음과 같은 경향성을 추출할 수 있다.

연세대의 '다차원적 사고' 그리고 고려대의 '논리와 분석' 등의 논술적 특색에 비교하여 서울대의 논술은 '삶의 도덕성과 앎의 객관성'을 추구한다고 볼 수 있다. '올바른 삶'과 '올바른 인식'이 이 학교의 인문 정신을 이루고 있다. 그리고 동시대적 사회적 문제에 대해서도 서울대학교는 선구적인 위치를 차지한다. 현대 사회의 합리성과 인간 소외라는 문제를 최초로 제기한 논술 유형도 1997년 서울대 논술이었다. 그 후 이런 주제는 여러 대학에서 계속 문제화하고 있다.

그리고 서울대 논술은 고전 텍스트를 가공 없이 그대로 제시하여 학생들의 원문 독해력을 평가하고 있으므로 동서양 고전, 특히 인식문제와 철학의 높은 수준을 요구하고 있다.

맹자는 "대인(大人)은 마음을 따르고 소인(小人)은 눈과 귀의 욕망을 따른다"라고 했다. 마음은 스스로 생각하는 능력, 곧 이성을 말한다. 그리고 눈과 귀는 수동적으로 외물(外物)의 자극에 따라 변하는 감각적 인식을 말한다. 이런 맥락에서 제시문 (가)를 보면 마음의 중요성에 대한 저자의 견해를 알 수 있다. 이 글의 저자 박지원은 우선 강물의 소리가 듣는 사람에 따라서 다양하게 들리는 현상을 곰곰이 반성한다. 그래서 그는 듣는 사람의 마음이 청아한 경우 물소리는 깊은 소나무에서 나오는 바람 같은 소리를 듣고 흥분한 사람은 물소리가 산을 찢고 언덕이 무너지는 소리로 들린다. 따라서 연암은 "이러한 모든 소리는, 올바른 소리가 아니라 다만 자기 흉중에 품고 있는 뜻대로 귀에 들리는 소리를 받아들인 것에 지나지 않는다"라고 外物의 소리가 주관적이고 상대적 인식이라는 것을 천명한다. 또한 연암은 하룻밤 사이에 한 강을 아홉 번이나 건너는 경험을 한다. 강을 건널 때 사람들은 모두들 고개를 쳐들고 하늘을 우러러 보는데 그 이유는 묵도하기 위해서가 아니라 무서운 강물의 형상을 보지 않기 위함이었다. 그리고 요하를 밤에 건너면 강물이 울지만 낮에 건너면 울지 않는 이유도 낮에는 위험한 것을 보는 데 정신이 빠져 귀가 소리를 잘 듣지 못하기 때문이다. 이런 경험을 통하여 연암은 道를 깨닫는 데 귀와 눈만 믿는 자는 그것이 피해를 끼치게 되고 결국 화를 자초한다는 것이다. 그리하여 연암은 "소리와 빛은 모두 外物이다. 이 외물이 항상 사람의 耳目에 累가 되어, 보고 듣는 機能을 마비시켜 버린다"는 결론에 도달한다. 이는 경험적, 주관적, 감각적 지식의 상대성과 부분성을 말하는 것이며 동시에 이성적 지식의 보편성을 말하는 것이기도 하다. 박지원은 이를 '耳目을 믿는 것'이라고 정리한다. 관찰자의 심리적 상태에 따라 다양하게 변하는 감각적 지식은 마음, 즉 이성적 사고와 판단에 의해서 교정되어야 한다. 이런 사정은 "진리를 발견하는 것보다도 오류를 인식하는 편이 훨씬 쉽다. 오류는 표면에 나타나 있으므로 쉽게 정리할 수 있지만, 진리는 깊은 곳에 숨겨져 있으므로 그것을 탐구하는 일이 누구에게나 가능한 것은 아니다"는 괴테의 사상과도 상통한다.

이런 관점에서 제시문 (나)를 고찰하면 다음과 같다. 우물 안에 살고 있는 네 마리의 개구리 페페, 필라, 페트라 그리고 푸투는 그들이 살고 있는 어두운 우물을 세상의 전부라고 생각하며 살아가다가 어느 날 페페는 우물을 벗어나 세상 밖을 바라보게 되며, 눈부신 태양을 쳐다본다. 필라는 우물을 올라가서 한밤중의 달을 보게 된다. 달빛은 눈부시지 않고 부드럽다. 따라서 페페와 필라는 바깥 세상에 대한 다른 견해를 가지게 되고 서로 자신의 주장이 옳다고 다툰다. 이런 논쟁을 해결하기 위해서 푸투를 제외한 세 마리의 개구리들은 같이 세상 구경을 하기 위해서 우물을 탈출한다. 그들은 저녁 무렵에 우물 밖 세상에 도달하여 지는 해를 먼저 관찰하게 된다. 이는 페페의 말이 올바르다는 사실이었으나 그들은 좀더 기다려 보기로 한다. 해가 지고 달과 별이 떠오르자 이제는 필라의 말이 현실로 드러난다. 그래서 그들은 페페와 필라가 본 것이 모두 올바르다는 사실을 인식한다. 즉 시간이 흐름에 따라 해와 달이 번갈아 가면서 보인다는 사실이었다. 이런 이야기는 근본적으로 제시문 (가)의 사상과 일치한다, 즉 감각적 인식은 주관적이며 상대적이라는 것이다. 박지원은 이를 '耳目을 믿는 것'이라고 규정했었다. 그러나 제시문 (나)의 경우는 인식의 주관성이라기보다는 부분성이라고 해야 한다. 즉 페페와 필라가 본 것은 모두 사실과 일치하지만 문제는 그들이 자연의 시간적 변화라는 개념을 가질 수 없었기에 자기들이 본 것만이 전체라고 주장하는 오류를 저지른 것이다. 이는 마치 장님 코끼리 만지기와 비슷한 논리구조를 가지고 있다. 이는 다시 말하면 부분을 전체로 보는 오류를 저지르고 있다는 것이다. 이런 의미에서 "진리는 (과정의) 전체이다"라는 헤겔의 명제를 떠올리게 된다. 개구리들은 해와 달이 시간적인 선후관계에서 나타나는 계기들이라는 것을 처음에는 알지 못했다.

이런 시간의 흐름에 따라 변화하는 자연의 모습을 개구리들이 시간의 경과를 통해서 서로 같이 봄으로써 그들은 공통적으로 하나의 진리를 인식해 간다. 그래서 "혼자 본 것은 잘못일 수 있지만 둘이서 본 것은 올바르다"라는 서양의 속담을 떠올린다. '강물 이야기'에서 연암은 주관적-감각적 인식의 오류가능성을 지적하고 이를 극복하기 위하여 반성(反省, reflexion)이라는 방법을 취하고 있다. 즉 그는 같은 사물에 대해서 사람마다 또는 시간에 따라서 인식이 달라지는 이유를 감각의 주관성에 돌리면서 이를 극복하기 위해서 모든 경우를 비교 분석하여 마음, 즉 사고의 독자성에 도달한다. 여기에 비해서 '개구리 이야기'에서는 반성보다는 상호주관인 관찰을 통해서 부분적 인식의 오류를 지양(止揚)해 간다.

여덟째 마당 | 과학의 역사와 이론

[경희대 1999학년도 정시 논술고사]

〈경희대 논술의 특징〉

1997년부터 2005년까지의 경희대의 논술시험의 유형을 (인문계 중심으로) 보면 다음과 같다.

1997년 : 영어조기교육 찬반 논쟁, 원격수업의 장단점 논쟁
1998년 : 삶의 위기와 바람직한 삶의 태도, 과학과 신(神)의 문제
1999년 : 옛것과 새것. 막스 플랑크를 통해서 본 과학의 보수주의와 진보주의
2000년 : 황순원의 「송아지」를 읽고 논제를 세우고 작문하기
2001년 : 동양적 세계관을 통한 개인과 사회의 관련성 분석
2002년 : 공리주의와 공정분배
2003년 수시 1 : 월드컵을 통한 인종분쟁과 문화충돌 극복
　　　　수시 2 : 플라톤과 공자의 효(孝)개념 비교, 유교 윤리와 가족주의, 한국의 봐주기 문화
　　　　정　시 : 환경문제와 사고의 패러다임 비교, 영어지문 포함
2004년 수시 1 : 세계화, 문화의 다양성, 문화의 보호주의와 개방주의, 전부 영문
　　　　정　시 : 개인주의, 집단주의, 공동선(共同善), 영어지문 포함
2005년 수시 1 : 경제의 효율성과 평등성의 대립, 그리고 이를 통한 공기업 민영화 문제, 영문
　　　　　　　지문 포함
　　　　정　시 : 문화 발전의 논쟁점 – 세계관 vs 자연, 기후, 영어지문 포함

이런 경희대학교 논술시험의 흐름을 볼 때 대략 다음과 같은 몇 가지 특징을 추출할 수 있을 것 같다. 첫째는 초기의 문학적 논술에서 최근에는 문화적, 경제적 주제로 바뀌고 있다는 점이다. 경제 문제도 너무 전문적인 것은 아니고 주로 평등과 효율성의 대립, 국가와 시장의 관계 등이 다루어지고 있으며 특히 문화에 대한 문제가 많다는 것이다. 문화는 '동서양 문화의 비교' 그리고 '문화보호주의와 개방주의의 대립', '문화의 다양성과 보편성의 대립' 등의 논쟁적 주제가 중심이 되고 있다. 최근 영어지문이 많이 나오고 있다. 논술 수험 준비로서는 문화, 분배, 환경 등을 논쟁점 별로 연구해 두면 시험보는 데 크게 당황하지 않을 것이다.

482

〈예시답안〉

이 글은 자연과학의 발전이라는 화두를 통해서 연속과 단절 그리고 개혁과 혁명의 차이점을 논하고 있다. 우선 (가)의 입장은 학문 분야에 있어서 혁명적인 발전이 있다는 진보주의적인 관점을 주장한다. 거기에 비해서 (나)는 학문의 전반적이고 근본적인 혁명보다는 부분적이고 연속적인 개혁이야말로 인간의 삶이나 학문의 발전에 유익한 것이라는 보수주의적인 견해를 견지한다. 또 (나)는 기존적인 학문의 형식에 대한 집착을 보여주는 반면 (가)는 기존의 형식은 새로운 내용을 담을 수 없기 때문에 형식 자체를 변혁해야 한다는 주장을 보여준다. 이런 관점에서 (가)를 보완한다면 다음과 같다. 즉 새로운 이론, 예를 들면 상대성이론이나 양자이론은 그 이전의 이론, 특히 뉴턴 역학과의 단절을 선포한다기보다는 더 포괄적이며 기초적인 개념을 통해서 뉴턴 역학을 그 한 부분으로 포함한다고 해야 한다. 이는 (나)의 논점, 즉 막스 플랑크 같은 신과학 이론가도 원래는 극히 보수적인 학자였으나 문제는 기존의 이론으로 설명되지 않는 현상인 열복사 스펙트럼에 직면하여 불가피하게 자신의 독창적인 이론을 제기하였다는 사실을 반영하는 것이다. 그리고 막스 플랑크에 의한 새로운 학설의 등장 이후에도 진자운동, 지렛대의 법칙, 행성운동 등은 아무런 변화가 없이 원래처럼 유지되고 있다. 따라서 (가)는 이러한 (나)의 논점을 자체에 포함해야 한다.

그리고 (가)의 입장에서 (나)를 비판한다면 다음과 같다. (나)는 과학의 신이론이 내용은 다를 수 있지만 그 형식은 같다고 주장한다. 그러나 이는 (가)의 입장에서 보면 잘못이다. 양자역학이나 상대성이론에 의하면 뉴턴의 기계론적 세계관은 전면적으로 수정된다. 뉴턴이 생각한 절대적 공간이나 시간은 상대성이론에 의하면 시공간의 하나의 특수한 경우에 불과하다. 그리고 양자역학에 의하면 뉴턴 역학의 기계론적 우주관은 이제 더 이상 타당하지 않다고 한다. 따라서 (나)가 말하는 부분적이며 점진전인 과학의 발전 사상은 그 타당성을 잃게 된다. 따라서 설령 내용적으로는 진자운동, 지렛대의 법칙, 행성운동 등이 그대로인지 모르지만 그 의미는 변한다. 왜냐하면 물질에 대한 기초개념부터가 달라지기 때문이다. 이런 의미에서 토마스 쿤은 신·구 이론들 간의 통약불가능성 명제를 제기했다. 그러므로 (나)의 주장, 즉 자연적 사실 자체는 수백 년 전이나 지금이나 똑같다는 것은 과도한 주장이다. 내용의 변화는 형식의 변화를 가져오기 마련이다. 비록 아직도 몇 가지 분야에 있어서 과거의 법칙이 그대로 통용될 수 있다고 하여도 이는 오해의 소지가 많은 생각이다. 도리어 새로운 이론 틀이 과거의 법칙마저도 자체 안에 한 특수한 조건으로서 부분적으로 타당하다고 흡수할 수가 있다.

[서울대 2004학년도 수시 심층면접 문제]

〈출제의도 및 문제해설〉

기초소양평가는 대학에서 학문을 익히는 데 필수적인 기초지식과 적성을 갖추었는지 알아보기 위한 평가로서 제시된 지문과 질문들을 통해 폭넓은 독서 경험을 바탕으로 한 논리적인 사고력과 종합적인 판단 능력, 그리고 적절한 표현력을 측정하고자 한다.

2004학년도 수시모집에서는 수험생이 새로운 지식을 습득하거나 다양한 사회현상을 이해하려 할 때 근본적으로 대두되는 문제 가운데 하나인 인식의 객관성과 자유, 평등, 국가의 개입을 통한 분배를 주제로 하였으며, 이 두 주제에 대한 다양한 시각을 보여주기 위해 역사학, 자연과학, 과학철학, 사회과학, 문학 등 여러 학문 영역의 텍스트에서 추출한 지문을 제시했다.

뒤에 첨부된 '인식의 객관성'에 대한 문항에서 제시문 (가)는 Eric Hobsbawm의 *On History*에 나오는 단락으로서 고등학교 국사 교과서에 나오는 것처럼 "역사가는 사료를 통해 파악되는 사실을 객관적으로 인식"한다는 주장을 펼치고 있다. 제시문 (나)는 Thomas Kuhn의 *The Structure of Scientific Revolution*에 나오는 예화를 요약한 것으로서 개별 사실에 대하여 모든 과학자들이 배경이론과 관계없이 동일한 관찰결과를 얻을 수 있다는 객관적 시각을 부정하고 있다. 제시문 (다)는 세르반테스의 『돈키호테』에 나오는 한 일화를 재구성하였다. 여기서 사실과 허구의 경계는 모호하게 나타난다.

수험생에 대한 질문은 먼저 제시문의 논지를 요약하고 제시문 사이의 관계를 파악한 뒤, 이를 기초로 돈키호테와 산초의 현실 인식에 대해 설명하는 방식으로 구성되어 있다. 그리고 나서 제시문들의 내용을 가지고 면접위원들과 질의 · 응답을 하게 된다. 따라서 단편적인 이해보다는 여러 분야들을 관통해 인식의 객관성이란 주제를 재구성하고 적용할 수 있는 능력이 주요 평가 항목이 된다.

문제 출제와 관련하여 예년과 같이 영어로 된 제시문과 함께 적절한 수의 한자를 첨가하였다.

〈예시답안〉

[질문 1]

제시문 (가)의 요지는 역사가들의 기본적인 자세를 말하는데, 이는 역사적 사실을 존중하고 역사적 사실의 오용을 비판해야 한다는 것이다. 작가가 그런 말을 하는 이유는 최근 소설가들이 역사적 사실과 허구를 종합하여 창작을 하기 때문에 둘의 구분이 안 된다는 것이요, 다른 하나는 소위 포스트모더니즘의 이론가들이 역사적 사실이란 지적인 허구적 구성물이라고 주장하여 사실과 해석의 차이를 없애 버리기 때문이다. 필자는 이 둘을 구별하는 능력이 역사가의 가장 중요한 능력이라고 주장한다. 제시문 (나)는 사실이 이론에 의존한다는 관찰의 이론 의존성을 말하기 때문에 (가)와는 대립의 관계에 있다고 할 수 있다. 부연하면 제시문 (가)는 관찰된 사실은 그에 대한 의견이나 해석과 관계없이 존재한다는 사실의 독자성을 말한다.

[질문 2]

시종은 제시문 (가)의 입장을 취하고 기사는 제시문 (나)의 입장을 취한다고 할 수 있다. 즉 시종은 사실과 허구를 구별하고 기사는 이를 구별하지 못한다.

아홉째 마당 | 언어, 세계 그리고 인간

[이화여대 1996학년도 정시 논술고사]

〈이화여대 논술의 특징〉

1997년 : 전통문화와 세계화
1998년 : 도스토예프스키의 소설 『카라마조프가의 형제들』을 통한 이웃사랑의 실천 방안
1999년 : 몽테스키외의 『페르시아인의 편지』를 통한 불의하고 불공정한 생활이 초래하는 문제점
2000년 : 부(富)에 대한 인간의 태도
2001년 : 현대의 리더십, 덕의 정치, 마키아벨리즘, 베브렌의 테크노크라트 정치
2002년 : 동물의 위치, 동물권리론, 동물 이용론
2003년 : 소문이나 평판, 타인의 시선이 개인행동에 비치는 영향력
2004년 : 소비의 문제 소비주의와 소비통제이론
2005년 : 환상, 신화, 축제의 의미

위에 열거된 지난 9년 간의 이화여대 논술의 주제들을 볼 때, 초기에는 문학 지문을 통한 도덕, 가치관 등의 문제가 나왔으나 근래에는 주로 사회적, 윤리적 문제가 많이 나오고 있다. 2004년과 2005년의 흐름을 보면 포스트모더니즘 경향의 문제라고 할 수 있다. 즉 소비통제이론과 이성중심주의 비판 신화 등의 주제는 근대적 합리주의에 대한 부정적인 견해를 말한다.

〈예시답안〉

(가)와 (나)의 두 제시문은 공통적으로 한 민족의 고유 언어의 가치를 역설하고 있다. 이런 민족 언어의 아름다움과 가치는 운율을 가진 시(詩)에서 특히 잘 드러나고 있다. (가)에서 보면 좋은 시란 번역이 불가능하고 번역을 하게 되면 그 본래의 맛을 잃어버린다고 한다. 가령 김소월의 시 「진달래 꽃」를 아무리 잘 번역하더라도 한국어의 미묘한 뉘앙스를 그대로 살릴 수는 없다. 제시문 (나) 역시 이와 유사하게 송강 정철의 『관동별곡』을 중국 문자인 한문으로 번역

할 수 없음을 말한다. 또한 저자는 당시대 문인들이 한국의 고유한 언어를 버리고 다른 나라의 언어를 빌려다 쓰는 풍조를 비판하고 있다. 이처럼 한 민족의 언어는 민족의 정서와 정신을 표현하는 귀중한 도구이다. 따라서 우리 고유의 말과 글을 아름답게 가꾸고 보존하며 이를 더욱 문학작품을 통해서 사용하여 국어를 풍부하게 창조해야 한다.

[고려대 2002학년도 수시 2학기 논술고사]

〈문제해설〉

이번 논술의 문제는 언어의 일반적인 특성을 근거로 하여 언어와 관련하여 나타나는 구체적인 현상들을 해석하고, 이를 바탕으로 미래 사회에서의 언어와 인간의 관계에 대하여 논술하는 것이다. 이를 위하여 일반적인 언어의 특성은 예시문 (1)과 (2)에서 추려 내게 하였으며, 언어와 관련하여 나타나는 구체적인 현상은 예시문 (3), (4), (5)로 제시하였다.

따라서 이 문제를 푸는 수험생들은 우선 (1)의 내용과 (2)의 내용을 충분히 이해하여 이들을 통합적으로 정리할 수 있어야 한다. 다음으로는 앞에서 수험생 자신이 정리한 내용을 근거로 하여 예시문 (3), (4), (5)에 나타난 현상을 각각 해석할 수 있어야 한다. 마지막으로 지금까지 수험생이 기술해 온 논리에 따라, 미래 사회에서의 언어와 인간의 관계에 대하여 기술하여야 할 것이다.

이 때 주의할 것은 (1)과 (2)를 통합적으로 정리한 것이 (3), (4), (5)에 나타난 현상을 해석하는 데에 반드시 참조되어야 하며, 그 연장선상에서 미래 사회에서의 언어와 인간의 관계를 전망해야 한다. 이는 문제에서 '유기적으로 구성' 부분을 짙게 하여 강조한 것이므로, 수험생들이 각 예시문의 내용을 요약하여 정리한 것을 단순히 나열하는 방식으로 기술한 답안은 낮게 평가된다.

이 논술의 주제는 언어와 인간의 관계로서, 언어는 한편으로는 인간의 사고를 형성하는 것으로, 다른 한편으로는 의사소통의 단순한 도구로 이해될 수 있다. 전자의 관점에서 기술된 것이 예시문 (1)이고, 후자의 관점에서 기술된 것이 예시문 (2)이다. (1)의 관점에 서면 언어는 사고를 결정짓는 중요한 것이 되므로, 언어에 대한 태도는 진지하고 경건해질 수밖에 없다. 반면에 (2)의 관점에 서면 언어는 감정표현과 의사소통의 도구이므로 그 범위 안에서 이루어지는 언어의 변형은 별 문제가 되지 않는다.

이와 같은 관점을 바탕으로 수험생들은 예시문 (3), (4), (5)를 자세히 해석하고, 각자 미래 사회에서 나타날 수 있는 언어와 인간의 관계에 대하여 전망할 수 있을 것이다. 다시 말해서 수험생은 (1)이나 (2) 또는 제 3의 다른 관점에서 (3), (4), (5)에 나타난 현상을 해석하고, 그에 따른 미래 사회의 언어와 인간의 관계를 전망하게 될 것이다.

이번 논술문제에서 요구하는 바는 언어에 대해 주어진 관점을 종합하여 자신의 관점을 정립하고, 이를 근거로 하여 언어생활에서 나타나는 여러 현상들을 해석하며, 이를 바탕으로 미래 사회의 언어와 인간의 관계에 대하여 논술하는 것이다.

〈출전에 대한 이해〉

(1) 빌헬름 폰 훔볼트, 「카비 말 연구 서설」

빌헬름 폰 훔볼트(Wilhelm von Humboldt)는 독일의 언어학자로 언어 비교 연구를 통해 언어와 세계 간의 근원적 관련성을 주장한 사람이다. 훔볼트에 의하면 언어는 단지 우리의 사고 내용을 표현하는 수단이 아니라 우리의 사고를 형성하는 기관이며, 세계에 대한 기술(記述)의 체계가 아니라 세계 자체의 구조이다. 즉 우리는 언어의 구조에 따라 생각하고, 언어가 보여주는 대로 세계를 본다. 이것이 바로 언어관은 세계관이라는 그의 테제이다. 물론 언어의 상이성이 세계의 상이성을 가져오는 것인지, 상이한 세계가 상이한 언어의 형성과정을 유발한 것인지에 대해서는 이견이 있겠지만, 언어와 세계 간에 밀접한 관계가 성립한다는 사실만큼은 의심의 여지가 없다. 그의 이러한 통찰은 이른바 언어 상대성에 관한 워프의 가설과 20세기 중반의 독일의 언어내용 연구는 물론, 현대의 해석학적 언어철학에 대해서도 기여한 바가 크다. 그의 대표적 저작으로는 『인간의 언어구조의 상이성에 관하여』, 『언어발달의 다양한 시대와 관련한 비교언어연구에 관하여』 등이 있다. 예시문으로 주어진 글은 흔히 「카비 말 연구 서설」로 불리는 그의 대표작에서 취한 것이다. 이 책의 원제목은 『인간의 언어구조의 차이점과 그것이 인류의 정신적 발전에 끼친 영향에 대하여』이다.

(2) Bertrand Russell, *Human Knowledge*

버트란드 러셀(Bertrand Russell)은 영국의 논리학자, 철학자, 수학자, 사회 사상가이다. 그의 『인간의 지식』(*Human Knowledge*)에서 뽑은 이 예시문은 언어의 주요 기능을 표현과 의사소통으로 요약하면서, 이 두 기능의 관계에 대해 논의하고 있다. 정보의 정확한 전달이라는 의사소통의 기능과 감정을 포함하는 표현이라는 언어의 두 측면은 일상적인 언어생활에 있어

분리되지 않고 동시적으로 일어난다는 것이다.

(3) Goerge Orwell, *Nineteen Eighty-Four*

조지 오웰(Goerge Orwell)은 『동물농장』(*Animal Farm*)과 『1984』(*Nineteen Eighty-Four*)로 잘 알려진 현대 영국 작가이다. 이 예시문의 출전인 『1984』는 삶과 사고를 일방적으로 통제하고 획일화를 강요하는 전체주의를 경고하기 위한 소설이다. 예시문은 전체주의 사회의 획일성을 완성하기 위해 '신어 사전'(Newspeak dictionary) 편찬 작업을 담당하고 있는 인물의 말이다. 그는 복잡하고 다양한 어휘를 단순한 논리에 의해 줄여나감으로써, 효율적 사회통제와 사고방식의 단순화가 가능한 체제를 완성해 낼 수 있다고 주장한다.

〈채점 기준과 방향〉

논술시험 답안은 다음 사항을 판단하여 채점한다.

1. 논리적 구성력 : 논리적 구성의 적절성과 논의의 적합성 등

– 논술된 사항의 상호 유기적 연결성
– 해석에 대한 적절한 논거의 제시
– 논리 전개의 일관성
– 문단간 또는 문장들의 연결성과 통일성.

2. 이해력 및 창의력 : 예시문에 대한 이해력, 논술문의 사고 깊이와 창의성 등

– 예시문의 이해 정도.
– 논술해야 될 내용들의 포함 여부
– 논지의 창의성

3. 문법, 원고지 사용법, 문장력 : 논술 문장의 문장력과 문법, 원고지 사용법 등

– 맞춤법, 띄어쓰기, 원고지 사용법
– 단어의 선택과 활용, 언어적 표현능력
– 문장의 어법

〈예시답안〉

언어와 세계 그리고 인간의 사고의 관계에 대해서 고래로부터 많은 이론이 있었다. 그 중 중요한 것이 "언어는 민족정신의 표현이다"라는 훔볼트의 이론과 언어가 사고를 규정한다는 '언어 상대성 가설'이 있다. 예시문 (1)은 이런 관점에서 이해될 수 있다. 한 언어는 단순한 표현과 전달의 매체가 아니라 그 자체의 독자적인 세계관을 포함한다. 이는 언어가 그 언어를 사용하는 사람들의 사고를 규정한다는 것이다. 예를 들면 '새가 운다'라고 표현하는 한국어 표현은 '새가 노래한다'(Birds sing)는 영어의 정서, 사고와는 다른 것이다.

예시문 (2)는 이와는 다른 입장에서 언어와 사고를 말한다. 이 지문에 의하면 언어란 표현과 전달의 수단에 불과하다. 이는 인간의 사고와 정신은 보편적이고 이를 표현하는 각국의 언어의 차이점은 중요한 의미가 없다는 주장이다.

이런 두 가지의 관점에서 예시문 (3)을 보면 언어가 그를 둘러싼 사회적, 자연적 환경을 많이 반영함을 알 수 있다. 예를 들어 우리는 눈에 대해 진눈깨비니 함박눈이니 하는 몇 개의 단순한 표현밖에 없는 데 비해 추운 지방에 사는 에스키모인들은 눈에 대한 다양한 표현을 가지고 있다. 또 농경문화를 지녔던 한민족은 자연히 농사 용어를 많이 지니고 있다. 이는 언어가 세계를 반영한다는 관점을 의미하며 예시문 (2)의 사상과 일맥상통한다.

예시문 (4)는 언어의 통제를 통해서 인간의 정신과 사상을 통제할 수 있다는 조지 오웰의 소설 『1984』의 언어이론이다. 여기서 작중화자는 신어(Newspeak)의 제정목적이 '인간의 사유의 폭을 좁히는 것'이라고 명시적으로 말하고 있다. 이는 다시 말해서 언어를 통해서 인간의 사상과 양심의 자유를 감시하겠다는 말이며 인간을 노예로 만들겠다는 말과 같다. 이는 결국 예시문 (1)의 사상, 즉 언어는 '인간의 사고와 정신을 지배한다'와 일맥상통하는 개념을 표현하고 있다.

예시문 (5)는 인터넷 언어 현상을 통해서 새로운 문화적 환경에 부응하여 인간의 사고와 정서가 새로운 언어를 창조한다는 것을 말하고 있다. '알지'가 '알쥐'로 바뀌고 방가 등의 새로운 언어의 출현은 언어가 고정된 실체가 아니라 환경과 사유의 변화에 따라 계속 변화하는 것임을 말하고 있다. 굳이 구분하자면 이런 현상은 언어는 사고의 수단이라는 예시문 (2)의 관점을 따르고 있다.

앞에서 제시한 여러 언어에 대한 이론과 그 다양한 현상을 고려할 때, 미래 사회에서 언어의 역할이나 언어와 인간의 관계를 다음과 같이 유추해 볼 수 있을 것 같다. 우선 예시문 (4)의 상태는 오지 않을 것 같다. 왜냐하면 세계사의 관점에서 보면 인간의 자유와 사상과 양심의 자유는 점점 더 보장이 되고 있기 때문이다. 그러나 하나의 우려는 자본주의와 산업사회의 지식권력의 지배 하에 언어통제가 암묵리에 이루어질 수도 있다. 이는 주로 매스컴을 통해서 눈에 보이지 않게 교묘하게 이루어질 수 있다. 예를 들어 미국의 신보수주의가 매스컴을 통해서 이라

490

크와 전쟁이 필연적이라고 계속 방송할 때, 인민들은 무의식적으로 그런 마술에 도취되어 전쟁을 옹호하게 된다. 그 밖에는 전자통신의 영향으로 점차 인터넷 언어들이 표준말이 되는 경우를 연상할 수 있다. 그리고 신자유주의 물결과 관련해서 보면 점차 모국어는 사라지고 영어가 세계보편어가 될 확률이 높아지고 있다.

열째 마당 | 문화

[한국외국어대 2002학년도 정시 논술고사]

〈대학측이 밝힌 출제의도〉

본 문제의 지문은 프랑스 철학자 미셸 세르의 「디즈니랜드와 회교지도자들 사이에서」(Entre Disneyland et les ayatollahs), 미국의 사회비평가 제레미 리프킨의 『소유의 종말』(The Age of Access), 프랑스 사회비평가 기 소르망의 『세계는 나의 부족』(Le monde est ma tribu)에서 발췌한 것이다.
본 문제는 후기 자본주의와 디지털 문명이 지배적 이데올로기가 되어버린 오늘날, 점차 상품화되고 사이버 공간화 되는 보편적 세계문화가 각 민족, 인격체마다 고유하게 겪은 체험의 총체로서의 전통적 의미의 특수한 지역문화와 어떻게 조화를 이룰 수 있는지에 대하여 묻고자 한 것이다.

이는 수험생들이 교과서 속에 하나의 고전적 원형으로 내려오고 있는 '보편자'와 '개별자', '문화절대주의'와 '문화상대주의'의 관계를 어느 정도 이해하고 있는지, 또 그것을 상업화, 기술화가 가속되어 가고 있는 현대라는 특수한 상황과 연결지어 얼마나 비판적이고 창의적으로 자신의 사유를 전개할 수 있는지를 측정하고자 한 것이다.

제시문 (1)은 문화라는 것이 자신만의 고립된 세계에 갇히는 것이 아니라, 타자와의 관계 맺음의 과정과 역사 속에서 점차 퍼지고 흡수되는 보편적 성격을 띠고 있는 한편, 문화가 그 주체인 개인을 통해 구현되는 공간인 '문화공간'(cultural space)은 그 속성상 자신만의 특수성을 확보한다는 사실을 제시하고 있다.

제시문 (2)는 새로운 사이버 공간의 상업화된 문화가 개인 내지 지역문화를 완전 지배하게 될 것이란 명제를, 제시문 (3)은 미국과 같은 나라의 다원화된 문화를 한 나라의 고유문화에 접합시킴을 통해 한 지역문화의 정체성과 다양성을 동시에 실현할 수 있다는 명제를 각각 제시하고 있다.

따라서 한국외대의 논술고사에서는 수험생들에게, 제시문 ⑴을 근거로 제시문 ⑵와 제시문 ⑶에 나타난 상반된 두 견해들을 어떻게 통합하여 디지털 문명시대에서의 '세계화와 문화의 관계'를 논리적으로 기술할 수 있는지를 묻고자 하였다.

〈한국외국어대 논술의 특징〉

1998년부터 2005년까지 한국외국어대학교의 정시 논술의 주제는 다음과 같다.

1998년 : 인간적인 삶과 그 의미에 대한 소설가와 철학자의 통찰을 알베르 까뮈의 『시지프스의 신화』를 통해서 인식하는 문제. 부조리라는 개념의 파악이 중요하다.

1999년 : 개인과 사회의 관련성을 앙리 베르그송의 『도덕과 종교의 두 원천』, 베블린(Veblen)의 현시적 소비(conspicuous consumption) 개념 등을 통해서 파악하는 문제

2002년 : 디지털 문명 시대에서의 세계화와 문화문제. 여기에는 글로벌 기업의 문화콘텐츠 지배, 세계화, 국제화, 획일화라고도 불리는 미국화 개념 그리고 국가의 문화적 정체성 등의 재제를 통해서 파악한다.

2003년 : 종래의 의로운 사람 개념에 대한 비판. 이는 사마천이 백이와 숙제를 의로운 사람으로 규정 하나 이를 L. 세네카, 『행복론』 등을 통해서 비판하는 내용이다.

2004년 : 현시대에 걸맞는 문화의 형성과 교류에 대한 문제. 이는 박종홍, 『한국의 사상Ⅰ』 그리고 『문화를 알면 경영전략이 선다』 등의 재제를 통해서 주제를 파악한다.

2005년 : 도덕적 기원에 대한 견해. 이는 칸트의 『실천이성비판』 그리고 에드워드 윌슨의 『인간 본성에 대하여』, 그리고 매트 리들리의 『덕의 기원』 등의 텍스트를 통해서 파악한다.

여기에서 인지되는 것은 한국외국어대의 논술이 초기에는 프랑스 철학이나 문학을 통해서 이해되고 있다는 사실이며, 또 문화의 다원성과 보편성 등의 동시대적 주제가 많다는 것이다. 그리고 철학과 윤리의 문제도 한 번씩 나온다는 것이다. 크게 보아 한국외국어대의 논술 경향은 문화, 신자유주의 그리고 윤리문제라고 볼 수 있다.

〈예시답안〉

문화의 공간 개념을 전개하는 제시문 ⑴에 의하면 문화란 고립될 수 없는 것이며 한 인간이 태어나는 조건이나 환경 혹은 전통 그 자체는 문화라고 할 수 없다는 것이 문화공간의 숨은 뜻이

다. 즉, 문화의 생명은 삶의 교류에 있으며 따라서 문화란 본질적으로 상호주관적인 가치들이 서로 부딪히고 충돌하는 과정에서 발생한다. 이런 문화적 정체성의 상호작용의 결과 다시 형성되고 축적된 것이 문화공간이다. 이는 또한 각 개인마다 다르고 그 여정에는 여러 가지의 장애와 지체가 있다. 이런 과정을 거쳐 개인들 자신의 문화공간으로 고양된다.

이런 관점에서 제시문 (2)를 보면 여기서 말하는 문화가 디지털 기술과 자본에 의해서 일방적으로 전파되는 것으로 보는 관점을 취하고 있다. 즉 오늘날의 글로벌 미디어 기업들은 통신 인프라뿐만 아니라 인터넷 접속권과 그 콘텐츠까지 지배하는 문화제국주의를 형성하고 있다는 것이다. 그러나 이는 제시문 (1)의 관점에서 볼 때 '상품화된 문화' 혹은 '세계 문화'의 측면세서만 문화를 바라보는 것이다. 상세히 말한다면 이는 '상품화된 문화'가 '지역 문화', 즉 '어느 특정 사회의 구성원들이 이룩해 온 것들의 총체로서의 문화'와의 전쟁에서 압도적으로 승리한다는 가정을 전제로 하고 있다. 그러나 이런 가정은 문화공간의 형성에 있어서의 다양한 경로와 장애물들을 고려하지 않은 관점이라고 할 수 있다. 제시문 (3)은 이와 달리 오늘날 많은 비판을 받고 있는 미국 문화의 세계지배에 대해서 동정적인 입장을 제시하고 있다. 맥도날드를 비롯한 미국의 상업적, 문화적 세계 침투는 범세계적인 대항을 불러일으키고 있다. 그러나 이 글의 필자는 범세계적으로 퍼지는 미국의 문화에 대해서 좀더 차분하게 공부한 뒤에 비판하자고 제안한다. 이에 따르면 미국 자체의 문화적 구조가 벌써 다문화주의의 요소를 내포한다고 한다. 예를 들면 '실업을 해소하기 위한 노동시장의 효율성, 기업경영의 효율성, 자율화된 대학의 우수성, 여러 인종의 문화적 다양성에 대한 존중' 등이 그런 요소이다. 이런 측면은 다른 나라에서도 미국으로부터 수업료를 내고 배워야 하는 것들이다. 이런 미국의 국내적 상황을 도외시하고 자국 문화를 국수적으로 보호하고 미국 문화를 비웃고 배척하는 태도는 또 하나의 국수주의 내지는 배타적 민족주의에 불과하다.

현대는 디지털 문명시대이다. 이는 다시 말해 빛의 속도로 지식과 정보가 지구촌을 휘감아 돌고 있다는 말이다. 문화 역시 마찬가지이다. 이런 상황에서 전통에 집착한 문화적 간섭이나 문화적 배타주의는 자국 문화 발전에 도움이 안 된다. 그러나 동시에 스크린쿼터 제도의 폐지 같은 급격한 문화시장 개방은 아직 미성숙한 국내 영화산업을 고사시킬 것이다. 결론적으로 문화지식의 측면에서는 과감한 개방주의를 취하되 문화의 경제적, 산업적 측면에서는 조심스러운 접근이 필요하다고 하겠다.

[중앙대 2002학년도 정시 학업적성평가]

〈중앙대 논술의 특징〉

중앙대학교의 논술고사의 흐름을 보면 다음과 같다.

1999년 정시 : 밀(Mill)의 자유주의, 자유의 간섭의 조건에 대한 문제
2000년 정시 : 조지 오웰의 소설 『1984』와 신어(Newspeak)에 관한 문제
2001년 정시 : 욕망 개념. 불교의 욕망의 억제 사상과 현대 소비사회의 욕망의 증폭 현상 등의
　　　　　　　재제를 이해하는 문제
2002년 정시(인문) : ① 세계화, 미국화, 오리엔탈리즘, ② 이기주의, 이타주의, 유전자
2002년 정시(자연) : 신화와 전설 속에 과학의 원형이 있다는 사상 - 프로메테우스 신화, 환
　　　　　　　　　　인 · 환웅 전설 그리고 나르시스 전설 등을 제재로 활용함.
2003년 수시1(인문) : ① 미신과 신앙의 차이점, ② 수면시 안구운동(영문), ③ 전통도덕과 신
　　　　　　　　　　학(영문)
2003년 수시1(자연) : ① 전자 정보기술과 디지털민주주의, ② 정보화사회의 허와 실
2003년 수시2(인문) : ① 성급한 일반화의 오류를 찾는 문제 - 철학, 논리 문제, ② 미국의 두
　　　　　　　　　　아이의 논증능력을 구별하는 문제(영문)
2003년 수시2(자연) : ① 과학과 예술의 공통점과 차이점, ② 공룡이 소멸한 이유(영문)
2004년 수시1(인문) : ① 문화 발전의 지역적 차이 - 유라시아대륙과 뉴기니의 차이의 원인에
　　　　　　　　　　대한 탐구, ② 교실 수업에 있어서 컴퓨터 사용의 필요성과 불필요성(영
　　　　　　　　　　문)
2004년 수시1(자연) : ① 과학혁명이 더 일어나지 않는 이유, ② 사지선다형(multiple choice)
　　　　　　　　　　평가이 교육적 효과(영문)
2004년 수시2(인문) : ① 민족주의의 긍정성과 부정성, ② 그리스에서 현대로의 철학의 의미
　　　　　　　　　　변화 - 사실의 탐구에서 의미의 탐구로 변화
2004년 수시2(자연) : ① 영장류와 인간의 차이점과 같은 점, ② 기억력과 뇌의 구조, 기억상
　　　　　　　　　　실 등의 문제(영문)
2005년 수시1(인문) : ① 반기업적 국민정서, 기업인에 대한 반감의 원인분석, 가난과 청빈의
　　　　　　　　　　중요성, 절약과 검소의 필요성, ② 노동의 타락과 현대인들의 직업에 대
　　　　　　　　　　한 태도변화, 자기 직업에 대한 멸시와 이를 마비시키는 대중문화의 부
　　　　　　　　　　정성 - 현실의 도피와 낭만의 추구 등의 주제(영문)
2005년 수시1(자연) : ① 중세철학자 보나벤투라의 3가지의 눈에 대한 성찰 - 육신의 눈, 이성

의 눈, 관조의 눈. 이를 장자의 물고기 노는 우화와 연결시킴, 과학지상주의의 오류, ② 컴퓨터를 이용한 정부의 개인통제의 문제(영문)

2005년 수시2(인문) : ① 그리스와 중국의 문화 비교(개인주의와 집단주의), ② 감성지수 (Emotional Intelligence) 실험- Goleman의 소위 'The marshmal-low challenge'(영문) - 교육학 문제

2005년 수시2(자연) : ① 생태주의 인간학, 상생(相生), 공생(共生)의 문제, 공존과 경쟁의 문제, ② 인공지능(AI, artificial intelligence)의 의미와 이해(영문)

위에서 보는 것처럼 중앙대학교 수시 논술은 주로 철학과 교육학 그리고 인류학 등에서 나온다는 것을 알 수 있다.

〈예시답안〉

⑴ 미국에서 수입된 황소개구리는 우리나라에는 천적이 거의 없는 것으로 알려져 곤충, 물고기, 국내 토착 개구리는 물론 뱀까지 잡아먹는 탐식성 양서류로서 생태계의 먹이사슬을 교란하여 생태계를 파괴하고 있다.

⑵ 맥도날드로 대변되는 미국 문화의 일방적 침투는 토착 음식문화를 몰아내고, 일견 합리적으로 보이는 속도와 계산가능성 등의 가치는 인간의 교류와 정서를 방해하고 있으며 인공 첨가제가 많이 든 식품은 국민의 건강을 좀먹고 있다.

⑶ 개고기 논쟁은 서양인들의 시각에서 바라본 오리엔탈리즘의 대표적 사례이다. 예를 들어서 프랑스인들은 거위의 간을 크게 하기 위하여 억지로 거위의 주둥이에 모이를 부어서 간이 비대해지도록 한다. 이처럼 음식 문화는 각국의 고유한 양식이 있다.

〈예시답안〉

세계화가 문화산업에 미치는 영향에 대하여 제시문 (가)는 부정적으로 보고 있다. 이 글의 기본적 논점은 문화적 다양성이란 개념이다. 자연에 있어서 생물학적 다양성이 중요하듯이 인간의 삶에 있어서 문화의 다양성이 극히 필요하다는 것이다. 문화의 다양성은 인간의 존엄성과 근본적인 자유와도 연결되는 문제이다. 그런데 오늘날 세계화라는 시장만능적인 자유주의 현상은 이런 문화적 다양성을 파괴하고 획일적인 미국 문화의 세계화를 추진한다. 예를 들어서 오늘날 전세계적으로 전파되는 헐리우드 영화나 CNN 뉴스 그리고 미국에서 만들어진 각종 TV 프로그램들은 지역적 문화의 다양성을 말살하고 인간의 자유를 위협한다. 그래서 세계화라는 것은 단지 미국화의 다른 이름에 불과하다. 이는 세계화가 철저히 상업적으로, 시장중심적으로만 이루어지고 있다는 의미이다.

제시문 (나)는 (가)와 달리 '시장중심적인 세계화'에 대해서 찬성하는 논지를 전개하고 있다. 미국 중심의 세계화를 반대하는 곳이 주로 유럽의 대중문화와 그 옹호자들이라는 점을 지적하면서 (나)의 필자는 미디어 기술의 발전으로 말미암아 오늘날 소규모의 지역적 프로그램들도 충분히 경쟁력을 지닐 수 있음을 지적한다. 따라서 고도의 정보 및 매체 기술의 발전은 거대한 미국의 영화업체뿐만 아니라 다양한 지역과 민족의 취향에 맞는 문화 상품의 세계적 진출에도 큰 도움을 주고 있다. 그리고 이 필자는 자국의 문화를 보호하기 위해서 할당제(쿼터제)나 각종 보조금을 주는 제도에 대해서 비판한다. 스크린쿼터 제도는 관람객들의 만족을 주는 우수한 영화를 만들기보다는 주로 보조금을 주는 정부 관료들의 입맛에만 신경을 쓴다는 것이다. 따라서 정부 보조금은 문화산업의 육성과는 관계가 없는 엉뚱한 사람들에게 주어진다고 한다. 이는 아까운 국민의 혈세를 낭비하는 일이다.
또한 문화적 보호주의를 반대하고 세계화를 지지하는 이유는 문화 소비자들이 각기 자기들의 고유한 취향에 맞는 작품을 선택한다는 점이다. 따라서 미국인의 입맛에 맞는 영화가 다른 나라에서도 잘 팔린다는 보장은 없다.
제시문 (가)와 (나)의 주장은 모두가 타당성이 있으나 (나)의 입장이 더 옳다고 본다. 한국 영화 시장의 개방이라는 문제를 두고 보면 아직 스크린쿼터 제도가 유지되고 있다는 점에서는 (가)의 관점도 완전히 틀린 것은 아니다. 만약 그런 제도가 없었더라면 한국의 영화산업은 오늘날처럼 발전되기 전에 이미 고사했을 가능성이 높다. 그런데 스크린쿼터 제도 하에서 우리 영화 산업은 눈부시게 발전하여 오늘날 관객 1,000만 명의 시대를 맞이하고 있다. 스크린쿼터 제도 역시 조만간 사라질 것으로 본다. 한국의 영화 및 각종 문화산업 종사자들은 정부의 보호라는 울타리 안에 안주하는 자세를 지양하고 '가장 한국적인 것이 가장 세계적인 것이다'라는 생각 으로 우리 문화의 발굴에 힘써야 한다.

안 재 오

한국외국어대학교 영어과 졸업(1985). 서울대학교 철학과 석사학위(1987).
독일 쾰른대학교 수학. 독일 부퍼탈대학교 졸업(철학박사).
명지대, 가톨릭대 강사.
씨사이트 학원 논술 연구팀.
다음 카페 시간강사 이야기 운영. 다음 카페 교육공화국 운영.
한국 법학 교육원 교수(PSAT 언어논리).

저서 : 『청년 헤겔, 통일의 철학』(한울사), 『논리의 탄생』(철학과현실사),
　　　『교육공화국』(얼과 알), 『언어논리 실전모의고사』(인해) 등

삼위일체 논술

초판 1쇄 인쇄 / 2005년 9월 5일
초판 1쇄 발행 / 2005년 9월 10일

지은이 ㅣ 안재오
펴낸이 ㅣ 전춘호
펴낸곳 ㅣ 철학과현실사
서울특별시 서초구 양재동 338-10호
전화 579-5908　팩스 572-2830

등록일자 ㅣ 1987년 12월 15일(등록번호 : 제 1-583호)
ISBN 89-7775-545-X 03170

값 17,000원